Reshad Feild

The Inner Work · Die innere Arbeit

III

D1920654

Reshad Feild

The Inner Work III

Study Material of a Living Esoteric School

Die innere Arbeit

Studienmaterial einer lebenden esoterischen Schule

Band III

Übersetzungen von
Edelgard Bachmann, Stefan Bommer,
Robert Cathomas, Barbara Feild,
Karin Hein, Susanne Marti,
Karin Monte, Warren Richardson
und Angelika Schott

Chalice Verlag

© der englischen Originaltexte
Reshad Feild 2011

© der deutschen Übersetzung
Chalice Verlag, Xanten, Deutschland 2011
www.chalice-verlag.com
Alle Rechte vorbehalten

Umschlagillustration und Frontispiz: Alois Alexander
Buchgestaltung: Robert Cathomas
Gesetzt aus der Adobe Garamond
Herstellung: Books on Demand GmbH
Printed in Germany

ISBN 978-3-942914-01-7

When the pupil is ready,
the master will come.
The master is not
going to come,
if you are not ready.
Therefore our task is always
to be prepared and to listen.
When we understand this,
the question whether
a teacher is necessary
does not arise.

Wenn der Schüler bereit ist,
wird der Meister kommen.
Der Meister erscheint nicht,
solange du nicht bereit bist.
Daher bleibt es stets
unsere Aufgabe,
vorbereitet zu sein
und zuzuhören.
Haben wir dies verstanden,
taucht die Frage,
ob ein Lehrer notwendig ist,
gar nicht erst auf.

Contents

Study Papers · Part Four

A Commanding View 818

An Introduction to the Way 838

Honesty 864

The Two Confrontations and Victory 882

Going Home 900

We Are to God as the Pupil Is to the Eye. 914

World Citizens 960

A Beautiful but Demanding Responsibility 972

What Makes Something Sacred? 984

The Four Turns 990

Time and the Octave 1008

The Sacred Impulse, the Tone Scale and the Names 1022

Essence and Function in a Living School 1050

Names and Functions 1058

Advice on What *Not* to Do 1072

Rituals and Spiritually Suburban Life 1088

Feelings and Thought Pattern 1098

And What Does That All Mean to *You?* 1104

Inhalt

Studientexte · Teil Vier

Eine erhabene Sicht 819

Leitfaden für den Weg 839

Aufrichtigkeit 865

Die beiden Konfrontationen und der Sieg 883

Nach Hause gehen 901

Wir sind für Gott, was die Pupille für das Auge ist 915

Weltbürger 961

Eine schöne, aber anspruchsvolle Verantwortung 973

Wodurch wird etwas heilig? 985

Die vier Drehungen 993

Die Zeit und die Oktave 1007

Der heilige Impuls, die Tonleiter und die Namen 1023

Essenz und Funktion in einer lebenden Schule 1053

Namen und Funktionen 1059

Ratschlag, was man *nicht* tun sollte 1073

Rituale und spirituelles Kleinbürgerleben 1087

Gefühle und Gedankenmuster 1097

Und was bedeutet das alles nun für *dich?* 1105

The Meaning of the Teacher in the Sufi Tradition 1118

Spiritual Psychology 1132

The Fire Exit 1188

Index 1218

Die Bedeutung des Lehrers in der Sufi-Tradition 1117

Spirituelle Psychologie 1131

Der Notausgang 1189

Register 1219

A Commanding View

ONE OF THE FIRST REQUIREMENTS WHEN BUILDING A HOUSE, according to the ancient laws of geomancy, is that it should "command a view". In other words, the house should be so positioned that an 'extensive' view over the surrounding countryside is easily visible. The orientation of the house and the positioning of the different rooms, according to their functions, is also very important, as is the relationship of the building to mountain peaks, lakes and rivers. Just as the inside of the house has a direct influence upon the psychology and well-being of those who live in it, so the actual positioning of the house has a profound effect on its inhabitants, as well as the neighbourhood.

A village, for example, did not just grow up on its own. It started with the correct positioning of the main house, in which lived the owner of the land. Then, as time went on and the land was developed, so more people were needed to work the land and other ventures, and thus more houses were built. A village then started to grow, and with it there developed various sorts of needs, both spiritual and physical. Soon a church, or a place of worship, was necessary, and also a meeting-hall for community events, as well as shops and stores. If the land was suitable, the small grouping of houses developed into a larger town, and then other villages grew up in the area to help support the workings of town life. Thus, over a long period of time a very fine example of the inter-connectedness of all life could be seen mapped out on the face of the land. It was direct need that fanned the flames of creativity, and thus expansion in an orderly manner. "Beauty" was a key-word, and because of this the artists became part of the community, as did the artisans before them.

If we look back into our history over the past seven to eight hundred years, we will notice that there was an extraordinary period around the eleventh, twelfth and thirteenth centuries, when an enormous amount of building work was being done. It was the period of the construction of the Gothic cathedrals and the foundation of many of the Christian brotherhoods. It was also, as we know, the time when the dervish brotherhoods sprang up in different parts of the Middle East, stretching right into India and North

Eine erhabene Sicht

EINE DER VORRANGIGEN ANFORDERUNGEN BEIM BAU EINES Hauses gemäß den alten Gesetzen der Geomantie besteht darin, dass es über eine »erhabene Aussicht« verfügen soll. Mit anderen Worten, das Haus sollte so platziert sein, dass man einen freien, ›ausgedehnten‹ Blick über die umgebende Landschaft hat. Die Ausrichtung des Hauses und die Anordnung der verschiedenen Räume entsprechend ihrer Funktionen sind ebenfalls sehr wichtig, genauso wie das Verhältnis des Bauwerks zu Berggipfeln, Seen und Flüssen. Ebenso wie das Innere eines Hauses die Psychologie und das Wohlbefinden derer, die darin wohnen, unmittelbar beeinflusst, so hat auch die Platzierung des Hauses selbst eine tiefgreifende Wirkung auf seine Bewohner wie auch auf die Nachbarschaft.

Ein Dorf zum Beispiel entwickelt sich nicht einfach von selbst. Es nahm seinen Anfang mit der richtigen Platzierung des Haupthauses, in dem der Besitzer des Landes wohnte. Als dann die Zeit verging und das Land nutzbar gemacht wurde, wurden mehr Menschen für dessen Bebauung und andere Unternehmungen gebraucht, und so wurden weitere Häuser errichtet. Daraufhin begann ein Dorf zu wachsen und mit ihm entstanden vielerlei Bedürfnisse sowohl spiritueller als auch physischer Art. Bald wurde eine Kirche oder Andachtsstätte notwendig, ebenso ein Versammlungsraum für öffentliche Veranstaltungen sowie Geschäfte und Lagerhäuser. War das Land dafür geeignet, so entwickelte sich die kleine Häusergruppe zu einer größeren Ortschaft. Danach entstanden in der Gegend wiederum neue Dörfer, die ein funktionierendes Stadtleben unterstützen halfen. So konnte man über einen langen Zeitraum ein sehr schönes Beispiel der Verbundenheit allen Lebens auf der Oberfläche des Landes sich abzeichnen sehen. Es war unmittelbares Bedürfnis, welches die Flammen der Schaffenskraft und somit eine wohlgeordnete Ausdehnung entfachte. „Schönheit" war ein Schlüsselwort, und daher wurden Künstler ein Teil der Gemeinschaft, so wie vor ihnen die Handwerker.

Wenn wir in unserer Geschichte die letzten sieben- bis achthundert Jahre zurückblicken, werden wir feststellen, dass es eine außergewöhnliche Periode um das elfte, das zwölfte und das dreizehnte

Africa. It was a time of tremendous creativity. The path of the mystic was treated with enormous respect, and the influence of the spiritual life was vast. Political and spiritual life worked together when things were moving in harmony.

Because the correct "siting" of the spiritual centres was so important, in the same way that villages surrounded a larger town or city, monasteries would be started surrounding a sacred spot. As an example we can look at Glastonbury in England. Until the early sixteenth century, when the monasteries were destroyed, there were over three hundred of them in an area around Glastonbury, which was considered by most people to be the spiritual hub of the southern part of the British Isles. A natural power point, it had attracted spiritual seekers at least as far back as the time of Stonehenge, some three thousand years before the coming of Christianity to England.

As I said, it is need that brings out the creative urge in an evolutionary society. And so, if we look once again at that time of history, both in the West and in the Middle East, we will see that there must have been a direct need for both the Christian monastic orders and the dervish brotherhoods to emerge at that time. Some of these traditions have continued on until the present time.

Of course there are many reasons that can be given for these particular phenomena, not the least of which being the need at that time for there to be buildings in which sacred knowledge could be retained and manuscripts stored. Thus there grew the necessity of sufficient people joining together to maintain both the buildings and the land. It is also useful to remember that in those days communication was limited to the speed of the horses travelling from one place to another to deliver messages or particular pieces of news. There were no telephones or other modern means of communication. It is useful and humbling to consider this when we look towards the needs of the future coming into our lives at this particular time of history.

We also need to remember that the majority of the Christian orders and the dervish brotherhoods were started by directly or indirectly following one man or woman, who later was either considered to be a saint or at least highly revered. Mostly, the actual "order" or necessary organisation was set up *after* the death of the person who was later to be known to be its founder. One would imagine that during his or her lifetime they would have been far

Jahrhundert gab, als enorm viele Bauwerke entstanden. Es war die Zeit der Errichtung gotischer Kathedralen und der Gründung vieler christlicher Bruderschaften. Wie wir wissen, war dies auch die Zeit, als in verschiedenen Teilen des Mittleren Ostens die Derwisch-Bruderschaften aufkamen und sich sogar bis nach Indien und Nordafrika ausdehnten. Es war eine Zeit ungeheuer großer Kreativität. Dem Pfad des Mystikers wurde außerordentlicher Respekt entgegengebracht und der Einfluss des spirituellen Lebens war groß. Politisches und spirituelles Leben gingen Hand in Hand, als die Dinge sich in Harmonie bewegten.

Weil die richtige »Platzierung« der spirituellen Zentren so bedeutsam war, entstanden in derselben Weise wie die Dörfer einen größeren Ort oder eine Stadt umgaben gewöhnlich auch die Klöster in der Umgebung eines heiligen Platzes. Als Beispiel können wir Glastonbury in England betrachten. Bis zu ihrer Zerstörung am Anfang des sechzehnten Jahrhunderts hatte es über dreihundert Klöster im Umkreis von Glastonbury gegeben, das bei den meisten Menschen als spiritueller Mittelpunkt des südlichen Teils der Britischen Inseln galt. Als natürlicher Kraftpunkt hatte es spirituelle Sucher mindestens schon seit der Zeit von Stonehenge angezogen, rund dreitausend Jahre vor der Ankunft des Christentums in England.

Wie gesagt, es ist Bedürfnis, was in einer evolutionären Gesellschaft den Schaffensdrang zum Vorschein bringt. Und daher werden wir sehen, wenn wir noch einmal auf jene Zeit der Geschichte sowohl im Westen als auch im Mittleren Osten schauen, dass zu jener Zeit ein unmittelbarer Bedarf für das Auftauchen der christlichen Orden wie auch der Derwisch-Bruderschaften bestanden haben muss. Einige dieser Traditionen sind bis auf den heutigen Tag lebendig geblieben.

Natürlich kann man für diese besonderen Phänomene viele Gründe anführen, von denen nicht der unwichtigste das damalige Bedürfnis nach Gebäuden war, in denen heiliges Wissen bewahrt und Manuskripte aufgehoben werden konnten. Die Notwendigkeit wuchs, dass sich genug Leute zusammenfanden, um die Gebäude und auch das Land instand zu halten. Es ist auch nützlich, sich daran zu erinnern, dass die Kommunikation jener Tage auf die Reisegeschwindigkeit der Pferde begrenzt war, die mit Botschaften oder bestimmte Neuigkeiten von einem Ort zum anderen unterwegs waren. Es gab weder Telefon noch andere moder-

too busy to bother with all difficulties that can beset an organisation. It was only later, when it became necessary to collect the writings or the instructions as to certain spiritual practices, that organisations were found to be necessary.

All these facts concerning the history of the orders and brotherhoods are relatively obvious, but it is often forgotten that man has a direct involvement with Mother Earth and therefore that the actual placing of the centres was vital both to the work of each particular order and indeed to the planet itself. As mentioned before, communication was difficult and so travelling in those times became, in itself, a very important part of the work of the aspirant or seeker. "Seek ye knowledge even unto China" (hadith of the prophet Muhammad, peace and blessings be upon him). The movement from one place to another had its effect on the planet, it was part of the formation of a "platform for the next cycle" and for the generations to come. It was like a subtle form of 'cross-pollination' as the travellers went from one village to another and from one spiritual centre to another. Sacred sites were revered, even at that time, and pilgrims would often travel hundreds of miles just to go to a sacred well or spring to drink of the waters there. And always there would be a guardian of the well or spring, a man, often a hermit, whose function it was to guard the water and keep it pure for the travellers and pilgrims who came from time to time. The sacredness of water was highly esteemed for its many properties, both unique and general. Just as we are eighty-five percent water, so the planet is, as it were, living in a womb of water, the moisture on the breath of Divine Compassion.

At this time in history we are seeing the resurgence of a need for spiritual values, and at the same time we are also witnessing the collapse of the Christian monastic tradition. Even the sacredness of the dervish brotherhoods is being undermined right in front of us. In Turkey today anyone can, for a fee stated by the government, take a course in the Turn of the Mevlevis. Horrifying as this may sound it happens to be true. As far as the Christian monasteries are concerned, many of the buildings are lying empty or nearly empty, and have to be put to other uses. In New York, for example, the largest cookery school in the United States is situated in a beautiful building on the Hudson River that was a thriving monastery not so long ago. It now houses 1600 aspiring chefs who participate in a cooking class that lasts for twenty months! Indeed times are

ne Kommunikationsmittel. Und es ist sinnvoll und macht bescheiden, dies zu berücksichtigen, wenn wir auf die Bedürfnisse der Zukunft schauen, die zu dieser besonderen Zeit der Geschichte in unser Leben hereinkommt.

Wir sollten uns auch daran erinnern, dass die Mehrzahl der christlichen Orden und die Derwisch-Bruderschaften entstanden, indem sie direkt oder indirekt einem Mann oder einer Frau folgten, die später entweder als Heilige galten oder zumindest hoch verehrt wurden. Meistens wurde der eigentliche »Orden« oder die benötigte Organisation *nach* dem Tod der Person gegründet, die später als Stifter des Ordens bekannt wurde. Man kann sich vorstellen, dass diese Person zu Lebzeiten viel zu viel zu tun hatte, als dass sie sich auch noch um all die Schwierigkeiten hätte kümmern können, mit denen eine Organisation behaftet ist. Erst später, als es nötig wurde, die Schriften oder die Instruktionen zu bestimmten spirituellen Übungen zusammenzutragen, wurden Organisationen überhaupt als nötig befunden.

All diese Fakten zur Geschichte der Orden und Bruderschaften sind gut nachvollziehbar, aber oft wird vergessen, dass der Mensch eine unmittelbare Beziehung zur Mutter Erde hat und daher die konkrete Platzierung der Zentren sowohl für die Arbeit jedes einzelnen Ordens als auch für den Planeten selbst lebenswichtig war. Wie bereits erwähnt war die Kommunikation schwierig und so wurde in jenen Zeiten das Reisen als solches zu einem wichtigen Teil der Arbeit des Aspiranten oder Suchers. »Suche das Wissen sogar bis nach China« (Hadith des Propheten Mohammed, Friede und Segen seien mit ihm). Die Bewegung von einem Ort zum anderen hatte ihre Auswirkung auf den Planeten, sie war Teil des Bauens einer »Plattform für den nächsten Zyklus« und für die kommenden Generationen. Es war wie eine subtile Form der ›Fremdbestäubung‹, wenn die Reisenden von einem Dorf zum andern und von einem spirituellen Zentrum zu einem anderen zogen. Heilige Stätten wurden verehrt, selbst zu jener Zeit, und die Pilger reisten oft hunderte von Meilen weit, nur um eine heilige Quelle aufzusuchen und dort von dem Wasser zu trinken. Und stets gab es dort einen Hüter des Brunnens oder der Quelle, einen Mann, häufig einen Eremiten, dessen Aufgabe es war, das Wasser zu bewahren und für die Reisenden und Pilger, die von Zeit zu Zeit kamen, rein zu halten. Die Heiligkeit von Wasser wurde hoch geschätzt wegen seiner vielfältigen Eigenschaften, der einzigartigen

changing, but we need to welcome the changes intelligently, and without judgement or unnecessary criticism, and look carefully at what these signs are telling us, and what action, if any, we need to take.

Looking back into history can indeed be useful, but in order to fully comprehend the signs it is necessary to look at very large and extended cycles of time, rather than look back into the not-too-distant past. Equally it is important not to be at all sentimental if we want to extract what is useful for our time. For example, most people would say that it was a terrible thing that China invaded Tibet. On the other hand, if China had not walked into Tibet, the knowledge that has now spread out into the West would have undoubtedly remained within the closed walls of the Tibetan monasteries, which perhaps even then, before the invasion, were becoming a little corrupt. Corruption is often a sign that a cycle is over and thus people, through a yearning for power and based on their own personal fear of real change, try to hold on to sacred teachings when, from a higher level, it is obvious that that knowledge needs to be spread out across the world. Perhaps we can even see that through the advanced technology in the communication system of our time a whole new understanding is being forced upon us concerning sacred and esoteric knowledge and that it has inevitably become universal. Gone are the times when certain specific aspects of the inner teachings were able to be kept secret in remote areas on the planet. In every way we can see that we have moved into an entirely new cycle of history.

This does not mean to say, however, that the unfoldment of truth does not, of necessity, have to remain hidden from those who are not ready for it or who might misuse it for their own gain and benefit. And so, with the dissolution of the different brotherhoods and orders it is also necessary that there is a reformation and new brotherhoods, but set up and organised in a very different way to earlier times. I have tried to explain this in simple terms by using the analogy of advanced technology. I feel it is going to be vitally necessary to move forward and make good use of modern technology for many purposes, not the least of which being the storage on computers of the ancient wisdom, brought up to date for our time. After all, that which is today's metaphysics is tomorrow's physics.

I would like to return to the first paragraph of this paper, which concerned the necessity of a house built on firm geomantic princi-

wie auch der allgemeinen. So wie wir zu fünfundachtzig Prozent aus Wasser bestehen, lebt der Planet sozusagen in einem Schoß aus Wasser, der Feuchtigkeit auf dem Atem des Göttlichen Mitgefühls.

Zum jetzigen Zeitpunkt der Geschichte erleben wir, wie das Bedürfnis nach spirituellen Werten wieder auflebt, und werden gleichzeitig auch Zeugen des Zusammenbruchs der christlichen Ordenstradition. Sogar die Heiligkeit der Derwisch-Bruderschaften wird direkt vor unseren Augen untergraben. In der Türkei kann heute jeder gegen ein von der Regierung festgelegtes Entgelt einen Kurs im Drehen der Mevlevis besuchen. Das mag entsetzlich klingen, ist aber tatsächlich wahr. Was die christlichen Klöster betrifft, stehen viele der Gebäude leer oder fast leer und müssen anderweitig genutzt werden. Im Staat New York beispielsweise befindet sich die größte Kochschule der Vereinigten Staaten in einem wunderschönen Gebäude am Hudson River, das noch vor gar nicht langer Zeit ein blühendes Kloster war. Heute sind dort 1600 Kochschüler untergebracht, die an einem Kursus teilnehmen, der zwanzig Monate dauert! Die Zeiten ändern sich in der Tat, aber wir sind aufgefordert, die Veränderungen auf intelligente Art und ohne Urteil und unnötige Kritik willkommen zu heißen und sorgfältig uns anzuschauen, was diese Zeichen uns sagen und welches Handeln, wenn überhaupt, von uns verlangt ist.

Ein Blick zurück in die Geschichte kann wirklich hilfreich sein, aber, um die Zeichen voll und ganz zu begreifen, ist es nötig, sehr große und ausgedehnte Zeitzyklen zu betrachten, statt bloß in die jüngere Vergangenheit zurückzuschauen. Gleichermaßen wichtig ist es, auf keine Weise sentimental zu werden, wenn wir extrahieren wollen, was für unsere Zeit nützlich ist. Zum Beispiel würden die meisten Leute sagen, dass die chinesische Invasion Tibets eine schreckliche Sache war. Andererseits, wäre China nicht in Tibet einmarschiert, wäre das Wissen, das sich nun im Westen ausbreitet, zweifellos hinter den geschlossenen Mauern der tibetischen Klöster geblieben, die vielleicht schon damals, vor der Invasion, langsam etwas korrumpiert wurden. Korruption ist oft ein Zeichen dafür, dass ein Zyklus vorbei ist. Die Leute versuchen dann aus einer Sehnsucht nach Macht, die auf ihrer eigenen Angst vor wirklicher Veränderung beruht, an heiligen Lehren festzuhalten, während doch von einer höheren Warte aus betrachtet klar ist, dass dieses Wissen der Ausbreitung in die Welt bedarf. Vielleicht

ce, a living school
come
iving school
gging deeper _
sence of sufi teachings _
know we are loved
arning in love
reath is life
lchemy of the heart
reshad feild
news & events
chalice bookshop
links & friends
contact
chalice foundation
sitemap
Essence of Sufi Teachings
"Once there was a rose bush. It was carefully planted so that the roots grew deep in the soil that had long been prepared to receive it. The roots were Abraham. As the rose grew it was necessary that it be correctly pruned, otherwise it would eventually go wild and would not fulfill the intention that the gardener had for it. The stem, through the good earth, the deep roots, and the pruning, was straight and strong. That stem was Moses. One day the most perfect red rose that had
This living school is the distillation from a long line of Sufi teachings and thus we speak of the essence of Sufi teachings. Sufism, often called the mystical branch of Islam, has always, like the mystic traditions of all the great religions, been occupied with the Unity of All Existence, far beyond religious form or belief, and is in its essence called the "path of non-existence" or "the path of return" (to the One Absolute Being by overcoming our idea of being separate). The essence of Sufism is not simply about the purpose of life and men's eminent role and responsibility in this, it is the living unfoldment of this purpose. In the words of the prayer from the Sarmoun Brotherhood: "He, who knows and knows that he is - he is wise. Let him be followed. By his presence alone, man may be transformed".
The Three Poles
Once upon a time, many, many moons ago and indeed long after the prophet Muhammad (peace and blessings be upon him) came to us to "seal" the Line of the Prophets, explaining that there was no more need for further prophets (that aspect of God's Creation Story being completed at last), there was a time in our world when it was necessary for people to look back to see and know.

können wir sogar sehen, dass uns mit der fortgeschrittenen Technologie der modernen Kommunikationssysteme ein ganz neues Verständnis aufgezwungen wird, was heiliges und esoterisches Wissen angeht, und dass dieses zwangsläufig universell geworden ist. Vorbei sind die Zeiten, als bestimmte spezifische Aspekte der inneren Lehren in entlegenen Gebieten auf diesem Planeten geheim gehalten werden konnten. In jeder Hinsicht können wir sehen, dass wir uns in einen völlig neuen Zyklus der Geschichte hineinbewegt haben.

Das bedeutet jedoch nicht, dass die Entfaltung der Wahrheit nicht notwendigerweise jenen verborgen bleiben muss, die dafür nicht bereit sind oder sie für ihre persönliche Bereicherung und den eigenen Vorteil missbrauchen könnten. Daher muss es mit der Auflösung der verschiedenen Bruderschaften und Orden ebenfalls notwendigerweise zu einer Reformation und zu neuen Bruderschaften kommen, die indes auf sehr andere Art als früher eingerichtet und organisiert sind. Ich habe versucht, dies mit dem Bild der modernen Technologie in einfachen Begriffen zu verdeutlichen. Ich spüre, es wird lebensnotwendig werden, vorwärts zu gehen und moderne Technologien für vielfältige Zwecke nutzbringend einzusetzen, nicht zuletzt für das digitalisierte Speichern alten Wissens, das unserer Zeit gemäß auf den neuesten Stand gebracht wurde. Schließlich ist die Metaphysik von heute die Physik von morgen.

Nun möchte ich auf den ersten Absatz dieser Abhandlung zurückkommen, der von der Notwendigkeit handelt, dass ein Haus nach festen geomantischen Prinzipien gebaut sein muss, um über eine Aussicht zu verfügen. Jetzt möchte ich das Thema allerdings auf eine andere, vielleicht ›höhere‹ Ebene ›transponieren‹, um einige Leitlinien für die Zukunft anzubieten und insbesondere für das, was wir selbst in dieser lebenden Schule zu dem Zentrum der sich herausbildenden Spirale des Wissens in unserer Zeit beitragen können. Wie ich bei unzähligen Anlässen ausgeführt habe, ist diese Schule in gewissem Sinn die Manifestation meines eigenen Ausatmens. Deshalb ist es wichtig, dass sich die Schüler tief in die Texte ›eingraben‹, diese sorgfältig studieren und ihr Bestes tun, die Essenz der Lehren zu extrahieren. Ich bitte die Menschen, in keiner Weise irgendetwas als gegeben vorauszusetzen, sondern ihre angeborene Intelligenz zu gebrauchen, um in der Tiefe herauszufinden, was diese Abhandlungen vermitteln sollen. Sei nie damit

ples to command a view. However, I now want to 'transpose' the theme on to another and perhaps 'higher' level. I do so in order to offer some guidelines for the future, and particularly for our own contribution from this living school to the centre of the evolving vortex of knowledge in our time. As I have explained on numerous occasions, this school is, in a sense, the manifestation of my own out-breath. Therefore, it is important that the pupils look deeply into the papers, study them carefully and do their best to extract the essence of the teachings. I ask people not to presume in any way whatsoever, and to use their own innate intelligence to find out, in depth, what it is that these papers are meant to convey. Never be satisfied with merely accepting what is being said on the surface of things! In most cases I do not actually say when I transpose the different levels of consciousness expressed in the papers, but hope and trust that the readers will very carefully look into their own hearts and see if they can hear an echo coming from the many deeper levels.

It is the word "view" that I want to explore for a moment, but perhaps you have already understood something from the many talks about the "viewpoint", which was the theme of this year's summer school in Holland.

First there is the point from which you view.
And then there is the point to which you view.
Then there is the point beyond that which you can see
  but which you can still see.
Then there is the point beyond which you can still see
  but which you cannot see with the physical eye
  but of which you can have an intuition.
Beyond that which we can intuit there is the beyond.
Beyond the beyond there is still further...
  "Still further am I."

I am giving you clues all along the way. In most Sufi stories or parables you have to search for the key before you can unlock the inner aspects of the teachings. Because I am writing this in New Mexico, and that is a long way from you all, I am cheating a little this time and giving you tempting carrots to help you see in the dark!

In the Sufi tradition it is often said that our body is the "Temple of God" and the heart is the "altar" in the Temple of God. Like

zufrieden, einfach zu akzeptieren, was an der Oberfläche der Dinge gesagt wird! In den meisten Fällen sage ich es nicht ausdrücklich, wenn ich die verschiedenen Bewusstseinsebenen, die in den Texten zum Ausdruck kommen, transponiere, sondern hoffe und vertraue darauf, dass die Leser sehr sorgfältig in ihren eigenen Herzen wahrnehmen, ob sie ein Echo vernehmen können, das von den vielen tieferen Ebenen kommt.

Es geht um das Wort »Aussicht« oder »Sicht«, das ich für einen Moment erkunden möchte. Vielleicht habt ihr bereits etwas verstanden aus den vielen Vorträgen über den »Gesichtspunkt«, welcher Thema der diesjährigen Sommerschule in Holland war.

Zuerst gibt es den Punkt, von dem aus du schaust.
Und dann gibt es den Punkt, zu dem du hinschaust.
Dann gibt es den Punkt, über den du hinaussehen kannst,
den du dabei aber noch immer zu sehen vermagst.
Dann gibt es den Punkt, über den hinaus du immer noch sehen kannst,
doch nicht mit dem physischen Auge,
von dem du aber eine Ahnung haben kannst.
Jenseits dessen, was wir erahnen können, ist das Jenseits.
Hinter dem Jenseits geht es immer noch weiter...
»Noch weiter bin Ich.«

Ihr seht, ich gebe euch den ganzen Weg entlang Hinweise. In den meisten Sufi-Geschichten oder -Parabeln musst du erst nach dem Schlüssel suchen, bevor du dir die inneren Aspekte der Lehren erschließen kannst. Weil ich dies in New Mexico schreibe, und das ist weit weg von euch allen, mogele ich diesmal ein bisschen und gebe euch verlockende Karotten, die euch helfen, im Dunkeln zu sehen!

In der Sufi-Tradition wird oft gesagt, dass unser Körper »der Tempel Gottes« ist und das Herz der »Altar« in Gottes Tempel. Wie jedes Haus sollten wir unseren Körper heiligen und somit zu einem Tempel in jeder Hinsicht machen. Und ein Haus muss über eine erhabene Aussicht verfügen... Wie weit reicht eure eigene Sicht, frage ich mich? Seht ihr nur die engen Grenzen des Horizonts vor euch, und das womöglich auch nur bei Tageslicht? Oder könnt ihr über das, was ihr mit euren physischen Augen seht, hinaus in die Welten des noch unmanifestierten Gottes schauen, in

every house, we need to make our body sacred, and thus a temple in every sense of the word. And a house must command a view… How far does your own view extend, I wonder? Do you see just to the narrow boundaries of the horizon in front of you, and then only in daylight? Or can you see beyond what you can see with the physical eyes into the worlds of the as yet Unmanifested God, the worlds of possibilities, the worlds of ideas and archetypal ideas, the angelic kingdoms and even the world of the Holy Names of God?

The challenge is given to us each day, and this is indeed the only day that we have. If we live in the past, holding on to our pain and our suffering to give believability to our lower self, our lower nature, then our viewpoint is really very narrow. It only starts and ends with "me"! If we project into the future, rather than being totally open and receptive in the present moment (the key to the inner meaning of the Name *as-Sabur,* the Patient One), then, since energy follows thought, we really have nowhere from which we can see, from where we can command a view. And remember that the "house" that we build "out there" in the relative world is meant only to be the extension of the house that we have built within. "You are your own forerunner," as Khalil Gibran said.

We have worked hard over the past years that we have spent together. Initially people came with little to offer to our school except the need that they all felt for a transformative process to be discovered in their own lives in order that they might be able to serve *life* better. People's views did not stretch very far, perhaps just from one Thursday to another, or from one seminar or workshop to another. Communication, in depth, was difficult because everyone was working from different points of view, and of course everyone came with different degrees of personal suffering and needs.

But now it is different. There really has been a great deal of transformation, and this has come about from your own inner work as well as the instructions that have been given to you over the years. Yes, there has been a healing process that has been subtly continuing, and many apparently miraculous events have occurred. More and more we have learned how to glorify God in the Turn and in our everyday life. The beginnings of a real brotherhood have grown. There is the warmth of a spiritual family that has emerged and touched the hearts of those with whom it has come in contact. Communication, although difficult in the early stages because of language and cultural differences, has become easier as our "hearts"

die Welten der Möglichkeiten, die Welten der Ideen und archetypischen Vorstellungen, in die Reiche der Engel und gar in die Welt der Heiligen Namen Gottes?

Die Herausforderung wird uns jeden Tag gegeben, und in der Tat ist dies der einzige Tag, den wir haben. Leben wir in der Vergangenheit und halten wir an unserem Schmerz und unserem Leiden fest, um unserem niederen Selbst, unserer niederen Natur, Glaubwürdigkeit zu verleihen, dann ist unsere Sicht wirklich sehr begrenzt. Sie beginnt und endet nur bei »mir«! Wenn wir in die Zukunft projizieren, statt ganz und gar offen und empfänglich im gegenwärtigen Moment zu sein (dem Schlüssel zur inneren Bedeutung des Namens *as-Sabur,* der Geduldige), dann haben wir, da Energie dem Denken folgt, wirklich keinen Ort, von dem aus wir sehen und über eine Sicht gebieten können. Und erinnert euch, das »Haus«, das wir »da draußen« in der relativen Welt bauen, sollte lediglich die Ausdehnung des Hauses sein, das wir im Inneren erbaut haben. »Du bist dein eigener Vorbote«, wie Khalil Gibran sagte.

In den vergangenen Jahren, die wir miteinander verbrachten, haben wir hart gearbeitet. Anfangs kamen die Menschen nur mit wenigem, was sie der Schule anbieten konnten, außer dem von allen gespürten Bedürfnis nach einem Transformationsprozess, den es in ihrem eigenen Leben aufzuspüren galt, auf dass sie dem *Leben* besser dienen könnten. Die Sicht der Menschen erstreckte sich nicht sehr weit, vielleicht gerade von einem Donnerstag auf den nächsten oder von einem Seminar oder Workshop zum nächsten. Tiefschürfende Kommunikation war schwierig, weil alle von verschiedenen Gesichtspunkten aus arbeiteten, und natürlich kamen alle mit unterschiedlichen Graden von persönlichem Leid und Bedürftigkeit.

Aber jetzt ist das anders. Es hat wirklich sehr viel Transformation stattgefunden, und das lag an eurer eigenen inneren Arbeit, wie auch an den Anweisungen, die euch über die Jahre gegeben wurden. Ja, es hat ein Heilungsprozess stattgefunden, der auch noch sanft andauert, und viele anscheinend wunderbare Dinge sind geschehen. Mehr und mehr haben wir gelernt, wie wir Gott im Drehen und in unserem Alltag verherrlichen können. Die Keime einer wirklichen Bruderschaft sind gewachsen. Die Wärme einer spirituellen Familie ist aufgekommen und hat die Herzen derer berührt, die mit ihr in Kontakt gekommen sind. Die

are indeed seen to be the altars and the one place where we can find the Beloved. We have begun to light the candles on the altar through the fire that has been kindled by our own inner work, sacrifice and perseverance in trying to help others along the way.

As the light has grown stronger, so our inner conviction in the path has become stronger. Perhaps it is even felt by some of you that there is enough strength within to be able to hold others by the hand in that true conviction. Through the realisation that so many of you now have of the absolute necessity of daily practice and prayer, energy has started to flow in the right direction and the past is being drawn up through the present, to give way to the future coming in, which waits, with each moment of time, to be recognised. As we study the Names and as we work on ourselves, so we are able, little by little, to see God's Need. We pray that our wish is His Desire. A world of possibility is indeed opening up for us all.

But we must remain awake. At no time since we first met has there been such a need and such an opportunity for real inner work to be seen manifested in the outer world. The need is great. We all know this. The need is for people to wake up to the fact that breath is life, and that it is for really conscious human beings to manifest the breath of God's Compassion in their own lives. We are created in His Image, and the responsibility for this Divine Knowledge is vast. It is as vast as the horizon of a true believer, where there is a limitless sky and a world of endless possibilities. A believer stands in the present moment and commands his or her own view. Just as the breath has no walls, and Divine Love has no barriers, so I pray that, little by little, your own view will stretch beyond the limitations of fear and anger and personal pain and resentment, a way out into the infinite. Every time that we stand still in the Divine Presence, the land becomes holy ground and sings in recognition.

Now the question arises whether it is finally the time to start a real centre in the physical sense in Switzerland.* If it is, then it is because the view of the seekers who will help make the centre possible is no more limited to the horizon just in front of them. If you, each of you, are able to command a view from within your own hearts, then it is indeed the right time to put all our energy towards the finding of a suitable place, and with that the acceptance of all the responsibility that goes with such a venture. I realise that we

* What is meant here is Johanneshof, the centre of the Living School in Kastanienbaum at the Lake of Lucerne, which existed from 1993 to 1996.

Kommunikation, wenngleich in den frühen Stadien wegen der sprachlichen und kulturellen Unterschiede schwierig, ist leichter geworden, weil unsere »Herzen« in der Tat als Altäre gesehen werden und als den einen Ort, wo wir den Geliebten finden können. Wir haben begonnen, die Kerzen auf dem Altar mit dem Feuer anzuzünden, das entfacht wurde durch unsere eigene innere Arbeit, unser Opfer und unsere Ausdauer in dem Bemühen, anderen entlang des Wegs zu helfen.

In dem Maße, wie das Licht heller wurde, hat sich auch unsere innere Überzeugung vom Pfad gefestigt. Vielleicht spüren einige von euch sogar, dass da genügend innere Stärke ist, um andere mit dieser wahren Überzeugung bei der Hand zu nehmen. Durch die Wahrnehmung, die so viele von euch jetzt von der absoluten Notwendigkeit täglicher Übungen und Gebete haben, hat Energie begonnen, in die richtige Richtung zu fließen, und die Vergangenheit wird durch die Gegenwart aufgesogen, um Platz zu machen für die hereinkommende Zukunft, die in jedem Augenblick der Zeit darauf wartet, erkannt zu werden. Indem wir die Namen studieren und an uns selbst arbeiten, werden wir nach und nach fähig, Gottes Bedürfnis zu sehen. Wir beten, dass unser Wunsch Sein Verlangen sei. Eine Welt der Möglichkeit öffnet sich in der Tat für uns alle.

Doch müssen wir wachsam bleiben. Zu keiner Zeit, seit wir uns das erste Mal begegnet sind, hat es ein solches Bedürfnis nach und eine solche Gelegenheit zu echter innerer Arbeit gegeben, auf dass sie in der äußeren Welt als manifestiert gesehen werde. Das Bedürfnis ist groß. Wir alle wissen das. Es ist nötig, dass die Leute aufwachen und die Tatsache erkennen, dass Atem Leben ist und dass es an den wirklich bewussten Menschenwesen liegt, den Atem von Gottes Mitgefühl in ihrem eigenen Leben zu manifestieren. Wir sind nach Seinem Bild geschaffen, und die Verantwortung für dieses Göttliche Wissen ist unermesslich. Sie ist so unermesslich groß wie der Horizont eines wahren Gläubigen unter einem grenzenlosen Himmel in einer Welt endloser Möglichkeiten. Ein Gläubiger steht im gegenwärtigen Moment und gebietet über seine eigene Sicht. Genau wie der Atem keine Wände und Göttliche Liebe keine Schranken hat, so bete ich, dass sich eure eigene Sicht Schritt für Schritt über die Begrenzungen von Angst, Zorn, persönlichem Schmerz und Unmut hinaus weit ins Unendliche erstrecken möge. Jedes Mal, wenn wir still in der Göttlichen Gegenwart

have talked about this project on many occasions, but it is not until now that I have felt it possible to put energy towards the fulfilment of this very strong vision for our time. I feel that now there are sufficient people who would welcome the opportunity to serve such a venture, as well as there are sufficient people who would wish to come, study and work at the centre when it can be found.

However, for such a project to work correctly there needs to be a total agreement from all those concerned who work with me in this living school. I am therefore asking each one of you, after suitable preparation, i.e. *dhikr* and prayer, to go deeply within your own hearts and discover whether you are now ready to help bringing this vision of an international centre into manifestation. Without that necessary agreement and enthusiasm, the vision will continue to remain in one of those unmanifested worlds I have spoken about. Remember, just as the past is redeemed in and through the present moment, and with the help of the teacher and the school, so the unmanifested also comes into being through the present moment. And there is no present moment without conscious human beings. Thus, as our degree of consciousness increases, so the world of possibilities opens up to us, and the higher worlds wait to help us in our endeavours. But whatever happens, be honest with yourselves. Do not be caught by glamour, or feel that a centre is going to be the cure for all ills. It does not work like that. The responsibility of having a centre, and looking after it and after all those who God brings to it, does not make life easier. However, it can bring greater meaning into our lives and a sense of fulfilment as we watch the flowers grow and dreams unfold into a living reality.

> Each perfected man is in a sense the same as each other one. This means that, correctly attuned through the energy of the school, a disciple can come into communication with the great ones, just as they are in communication with each other, across time and place. The duties and practices of the school form one whole. The truth, the manner of teaching and the participants form one hand, in which the ignorant may see only the dissimilarity of the fingers, not the combined action of the hand.
>
> BAHAUDDIN NAQSHBANDI

1991

stehen, wird das Land zu heiligen Boden und erklingt im Wiedererkennen.

Nun stellt sich die Frage, ob es endlich an der Zeit ist, in der Schweiz ein Zentrum im physischen Sinne zu gründen.* Wenn dem so ist, dann deswegen, weil die Sicht der Suchenden, die mithelfen werden, dieses Zentrum möglich zu machen, nicht länger auf den unmittelbar vor ihnen liegenden Horizont beschränkt ist. Wenn ihr, jeder Einzelne von euch, über eine Sicht aus dem Inneren eures eigenen Herzens gebieten könnt, dann ist in der Tat die richtige Zeit gekommen, all unsere Energie in die Suche nach einem geeigneten Ort zu stecken und damit auch die volle Verantwortung zu übernehmen, die so eine Unternehmung mit sich bringt. Ich bin mir darüber im Klaren, dass wir schon viele Male über dieses Projekt gesprochen haben, aber erst jetzt spüre ich, dass Energie in die Erfüllung dieser sehr starken Vision für unsere Zeit gesteckt werden kann. Ich glaube, jetzt sind genügend Menschen da, die die Möglichkeit, einem solches Vorhaben zu dienen, willkommen heißen würden, und auch genügend, die kommen, studieren und in dem Zentrum arbeiten möchten, falls eines gefunden werden kann.

Allerdings ist, wenn ein derartiges Projekt richtig funktionieren soll, von allen Beteiligten die mit mir in dieser lebenden Schule arbeiten, ein völliges Einverständnis nötig. Ich bitte daher jeden Einzelnen von euch, nach angemessener Vorbereitung in Form von *Dhikr* und Gebet tief in eure Herzen zu schauen und herauszufinden, ob ihr nun bereit seid, dieser Vision eines internationalen Zentrums zur Manifestation zu verhelfen. Ohne dieses notwendige Einverständnis und ohne diese Begeisterung wird die Vision weiterhin in einer der unmanifestierten Welten verbleiben, über die ich gesprochen habe. Erinnert euch: Ebenso wie die Vergangenheit in und durch den gegenwärtigen Moment erlöst wird – und mit Hilfe des Lehrers und der Schule –, kommt auch das Unmanifestierte durch den gegenwärtigen Moment ins Sein. Und es gibt keinen gegenwärtigen Moment ohne bewusste menschliche Wesen. So eröffnet sich uns mit zunehmendem Grad an Bewusstheit die Welt der Möglichkeiten, und die höheren Welten warten darauf, uns in unserem Bemühen zu helfen. Doch

* Hier ist der Johanneshof gemeint, der in Kastanienbaum am Vierwaldstättersee von 1993 bis 1996 bestand.

was auch immer geschieht, seid ehrlich mit euch selbst. Geht nicht irgendwelchem Glanz und Zauber auf den Leim oder dem Gefühl, ein Zentrum sei das Heilmittel für alle Übel. So funktioniert das nicht. Die Verantwortung, ein Zentrum zu haben und sich darum zu kümmern genauso wie um all jene, die Gott dorthin führt, macht das Leben nicht leichter. Doch es kann einen tieferen Sinn in unser Leben tragen und ein Gefühl der Erfüllung, wenn wir die Blumen wachsen und Träume sich zu einer lebendigen Wirklichkeit entfalten sehen.

> Auf eine Art ist jeder vollkommene Mensch derselbe wie jeder andere. Dies bedeutet, richtig eingestimmt von der Energie der Schule, kann ein Schüler über Zeit und Raum hinweg in Berührung kommen mit den ganz Großen, geradeso wie diese miteinander in Berührung kommen. Die Pflichten und Übungen der Schule bilden ein Ganzes. Die Wahrheit, die Art der Lehre und die an ihr Teilhabenden bilden eine Hand. Der Unwissende mag darin allein die Unähnlichkeit der Finger sehen und nicht das Zusammenwirken der Hand.
>
> Bahauddin Naqshbandi

An Introduction to the Way

Every complete way of contemplation, such as the Sufi way or Christian mysticism (in the original meaning of that word), is distinct from a way of devotion, such as is wrongly called "mystical", in that it implies an active intellectual attitude. Such an attitude is by no means to be understood in the sense of a sort of individualism with an intellectual air to it: on the contrary it implies a disposition to open oneself to the essential reality (*al-haqiqah*), which transcends discursive thought, and so a possibility of placing oneself intellectually beyond all individual subjectivity.*

I CALLED THIS TALK "AN INTRODUCTION TO THE WAY" FOR I believe it is extremely hard for the average human being, cluttered as it is with the conditioning of a lifetime, to come to a real understanding of what is often termed "the way". Sufism can be seen as the inner core of Islam, and as such it would really be necessary for an aspirant on this way to embrace Islam in order to live out the life and the revealed law as set down in the Koran, for although the "complete way of contemplation" is distinct from a "way of devotion", the Sufi is a deeply devotional man and like every believer he or she must pray according to the proscribed times and in the way that the Prophet (peace and blessings be upon him) laid down.

However, I believe it is possible for the westerner to turn towards a mystical path and he will more than likely choose Christian mysticism or orientate himself towards the Sufi approach – that is if he has made the first step of discarding the orthodox form of religion, having seen it to be a veil hiding the essential truth. All over the western world young people, sick and tired of the bigotry of so-called religious doctrine, are turning towards their source, and as it is said that Muhammad is the Seal of the Prophets and the Koran the last revealed book, it is not surprising that it is probably easier to find gnostics in the Muslim tradition than in any other.

The point at question is: how can the western mind, conditioned as it is, come to a state which transcends discursive thought? We are brought up to have firm opinions, to follow form and doctrine, and to hide ourselves within the illusory world, slipping

* Titus Burckhardt: *An Introduction to Sufi Doctrine.* Lahore 1959, page 14.

Leitfaden für den Weg

Grundsätzlich unterscheidet sich jeder rein geistige Weg, ob es sich nun um den sufischen Weg oder um die christliche Mystik in ihrem ursprünglichen Sinne handelt, von einem nur glaubenshaften, irrtümlich »mystisch« genannten Weg dadurch, dass der erstgenannte eine geistig tätige Haltung voraussetzt, womit wir keineswegs eine Art von geistig verbrämter Ichbehauptung meinen, sondern ganz im Gegenteil ein mehr oder weniger unmittelbares Teilhaben an der Wirklichkeit [*al-haqiqah*] des reinen, »unpersönlichen« Geistes, der alles Ichhafte tätig durchschneidet.*

ICH HABE DIESEM VORTRAG DEN TITEL »LEITFADEN FÜR DEN Weg« gegeben, weil ich der Ansicht bin, dass es für den sein Leben lang konditionierten, normalen Menschen äußerst schwierig ist, zu einem richtigen Verständnis dessen zu gelangen, was häufig als »der Weg« bezeichnet wird. Sufismus kann man als den inneren Kern des Islams ansehen, und daher wäre es für jemanden, der diesen Weg sucht, notwendig, den Islam anzunehmen, um sein Leben gemäß dem offenbarten Gesetz des Korans zu leben. Denn obwohl der »rein geistige Weg« sich vom »glaubenshaften Weg« unterscheidet, ist der Sufi ein zutiefst frommer Mensch und muss wie jeder Gläubige zu den vorgeschriebenen Zeiten und in der vom Propheten (Friede und Segen seien mit ihm) festgelegten Art und Weise beten.

Dennoch, glaube ich, ist es für einen Menschen im Westen möglich, sich einem mystischen Pfad zuzuwenden, und so wird er höchstwahrscheinlich die christliche Mystik wählen oder sich am Sufi-Ansatz ausrichten – aber nur, wenn er den ersten Schritt getan hat, der im Abwerfen der orthodoxen Religionsform besteht, die er als Verschleierung der essenziellen Wahrheit erkannt hat. Der Selbstgerechtigkeit so genannter religiöser Doktrin gründlich überdrüssig, wendet sich die Jugend überall in der westlichen Welt ihrer Quelle zu, und da es heißt, Mohammed sei das Siegel der Prophetenschaft und der Koran das letzte offenbarte Buch, erstaunt es kaum, dass es wohl einfacher ist, Gnostiker in der muslimischen Tradition zu finden als in irgendeiner anderen.

* Titus Burkhardt: *Vom Sufitum,* Otto-Wilhelm-Barth-Verlag, München-Planegg 1953, Seite 29.

through life as though we were a visitor from outer space. We use words such as "soul" and "spirit", having little or no understanding of what these terms mean except through comparison and value judgement based on other people's opinions and discursive reasoning. We live in a world of complete illusion. We are sleepwalkers, doomed forever in a world of darkness until one day we realise that we *know nothing,* we only *thought* we knew something. That is the turning point, and it is only then that we can approach the way and start on the beginning of a lifetime's journey through the maze towards our origin, to our Lord, for "Whosoever knows himself, knows his Lord" (hadith of the Prophet).

All creation is in one moment and unfolds from within itself, yet the discursive mind cannot understand this. This discursive mind measures life along one plane of the cross, whereas it is only within the heart – the central axis of the horizontal and vertical lines of earth and heaven, sun and moon, intelligence and will, soul and spirit – that we can know the secrets of creation itself. The discursive mind is convinced that light, for instance, travels at 186 000 miles per second, and goes to great lengths to prove this apparent fact. But I tell you that light does not travel at all, it unfolds from within itself. Truth and creation are one, and they unfold from the one moment of truth that can be found within the heart of the mystic.

If we wish to come to understand the mystic path we have to die to all that we think we are, or as a modern Sufi recently said, "Words are a veil, even consciousness is a veil. We must learn to breathe with God."

> The Spirit (*ar-Ruh*) and the soul (*an-nafs*) engage in battle for the possession of their common son, the heart (*al-qalb*). By *ar-Ruh* is here to be understood the intellectual principle which transcends the individual nature and by *an-nafs* the psyche, the centrifugal tendencies of which determine the diffuse and inconstant domain of the "I". As for *al-qalb,* the heart, this represents the central organ of the soul, corresponding to the vital centre of the psychical organism. *Al-qalb* is in a sense the point of intersection of the "vertical" way, which is *ar-Ruh,* with the "horizontal" plane, which is *an-nafs*. Now it is said that the heart takes on the nature of that one of the two elements generating it which gains victory in this battle. Inasmuch as the *nafs* has the upper hand, the heart is "veiled"

Die Frage, um die es geht, lautet: Wie kann der westliche Verstand, konditioniert wie er ist, über das diskursive Denken hinausgelangen? Wir werden erzogen, feste Überzeugungen zu hegen, Formen und Lehrmeinungen zu akzeptieren, uns in der Welt der Illusionen zu verschanzen und uns wie Außerirdische durchs Leben zu stehlen. Wir gebrauchen Wörter wie »Seele« oder »Geist« und haben doch kaum eine Vorstellung davon, was diese Begriffe bedeuten, außer in Form von Vergleichen und Werturteilen auf der Grundlage der Meinung anderer und unseres sprunghaften Verstandes. Wir leben in einer Welt vollständiger Täuschung. Auf ewig in eine Welt der Dunkelheit verdammt, sind wir Schlafwandler, bis wir eines Tages erkennen, dass wir *nichts wissen* und lediglich *denken,* wir wüssten etwas. Das ist der Punkt der Umkehr, und erst von hier aus können wir uns dem Weg annähern und den Beginn einer lebenslangen Reise durch das Labyrinth zu unserem Ursprung, unserem Herrn, antreten, denn »wer sich selbst kennt, kennt seinen Herrn« (Hadith des Propheten).

Jegliche Schöpfung geschieht in einem Augenblick und entfaltet sich aus sich selbst heraus, aber der diskursive Verstand kann das nicht begreifen. Das folgernde Denken misst das Leben lediglich entlang einer Geraden des Kreuzes, während wir doch nur im Herzen – im Zentrum der sich schneidenden horizontalen und vertikalen Achsen von Erde und Himmel, Sonne und Mond, Intelligenz und Wille, Seele und Geist – die Schöpfungsgeheimnisse selbst erfahren können. Das diskursive Denken ist zum Beispiel davon überzeugt, dass sich Licht mit 300 000 Kilometern in der Sekunde bewegt, und treibt einen großen Aufwand, diese offensichtliche Tatsache zu beweisen. Doch ich sage euch, dass Licht sich überhaupt nicht bewegt, es entfaltet sich aus sich selbst. Die Wahrheit und die Schöpfung sind eins, und sie entfalten sich aus dem einen Moment der Wahrheit, der im Herzen des Mystikers gefunden werden kann.

Wenn wir den mystischen Pfad verstehen wollen, müssen wir all dem gegenüber sterben, was wir zu sein glaubten, oder wie es ein moderner Sufi ausgedrückt hat: »Worte sind Schleier, sogar das Bewusstsein ist ein Schleier. Wir müssen lernen, mit Gott zu atmen.«

Der Geist (*ar-Ruh*) und die Seele (*an-nafs*) [streiten] miteinander um den Besitz ihres gemeinsamen Sohnes, des

> by her, for the soul, which takes herself to be an autonomous whole, in a way envelops it in her "veil" (*hijab*). At the same time the *nafs* is an accomplice of the "world" in its multiple and changing aspect because she passively espouses the cosmic condition of form. Now form divides and binds, whereas the Spirit, which is above form, unites and at the same time distinguishes reality from appearance. If, on the contrary, the Spirit gains the victory over the soul, the heart will be transformed into Spirit and will at the same time transmute the soul suffusing her with spiritual light.*

The path of the aspirant in the Sufi tradition is a lifetime's journey towards the moment of realisation when the Sufi realises his essential unity with God. Each of the different Sufi orders provides somewhat different teaching methods and therefore the language is always a little obscure to the western mind, although the essential truth remains the same. Like any mystic path it is a path involving the bringing forth of the latent truth within us in a series of stages, which in this case are called *fana* and *baqa. Fana* is the dissolving of the illusory world, and *baqa* is the remaining of the essential truth underlying the world of form. It is as though we turn inside-out, so that we are able to see into the essence of things, to break through the veils that separate us from reality itself. Then, again, there is a second movement when, having broken through the veil of illusion, we turn once more to be able to see God in everything. "Wheresoever ye turn, there is the Face of God."

In fact there are essentially three "turns" or degrees of faith. The first is *'ilm al-yaqin,* or the "lore of certainty", when the aspirant hears the good news that there is another way of life and trusts this implicitly. He is warmed in the fire. There is still "him" and the fire, but he has made the first turn towards his goal. Next there comes *'ayn al-yaqin,* or the "eye of certainty", and here he sees the fire itself. He tastes of the fire, he "wants only burning" as Mevlana Jalaluddin Rumi once said. He sees with the eye of the heart as he has heard with the inner hearing in the first turn. The third turn is called *haqq al-yaqin,* or the "truth of certainty". While in the first two turns there is still a world of duality, in the third turn no duality exists any more. He is burnt in the flames, as the moth is burnt

* Ibid., page 19.

> Herzens (*al-qalb*); mit *ar-Ruh* ist hier die erkennende Weisheit gemeint, die die ichhafte Natur durchdringt und überragt; *an-nafs* bezeichnet die Psyche, deren die Mitte fliehende Strebungen [den] ungewissen und und unbeständige[n] Bereich des Ichs ausmachen; *al-qalb* aber, das Herz, bedeutet die innerste Fähigkeit der Seele, entsprechend dem leiblichen Herzen, welches der belebende Mittelpunkt der körperlichen Verfassung ist; es ist gewissermaßen der Schnittpunkt des lotrechten Strahles *ar-Ruh* mit der waagerechten Ebene *an-nafs*. Nun heißt es, dass das Herz das Wesen desjenigen seiner beiden Erzeuger annimmt, der in dem Kampfe obsiegt; solange die *nafs* die Oberhand hat, ist das Herz durch sie »verschleiert«, denn die Seele, die sich für ein selbstständiges Ganzes hält, hüllt es gleichsam in ihren Schleier (*hijab*) ein; dabei ist die *nafs* der Welt in all dem, was diese Uneiniges und Veränderliches hat, verschworen, da sie geduldig dem kosmischen Gesetze der Form gehorcht; die aber zerteilt und bindet zugleich, während der überförmliche Geist eint, indem er gleichzeitig die wesentlichen Eigenschaften jeglichen Dinges erfasst. Wenn dagegen der Geist über die Seele siegt, so verwandelt sich das Herz in ihn und gestaltet andererseits die Seele um, durch das geistige Licht, das sich auf sie ergießt.*

Der Pfad des Aspiranten in der Sufi-Tradition ist eine lebenslange Reise in Richtung des Augenblicks der Verwirklichung, wenn der Sufi seine eigentliche Einheit mit Gott erkennt. Jeder der verschiedenen Sufi-Orden bietet etwas andere Lehrmethoden, weshalb die Sprache für das westliche Denken stets etwas unklar ist, die essenzielle Wahrheit bleibt jedoch dieselbe. Wie jeder mystische Pfad, ist es ein Weg, der die in uns liegende Wahrheit in einer Folge von Stufen hervortreten lässt, die in diesem Fall *fana* und *baqa* genannt werden. *Fana* bedeutet die Auflösung der Welt der Illusion, und *baqa* ist das Zurückbleiben der essenziellen Wahrheit, die der Formenwelt zugrunde liegt. Es ist so, als ob wir unser Inneres nach außen kehren, so dass wir fähig werden, in die Essenz der Dinge hineinzuschauen und die Schleier zu lüften, die uns von der Wirklichkeit selbst trennen. Dann kommt es zu einer zweiten

* Ibid., Seite 34.

in the flame of the candle. The heart is finally spiritualised and the battle between the *nafs,* or false ego, and the Spirit is won. As the heart is the seat of the soul, and as we have finally passed the ordeal of fire, we have, for the first time, gained our immortal soul, sometimes known as the essential self, for in the Sufi tradition it is not thought that man is born with a soul but rather has *to gain* immortality. Up until that moment the pupil is under the guidance of a spiritual master who acts as the Khalif, or Vice-Regent of God on earth, and whose work is to "turn" the pupil through these stages towards himself, towards what is called "completion". There is one further stage, and that is when the pupil turns once more, but this time – free. He is now truly "master of his own destiny", a self-determined human being for the first time, a creative man. Through his being men awake, and through the birth of his magnetic centre they are turned towards the Source.

In order to have a suitable vehicle to carry some sort of understanding of the different stages of *fana* and *baqa,* I would like to talk a little about the seven valleys as discussed by Faruddin Attar, a Sufi of the twelfth century. He mentions seven valleys that must be crossed in order to reach realisation. They are the valleys of quest, love, knowledge, non-attachment, unity, amazement, and God-realisation. Each of these valleys is surmounted by a great mountain, and these mountains represent the seven heavens. The valleys are the seven veils that must be rent for the mountains to be seen in all their splendour.

Now each of these valleys is a goal and a trap at the same time, and so on the way it is necessary to have a guide or guides – men who have travelled this path and who have seen the pitfalls, and who have finally reached the garden at the other end. These guides wait, as it were, in each of the valleys to help the pupil along, and each of them will have made a vow which is similar to the Bodhisattvic vow. There is a story to illustrate this:

Once there were three dervishes who had heard that there was a perfect garden the other side of a high wall. They ran to the wall and the first one, with a cry of amazement, disappeared over the top. He was closely followed by another, who disappeared in the same way. The last dervish climbed the wall, saw the garden, smiled, bowed, and returned the same side as he ascended.

Each of the seven valleys has many stages, and in order to cross each of them it is necessary to discard some of the baggage that was

Bewegung, wenn wir uns nach dem Lüften der Schleier der Illusion ein weiteres Mal drehen und fähig werden, Gott in allem zu sehen. »Wo auch immer du dich hinwendest, dort ist das Antlitz Gottes.«

Tatsächlich sind es eigentlich drei »Drehungen« oder Stufen des Glaubens. Die erste ist *'ilm al-yaqin* oder das »Wissen der Gewissheit«, wenn der Aspirant die frohe Botschaft vernimmt, dass es eine andere Art Leben gibt, und er dieser vorbehaltlos vertraut. Er wärmt sich am Feuer. Noch immer gibt es »ihn« und das Feuer, doch er hat die erste Drehung in Richtung seines Ziels gemacht. Danach kommt *'ayn al-yaqin* oder das »Auge der Gewissheit«, und hier sieht er das Feuer selbst. Er kostet das Feuer und »will nur noch brennen«, wie Mevlana Jalaluddin Rumi einst sagte. Er sieht jetzt mit dem Auge des Herzens, so wie er in der ersten Drehung mit dem inneren Ohr gehört hat. Die dritte Drehung wird *haqq al-yaqin* oder die »Wahrheit der Gewissheit« genannt. Während der ersten beiden Drehungen besteht noch immer eine Welt der Dualität, aber in der dritten Drehung existiert keine Dualität mehr. Er ist im Feuer verbrannt, so wie der Nachtfalter in der Flamme der Kerze. Endlich ist das Herz vergeistigt, der Kampf zwischen der *nafs,* oder dem falschen Ego, und dem Geist ist gewonnen. Wenn das Herz zum Sitz der Seele geworden ist und wir die Feuerprobe schließlich durchgestanden haben, haben wir zum ersten Mal unsere unsterbliche Seele erlangt, die manchmal das essenzielle Selbst genannt wird. Die Sufi-Tradition spricht nämlich nicht davon, dass der Mensch bereits mit einer Seele geboren wird, sondern dass er sich die Unsterblichkeit *verdienen* muss. Bis zu diesem Zeitpunkt steht der Schüler unter der Führung eines spirituellen Meisters, der als Kalif oder irdischer Vizeregent Gottes handelt und dessen Aufgabe darin besteht, den Schüler durch diese Stadien zurück zu sich selbst zu »drehen«, zu dem, was »Vollendung« genannt wird. Eine weitere Stufe gibt es noch, wenn der Schüler sich ein weiteres Mal dreht – frei. Nun ist er wahrlich »Meister seines eigenen Schicksals«, zum ersten Mal ein selbstbestimmtes menschliches Wesen, ein schöpferischer Mensch. Durch sein Dasein erwachen andere Menschen, und das Hervortreten seines magnetischen Zentrums lässt sie sich der Quelle zuwenden.

Um euch ein passendes Fahrzeug zu verschaffen für den Transport des Verständnisses der verschiedenen Stadien von *fana* und *baqa,* möchte ich ein wenig über die sieben Täler sprechen, wie sie

Faruddin Attar, ein Sufi aus dem zwölften Jahrhundert, beschreibt. Er nennt sieben Täler, die zum Erreichen der Erkenntnis durchquert werden müssen. Es sind die Täler der Suche, der Liebe, der Erkenntnis, der Loslösung, der Einheit, der Verwirrung und der Verschmelzung mit Gott. Über jedem dieser Täler thront ein hoher Berg, und diese Berge symbolisieren die sieben Himmel. Die Täler sind die sieben Schleier, die es zu zerreißen gilt, um die Berge in all ihrer Pracht zu sehen.

Nun ist jedes dieser Täler ein Ziel und eine Falle zugleich, und daher braucht es einen oder mehrere Führer auf der Reise – Menschen, die uns auf dem Pfad vorangegangen sind, die Fallen gesehen und schließlich den Garten am anderen Ende erreicht haben. Diese Führer warten sozusagen in jedem der Täler, um dem Schüler weiterzuhelfen, und jeder von ihnen hat einen Schwur ähnlich dem des Bodhisattwa geleistet. Es gibt eine Geschichte, die das beschreibt:

Es waren einmal drei Derwische, die gehört hatten, dass jenseits einer hohen Mauer ein vollkommener Garten zu finden sei. Sie rannten zur Wand und der erste verschwand über sie mit einem Schrei der Verwunderung. Ihm folgte sogleich der zweite, der auf dieselbe Weise hinter ihr hinuntersprang. Der letzte Derwisch kletterte auf die Mauer, sah den Garten, lächelte und verbeugte sich und stieg auf derselben Seite wieder hinunter, auf der er hochgeklettert war.

Jedes der Täler hat viele Ebenen und beim Durchqueren von jeder muss etwas vom Gepäck, das wir zu Beginn der Suche bei uns hatten, zurückgelassen werden. Das Gepäck besteht aus der Konditionierung, die wir wie eine Art Beweis für unsere beschränkte Existenz auf unserem Rücken schleppen. Das Abwerfen dieser Konditionierung lässt uns Schritt für Schritt eine neue Art zu leben erfahren, frei vom reaktiven Prozess, in dem wir früher verstrickt waren. Das Ego ernährt sich von Bedürfnis. Es denkt, es müsse gebraucht werden; es glaubt, es bräuchte zu brauchen. Erst wenn wir einen Zustand frei von Begehren erreicht haben, wird das Ego vom größeren Selbst aufgesogen, so dass wir nicht länger der Tyrannei des niederen Menschen und seiner scheinbaren Bedürfnisse unterworfen sind.

Auf unserem Weg durch diese Täler benötigen wir die Hilfe gewisser archetypischer Eigenschaften. In der Sufi-Tradition wird gesagt, dass du zwei Beine hast: das eine ist deine Prädisposition in

originally brought at the beginning of the quest. This baggage is the conditioning that we carry on our backs, almost as a sort of proof of our limited existence. The process of discarding conditioning leads us slowly to live a totally new way of life, free of the reactive process with which we were previously involved. The ego feeds on need. It feels it has to be needed; it feels it needs to need. Only when a stage of desirelessness is reached, is the ego assimilated into the greater self, and thus we are no more subjected to the tyranny of lower man and his apparent needs.

On our journey through these valleys we will need to have certain archetypal qualities to see us through. There is a saying in the Sufi tradition that you have two legs: one is your predisposition in eternity, the latency hidden in the essence, and the other is the leg of perseverance, and it is that particular quality that is needed. But before we even take a step we must truly want to know the truth, unconditionally. There is a famous saying in the tradition (hadith), "I was a Hidden Treasure and I loved to be known, so I created the world that I might be known." It is the word "known" that stands out here, and so we have to question our motives very carefully before we set out on the journey. If our motives are not pure, we can land up spiritualising the ego instead of the heart and thus failing to arrive at the destination at the end of the valleys – God-realisation. The other qualities that are needed include courage, patience, forbearance (which means bearing suffering as a needful part of the growth process) and many others which, in some of the dervish orders, are set out in a series of eighteen tests over a period of 1001 days.

Let us look at the first valley, the valley of quest. We must understand that in reality we are in all the valleys at the same time, but in the relative world we can see them set out in a linear fashion in the same way that it is light that makes colour visible, but for us to experience light it is necessary for that light to be split into the spectrum. In this stage on the journey we are woken to the fact that all actions are God's Actions. We can no more attach a "me" to the action, for in this first stage of *fana* the hold of the ego becomes less strong and we find that we are not, in fact, cause to anything – we only thought we were. As the thinking process changes, we are left in the dilemma that we realise we cannot even think a thought. We come to understand that it is more a case of a thought thinking us! From what is called "centric space", in which man considers that

der Ewigkeit, die in der Essenz verborgene Latenz, das andere ist das Bein der Ausdauer, und es ist diese besondere Qualität, auf die es ankommt. Doch bevor wir überhaupt einen Schritt machen, müssen wir die Wahrheit wirklich und ohne jegliche Vorbedingung kennen wollen. In der Tradition (Hadith) gibt es den bekannten Spruch: »Ich war ein Verborgener Schatz und sehnte Mich danach, erkannt zu werden; so erschuf Ich die Welt, damit Ich erkannt werde.« Das Wort, welches hier hervorsticht, ist »erkannt«, und so müssen wir unsere Absichten sehr genau hinterfragen, bevor wir uns auf die Reise begeben. Wenn unsere Motive unklar sind, könnten wir möglicherweise unser Ego vergeistigen, anstatt unseres Herzens, und daher das Ziel am Ende der Täler, das Erkennen Gottes, verfehlen. Zu den weiteren benötigten Eigenschaften zählen Mut, Geduld, Gelassenheit (was bedeutet, Leiden als notwendigen Teil des Wachstumsprozesses zu ertragen) und viele andere, die in einigen der Derwisch-Orden über einen Zeitraum von 1001 Tagen achtzehn Prüfungen unterzogen werden.

Betrachten wir uns das erste Tal, das Tal der Suche. Wir sollten verstehen, dass wir uns in Wirklichkeit in allen Tälern gleichzeitig befinden, doch können wir sie in der relativen Welt als eine lineare Abfolge betrachten, genauso wie Licht die Farben sichtbar macht, obwohl es sich, damit wir es wahrnehmen können, ins Spektrum auffächern muss. In diesem Stadium der Reise erwachen wir zu der Tatsache, dass alle Handlungen Gottes Handlungen sind. Wir können eine Handlung nicht länger als »meine« bezeichnen, weil auf dieser ersten Stufe von *fana* der Griff des Egos schwächer wird und wir erkennen, dass wir tatsächlich keine Ursache von irgendetwas sind – wir dachten bloß, wir seien es. Mit der Veränderung des Denkprozesses geraten wir in das Dilemma der Erkenntnis, dass wir noch nicht einmal einen Gedanken denken können. Wir beginnen zu sehen, dass es vielmehr so ist, dass ein Gedanke uns denkt! Aus dem, was man »zentrischen Raum« nennt und in dem der Mensch glaubt, Ursache zu sein, treten wir hinüber in den »peripheren Raum«, wo er erkennt, wie er selbst aus einer äußeren Quelle, einer unsichtbaren Welt, »wird«. In diesem Tal der Suche stoßen wir auf viele solcher Zeichen. Wir erkunden die Natur der unsichtbaren Welt, und das Durchbrechen der Bewusstseinshürden ermöglicht uns, neue Sphären des Bewusstseins und andere Welten zu betreten. Wir werden uns jederzeit dieses kontinuierlichen Zustands des Werdens bewusst. Und obwohl sich einerseits

he is cause, we enter what is termed "peripheral space", when he sees himself "becoming" from some other source, some invisible world. In this valley of quest we come upon many signs of this. We explore the nature of the invisible world, and as the barriers of consciousness are broken down we are able to enter other spheres of consciousness, other worlds. We become aware all the time of this continuous state of becoming. And although on the one hand there is a tremendous sense of freedom from conditioning, there is at the same time the almost unbearable pain as the ego loses hold.

But it is an exciting valley, full of surprises, full of change, full of the new-found life that before was just a mystery. There is the beginning of real transformation, and here study starts to play a very important part on the path. But study with the conditioned mind as the instrument leads us only to greater conditioning and is just another veil.

In the second valley we come in touch with a new type of energy altogether. With each stage we are brought to realise that there are certain types of energy which emerge from the hidden world as the veils are brought down. As the transformation of the pupil continues, further practices are given which help in this unfoldment, particularly certain forms of *dhikr,* which literally means "remembering". These have to be very carefully handled for obvious reasons, as the pupil must retain contact with this world in order that this world may be transformed. They way of the Sufi is the way of the householder, and balance is a necessity all along the way. In the valley of love we start to touch on the fire. This, of course, must not be taken literally, but God manifests to us in the way that we look for Him. It is said, for instance, that Moses saw God in the fire because that was the way he was searching. Perhaps it is more a question of psychological alchemy, *solve et coagula,* the first of these tests being the test of fire. Here we begin to come to an understanding of oneness, and thus love is seen as the driving force of the universe. Muhyiddin Ibn Arabi, known as the Sheikh al-Akhbar, the Greatest Sheikh, puts total love first and foremost, for it can be considered as the synthesis of all the virtues inherent in man.

Here, too, the idea of the perfect man comes into our vision. In the tradition, the doctrine really centres round the idea of what is called "the perfect man". Only the perfect man can love God perfectly, and as love is the cause of creation it is necessary that we learn to love God perfectly. Then, and only then, can God mani-

ein kolossales Gefühl der Befreiung von Konditionierung einstellt, spüren wir gleichzeitig den kaum zu ertragenden Schmerz, wenn das Ego seinen Halt verliert.

Doch es ist ein aufregendes Tal voller Überraschungen und Veränderungen, voll des neu gefundenen Lebens, das uns zuvor nur ein Rätsel war. Das ist der Beginn echter Transformation, und hier fängt das Studium an, ein sehr wichtiger Teil des Weges zu werden. Aber Studium mit dem Instrument des konditionierten Verstandes führt uns lediglich zu weiterer Konditionierung und ist nichts als ein weiterer Schleier.

Im zweiten Tal kommen wir mit einer gänzlich neuen Art von Energie in Berührung. Mit jedem Stadium werden wir der Erkenntnis näher gebracht, dass es gewisse Arten von Energien gibt, die, wenn die Schleier beseitigt werden, aus der unsichtbaren Welt hervortreten. Mit fortschreitender Transformation des Schülers erhält er weitere Übungen, die seiner Entfaltung dienlich sind, besonders bestimmte Formen des *Dhikr,* was wörtlich »sich erinnern« bedeutet. Diese müssen aus offensichtlichen Gründen sehr behutsam angewendet werden, weil der Schüler mit dieser Welt in Kontakt bleiben muss, damit sie transformiert werden kann. Der Weg des Sufis ist der Weg des Haushälters, und Gleichgewicht ist auf der ganzen Strecke notwendig. Im Tal der Liebe berühren wir erstmals das Feuer. Dies darf natürlich nicht wörtlich verstanden werden, aber Gott manifestiert Sich uns gegenüber dergestalt, wie wir nach Ihm suchen. So wird zum Beispiel gesagt, Moses habe Gott im Feuer gesehen, weil das die Art war, auf die er gesucht hat. Vielleicht ist es eher eine Frage psychologischer Alchimie, *solve et coagula,* und die erste dieser Prüfungen ist die Feuerprüfung. Hier beginnen wir, ein Verständnis der Einheit zu entwickeln, und so wird die Liebe als Antriebskraft des Universums erkannt. Muhyiddin Ibn Arabi, bekannt als Scheich al-Akhbar, der Größte Scheich, stellt vollkommene Liebe an den allerersten Anfang, denn sie kann als Synthese aller menschlichen Tugenden gesehen werden.

Hier tritt auch die Vorstellung des vollkommenen Menschen in unser Blickfeld. Die traditionelle Lehre kreist eigentlich um die Idee dessen, was der »vollkommene Mensch« genannt wird. Nur der vollkommene Mensch kann Gott vollkommen lieben, und da die Liebe die Ursache der Schöpfung ist, ist es notwendig, dass wir lernen, Gott vollkommen zu lieben. Dann und nur dann kann

fest His Creation perfectly into this world. Titus Burckhardt says that

> Love of God is imperfect and is even inconceivable apart from love of God in creation (in every aspect of His Revelation including pure intellect) and without love of (the very least) creature in God. In a sense it can be said that man must love God first in creation, in His Revealed Word and in His Truth, and then secondly in Himself, in His transcendent Ipseity, and finally in those "least of His Little Ones" who require our charity.*

Love is absolute, and to pass through the valley of love it is necessary that we live a life of true service devoting ourselves unconditionally to all parts of God's Creation. Jalaluddin Rumi has said:

> Reason is powerless in the expression of love.
> Love alone is capable of revealing the truth of love
> and being a lover.
> The way of our prophets is the way of truth.
> If you want to live, die in love.
> Die in love if you want to remain alive.

It is in this valley that we may come upon the second stage of *fana,* as described by Ibn Arabi, in which the idea of any action at all passes away. In the first stage we realised that all actions were God's Actions, but now, in the beginnings of the waking process from a lifetime of sleep, the very idea of action at all seems ludicrous. Action can only be in the relative world and in the words of Haci Bayram-i Veli, "There is no creation in the relative world, there is only the becoming of being." Instead of action there is unfoldment, and instead of just the world of form, this world, God's Immanence, the transcendent world is seen within that which is immanent. The manifest contains the unmanifest, and the unmanifest is precipitating the manifest.

It is said that knowledge is given and not acquired. True knowledge cannot be acquired or collected but, like the truth itself, is brought forth from within, and is given to us in this world as a Gift

* Ibid., page 107.

Gott Seine Schöpfung in dieser Welt vollkommen manifestieren. Titus Burkhardt sagt:

> Die Liebe zu Gott ist unvollständig, ja sogar undenkbar, wenn sie nicht einhergeht mit der Liebe zu Gott in der Schöpfung (in jedem Aspekt Seiner Offenbarung einschließlich des reinen Intellekts) und mit der Liebe auch zur allergeringsten Kreatur in Gott. In gewisser Weise kann man sagen, dass der Mensch Gott zuerst in der Schöpfung lieben muss, in Seiner geoffenbarten Welt und in Seiner Wirklichkeit, und an zweiter Stelle in Ihm selbst, in Seiner transzendenten Selbstheit und schließlich in jenen »unbedeutendsten Seiner Kleinsten«, die unserer Nächstenliebe bedürfen.*

Liebe ist absolut, und, um durch das Tal der Liebe hindurchzugelangen, ist es notwendig, ein Leben des wahren Dienens zu leben und sich selbst bedingungslos allen Teilen von Gottes Schöpfung zu widmen. Jalaluddin Rumi sagt:

> Der Verstand besitzt keine Macht, Liebe auszudrücken.
> Liebe allein ist fähig, die Wahrheit der Liebe und
> des Liebenden zu enthüllen.
> Der Weg unserer Propheten ist der Weg der Wahrheit.
> Wenn du leben willst, stirb in Liebe.
> Stirb in Liebe, wenn du lebendig bleiben willst.

In diesem Tal können wir zum zweiten Stadium von *fana* gelangen, bei dem, wie es Ibn Arabi beschreibt, sich die Idee jeglicher Handlung auflöst. Im ersten Stadium haben wir erkannt, dass alle Handlungen die Handlungen Gottes sind, doch nun, in den ersten Phasen des Erwachens aus einem lebenslangen Schlaf, erscheint schon die reine Vorstellung von Handlung absurd. Handlung kann nur in der relativen Welt geschehen, in den Worten von Haci Bayram-i Veli: »Es gibt keine Schöpfung in der relativen Welt, es gibt nur das Werden des Seins.« Statt Handlung geschieht Entfaltung, anstelle der Welt der Form, dieser Welt von Gottes Immanenz, wird innerhalb des Immanenten die transzendente

* Titus Burckhardt: *An Introduction to Sufi Doctrine.* Lahore 1959, Seite 107. Deutsche Übersetzung durch den Herausgeber.

of God. In the third valley, the valley of knowledge, we have reached such a stage of *fana,* there has been such a stripping away of the ego consciousness, that there is at last room for knowledge to be given. We begin to move into true conviction. Conviction comes from belief and from living faith. It is said that, "the believer has a heart, but the gnostic has no heart." By this we mean that a believer still believes in something, even if the belief is truly from the heart, and the yearning is truly from the heart and he has already gone beyond the desires of animal man. The gnostic, on the other hand, has sacrificed everything so that there is no room for anything but Knowledge and Love of God. The real Sufi must be a perfect blend of love and of knowledge. Without knowledge we do not fulfil God's Words, "I was a Hidden Treasure and I loved to be known, so I created the world that I might be known." The basis and cause of all things is love, and it is the knowledge of love that allows the creative principle to flow into form.

So in the valley of knowledge there is a stage of *fana* which is the passing away completely of any idea of one's own personality. The mystic has passed the test of fire and has come through to realise the non-existence of his personal self and the endurance of the unchangeable, imperishable substance that is its essence. From this stage of *fana* there comes the stage of *baqa,* which *is* the realisation of one's essential self. We reach the end of the first stage of the journey. And yet this is only the beginning.

The next valley is called the "valley of non-attachment", and is possibly the hardest valley to cross. To cross it we have to have discarded all that we thought we were, and, having found the imperishable essence that underlies all phenomena, we must move through a world unattached to anything, including our new-found freedom. It is in this valley that we can be tempted to give up our search, feeling that we have found what we were looking for in the first place. Up until now it seems that we have had to "do" something. We have searched, suffered, been through almost unbearable pain and despair. Many times we have lost our way and had to retrace our steps to find the path into the maze once more. Our guides along the way have been teaching us the art of surrender – "Islam" means "surrender" – and we have learnt to breathe. Now we are breathed! It seems that there is nothing to do any more, and if we are not carefully guided we can fall into this very serious trap. Yet we must proceed, unattached, wanting nothing, never looking

Welt gesehen. Das Manifestierte enthält das Unmanifestierte, und das Unmanifestierte schlägt sich im Manifestierten nieder.

Man sagt, Wissen wird gegeben, nicht erworben. Wahres Wissen kann nicht erworben oder angesammelt werden, sondern tritt wie die Wahrheit selbst aus sich selbst hervor und wird uns in dieser Welt als ein Geschenk Gottes gegeben. Im dritten Tal, dem Tal der Erkenntnis, haben wir einen solchen Grad an *fana,* ein solches Abstreifen des Ego-Bewusstseins erreicht, so dass endlich Platz geschaffen ist, Wissen zu empfangen. Wir beginnen, zu wahrer Überzeugung zu gelangen. Überzeugung entsteht aus Vertrauen und lebendigem Glauben. Es wird gesagt: »Der Gläubige hat ein Herz, doch der Gnostiker hat kein Herz.« Damit deuten wir an, dass ein Gläubiger noch immer an etwas glaubt, auch wenn sein Glaube und seine Sehnsucht wirklich von Herzen kommen und er bereits über das Verlangen des tierhaften Menschen hinausgelangt ist. Der Gnostiker dagegen hat alles aufgegeben, so dass kein Platz mehr ist außer für die Erkenntnis und Liebe Gottes. Der echte Sufi muss eine vollkommene Durchmischung von Liebe und Wissen sein. Ohne Wissen erfüllen wir nicht Gottes Wort: »Ich war ein Verborgener Schatz und sehnte Mich danach, erkannt zu werden; so erschuf Ich die Welt, damit Ich erkannt werde.« Grundlage und Ursache aller Dinge ist die Liebe, und es ist das Wissen um die Liebe, das dem schöpferischen Prinzip erlaubt, in die Form hineinzufließen.

Im Tal der Erkenntnis gelangen wir also auf eine Stufe von *fana,* die der vollständigen Auflösung jeglicher Vorstellung unserer eigenen Persönlichkeit entspricht. Der Mystiker hat die Feuerprobe bestanden und ist zur Erkenntnis der Nichtexistenz seines eigenen Selbsts und der Fortdauer der unveränderlichen, unvergänglichen Substanz von dessen Essenz gelangt. Nach dieser Stufe des *fana* kommt die Stufe des *baqa,* welche die Erkenntnis unseres eigenen essenziellen Selbsts *ist.* Wir erreichen das Ende des ersten Abschnitts der Reise. Und doch stehen wir erst am Anfang.

Das nächste Tal heißt das »Tal der Loslösung«, und wahrscheinlich ist es das am schwierigsten zu durchquerende Tal. Dazu müssen wir all das abgelegt haben, was wir glaubten zu sein, und nachdem wir die allen Erscheinungen zugrundeliegende unvergängliche Essenz gefunden haben, müssen wir eine Welt durchschreiten, ohne an irgendetwas zu haften, nicht einmal an unserer neu gewonnenen Freiheit. In diesem Tal werden wir vielleicht in Versu-

back, and having given up even the knowledge that we have been given. In this valley we no more contemplate the world, for there is a passing away of all phenomena, both of this world and in the subtle worlds from which and within which we have gained the necessary "food" to continue, and we are finally led to the valley of unity.

From the valley of non-attachment, where the quality so much needed is awareness in patience, we reach a world full of beauty and we are plunged into realms of light from which we hear the Call of God in everything. "Wheresoever ye turn, there is the Face of God" and "the whole world is full of His Glory." The mystic can see nothing but God, but he now realizes in this further stage that It is God contemplating Himself through Himself! To come to this valley even the soul must be sacrificed, and so we understand the description of the Sufi as "the drop that becomes the ocean". As all the I-ness has gone, the battle is won over the *qalb,* the heart, the seat of the soul, and so there is just the great ocean of consciousness, through which and within which God contemplates Himself. The perfect man is being born because of his love for God and – more than so, God's Love for man. "O David, My Yearning for them is far greater than theirs can ever be for Me."

So, in his rapturous flight, the Sufi moves into the valley of amazement. Not only does he know that there is no such thing in reality as a contemplator, but rather it was God all the time Who was contemplating Himself, but now even his physical senses, the five senses of the relative world, became the Senses of God. There is nothing *but* Him, and the Sufi is overwhelmed with infinite realisation. He can no more regain consciousness of himself and yet, paradoxically enough, the state of bliss in which he finds himself is one of pure rapture. He is the instrument through which creation itself takes place, and he is both that which witnesses and that which glorifies, that which hears and that which is born. "The seven heavens and the earth, and all beings therein, declare His Glory. There is not a thing but celebrates His Praise. And yet ye understand not how they declare His Glory!" (Koran).

The final stage, the goal of God-realisation, is in sight, and at last the great secret is understood – that there is no "cause" and there is no "effect". The mystic realises the meaninglessness of causality as the three worlds are united in the One. He sees that God was not the goal after all, for how can it be God, Ibn Arabi

chung geführt, unsere Suche aufzugeben, weil wir glauben, wir hätten bereits gefunden, was zu suchen wir ursprünglich losgezogen sind. Bis hierher schien es so, als müssten wir etwas »tun«. Wir haben gesucht, gelitten und fast unerträgliche Schmerzen und Verzweiflung durchlebt. Viele Male sind wir vom Weg abgekommen und mussten unsere Spuren zurückverfolgen, um den Pfad zurück ins Labyrinth wiederzufinden. Unsere Führer haben uns unterwegs die Kunst der Hingabe gelehrt – »Islam« bedeutet »Hingabe« – und wir haben gelernt zu atmen. Nun werden wir geatmet. Scheinbar gibt es nichts weiter zu tun, und wenn wir nicht sicher geführt werden, können wir in diese sehr ernsthafte Falle tappen. Und doch müssen wir weiter gehen, an nichts haftend, nichts wollend, ohne uns jemals umzudrehen, und wir müssen sogar das uns gegebene Wissen wieder aufgeben. In diesem Tal kontemplieren wir nicht mehr über die Welt, denn alle Erscheinungen vergehen, sowohl in dieser Welt als auch in jenen feineren Welten, in und aus denen uns die für das Weitergehen notwendige »Nahrung« gegeben wurde. So gelangen wir schließlich zum Tal der Einheit.

Vom Tal der Loslösung, wo die Eigenschaft der geduldigen Wachsamkeit so notwendig war, gelangen wir in eine Welt voller Schönheit und werden in Lichtreiche gestoßen, in denen der Ruf Gottes uns aus allem entgegenschallt. »Wo auch immer du dich hinwendest, dort ist das Antlitz Gottes« und »die ganze Welt ist von Seinem Ruhm erfüllt.« Der Mystiker sieht nichts außer Gott, doch erkennt er auf dieser weiteren Stufe, dass Dies Gott ist, Der Sich selbst durch Sich selbst kontempliert! Um in dieses Tal zu gelangen, muss sogar die Seele geopfert werden, und so verstehen wir die Beschreibung des Sufis als »der Tropfen, der zum Ozean geworden ist«. Da jegliche Ichheit gewichen ist, ist der Kampf um *qalb,* das Herz, den Sitz der Seele, gewonnen, und so verbleibt nur der große Ozean des Bewusstseins, durch den und in dem Gott Sich selbst kontempliert. Der vollkommene Mensch wird wegen seiner Liebe zu Gott geboren – und noch mehr wegen Gottes Liebe zum Menschen. »Oh David, Meine Sehnsucht nach ihnen ist weit größer, als ihre für Mich je sein könnte.«

In seinem verzückten Flug gelangt der Sufi also ins Tal der Verwirrung. Er weiß nicht nur, dass in Wirklichkeit nichts Derartiges wie ein Kontemplierender existiert, sondern dass es die ganze Zeit über Gott war, Der Sich selbst kontemplierte, doch nun sind auch

seine körperlichen Sinne, die fünf Sinne der relativen Welt, zu den Sinnen Gottes geworden. Es gibt nichts außer Ihm, und der Sufi wird von grenzenloser Erkenntnis überwältigt. Er kann das Bewusstsein seiner selbst nicht wiedererlangen, und doch ist der Zustand der Seligkeit, in dem er sich befindet, seltsamerweise die reinste Verzückung. Er ist das Werkzeug, durch das die Schöpfung selbst stattfindet, und er ist sowohl das, was bezeugt und was lobpreist, als auch das, was hört und was geboren wird. »Die sieben Himmel und die Erde und wer darinnen ist, sie lobpreisen Ihn; und es gibt kein Ding, das Seine Herrlichkeit nicht preist; ihr aber versteht ihre Lobpreisung nicht!« (Koran).

Die letzte Stufe, das Ziel der Verschmelzung mit Gott, ist in Sicht und endlich wird das große Geheimnis verstanden – dass es keine »Ursache« und keine »Wirkung« gibt. Der Mystiker erkennt die Bedeutungslosigkeit der Kausalität, wenn die drei Welten im Einen vereint werden. Er sieht, dass Gott nicht eigentlich das Ziel war, denn wie könnte es Gott sein, sagt Ibn Arabi, wenn Er doch Derjenige ist, Der das Ziel »erreicht« hat? Die Verwirklichung ist vollendet, und niemand könnte dies treffender ausdrücken als der Scheich al-Akhbar:

> Er ist, und bei Ihm ist kein Vorher oder Nachher, kein Oben oder Unten, keine Ferne oder Nähe, keine Vereinigung oder Trennung, kein Wie, kein Wohin, kein Ort. Er ist jetzt, wie Er war; Er ist der Eine ohne Einheit und der Einzige ohne Einzigkeit [...] Er ist die reine Existenz des Ersten und die reine Existenz des Letzten, und die reine Existenz des Äußersten und die reine Existenz des Innersten. So dass es nichts Erstes oder Letztes, nichts Äußeres oder Inneres gibt als Ihn, ohne dass diese Er würden oder Er diese würde. Er ist nicht in einem Ding, noch ist ein Ding in Ihm, das eintritt oder hervorgeht. Du musst Ihn auf diese Weise kennen, weder durch Lernen, noch durch Denken, noch durch Verstehen, noch durch Einbildung, noch durch den Sinn, noch durch das äußere Auge, noch durch das innere Auge, noch durch die Wahrnehmung. Durch Sich selbst sieht Er Sich selbst, aus Sich selbst kennt Er Sich selbst. Sein Schleier, das heißt Seine scheinbare Existenz, ist nichts als die Verhüllung Seiner Existenz in Seiner Einheit, ohne jegliche Eigenschaft. Es gibt nichts anderes und nichts anderes besitzt Dasein außer Ihm.

says, when He is the very One Who "arrived" at the goal? Realisation is complete, and no-one could express this better than the Sheikh al-Akhbar:

> He is and there is with Him no before or after, nor above nor below, nor far nor near, nor union nor division, nor how nor where nor place. He is now as He was, He is the One without oneness and the Single without singleness [...] He is the very existence of the First and the very existence of the Last, and the very existence of the Outward and the very existence of the Inward. So that there is no first nor last nor outward nor inward except Him, without those becoming Him or His becoming them. He is not in a thing nor a thing in Him, whether entering in or proceeding forth. It is necessary that you know Him after this fashion, not by learning nor by intellect, nor by understanding, nor by imagination, nor by sense, nor by the outward eye nor by the inward eye, nor by perception. By Himself He sees Himself and by Himself He knows Himself. His Veil, that is phenomenal existence, is but the concealment of His Existence in His Oneness, without any attribute. There is no other and there is no existence for any other, than He. He whom you think to be other than God, he is not other than God, but you do not know Him and do not understand that you are seeing Him. He is still Ruler as well as ruled, and Creator as well as created. He is now as He was, as to His creative Power and as to His Sovereignty, not requiring a creature nor a subject. When He called into being the things that are, He was already endowed with all His Attributes and He is as He was then. In His Oneness there is no difference between what is recent and what is original: the recent is the result of His Manifestation of Himself, and the original is the result of His Remaining within Himself.
>
> There is no existence save His Existence. To this the Prophet pointed when he said, "Revile not the world, for God is the World," pointing to the fact that the existence of the world is God's Existence without partner or like or equals. It is related that the Prophet declared that God said to Moses, "O My servant, I was sick and thou didst not visit Me, I asked help of thee and thou didst not give it to Me"

Er, von dem du denkst, er sei anders als Gott, er ist nichts anderes als Gott, außer du kennst Ihn nicht und verstehst nicht, dass du Ihn siehst. Er bleibt Herrscher und Beherrschter, und Schöpfer wie auch Geschöpf. Er ist jetzt, wie Er immer war, denn Seine Schöpfungsmacht und Seine Herrschaftsmacht bedürfen weder Geschöpf noch Untertan. Als Er die bestehenden Dinge ins Sein rief, war Er bereits mit all Seinen Eigenschaften ausgestattet, und Er ist, wie Er damals war. In Seiner Einheit besteht kein Unterschied zwischen dem Jüngsten und dem Ursprünglichen: Das Jüngste ist Folge Seiner Manifestation Seiner selbst, und das Ursprüngliche ist Folge Seines In-Sich-selbst-Bleibens.

Es gibt kein Dasein außer Seinem Dasein. Davon hat der Prophet gesprochen, als er sagte: »Schmähe nicht die Welt, denn Gott ist die Welt«, womit er auf die Tatsache hinwies, dass das Dasein der Welt das Dasein Gottes ist, ohne Gefährten oder Ähnlichen oder Gleichen. Es wird überliefert, dass der Prophet erklärte, Gott habe zu Moses gesagt: »Oh Mein Diener, Ich war krank und du hast Mich nicht besucht, Ich habe dich um Hilfe gebeten, und du hast sie Mir nicht gegeben« und ähnliche Aussprüche. Das bedeutet, dass das Dasein des Bettlers Sein Dasein ist und dass das Dasein des Kranken Sein Dasein ist. Wenn dies zugegeben wird, wird anerkannt, dass dieses Dasein Sein Dasein ist und dass das Dasein aller geschaffenen Dinge, sowohl der Vorkommnisse als auch der Substanzen, Sein Dasein ist. Und wenn das Geheimnis eines Atoms der Atome gelüftet ist, ist das Geheimnis aller geschaffenen Dinge, sowohl der äußerlichen als auch der innerlichen, gelüftet, und du siehst weder in dieser noch in der nächsten Welt irgendetwas anderes als Gott, denn das Dasein dieser beiden Wohnstätten und ihr Name, und auch was sie bezeichnen, dies alles ist gewiss Er.

Wenn dir das Geheimnis offenbart wird – die Erkenntnis, dass der Mystiker und das Göttliche eins sind –, wirst du verstehen, dass du nicht anders als Gott bist und dass du bestanden hast und andauern wirst ohne Wann und ohne Zeiten. Dann wirst du all deine Handlungen als Seine Handlungen und all deine Eigenschaften als Seine Eigenschaften und deine Essenz als Seine Essenz erkennen, obwohl du dadurch nicht zu Ihm wirst oder Er zu dir, weder im kleinsten noch

and other like expressions. This means that the existence of the beggar is His Existence and the existence of the sick is His Existence. Now when this is admitted, it is acknowledged that this existence is His Existence and that the existence of all created things, both accidents and substances, is His Existence. And when the secret of one atom of the atoms is clear, the secret of all created things, both outward and inward, is clear, and you do not see in this world or the next anything except God, for the existence of these two abodes and their name, and what they name, all of them are assuredly He.

When the mystery – of realising that the mystic is one with the Divine – is revealed to you, you will understand that you are no other than God and that you have continued and will continue without when and without times. Then you will see all your actions to be His Actions and all your attributes to be His Attributes and your essence to be His Essence, though you do not thereby become He or He you, in either the greatest or the least degree. "Everything is perishing save His Face," that is, there is nothing except His Face, "then, whithersoever ye turn, there is the Face of God."

Just as he who dies the death of the body loses all his attributes, both those worthy of praise and those worthy of condemnation alike, so in the spiritual death all attributes, both those worthy of praise and those to be condemned, come to an end, and in all the man's states what is Divine comes to take the place of what was mortal. Thus, instead of his own essence, there is the Essence of God, and in place of his own qualities, there are the Attributes of God. He who knows himself sees his whole existence to be the Divine Existence, but does not realise that any change has taken place in his own nature or qualities. For when you know yourself, your I-ness vanishes and you know that you and God are one and the same.*

1973

* From the *Kitab al-Ajwiba* by Muhyiddin Ibn Arabi, translated by Margaret Smith in *Readings from the Mystics of Islam,* London 1950.

im größten Grad. »Alles wird vergehen außer Seinem Antlitz«, das heißt, es gibt nichts außer Seinem Antlitz, und dann ist, »wo immer du dich hinwendest, das Antlitz Gottes.«

So wie der, der den körperlichen Tod stirbt, alle seine Eigenschaften verliert, die lobenswürdigen ebenso wie tadelnswerten, so enden im spirituellen Tod alle Eigenschaften, die lobenswürdigen ebenso wie die tadelswerten, und in allen Zuständen des Menschen kommt das, was Göttlich ist, die Stelle dessen einzunehmen, was sterblich war. So tritt die Essenz Gottes an die Stelle seiner eigenen Essenz, und an die Stelle seiner eigenen Qualitäten stehen die Eigenschaften Gottes. Wer sich selbst kennt, sieht, dass sein ganzes Dasein das Göttliche Dasein ist, erkennt aber nicht, dass jegliche Veränderung in seinen eigenen Charaktereigenschaften stattgefunden hat. Denn wenn du dich selbst kennst, verschwindet deine Ichheit und du erkennst, dass du und Gott ein und dasselbe seid.*

* Aus dem *Kitab al-Ajwiba* von Muhyiddin Ibn Arabi. Übersetzt von der englischen Übertragung durch Margaret Smith in *Readings from the Mystics of Islam*, London 1950.

Honesty

First Year of the 1001-Days Programme

FIRST OF ALL, I WOULD LIKE TO THANK ALL OF YOU WHO have written to me requesting to join together on this next step of a journey which, in one way, lasts forever. I do not want any of you to consider that there is some sense of very special importance in this 1001-days period, but rather I hope that you will understand how much benefit you received from making a firm commitment to the 40-days period, out of which some "substance" was gained for you all and thus extra strength and possibility was opened for you so that you can, in future, penetrate into the inner part of the work of this living school. Without that substance, and in fact without continuously being awake to the breath and your daily practices and *dhikr,* there is really not enough of this certain type of refined energy to penetrate from the outer circle, which we call "the exoteric circle", to the next one, which is called the "mesoteric circle", i.e. halfway between the esoteric and the outer world of appearances.

This new period of work is to be considered as part of your life's journey rather than a chapter in a book which might or might not contain certain very special secrets. I want you to have the same attitude with this 1001-days period as you had with the 40-days period. I want that this attitude is of such a degree of intensity that you will all really try to work on a daily basis to keep yourselves "alive" in the work rather than drifting around like sleepwalkers, which is what the majority of humanity does – and which they call "living"!

Whatever happens, I do not want you to feel guilty and yet, at the same time, I do not want you to be frightened of making mistakes. We learn from making mistakes. We learn from all experiences whether they are so-called "good" or so-called "bad". At least we *can* learn from them. Most of the time, however, we do not learn or gain the benefits that are possible for us from every single moment. We are too asleep, as we all know from looking back into the majority of our own lives. In the 40-days period it was required of you all that you did not miss more than two days; otherwise you would have to start that 40-days cycle all over again. It is not quite the same with this particular 1001-days period that is being offered. Most certainly it is ideal if you can work every single day of your

Aufrichtigkeit

Erstes Jahr des 1001-Tage-Programms

ZUERST MÖCHTE ICH EUCH ALLEN DANKEN, DIE IHR MIR geschrieben habt mit der Bitte, euch diesem nächsten Schritt einer Reise anschließen zu dürfen, die in gewisser Hinsicht ewig dauert. Ich möchte nicht, dass ihr glaubt, in diesem Zeitraum von 1001 Tagen läge eine besondere Bedeutung an sich. Vielmehr hoffe ich, ihr habt verstanden, wie viel Nutzen ihr daraus gezogen habt, als ihr euch für das 40-Tage-Programm verpflichtet habt, aus welchem ihr »Substanz« gewonnen und damit zusätzliche Kraft und die Möglichkeit geschöpft habt, künftig in den inneren Bereich der Arbeit dieser lebenden Schule vorzudringen. Ohne diese Substanz und, in der Tat, ohne stetig auf dem Atem und für eure täglichen Übungen und euren *Dhikr* wach zu sein, gibt es nicht wirklich genügend von dieser besonderen, verfeinerten Energie, um vom äußeren Kreis, den wir den »exoterischen Kreis« nennen, in den nächsten vorzudringen, der »mesoterischer Kreis« genannt wird, welcher die Mitte zwischen dem Esoterischen und der äußeren Welt der Erscheinungen beschreibt.

Diese neue Arbeitsperiode sollte deshalb eher als Teil eurer Lebensreise verstanden werden denn als ein Kapitel in einem Buch, das ganz besondere Geheimnisse enthalten mag oder auch nicht. Ich möchte, dass ihr zu dieser 1001-Tage-Periode dieselbe Haltung einnehmt, die ihr gegenüber den 40 Tagen hattet. Ich möchte, dass diese Haltung solch einen Grad von Stärke aufweist, dass ihr alle wirklich versuchen werdet, tagtäglich daran zu arbeiten, euch in dem großen Werk »wach« zu halten, statt euch wie Schlafwandler umhertreiben zu lassen, wie es die meisten Menschen tun – und es »Leben« nennen!

Was auch immer geschieht, ich möchte nicht, dass ihr euch schuldig fühlt; und sicherlich möchte ich nicht, dass ihr Angst habt, Fehler zu begehen. Wenn wir Fehler machen, lernen wir daraus. Wir lernen aus allen Erfahrungen, mögen sie nun so genannt »gut« oder »schlecht« sein. Zumindest *können* wir aus ihnen lernen. Die meiste Zeit lernen wir nicht und ziehen auch nicht aus jedem einzelnen Moment den Nutzen, der für uns möglich wäre. Wie wir alle wissen, wenn wir auf den Großteil unseres Lebens zurückschauen, schlafen wir viel zu fest. In der 40-Tage-Periode wurdet ihr aufgefordert, nicht mehr als zwei Tage zu versäumen; an-

sonsten hättet ihr den 40-Tage-Zyklus von neuem beginnen müssen. Mit dieser besonderen Periode von 1001 Tagen, die euch hier angeboten wird, verhält es sich nicht ganz so. Gewiss ist es vorbildlich, wenn ihr jeden einzelnen Tag eures Lebens arbeiten könnt, aber ich wiederhole, ich möchte nicht, dass ihr euch schuldig fühlt, wenn es aus mancherlei Gründen schwierige Zeiten gibt und eure Bemühungen daher nicht vollständig erfolgreich sind. Tut euer Bestes, das ist am wichtigsten. Doch erinnert euch zugleich daran, dass euer *Leben* – das heißt die Möglichkeit bewussten Lebens – *gänzlich* abhängt von den Übungen und der richtigen Anstrengung, die ihr in das Leben selbst investiert. Niemand sonst kann dies für euch tun. Ich kann euch Rat anbieten und sogar ein Spiegel sein, wenn ihr euch traut, in den Spiegel zu schauen. Die Übungen jedoch kann ich nicht für euch machen, genauso wenig wie ich eure Nahrung esse. Wir alle haben unser eigenes Leben zu führen, und ein jeder von uns ist einzigartig in Seiner Liebe und daher in der Essenz einzigartig schön. Niemals dürfen wir dies in unserer Liebe für unseren Schöpfer und unserer Liebe für Seine Schöpfung vergessen.

Mit anderen Worten: Obwohl es bestimmte Zeiten geben wird, in denen ihr aufgefordert seid, verschiedene besondere Anstrengungen, zum Beispiel in der Form des 40-Tage-Programms, zu unternehmen, beginnt der Zyklus von 1001 Tagen, also von ungefähr drei Jahren, mit deiner eigenen individuellen Haltung und deinem Zugang zu diesem Zeitraum und daher auch mit der Bedeutung, die du ihm beimisst. Noch einmal: Es ist das Wort *Haltung,* auf das es wirklich ankommt. Mit diesem Wort im Sinn und im Herzen sende ich euch diese ersten Richtlinien, jedoch im Verständnis, dass wir uns alle sowohl individuell mit dieser Zeitperiode befassen als auch gemeinsam arbeiten werden, aus welchem Land wir auch kommen. Wenn wir uns daran erinnern, werden wir zusätzlichen besonderen Respekt für unsere Brüder und Schwestern auf dem Weg der Wahrheit haben.

Der 1001-Tage-Zyklus wird in drei Perioden von jeweils rund einem Jahr eingeteilt. Jedes dieser Jahre steht unter einer anderen »Überschrift«, und wir werden in der beschriebenen Grundhaltung arbeiten, die für die verschiedenen Übungen und Studien, die während dieser drei Jahre gegeben werden, notwendig ist.

* * *

lives, but I repeat that I do not want you to feel guilty if, for some reason, there are difficult times and you cannot totally succeed with your endeavours. Do your best, that is what is most important. But at the same time remember that your *life* – i.e. the possibility of living consciously – depends *entirely* on the practices and right effort that you put into life itself. No one else can do this for you. I can offer you advice and even be a mirror for you if you will only dare to look into the mirror. But I cannot do the practices for you any more than I would eat your food. We all have our own life to lead, and each one of us is unique in His Love and thus uniquely beautiful in essence. We must never forget this in our love of our Creator and our love of His Creation.

In other words, although there will be special times when it will be required of you to make various special efforts, rather like the 40-days programme, the 1001-days cycle, i.e. roughly three years, starts off with your own individual attitude and your approach to this period of time and thus the importance you give to it. Again it is the word *attitude* that really matters. It is with this word in mind and heart that I send these first directives to you, but in the understanding that we will all be both individually involved with this period of time and also working from whichever country we come. When we remember this, we will have extra special respect for our brothers and sisters on the road of truth.

The 1001-days cycle will be roughly divided into three periods of one year each. Each one of these years comes under a different 'title' and we will be working with this overall attitude that is necessary to complete the various different practices and study that will be given during these three years.

* * *

The first year's title will be *honesty.* Obviously we cannot really approach the truth without being one hundred percent honest with ourselves and with everyone else. This means we can no longer cover up many of our inner fears, any more than we can cover up our aspirations. We have to learn how to allow ourselves to be "seen" and recognised – perhaps not by everyone in the street. But at least when the moment is right we need to be able to be strong and courageous to stand up to truth itself. There are times when we need to be invisible and anonymous, this is true; but in the brotherhood we have to be really honest and learn how to commu-

Der Titel des ersten Jahres wird *Aufrichtigkeit* sein. Offenkundig können wir uns nicht wirklich der Wahrheit nähern, ohne mit uns selbst und mit jedermann hundertprozentig aufrichtig zu sein. Dies bedeutet, dass wir viele unserer inneren Ängste nicht länger verbergen können, und genauso wenig können wir unser Sehnen verheimlichen. Wir müssen lernen, uns selbst zu erlauben, »gesehen« und erkannt zu werden – vielleicht nicht von jedermann auf der Straße. Aber zumindest müssen wir im richtigen Moment in der Lage sein, stark und mutig der Wahrheit selbst gegenüberzutreten. Es gibt Zeiten, in denen wir unsichtbar und anonym bleiben müssen, das ist wahr; in der Bruderschaft jedoch müssen wir wirklich aufrichtig sein und lernen, uns mit jedem Anderen auf vielen Ebenen zu verständigen, und zwar im Wissen um die richtige Zeit für die Kommunikation und die richtige Ebene, von der aus wir mit unseren Brüdern und Schwestern, unserer Familie und Freunden kommunizieren.

Aufrichtigkeit ist ein riesiges Thema. Wie gesagt, wir können die Wahrheit nicht verbergen, doch wurde ein großer Teil der Wahrheit in unserem Leben tatsächlich von Schmerz und manchmal unnötigem Leiden verdeckt. Wir ziehen es vor, nicht in die Vergangenheit zurückzuschauen, um manche versteckten Facetten unserer selbst oder Geheimnisse, die sozusagen im Dunkeln geblieben sind, nicht aufzudecken. Und doch möchte ich, dass in diesem Jahr jeder seine Vergangenheit in den gegenwärtigen Moment »hervorholt«, und das bedeutet, vielleicht nur einmal und in aller Aufrichtigkeit zurückzublicken – dies geschieht zwischen uns und unserem Herrn –, um zu sehen, ob es da in unserem Leben Zeiten gibt, bezüglich derer wir noch immer Scham, Schuld oder Angst empfinden. Wann immer wir Erlebnisse finden, an die wir uns lieber nicht erinnern würden, oder Taten, die wir begangen haben und die wir tief bedauern, dann ist dies das Jahr, um diese Erfahrungen an die Oberfläche zu bringen. Und in unseren ganz und gar aufrichtigen Momenten können wir sie als Opfer darbringen und darum bitten, dass sie geheilt und erlöst werden mögen durch den gegenwärtigen Augenblick in Seiner liebenden Verzeihung, Seiner Gnade und Seinem Mitgefühl.

Wir müssen lernen, wie wir uns selbst vergeben und alles, was wir getan haben, verzeihen können. Wir müssen lernen, den Mut zu haben, uns bei den Menschen zu entschuldigen, die wir in der Vergangenheit verletzt haben. Falls nötig, müssen wir sogar Briefe

nicate with each other on many levels, knowing the right time to communicate and the right level from which to communicate to our brothers and our sisters and our family and friends.

Honesty is a huge subject. As I said, we cannot cover up the truth. But, on the other hand, a great deal of the truth in our lives has indeed been covered up through pain and sometimes unnecessary suffering. We prefer not to look back into the past to uncover certain hidden aspects of ourselves or hidden secrets which have remained, as it were, in the dark. And yet this first year I want everyone to "bring up the past" into the present moment, and that means looking back just once perhaps and in all honesty – and this is between us and our Lord – to see if there are times in our lives for which we can still feel shame or guilt or fear. Whenever we find experiences that we would prefer not to remember, or we remember certain actions we have taken about which we feel deeply sorry, then this is the year for those to come to the surface. And in our totally honest moments we can offer them up asking that these moments be healed and be redeemed through the present moment in His loving Forgiveness, Mercy and Compassion.

We have to learn how to forgive ourselves all that we have done. We have to learn to have the courage to apologise to those people we have hurt in the past. If necessary we have to even write letters to people we have harmed. But we do this in the realisation that with each conscious effort we make we are freeing the imprisoned truth within ourselves, which, for so long, has perhaps been covered up by the blankets of despair caused by our own actions the control of which has slipped our hands. I fully realise this is a difficult job, but the first task I give you all this year is to sit down and make a list for yourselves of all the actions and memories that still produce pain and unhappiness within. Having made this list in complete honesty, and remembering this is entirely a private work between you and your Lord, then I want each one of you to find a special time whereby you can prepare yourself over a three-days period for that special moment when, with both hands, you can offer up all the past to be redeemed through the present moment. Let me explain this a little more carefully.

The three days I am referring to do not necessitate changing your life style or going on a fast or anything like that – that is unless you wish to. What it means is that for the three days prior to this particular exercise I want each of you to have a very special

schreiben an Menschen, denen wir geschadet haben. Aber wir tun dies in der Erkenntnis, dass wir mit jeder bewusst unternommenen Anstrengung die in uns selbst eingesperrte Wahrheit befreien, die vielleicht so lange Zeit verhüllt lag unter den Decken der Verzweiflung über unsere eigenen Taten, die der Kontrolle unserer Hände entglitten sind. Ich bin mir vollkommen darüber im Klaren, dass dies eine schwierige Arbeit ist, aber die erste Aufgabe, die ich euch allen dieses Jahr stelle, ist, euch hinzusetzen und für euch selbst eine Liste aufzustellen aller Handlungen und Erinnerungen, die noch immer Schmerz und Unglück im Innern hervorrufen. Nachdem ihr diese Liste in vollständiger Aufrichtigkeit angefertigt und euch daran erinnert habt, dass dies eine rein private Angelegenheit zwischen euch und eurem Herrn darstellt, möchte ich, dass jeder Einzelne von euch Zeit findet, sich während einer dreitägigen Periode auf jenen besonderen Moment vorzubereiten, in dem ihr die ganze Vergangenheit mit beiden Händen als Opfer darbringen könnt, auf dass sie durch den gegenwärtigen Augenblick erlöst werden möge. Lasst mich das erläutern.

Diese drei Tage, auf die ich mich beziehe, machen keine Änderung eures Lebensstils notwendig oder ein Fasten oder irgendetwas in dieser Art – es sei denn, ihr wünscht es. Was ich möchte, ist, dass jeder von euch während der drei Tage, die dieser speziellen Übung vorausgehen, eine ganz besonders »private« Beziehung zu seinem Herrn aufbaut und die nötigen Kräfte sammelt, um die Vergangenheit ein für alle Mal als Opfer darzubringen. Wie macht ihr das? Ihr könnt, wenn ihr wollt, ein eigenes Ritual entwerfen. Ihr könntet das Blatt Papier mit der darauf geschriebenen Liste nehmen und es bewusst verbrennen, die Asche zurückbehalten und sie dann im Freien in die vier Winde und die sechs Richtungen blasen und Gott darum bitten, eure Aufrichtigkeit und euren Mut anzunehmen. Es ist nichts falsch daran, Mut zu haben – tatsächlich braucht ihr Beherztheit für ein solches Unterfangen. Der große Schlüssel ist die Bitte, dass das, was ihr gebt, von der Einen Quelle allen Lebens angenommen werden möge. Ihr könnt das tun, wann es für euch richtig ist, jedoch wünsche ich, dass ihr diese besondere Aufgabe im Verlauf der ersten drei Monate erfüllt. Ich sage nicht, dass ihr mit dem Erledigen dieser Aufgabe vollständig von all dem Leid und all den Wunden aus der Vergangenheit geheilt werdet, die euch von anderen zugefügt wurden, und von jenen Wunden, die ihr anderen zugefügt habt. Was ich *sage,* ist: Indem ihr diese Mühe auf euch

"private" relationship with your Lord whilst you gather the strength necessary to offer up the past once and for all. How do you do this? You can make your own ritual if you wish. You could take the piece of paper with the list you have written and consciously burn it retaining the ashes and then blowing them in the open air to the four winds and the six directions asking God to accept your honesty and courage. There is nothing wrong in having courage – in fact you need it for such an activity. The great key is asking that what you give is received by the One Source of all life. You can do this when you wish, but I would like you to do this particular task some time during the first three months. I am not saying that by undertaking this task you will be completely healed of all the pain and wounds from the past both caused by others upon you individually and those wounds caused by yourself on others. What I *am* saying is that by making this effort you will undoubtedly be placing yourself really on the path of service with both hands. I am sure I do not need to say more about this. In some schools they have small encounter groups when such an action as the one I am suggesting is taken. In this school I do not honestly feel that this is necessary. In fact, I prefer in my loving trust for each one of you to see that you face what you have to face by yourselves – but knowing that God is the All-Knower, God is the Witness and we are His Witnesses in this world. Ultimately there is no separation. You can also have the confidence to know that it is only through the present moment that the past can be redeemed *and* the unmanifested Aspect of God or what is sometimes called "the future" can be manifested. As I have said so many times, there is no present moment without a conscious human being in this world. And there *are* conscious human beings on planet earth! You can be quite sure of this and thus have the confidence to know that by turning to your Lord ("Your Lord is your Lord, and my Lord is my Lord, but there is only One Lord!") little by little, and without danger to yourselves, the grey blanket that has covered the light in the past can be gently removed so that you can proceed in greater freedom and trust.

* * *

This is the first practice that I wish to be done within the first three months, and during the same time, although this is not compulsory, I strongly suggest that each one of you completes the 24-Days

nehmt, begebt ihr euch ohne Zweifel wirklich mit beiden Händen auf den Pfad des Dienens. Sicher brauche ich nicht mehr darüber zu sagen. In manchen Schulen gibt es kleine Begegnungsgruppen, in denen Aktionen wie die von mir vorgeschlagene durchgeführt werden. In dieser Schule spüre ich, ehrlich gesagt, keine Notwendigkeit dafür. Tatsächlich ziehe ich es in meinem liebenden Vertrauen vor, dass jeder von euch sich selbst dem stellt, dem ihr euch stellen müsst – jedoch im Wissen, dass Gott der Allwissende ist, Gott ist der Zeuge und wir sind Seine Zeugen in dieser Welt. Letztlich gibt es keine Trennung. Ihr könnt vertrauen auf das Wissen, dass es nur durch den gegenwärtigen Augenblick geschehen kann, dass die Vergangenheit erlöst *und* der unmanifestierte Aspekt Gottes, manchmal auch die »Zukunft« genannt, manifestiert wird. Wie ich bereits so viele Male gesagt habe: Es gibt auf dieser Welt keinen gegenwärtigen Moment ohne ein bewusstes menschliches Wesen. Und es *gibt* bewusste menschliche Wesen auf dem Planeten Erde! Dessen könnt ihr ganz sicher sein und deshalb mit Zuversicht wissen, dass, indem ihr euch eurem Herrn zuwendet (»Dein Herr ist dein Herr, und mein Herr ist mein Herr, doch gibt es nur Einen Herrn!«), die grauen Vorhänge, welche in der Vergangenheit das Licht ausgesperrt haben, nach und nach und ohne Gefahr für euch sanft weggezogen werden können, auf dass ihr in größerer Freiheit und größerem Vertrauen fortschreiten könnt.

* * *

Dies ist die erste Übung, von der ich wünsche, sie möge in den ersten drei Monaten getan werden, und während derselben Zeit, obwohl dies nicht verpflichtend ist, rate ich dringend jedem von euch, das 24-Tage-Programm [siehe: *Die innere Arbeit I,* Seite 369] zu absolvieren. Zum Beispiel ist der März dank der Natur des elektromagnetischen Feldes zu jener Jahreszeit ein für dieses Programm vorzüglich geeigneter Monat. Ich weiß, viele von euch haben es bereits absolviert, doch eignet es sich gut dazu, wenn irgend möglich einmal jährlich ausgeführt zu werden. Natürlich werdet ihr auch mit den Übungen fortfahren, die ich euch gegeben habe, und im weiteren Verlauf des Jahres werde ich eure individuellen *Wazifas* [siehe: *Die innere Arbeit II,* Seite 721] überprüfen.

Einige weitere Punkte müssen zum gegenwärtigen Zeitpunkt erwähnt werden:

Programme [see *The Inner Work I,* page 368]. March, for instance, is an excellent month for this programme due to the nature of the electro-magnetic field of the planet at that time. I know many of you have done it before, but it is a good one to complete once a year if you possibly can. You will, of course, also continue with the practices that I have given you as before, and I will be checking on your individual *wazifas* [see *The Inner Work II,* page 718] as we proceed during this year.

There are a few other points which need to be mentioned at this stage:

1. Each individual, having received this paper and meditated on it, will decide on the date he or she will personally start the 1001-days cycle. Obviously not everyone will start on the same day because letters will take different lengths of time to get to different countries, including the United States and Mexico et cetera. So, each of you individually has to decide on the start date and let the group leader with whom you are involved know of this date so that he or she can make a note of it and let me know in due course. Before actually starting the 1001-days cycle, you should again spend three days getting prepared for it. In some schools it is made compulsory that you go on a thirty-six hours fast before making such a decision, i.e. from sundown on one day throughout that night, all the next day until sunup on the day after. However, for many reasons I am not making this compulsory, but some of you might wish to try this. It is called "the David's fast". Having set your date, you will then make notes in your own calendar so that you can look back from time to time and remember your original intention and thus the triad of freedom I talk about so often, i.e your commitment, willingness and agreement.

2. The second point is that I fully realise that many of you have already been working with me for over three years, but I still want you to have the same attitude as all the newcomers, i.e. to take this year as one of honesty on all levels and make whatever sacrifices you need to make to face up to whatever you have to face up to. I am fairly certain that you will find many things from your past still lurking in the darkness which need to be brought to the light. If you feel you do not have sufficient courage to take the necessary action (that means newcomers *and* people who have worked with me for a long time), then you must make special efforts in order to get more courage. *Refuse to be controlled by the lower* nafs!

1. Jeder Einzelne wird, nachdem er diesen Text erhalten und darüber meditiert hat, über das Datum entscheiden, an dem er den 1001-Tage-Zyklus beginnen will. Offensichtlich werden nicht alle am selben Tag anfangen, da die Briefe in die verschiedenen Länder, einschließlich den Vereinigten Staaten, Mexiko und so weiter, unterschiedlich lange unterwegs sind. Daher soll jeder von euch individuell über das Anfangsdatum entscheiden und dem Gruppenleiter, dem ihr zugeordnet seid, dieses Datum mitteilen, so dass er oder sie es notieren und mich zu gegebener Zeit informieren kann. Bevor ihr den 1001-Tage-Zyklus wirklich beginnt, solltet ihr wiederum drei Tage damit verbringen, euch darauf vorzubereiten. In manchen Schulen ist es vorgeschrieben, vor einer solchen Entscheidung ein 36-stündiges Fasten einzulegen, das heißt: beginnend am Sonnenuntergang eines Tages, die ganze Nacht und den ganzen folgenden Tag hindurch bis zum Sonnenaufgang des übernächsten Tages. Aus vielen Gründen werde ich darauf jedoch nicht bestehen, aber manche von euch mögen das gerne ausprobieren. Es nennt sich »Davids Fasten«. Habt ihr das Datum festgelegt, werdet ihr in eurem Journal Notizen machen, damit ihr von Zeit zu Zeit Rückschau halten und euch eurer ursprünglichen Absicht und somit auch der Triade der Freiheit erinnern könnt, von der ich so oft spreche, nämlich eurer Verpflichtung, eurer Bereitwilligkeit und eurem Einverständnis.

2. Es ist mir vollkommen bewusst, dass viele von euch bereits seit mehr als drei Jahren mit mir arbeiten, und doch erwarte ich von euch dieselbe Haltung wie von allen Neulingen: nämlich dieses Jahr mit Aufrichtigkeit auf allen Ebenen anzugehen und, sofern es nötig ist, jedes erdenkliche Opfer zu bringen, um euch all dem zu stellen, dem ihr euch stellen müsst. Ich bin ziemlich sicher, dass ihr vieles aus eurer Vergangenheit finden werdet, das noch immer in der Dunkelheit verharrt und ans Licht gebracht werden muss. Wenn ihr spürt, dass ihr nicht genug Mut habt, die notwendigen Schritte zu unternehmen (das betrifft die Neuen *ebenso* wie die Leute, die seit langer Zeit mit mir gearbeitet haben), dann müsst ihr verstärkte Anstrengungen unternehmen, mehr Mut zu erlangen. *Weigert euch, von eurer niederen* nafs *kontrolliert zu werden!* Erinnert euch daran, dass ihr in eurer Lebenszeit durch zwei Konfrontationen hindurch gehen müsst, ihr alle – das ist zum einen die Konfrontation mit jenen Aspekten eurer selbst, die nicht wissen *wollen,* und schließlich die zweite Konfrontation mit den

Remember that you will have to go through two confrontations in your lifetimes – all of you – that is the confrontation between those aspects in yourselves which do not *want* to know, and then finally the second confrontation, which is between the other aspects which will most certainly *have* to know – if the final victory is to be yours and you are to come into the realisation of the Unity of God in your own lifetime.

3. Lastly, there are those of you who have not yet received initiation for one reason or another. I also realise this and therefore ask all of you to consider the meaning of initiation and, in this case, to discuss this with those who have taken initiation and have been on the Way of Love, Compassion and Service and are working consciously with this living school for a longer period of time. I do not insist that everyone takes initiation because I do not want anyone to feel that this is some sort of a "cult" or a special new age western order. I want people to come to the point of initiation, if they so wish, willingly and joyfully, rather than feeling that they have to take initiation in order to become part of something. I pray you all understand what I am saying. Those of you who live a long way away from me should not worry. The moment will come when there will be a suitable time and place for you to take initiation if you so wish. However, to prepare yourself for this great step into the unknown, I do humbly request that you will all really immerse yourselves in the Sufi "language". Whether you speak German or Dutch, French, Spanish, Italian or English et cetera, we do need a mutually acceptable language so that, after the first years of work are completed and we can enter into the more hidden and esoteric aspects of the work of this living school, we can join together in this language which is so important. That is why I *insist* that you all develop some sort of a basic vocabulary of the language that we in the Sufi tradition use and remember that this language is universal in its concept. It is not as though we use certain Arabic phrases, for example, because our own language or mother tongue does not suffice. Rather we use these phrases because of the inner sound and understanding contained within them, always remembering that our living school is entirely based on the inner core of the essence of Sufi teachings. Therefore I repeat: really spend all available time that you can on learning about the basic phrases and words that you will hear me and others use, as well as immerse yourselves (like flies in honey) in Sufi stories, Sufi texts and particularly the *Fihi ma*

anderen Aspekten, die ganz sicher wissen *müssen* –, wenn euch der entscheidende Sieg und dann die Verwirklichung der Einheit mit Gott noch während eurer eigenen Lebenszeit gewiss sein soll.

3. Zuletzt gibt es da noch jene unter euch, die aus dem einen oder anderen Grund noch keine Initiation empfangen haben. Auch darüber bin ich mir im Klaren und bitte daher euch alle, über die Bedeutung von Initiation nachzudenken und darüber gegebenenfalls mit jenen zu sprechen, die bereits initiiert sind und schon seit längerer Zeit auf dem Weg der Liebe, des Mitgefühls und des Dienens in dieser lebenden Schule bewusst zusammenarbeiten. Ich bestehe nicht darauf, dass sich jeder initiieren lässt, weil ich nicht möchte, dass irgendjemand das Gefühl bekommt, dies sei eine Art »Kult« oder ein exklusiver New-Age-Orden westlicher Prägung. Ich möchte die Menschen, falls sie dies wünschen, bereitwillig und voller Freude zum Punkt der Initiation kommen lassen, statt im Gefühl, sie müssten sich initiieren lassen, um an etwas teilzuhaben. Ich bitte euch alle zu verstehen, was ich sage. Diejenigen von euch, die weit entfernt von mir wohnen, mögen sich keine Sorgen machen. Der Moment des geeigneten Zeitpunkts und Orts wird kommen, an dem ihr die Initiation empfangen könnt, wenn ihr es wünscht. Um euch jedoch auf diesen großen Schritt ins Unbekannte vorzubereiten, bitte ich schlicht darum, dass ihr euch alle wirklich in die »Sprache« der Sufis vertieft. Ob ihr nun Deutsch, Holländisch, Französisch, Spanisch, Italienisch oder Englisch und so weiter sprecht, wir brauchen eine gemeinsam akzeptierte Sprache, damit wir, wenn die ersten Jahre der Arbeit abgeschlossen sind und wir in die stärker verborgenen und esoterischen Aspekte der Arbeit dieser lebenden Schule eintreten, uns in dieser Sprache, die so wichtig ist, zusammenfinden können. Deswegen *bestehe* ich darauf, dass ihr euch alle eine Art Grundwortschatz der Sprache aneignet, die wir in der Sufi-Tradition benutzen, und euch daran erinnert, dass diese Sprache von ihrer Idee her universell ist. Es ist nicht so, dass wir beispielsweise gewisse arabische Redewendungen benutzen, weil unsere eigene Sprache oder Muttersprache dafür nicht ausreicht. Eher benutzen wir diese Wendungen wegen ihres inneren Klangs und des in ihnen enthaltenen Verständnisses, uns stets daran erinnernd, dass unsere lebende Schule gänzlich auf dem inneren Kern der Essenz der Sufi-Lehren beruht. Darum wiederhole ich: Verwendet wirklich all eure verfügbare Zeit darauf, mehr zu erfahren über die

fihi [*The Discourses* of Jalaluddin Rumi*] and, if possible, in the study of the *Mathnawi* on a daily basis.

The weekly themes and holy names will continue to be given. I beg you to realise that there is far more in all of these teachings than may appear on the surface. Dig deep! Remember the "hidden treasure" needs a lot of hard work to discover its whereabouts. Ultimately it is within your own heart, but there are many layers of the onion skin to be torn aside to reveal that hidden treasure. And so I want you to really work with what you are given in gratefulness and loving kindness and *insisting* on your lower nature to be doing what it is told. You do not let the donkey lead the person on its back! It is the rider, who must tell the donkey what to do, even if the donkey is stubborn and needs an occasional poke in the right direction. You will also sometimes receive special instructions as I wrote at the beginning of this paper, but do not walk around in expectation! Continue on as you would do working steadfastly from day to day and remember that He always knows our innermost thoughts and our innermost yearnings. Remember that the seeker is the sought. So one day, God willing, you will all reach a point where you will meet each other face to face in the light of truth as He has wished from the beginning of time. "I was a Hidden Treasure and I loved to be known, so I created the world that I might be known" (hadith of the prophet Muhammad, peace and blessings be upon him).

Remember, therefore, that honesty will polish the stepping stones on the road of truth. Out of your complete and total honesty and dedication light will grow with every conscious breath that you take. May we all be guided on the straight way.

1991

* *Discourses of Rumi,* translated by A.J. Arberry, Curzon Press Limited, Richmond, Surrey, England 1994.

grundlegenden Redewendungen und Wörter, die ihr mich und andere werdet benutzen hören, und einzutauchen (wie Bienen in Honig) in die Sufi-Geschichten und Sufi-Texte und insbesondere in die *Fihi ma fihi* [die Vorträge von Rumi*] und, sofern möglich, in das tägliche Studium des *Mathnawi.*

Die Wochenthemen und die heiligen Namen werden auch weiterhin gegeben werden. Seid euch bitte klar darüber, dass in all diesen Lehren weit mehr steckt, als an der Oberfläche erscheinen mag. Grabt tief! Erinnert euch daran, dass es harter Arbeit bedarf, um den Aufenthaltsort des »verborgenen Schatzes« zu entdecken. Schließlich liegt er in eurem eigenen Herzen, aber es gibt viele Schichten von Zwiebelhaut, die abgeschält werden müssen, um diesen verborgenen Schatz freizulegen. Und daher möchte ich, dass ihr mit dem, was euch in Dankbarkeit und liebender Güte gegeben worden ist, wirklich arbeitet und darauf *besteht,* dass eure niedere Natur das ihr Aufgetragene tun wird. Du lässt nicht zu, dass der Esel die Person auf seinem Rücken führt! Der Reiter muss dem Esel sagen, was zu tun ist, selbst wenn der Esel störrisch ist und gelegentlich einen Knuff in die richtige Richtung benötigt. Manchmal werdet ihr auch besondere Anweisungen bekommen, wie ich zu Beginn des Textes geschrieben habe, aber wandert nun nicht etwa in Erwartung umher! Macht weiter, wie ihr es gewohnt seid, arbeitet unentwegt, Tag für Tag und erinnert euch daran, dass Er unsere innersten Gedanken und Sehnsüchte immer kennt. Erinnert euch daran, dass der Sucher der Gesuchte ist. Auf diese Weise werdet ihr eines Tages alle, so Gott will, einen Punkt erreichen, an dem ihr einander von Angesicht zu Angesicht im Lichte der Wahrheit begegnen könnt, wie Er es Sich vom Anbeginn der Zeiten gewünscht hat. »Ich war ein Verborgener Schatz und sehnte Mich danach, erkannt zu werden; so erschuf Ich die Welt, damit Ich erkannt werde.«

Deshalb denkt daran: Aufrichtigkeit wird die Pflastersteine auf der Straße der Wahrheit glätten, und aus unserer ganz und gar vollkommenen Aufrichtigkeit und Hingabe wird das Licht mit jedem bewusst genommenen Atemzug wachsen. Mögen wir alle auf dem geraden Weg geführt werden.

* Rumi: *Von allem und vom Einen.* Aus dem Persichen und Arabischen von Annemarie Schimmel, Diederichs, München 1988.

The Two Confrontations and Victory

Second Year of the 1001-Days Programme

IT IS NOW NEARLY A YEAR SINCE I FIRST ENCOURAGED PEOPLE in our living school to undertake a period of 1001 days, and, if you consider things carefully, you will see that already a great deal has happened since the day that I sent off the first instructions. In fact, so much has happened that some of the papers that I said I would write at that time have already been written – by yourselves! In other words, through your inner work at least some of the "grey blankets" have been lifted off to reveal more of the fire of truth that burns within the heart of all true seekers. However it is now time for me to write to you again, and I am therefore going to go through the original paper first of all, and perhaps this will remind you all to re-read it very carefully, noting which parts of it you have worked with and understood, and which parts you have perhaps either forgotten or ignored for one reason or another.

* * *

During the past years we have talked a great deal about the word *substance,* and I am sure that by now you will all have realised how long it takes to build up this very precious substance and how easily and quickly it can be wasted through such things as gossip, useless talking, identification, negative emotions et cetera. Thus, this work has to be remembered *all the time* and not just once a week on Thursdays. When we enter the work, we have made a life-long commitment, and it is up to us to do our best never to forget. Daily practices and *dhikr* help enormously, but then it is also important not even to be identified with the practices themselves. Identification produces expectation, and expectation pushes away the world of possibility. Real substance grows out of a willing commitment, love of God – our Creator – and the joyous humility that comes out of realising our dependence. "All prayer starts with praise."

I recently said that "life is a parable," and by this I mean that this life we have, this very precious length of time on earth, is really given to us on loan. It is what we do with it that counts. We come here to learn. We come here to realise, first of all our dependence, and then the Unity of God. We come here to learn from the experiences we are given in life, and in order to learn we must *wake up!*

Die beiden Konfrontationen und der Sieg

Zweites Jahr des 1001-Tage-Programms

ES IST JETZT FAST EIN JAHR HER, SEIT ICH DIE MITGLIEDER unserer lebenden Schule dazu ermutigt habe, eine Verpflichtung für 1001 Tage einzugehen, und wenn ihr genau hinseht, werdet ihr bemerken, dass seit dem Tag, an dem ich die ersten Anweisungen versandt habe, schon sehr viel geschehen ist. Tatsächlich ist so viel geschehen, dass einige der Papiere, die ich damals zu schreiben versprach, bereits geschrieben worden sind – und zwar von euch selbst! Mit anderen Worten: Durch eure innere Arbeit sind zumindest einige der »grauen Decken« gelüftet worden, so dass das Feuer der Wahrheit, das in den Herzen aller wahrhaft Suchenden brennt, stärker hervorscheint. Jetzt ist es jedoch an der Zeit, euch wieder zu schreiben, und so werde ich zunächst den ursprünglichen Text durchgehen; dadurch werdet ihr alle vielleicht auch daran erinnert, ihn noch einmal ganz genau durchzulesen und festzustellen, mit welchen Stellen ihr gearbeitet, welche ihr verstanden habt und welche Teile ihr möglicherweise vergessen oder aus diesem oder jenem Grund nicht beachtet habt.

* * *

In den letzten Jahren haben wir viel über das Wort *Substanz* gesprochen, und ich bin mir inzwischen sicher, dass ihr alle gemerkt habt, wie lange es dauert, bis diese höchst kostbare Substanz gebildet ist, und wie schnell und leicht sie durch Klatsch, Geschwätz, Identifikation, negative Gefühle und so weiter vergeudet werden kann. Daher muss man dieses Werk *jederzeit* in Erinnerung behalten, und nicht nur einmal pro Woche am Donnerstag. Wenn wir in diese Arbeit eintreten, gehen wir eine Verpflichtung fürs ganze Leben ein, und wir müssen unser Bestmögliches tun, um niemals zu vergessen. Tägliche Übungen und der *Dhikr* sind eine große Hilfe, aber es ist ebenso wichtig, sich nicht mit den Übungen selbst zu identifizieren. Identifikation erzeugt Erwartung, und Erwartung stößt die Welt der Möglichkeit zurück. Wahre Substanz erwächst aus der willigen Verpflichtung, der Liebe zu Gott, unserem Schöpfer, und der freudigen Demut, die aus der Erkenntnis unserer Abhängigkeit hervorgeht. »Jedes Gebet beginnt mit Lobpreis.«

Vor Kurzem habe ich gesagt: »Das Leben ist ein Gleichnis.« Damit meine ich, dass das uns gegebene Leben, diese sehr kostbare

This life passes us by so quickly, and one day we will regret the passing of our days, for we will be questioned as to what we have really learnt and what we have done with what we have learnt in our daily lives. We may have heard the call, but have we *listened?*

In the last summer school I talked about the three lines of work; each one of these produces further aspects of this very special substance that we need. The first line of work is to do with the work that we do on ourselves. No-one can do this for us. We can be taught *how* to do this, and we can be given many practices and themes and special projects which are all specially prepared to help us. But we still have to do this aspect of the work ourselves. It is no good blaming anything or anyone if we are given these precious gifts from those who have gone before us on the road of truth, and then we do not put them to good use. Every time we commit ourselves to completing something and we fail to do so, we lose some of this substance that we, and the others before us, have spent so much time (and therefore energy) building both for ourselves, for the good of others and for those who will come after us – our children and our children's children. It is too valuable to waste!

The second line of work is to do with helping others. This is where the group activities are so valuable, for they can bring us to really *care* about other people's needs. Thus, little by little, we wake up to the needs of the moment and our heart stretches out to encompass all of God's Creatures, all of His Creation. Again we acquire substance by working for others, but we also need this substance in order to be able to help. Life goes both ways!

The third line of work is the work that we need to do for the school itself, and for the spiritual guide or teacher – if we have one. How often do we stop to consider what we have actually done, not only for ourselves and others, but for the school and all that that entails? I ask you, at this time – *now* – to stop and consider these matters very carefully. It is the *balance* of the three lines of work that is vitally necessary if there is to be real harmony both within ourselves and with the community as a whole. If you remember this, all of you, then you will not waste substance. You will make extra efforts, and each one of these will help you as you have to face the two confrontations that we all have to face in life if we are to be free at last. These are the confrontations I have mentioned so many times. The first one being the confrontation between those that know and those that do not *want* to know. The second one be-

Spanne unserer Zeit auf der Erde, uns in Wirklichkeit als Darlehen gegeben ist. Was zählt, ist, was wir damit anfangen. Wir kommen hierher, um zu lernen. Wir kommen hierher, um zu erkennen, zuallererst unsere Abhängigkeit und dann die Einheit Gottes. Wir kommen hierher, um aus den Erfahrungen zu lernen, die uns das Leben schenkt, und um lernen zu können, müssen wir *aufwachen!* Dieses Leben geht so schnell an uns vorüber, und eines Tages werden wir das Vergehen unserer Tage bedauern; denn wir werden gefragt werden, was wir wirklich gelernt haben und was wir mit dem Gelernten in unserem Alltag angefangen haben. Wir haben den Ruf vielleicht vernommen, aber haben wir *zugehört?*

In der letzten Sommerschule habe ich über die »drei Linien der Arbeit« gesprochen, und jede dieser Linien erzeugt weitere Aspekte dieser sehr besonderen Substanz, die wir brauchen. Die erste Linie der Arbeit hat mit der Arbeit an uns selbst zu tun. Niemand kann sie für uns tun. Wir können gelehrt werden, *wie* das geht, und viele Übungen und Themen sowie besondere Aufgaben bekommen, die alle eigens darauf zugeschnitten sind, uns zu helfen. Aber wir müssen diesen Aspekt der Arbeit selbst leisten. Es hat keinen Sinn, irgendetwas oder irgendjemandem einen Vorwurf zu machen, wenn wir diese kostbaren Geschenke von unseren Vorgängern auf dem Weg der Wahrheit bekommen und nichts Sinnvolles damit anfangen. Jedes Mal, wenn wir uns dazu verpflichten, eine Sache zu Ende zu bringen, und es dann nicht tun, verlieren wir etwas von der Substanz, auf deren Ausbildung wir und unsere Vorgänger soviel Zeit (und somit Energie) verwendet haben, und zwar für uns, zum Wohle anderer Menschen und für diejenigen, die nach uns kommen werden – unsere Kinder und Kindeskinder. Diese Substanz ist zu wertvoll, um vergeudet zu werden!

Die zweite Linie der Arbeit hat etwas damit zu tun, anderen zu helfen. Hier sind die Gruppenaktivitäten so wertvoll, denn sie können uns dazu bringen, uns wirklich um die Bedürfnisse anderer Leute *zu kümmern.* So werden wir ganz allmählich wach für die Bedürfnisse des Augenblicks, und unser Herz dehnt sich aus, um alle Geschöpfe Gottes zu umfassen, Seine ganze Schöpfung. Wieder erwerben wir Substanz durch die Arbeit für andere. Aber wir brauchen diese Substanz auch, um helfen zu können. Das Leben fließt in beide Richtungen!

Die dritte Linie der Arbeit ist die Arbeit, die für die Schule selbst sowie für den spirituellen Lehrer oder Führer – falls wir einen

tween those that know and those that will *have* to know. This will be discussed further later on in the paper.

At the beginning of the first paper I also wrote that we learn from experiences, and I often tell you that it is not for us to judge whether an experience is so-called "good" or "bad". We can learn from both sides, the positive and the negative. In fact, if we only learn from the positive side of our life, then we are liable to ignore the "shadow", and that would be a big mistake. Each moment is a learning situation, and surely there is not a day that goes by in which, and through which, we cannot learn something. It is all dependent on our attitude. So often people come to me and want "to be of service", and yet they can even be covering up what they have to face by feeling self-important that they are helping. Our attitude to life itself should be an attitude of humility. We do not know, and therefore we want to know. We come here to *learn,* not merely to take and attempt to acquire more and more. We come here to learn how to surrender what we no longer need (the ego separation) until we know there is *only* Him.

* * *

The title of the first year of the 1001-days cycle was the word *honesty.* In the first year you are all encouraged to be totally honest with yourselves and with others in your family, in the group activities and, most important, with your Creator. The opportunity is offered to you. The help is available, and the love is here to melt the pain and give us the *courage* to lift off the grey blankets of fear that have stifled us for so long. We have all the help that we need if we turn *straight* to our Lord and beg for help. Again this first step is up to us, but it is this first step that opens the gate to the road of truth. "The journey of a thousand miles starts with one step."

The question I am now asking is whether you have really been working on what is needed to free up the past. As I wrote in the first paper,

> We have to learn to have the courage to apologise to those people we have hurt in the past. If necessary we have to even write letters to people we have harmed. But we do this in the realisation that with each conscious effort we make we are freeing the imprisoned truth within ourselves, which, for so long, has perhaps been covered up by the blankets of despair

haben – benötigt wird. Wie oft halten wir inne, um zu überlegen, was wir eigentlich getan haben, nicht nur für uns selbst und andere, sondern für die Schule und alles, was damit zusammenhängt? Ich bitte euch, zu diesem Zeitpunkt – *jetzt* – innezuhalten und diese Dinge sehr genau zu überdenken. Das *Gleichgewicht* zwischen den drei Linien der Arbeit ist lebenswichtig, wenn es zu einer wahren Harmonie in uns und mit der Gesellschaft insgesamt kommen soll. Wenn ihr euch daran erinnert, jede und jeder von euch, werdet ihr keine Substanz vergeuden. Ihr werdet besondere Anstrengungen unternehmen, und jede dieser Anstrengungen wird euch helfen, wenn ihr euch den Konfrontationen gegenüberseht, denen wir uns alle im Leben stellen müssen, um endlich frei zu sein. Das sind die Konfrontationen, die ich so oft erwähnt habe. Die erste ist die Auseinandersetzung zwischen denen, die wissen, und denen, die nicht wissen *wollen.* Die zweite ist diejenige zwischen denen, die wissen, und denen, die wissen *müssen.* Darauf wird im weiteren Verlauf des Textes näher eingegangen werden.

Zu Beginn des ersten Textes habe ich auch gesagt, dass wir aus Erfahrungen lernen, und ich sage euch oft, dass wir nicht die Richter darüber sind, ob eine Erfahrung »gut« oder »schlecht« ist. Wir können von beiden Seiten lernen, der positiven wie der negativen. Wenn wir nur von der positiven Seite unseres Lebens lernen, ignorieren wir höchstwahrscheinlich den »Schatten«, und das wäre ein großer Fehler. Jeder Moment ist eine Lernsituation, und sicherlich vergeht kein Tag, an dem und durch den wir nicht etwas lernen könnten. Es hängt alles von unserer Haltung ab. Wie oft kommen Menschen zu mir und möchten »dienen«, und doch mögen sie gerade durch das Gefühl, wichtig zu sein, weil sie helfen, genau das verdecken, dem sie sich zu stellen haben. Unsere Einstellung dem Leben gegenüber sollte eine Haltung der Demut sein. Wir wissen nicht, und darum wollen wir wissen. Wir kommen hierher, um zu *lernen,* und nicht nur, um zu nehmen und immer mehr zu erwerben. Wir kommen hierher, um zu lernen, wie wir aufgeben können, was wir nicht mehr brauchen (die Ego-Trennung), bis wir wissen, dass es *nur* Ihn gibt.

* * *

Das Motto für das erste Jahr des 1001-Tage-Zyklus war das Wort *Aufrichtigkeit.* Ihr werdet im ersten Jahr alle ermutigt, völlig aufrichtig mit euch selbst und anderen in eurer Familie zu sein, bei

caused by our own actions the control of which has slipped our hands.

So, have you completed this part of the first year of the cycle? Be honest with yourselves. Do you still feel those pangs of guilt from actions you have made in the past and which you can still *feel* inside yourselves when you stop and remember them? If you do, then it is time to make amends in whatever way you feel you should. However, I also want you to remember that it is not a good thing to hurt people unnecessarily, and therefore, if you look back into your past and you realise that it might *not* be a good thing to dig up past memories (and thus maybe hurt others), you have the option of offering your repentance to God. He understands! Sometimes action in this world does *not* help. I would like to remind you that during the first year it is vitally important you complete that special three-days cycle talked about in the first paper. If you have not already done this, then now is the time to do so. For those who have just commenced the 1001-days cycle, this work should be undertaken during the first three months after you agree to start the programme.

The next point I would like to raise concerns the amount of time that each one of you put into *conscious* work each day, particularly to do with the word "study". I fully realise how busy you all are with your daily jobs, your family and other necessary activities, and it is particularly difficult to study by yourselves and without the help of a group with which you meet on a regular basis. Merely meeting together on Thursday evenings is really not enough. We all know this, and we can only do as much as we can. *There is no compulsion!* Without a physical centre, many of the things I ask you to do are very difficult (if not virtually impossible), so I do have all compassion and sympathy. However, I do want all of you to read as much as you can in your spare time, absorbing the language of the Sufis. It will help me so much to be able to help you when we can meet and share time together. If you need any advice as to what to study, then please ask someone who has already been working on this aspect of the work in the past.

* * *

Now we come to the subject of the two confrontations. In order to understand what I am trying to teach you, it is again very important

den Gruppenaktivitäten und, was am wichtigsten ist, mit eurem Schöpfer. Die Gelegenheit wird euch geboten. Hilfe steht zur Verfügung, und die Liebe ist vorhanden, um den Schmerz aufzulösen und uns den *Mut* zu geben, die grauen Schleier der Angst zu lüften, die uns so lange erstickt haben. Wir haben all die Hilfe, die wir brauchen, wenn wir uns unserem Herrn *direkt* zuwenden und um Hilfe flehen. Wieder ist der erste Schritt unsere Sache, aber es ist dieser erste Schritt, der das Tor zum Weg der Wahrheit öffnet. »Die Reise von tausend Meilen beginnt mit einem Schritt.«

Ich stelle euch nun die Frage, ob ihr wirklich an dem gearbeitet habt, was für die Befreiung der Vergangenheit nötig ist. Wie ich im ersten Text geschrieben habe:

> Wir müssen lernen, wie wir uns selbst vergeben und alles, was wir getan haben, verzeihen können. Wir müssen lernen, den Mut zu haben, uns bei den Menschen zu entschuldigen, die wir in der Vergangenheit verletzt haben. Falls nötig, müssen wir sogar Briefe schreiben an Menschen, denen wir geschadet haben. Aber wir tun dies in der Erkenntnis, dass wir mit jeder bewusst unternommenen Anstrengung die in uns selbst eingesperrte Wahrheit befreien, die vielleicht so lange Zeit verhüllt lag unter den Decken der Verzweiflung aufgrund unserer eigenen Taten, die der Kontrolle unserer Hände entglitten sind.

Habt ihr also diesen ersten Teil des ersten Jahres des Zyklus abgeschlossen? Seid ehrlich. Habt ihr immer noch diese Anfälle von Schuldgefühlen über vergangene Taten, die ihr immer noch in euch *fühlen* könnt, wenn ihr innehaltet und euch daran erinnert? Wenn das zutrifft, ist es an der Zeit, es in der euch geeignet erscheinenden Weise wieder gut zu machen. Aber ich möchte auch, dass ihr daran denkt, dass es nicht gut ist, Leute unnötig zu verletzen; wenn ihr also in die Vergangenheit zurückblickt und merkt, dass es vielleicht *nicht* so gut ist, an vergangenen Dingen zu rütteln (und damit vielleicht andere Menschen zu verletzen), dann habt ihr die Möglichkeit, eure Reue Gott anzubieten. Er hat Verständnis! In dieser Welt hilft das Handeln manchmal *nicht*. Aber ich möchte euch daran erinnern, dass es während dieses ersten Jahres lebenswichtig ist, jenen besonderen dreitägigen Zyklus abzuschließen, von dem im ersten Text die Rede ist. Wenn ihr es noch nicht getan habt, dann tut es jetzt. Für diejenigen, die gerade mit

that you really want to *learn.* This means learning what you *need* to learn, and not merely learning what you either want to learn or feel happy about learning. As I said, we are not the judges, and there are many worlds within worlds. For example what we see in one world as a "bad" experience is often understood to be both valuable and useful in another. We are in this world to learn, not to judge.

Now in order to learn it is obviously necessary to have experiences that can teach us. However there is a paradox here. You see, *it isn't up to us alone to create the experiences.* The experiences come to us as we turn back to our source. We are offered what we need, one time after another, *in order to learn.* It is a question of whether we learn in the first place or whether we are given more and more experiences of a similar nature (often becoming more and more unpleasant!) because we have not learnt from the experiences we have already been given. It is the word *"given"* that offers us a key to understanding. We need to learn how to be grateful for everything. We have surely been taught this from childhood, and all of life is given to us to learn from, not just those parts of life that we particularly like or find pleasant.

I want you to look at something for a moment. How many times have we all helped to create unnecessary experiences ourselves? Why would we do this? Could it be that we can create false situations just in order to feel self-important, or perhaps in order to find something or someone else to blame, thus covering up what we have to face, yet again, with more nasty wet blankets?

"Patience is the key to joy" (Sufi saying) – and so I am asking you to remember, once again, that once you turn totally to God, you will be given precisely what you need, even if it is not what you want. God, Allah, whatever name you give Him, loves His Creation. He yearns for us to be one with Him and in the knowledge of the unity, "O David, My Yearning for them is far greater than theirs can ever be for Me" (according to Ibn Arabi in *The Twenty-nine Pages*).

Thus it can be seen that the first confrontation, the confrontation "between those that know and those that do not *want* to know", is inevitable if we want to know the truth and thus be free. A living school is given so that there is the best opportunity to see and understand just what this necessary confrontation is, how to work with it, and thus finally experience the victory that is waiting for each one of us when we have done the necessary work. The

dem 1001-Tage-Programm begonnen haben, sollte diese Arbeit während der ersten drei Monate nach ihrer Zustimmung zur Aufnahme des Programms durchgeführt werden.

Der nächste Punkt, den ich ansprechen möchte, ist der Zeitaufwand, den jeder von euch täglich für diese *bewusste* Arbeit aufbringt, vor allem im Zusammenhang mit dem Wort »studieren«. Ich bin mir vollkommen bewusst, wie viel ihr alle mit eurer Tagesarbeit, mit euren Familien und anderen notwendigen Dingen beschäftigt seid, und es ist besonders schwierig, allein zu studieren, ohne die Hilfe einer Gruppe, mit der ihr euch regelmäßig trefft. Sich einfach am Donnerstagabend zu treffen, reicht wirklich nicht aus. Das wissen wir alle, und wir können nur schaffen, was für uns möglich ist. *Es gibt keinen Zwang!* Ohne ein physisches Zentrum sind viele Dinge, die ich euch zu tun bitte, sehr schwierig (wenn nicht im Grunde unmöglich), so dass ich jedes Mitgefühl und alle Sympathie habe. Aber ich wünsche, dass ihr alle in eurer Freizeit soviel wie möglich lest und die Sprache der Sufis in euch aufnehmt. Es wird mir so sehr dabei helfen, euch helfen zu können, wenn wir uns treffen und Zeit miteinander verbringen. Wenn ihr einen Rat braucht, was ihr studieren sollt, dann bitte wendet euch an jemanden, der oder die an diesem Aspekt der Arbeit bereits in der Vergangenheit gearbeitet hat.

* * *

Jetzt kommen wir also zum Thema der beiden Konfrontationen. Um zu verstehen, was ich euch zu lehren versuche, ist es wiederum sehr wichtig, dass ihr wirklich *lernen* wollt. Das heißt, lernen, was ihr lernen *müsst,* und nicht nur lernen, was ihr entweder lernen wollt oder gerne lernt. Wie ich schon sagte, sind wir nicht die Richter, und es gibt so viele Welten innerhalb der Welten. Was wir zum Beispiel in der einen Welt als »schlechte« Erfahrung ansehen, gilt in einer anderen Welt oft als wertvoll und nützlich. Wir sind in dieser Welt, um zu lernen, nicht um zu richten.

Um zu lernen, benötigen wir offensichtlich Erfahrungen, die uns etwas lehren können. Hier gibt es jedoch ein Paradox. Seht ihr: *Es liegt nicht an uns allein, diese Erfahrungen zu erzeugen.* Die Erfahrungen kommen zu uns, sobald wir uns unserem Ursprung zuwenden. Uns wird angeboten, was wir brauchen, Mal für Mal, *damit wir lernen.* Die Frage ist, ob wir es sofort lernen oder ob uns immer mehr Erfahrungen der gleichen Art gegeben werden (oft

question is whether we have the courage, the patience and the perseverance necessary. And if we feel that we do not, then will we work, accepting the help that is offered, in order to develop these qualities?

Let me try to explain a few things. First of all it is obvious that this confrontation is totally within ourselves. Therefore "those that do not *want* to know" are those aspects of ourselves that feel that they would be much better off if they did not accept authority, if they did not do what they were told and could just wander about (like wild horses munching the grass) and never coming to fulfil their obligations in being created in the first place. It is no good blaming the outside world. The essence needs the mirror of form, and it is this form in the outer world that we need in order to see ourselves and to realise who and what we are, and thus the purpose of life on earth.

I know that sometimes feelings and emotions can be very uncomfortable. We have so many fears. We do not want to face what is necessary to face, and so we dull our feelings with outer forms so that life does not seem too painful. Perhaps we use substances such as alcohol to prevent us facing what we have to face just when we are given the opening to the experience we need. Perhaps we make ourselves deaf to what we need by too much talking, through the eternal gossiping nature of our minds; some people eat too much – there are a hundred ways of escape! The trouble is that we only have *one* life, and if we waste the experiences we are given, then what will we have learnt when we are confronted in all honesty by our Creator?

The 1001-days cycle is to help us face what we have to face. And please do remember that every act of conscious sacrifice or surrender we make on this journey we call "life" provides for us the real "food" for the world-to-come. It is only when we are truly *conscious* that we can be able to be of service to the as-yet unmanifested Aspect of God.

In this first confrontation, what is it in us that "does not want to know"? This is what each of you has to discover for yourself. For example can an animal, or the animal part of ourselves, actually *know* the Unity? Of course not. But it can help towards the total process of transformation.

If we remember that there are at least 18 000 universes within each human being and that they are all created so that God can

werden sie dabei immer unangenehmer!), weil wir nicht aus den bereits gegebenen Erfahrungen gelernt haben. Das Wort »*gegeben*« liefert uns den Schlüssel zum Verständnis. Wir müssen lernen, für alles dankbar sein zu können. Das ist uns gewiss von klein auf gelehrt worden, und das ganze Leben wird uns gegeben, damit wir daraus lernen, nicht nur die Teile des Lebens, die wir besonders mögen oder angenehm finden.

Ich möchte, dass ihr einen Moment lang etwas bedenkt. Wie oft haben wir alle selbst dazu beigetragen, unnötige Erfahrungen zu erzeugen? Warum tun wir wohl so etwas? Könnte es sein, dass wir falsche Situationen allein aus dem Grund erzeugen, um uns wichtig zu fühlen oder vielleicht um jemandem oder etwas die Schuld geben zu können und somit das, dem wir uns stellen müssen, mit immer neuen scheußlich feuchten Tüchern zu bedecken?

»Geduld ist der Schlüssel zur Freude« (Sufi-Spruch) – und so bitte ich euch, euch daran zu erinnern, dass ihr, wenn ihr euch Gott völlig zugewendet habt, genau das bekommt, was ihr braucht, auch wenn es nicht das ist, was ihr wollt. Gott, Allah, welchen Namen ihr Ihm auch gebt, liebt Seine Schöpfung. Er sehnt Sich danach, dass wir mit Ihm eins sind, im Wissen der Einheit: »Oh David, Meine Sehnsucht nach ihnen ist weit größer, als ihre für Mich je sein könnte« (gemäß Ibn Arabi in *Die Neunundzwanzig Seiten*).

So lässt sich erkennen, dass die erste Konfrontation »zwischen denen, die wissen, und denen, die nicht wissen *wollen*« unvermeidlich ist, wenn wir die Wahrheit wissen und daher frei sein wollen. Die Schule wird uns gegeben, damit die besten Voraussetzungen vorhanden sind, um zu sehen und zu verstehen, was denn diese notwendige Konfrontation ist, wie wir damit arbeiten und so schließlich den Sieg erleben, der auf jeden von uns wartet, wenn wir die nötige Arbeit geleistet haben. Die Frage ist, ob wir das nötige Maß an Mut, Geduld und Ausdauer aufbringen. Und wenn wir das Gefühl haben, dass dies nicht der Fall ist, werden wir dann arbeiten und die Hilfe annehmen, die angeboten wird, damit wir diese Qualitäten entwickeln?

Ich möchte versuchen, zwei Dinge zu erläutern. Erstens liegt es auf der Hand, dass diese Konfrontation völlig in uns selbst stattfindet. Deshalb sind »diejenigen, die nicht wissen *wollen*«, jene Aspekte unserer selbst, die meinen, es wäre besser für sie, wenn sie Autorität nicht akzeptierten, wenn sie nicht täten, was ihnen gesagt wird, und wenn sie einfach herumwandern könnten (wie grasende

know Himself in us, just as we can know ourselves in Him, then we see that all those different aspects within us are given by God to help us towards true understanding. It is all to do with function. Does the wild horse know that it was created for a purpose without being gently and kindly trained into that knowledge by a human being? That is what the first confrontation is all about. It does not have to be a violent war within our own hearts. It can be as gentle as a warm breeze on a summer morning when we see there is a loving purpose behind all that we see and hear with our physical senses – the senses that we are asked "to make our friends". In fact, when we know that we are no more controlled by the senses, but that they are working in cooperation with *will,* the *one* Will of God, then we know that victory from the first confrontation is in our hands.

Many times people come to me and say that they can see what needs to be worked with in themselves regarding that first confrontation, but what about the second one? What is it that "will *have* to know"?

The key word here is the word *trust.* I am sure many of you, on reading my first book, *The Last Barrier,* will have smiled when Hamid kept saying to me, "Trust! Trust! Trust!" And you will have smiled again when you watched me not trusting and then read about the results. As I have told many of you personally, at that time I always felt that he was asking me to trust him personally. Well of course he was in one way, but in another and higher world he was trying to help me to understand the very nature of the word "trust" and all that it could mean to me, and to those who would come afterwards.

When people ask me for counselling work or interviews, I, in turn, often ask them what it is that they feel that they want or need at that moment of time. It is a challenging question. Some people say "patience" or "courage" or mention other qualities. "Love" is another word that is used, but then I smile and ask the person if they know that they are loved. More often than not they say that they want or need trust, and if they had that trust then life would be much easier.

So what is trust, and why is the acceptance of this word the key that is needed to understand the meaning of the second confrontation and how to work with it? *It is so simple!*

It is said that God offered His Trust to the mountains and the oceans and the deserts, but they could not receive it. He then of-

Wildpferde) und niemals dahin kommen, ihre eigentlichen Pflichten zu erfüllen, die mit ihrer Erschaffung verbunden sind. Es hat keinen Sinn, die Außenwelt anzuklagen. Die Essenz benötigt den Spiegel der Form, und es ist die Form in der äußeren Welt, die wir brauchen, um uns sehen zu können und zu erkennen, wer und was wir sind, und damit den Sinn des Lebens auf der Erde.

Ich weiß, dass Gefühle und Emotionen manchmal sehr ungemütlich sein können. Wir haben so viele Ängste. Wir möchten dem nicht ins Auge sehen, was wir zu sehen haben, und so lassen wir unsere Gefühle durch Äußerlichkeiten abstumpfen, damit das Leben nicht gar so schmerzhaft scheint. Vielleicht brauchen wir Mittel wie Alkohol, die uns davon abhalten zu sehen, was zu sehen ist, und zwar gerade dann, wenn uns die Öffnung für die Erfahrung gegeben wird, die wir brauchen. Vielleicht stellen wir uns demgegenüber, was wir brauchen, taub durch allzu viel Gerede aufgrund der ewig schwatzhaften Natur unseres Verstandes; manche Leute essen zu viel – es gibt Hunderte von Fluchtwegen! Aber leider haben wir nur *ein* Leben, und wenn wir die uns gegebenen Erfahrungen vergeuden, was werden wir dann gelernt haben, wenn wir ganz ehrlich vor unserem Schöpfer stehen?

Der 1001-Tage-Zyklus soll uns dabei helfen, uns dem zu stellen, was ansteht. Bitte denkt daran, dass jeder Akt des bewussten Opfers oder der Hingabe auf dieser Reise, die wir »Leben« nennen, uns mit der wahren »Nahrung« für die kommende Welt versorgt. Erst wenn wir wahrhaft *bewusst* sind, werden wir imstande sein, dem noch nicht manifestierten Aspekt Gottes zu dienen.

Was ist das in uns bei dieser ersten Konfrontation, das »nicht wissen will«? Das müsst ihr selbst herausfinden. Kann beispielsweise ein Tier, oder der tierhafte Teil unserer selbst, die Einheit tatsächlich *erkennen?* Natürlich nicht! Aber es kann bei dem allumfassenden Prozess der Transformation behilflich sein.

Wenn wir uns erinnern, dass es mindestens 18 000 Welten in jedem einzelnen Menschen gibt, und dass sie alle geschaffen wurden, damit Gott Sich selbst in uns erkennen kann, ebenso wie wir uns in Ihm erkennen können, dann sehen wir, dass all diese verschiedenen Aspekte in uns von Gott gegeben sind, um uns zum wahren Verstehen zu verhelfen. Es hat alles mit Funktion zu tun. Weiß das Wildpferd, dass es für einen Zweck erschaffen wurde, ohne dass ein Mensch es sanft und freundlich zu dieser Erkenntnis führt? Allein darum geht es bei dieser ersten Konfrontation. Es

fered it to the animal and the vegetable kingdoms, but they were also unable to accept this trust. He even offered it to the angels, but they could not receive it. It was only when He came to man (man and woman), the whole object of His Creation, that the loving trust that God offered us was accepted. Meditate and contemplate on this within your hearts, my friends, and you will both come to understand the meaning of trust and actually have trust. It is through facing the two confrontations that are both necessary, that we can understand why working on ourselves is such a beautiful part of our lives, for it is the *fruit* that is the cause of the tree. Love is the First Cause.

> Love is the cause of creation (or the Self-manifestation of the One in His infinite Forms), but it is also the cause of the return of all the manifestations to the One. [...] Love is the working principle in all manifestations of the One, from the highest to the lowest. It reaches its zenith in man, the perfect man, who above all creation experiences all the three kinds of love. Through love the whole is bound together, and through it the object of creation is realised. Thus the whole system is perfectly complete.*

* * *

Just as there was a theme for the first year of the 1001-days cycle, which was the word *honesty,* so in the second year the word that I want you all to work with is *trust.* However, real understanding cannot happen on its own. We have to make real efforts, and without total and complete honesty with ourselves and with others, we are only half-human and can therefore never be able to accept the trust that we are offered in His Love. It is when we are ready to accept this trust, that we come into understanding. And we become ready, when we have brought up the past through the present moment without fear and without judgement – when we are, once and for all, on the "no-blame train"!

1992

* From: *The Twenty-Nine Pages. An Introduction to Ibn Arabi's Metaphysics of Unity.* Beshara Publications, Roxburgh, Scotland 1998. For Ibn Arabi, the "three kinds of love" are natural love, spiritual (or mystic) love and Divine Love [note from the publisher].

muss keinen grausamen Krieg in unserem Herzen geben. Es kann auch so sanft sein wie die warme Brise an einem Sommermorgen, wenn wir sehen, dass es eine liebevolle Absicht gibt hinter all dem, was wir mit unseren physischen Sinnen schen und hören – den Sinnen, die wir »zu unseren Freunden machen« sollen. In der Tat, wenn wir wissen, dass wir von unseren Sinnen nicht mehr beherrscht werden, sondern dass sie mit dem *Willen* zusammenarbeiten, dem *einen* Willen Gottes, dann wissen wir, dass wir den Sieg aus der ersten Konfrontation in den Händen halten.

Häufig kommen Leute zu mir und sagen, dass sie sehen können, woran sie im Hinblick auf die erste Konfrontation an sich arbeiten müssen, doch was ist mit der zweiten? Was ist es, das »wissen *muss*«?

Das Schlüsselwort hier ist *Vertrauen.* Ich bin sicher, dass viele von euch beim Lesen meines ersten Buches, *Ich ging den Weg des Derwisch,* gelächelt haben, als Hamid immer wieder zu mir sagte: »Vertrau! Vertrau! Vertrau!« Und ihr werdet wieder gelächelt haben, als ihr mich beim Nicht-Vertrauen beobachtet und dann von den Folgen gelesen habt. Wie ich vielen von euch persönlich gesagt habe, glaubte ich damals immer noch, dass er mich aufforderte, ihm persönlich zu trauen. In gewisser Hinsicht tat er das natürlich, aber in einer anderen, höheren Welt bemühte er sich, mich die wahre Natur des Wortes »Vertrauen« verstehen zu lassen und all dessen, was es für mich und alle, die später kommen würden, bedeuten könnte.

Wenn ich um eine Beratung oder ein Gespräch gebeten werde, frage ich die Leute oft, was sie ihrer Ansicht nach zu diesem Zeitpunkt brauchen oder wollen. Es ist eine Herausforderung. Manche Leute sagen »Geduld« oder »Mut« oder nennen andere Qualitäten. »Liebe« ist ein anderes Wort, das gebraucht wird. Aber dann lächle ich und frage die betreffende Person, ob sie wisse, dass sie geliebt ist. Meistens sagen sie dann, das, was sie wollen oder brauchen, sei Vertrauen und dass das Leben viel leichter wäre, wenn sie vertrauten.

Was also ist Vertrauen? Warum ist das Annehmen dieses Wortes der Schlüssel, der benötigt wird, um die Bedeutung der zweiten Konfrontation zu verstehen und damit zu arbeiten? *Es ist so einfach!*

Es wird gesagt, das Gott Sein Vertrauen den Bergen, den Meeren und den Wüsten anbot, aber sie konnten es nicht annehmen. Er bot es dann dem Tier- und dem Pflanzenreich an, aber auch diese waren nicht in der Lage, das Vertrauen anzunehmen. Er bot es

Inter-
national
No·Blame
Train
SBB
CFF
FFS

sogar den Engeln an, aber sie konnten es nicht annehmen. Erst als Er zum Menschen kam (Mann und Frau), dem ganzen Zweck und Ziel der Schöpfung, wurde das angebotene liebevolle Vertrauen Gottes angenommen. Meditiert darüber und betrachtet dies in eurem Herzen, meine Freunde, und ihr werdet schließlich sowohl die Bedeutung von Vertrauen verstehen als auch wirklich Vertrauen besitzen. Dadurch, dass wir uns den beiden Konfrontationen stellen, die beide notwendig sind, werden wir verstehen, dass die Arbeit an uns selbst ein so wunderschöner Teil unseres Lebens ist, denn die *Frucht* ist die Ursache des Baumes. Liebe ist die Erste Ursache.

> Liebe ist die Ursache der Schöpfung (oder Selbst-Manifestation des Einen in Seinen unendlichen Formen), aber sie ist auch der Grund der Rückkehr aller Manifestationen zum Einen. […] Liebe ist das wirkende Prinzip in allen Manifestationen des Einen vom Höchsten bis zum Niedrigsten. Sie erreicht ihren Zenit im Menschen, im vollständigen Menschen, der vor aller Schöpfung alle drei Weisen der Liebe erfährt. Durch die Liebe wird das Ganze verbunden, wodurch das Objekt der Schöpfung verwirklicht wird. Damit ist das ganze System perfekt und vollständig.*

* * *

Ebenso wie es für das erste Jahr des 1001-Tage-Zyklus' ein Thema gab, nämlich das Wort *Aufrichtigkeit,* so ist es das Wort *Vertrauen,* mit dem ihr alle, das ist mein Wunsch, im zweiten Jahr arbeiten werdet. Aber wirkliches Verstehen kommt nicht von selbst. Wir müssen uns wirklich anstrengen, und ohne völlige und vollkommene Aufrichtigkeit mit uns selbst und anderen sind wir nur halbe Menschen und deshalb nie fähig, das Vertrauen anzunehmen, das Er uns in Seiner Liebe schenkt. Erst wenn wir bereit sind, dieses Vertrauen anzunehmen, kommen wir zum Verstehen. Und wir werden bereit, wenn wir die Vergangenheit ohne Angst und ohne Richten in den gegenwärtigen Moment hereingebracht haben – wenn wir ein für alle Mal im »Kein-Vorwurfszug« [*no-blame train*] fahren!

* Aus: *Die Neunundzwanzig Seiten,* in Muhyiddin Ibn Arabi: *Der verborgene Schatz.* Chalice Verlag, Zürich 2006. Die »drei Weisen der Liebe« sind für Ibn Arabi die natürliche Liebe, die spirituelle (oder mystische) Liebe und die Göttliche Liebe [Anmerkung des Herausgebers].

Going Home

Third Year of the 1001-Days Programme

SOME YEARS AGO I INVITED A WELL-KNOWN SPIRITUAL TEACHER to come to one of our international summer schools that we hold each year in Europe. He brought with him much knowledge and wisdom, and generously shared with us as much as people could absorb at that time. Mostly he was concentrating on the work of transformation of our lower, animal nature, again and again reminding us – as so many Sufi teachers throughout history have told us – that if we do not know ourselves, we are merely "two-legged animals".

During one of his earlier talks he shocked many of us very deeply, and it took me years to be able to digest what he said and then finally to put it into my own words. I believe that I can almost remember precisely what he said those years ago:

> We are about as far away from the truth as it is possible to be.

That was his dramatic statement which most surely put in a shock at precisely the right moment. But what does this actually *mean?*

We have entered this Way of Love, Compassion and Service. We have learnt, or are learning, how to come to such a point of non-separation that the "spiritual life" is no more seen to be other than our normal, day-to-day life. We have come to realise that we need to make our senses our friends, and that it is through regularity in practices and prayer that this can be both understood and finally be seen to be part of our everyday life. No more do we divide our lives into special compartments, like the business executive who has pigeonholes in his desk, all neatly marked out so that, when the day is done in the office, he can just roll down the front of the desk and lock it up until another day. We are learning how to bring the higher worlds into our world with everything that we do, and in everything that we feel and touch. *Breath is life!* Perhaps we are actually beginning to understand what this could mean and the *immense* possibilities that lie within this statement – and then we are told that we are as far away from the truth as we could possibly be!

Let me try to explain this in very simple terms. If you were to raise your left index finger vertically upwards, and then, taking your right thumb and forefinger together, to draw out an imagi-

Nach Hause gehen

Drittes Jahr des 1001-Tage-Programms

VOR EINIGEN JAHREN LUD ICH EINEN BEKANNTEN SPIRItuellen Lehrer ein, zu einer unserer internationalen Sommerschulen zu kommen, die wir jedes Jahr in Europa abhielten. Er brachte uns viel Wissen und Weisheit und teilte großherzig alles mit uns, was damals überhaupt aufgenommen werden konnte. Vor allem sprach er über die Arbeit, die unsere niedere Tiernatur transformiert, und er erinnerte uns – so wie es viele Sufi-Lehrer im Laufe der Geschichte getan haben – immer wieder daran, dass wir lediglich »zweibeinige Tiere sind«, solange wir uns nicht selbst erkennen.

In einem seiner ersten Vorträge versetzte er vielen von uns einen tiefen Schock, und ich brauchte einige Jahre, bis ich verdauen und schließlich in eigene Worte fassen konnte, was er gesagt hatte. Ich glaube, mich fast exakt an seine damaligen Worte erinnern zu können:

> Wir sind etwa so weit von der Wahrheit entfernt, wie es überhaupt möglich ist.

Das war seine dramatische Aussage, die sicherlich genau im richtigen Moment einen Schock ausgelöst hat. Doch was *bedeutet* sie eigentlich?

Wir haben uns auf diesen Weg der Liebe, des Mitgefühls und des Dienens begeben. Wir haben gelernt, oder tun es noch, einen solchen Punkt der Nicht-Trennung zu erreichen, an dem wir das »spirituelle Leben« nicht länger als etwas vom normalen Alltag Getrenntes ansehen. Wir sind zu der Erkenntnis gekommen, dass wir die Sinne zu unseren Freunden machen müssen und dass es die Regelmäßigkeit in unseren Übungen und im Gebet ist, die uns dies verstehen und schließlich als Teil unseres täglichen Lebens begreifen lässt. Wir unterteilen unser Leben nicht länger in gesonderte Schubladen wie der leitende Angestellte, dessen Pult viele säuberlich beschriftete Fächer enthält, so dass er zum Feierabend nur den Rollladen herunterzuziehen und den Schreibtisch bis zum nächsten Tag abzuschließen braucht. Wir lernen, bei allem, was wir tun, und bei allem, was wir fühlen und berühren, die höheren Welten in unsere Welt hereinzubringen. *Atem ist Leben!* Vielleicht

nary long loop from the centre of the left finger that is raised upwards out towards the right and then back again to the left finger, you would have something that would look like the shape of a long teardrop. Do you see what I mean?

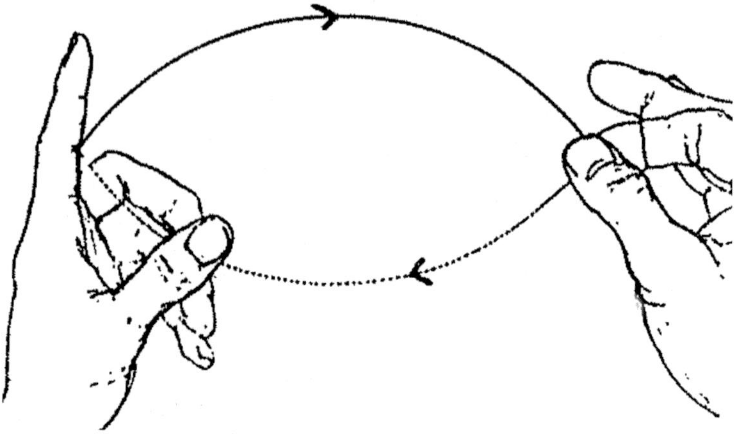

Let us, for the sake of this picture, call the raised-up finger of the left hand "truth" and let us see the top part of the loop we have described in space as the *unfoldment* of the light of truth, carried forth in a myriad of ways by the different religions and masters, saints and prophets of all time. On another level we can see that this same curved line can represent our own spiritual searching in the early stages of the journey. Here, along this line, we have all the "new age" workshops and seminars, the seemingly endless, often well-meaning self-appointed teachers and those offering instant ways to enlightenment and spiritual attainment. It is a road fraught with dangers and pitfalls on every side, and yet it is also part of the journey. After all, we learn from experience as long as we don't judge these experiences in order to try to fit them into our own concepts of what we consider life should be for us. For example if we judge an experience to be a "bad" experience, we do not learn from what is actually within the experience itself. Equally well if we just feel good from what we consider to be a "good" experience, we can fall into precisely the same trap. We cannot learn by trying to make life go "our way"!

So we are guided along, step by step, until we can reach the end of the "loop". This may take a long time and, if we were to believe in reincarnation, it could be said that it would take many, many lifetimes until this point is reached. Not everyone will reach that

beginnen wir wirklich zu verstehen, was das bedeuten könnte, und ebenso die *riesigen* Möglichkeiten, die mit dieser Aussage verbunden sind – und dann wird uns gesagt, wir seien so weit von der Wahrheit entfernt wie überhaupt möglich!

Ich will versuchen, das in ganz einfachen Worten zu erklären. Wenn ihr euren linken Zeigefinger senkrecht haltet und, indem ihr euren rechten Daumen und Zeigefinger zusammenfügt, eine imaginäre lange Schlaufe aus der Mitte des erhobenen linken Fingers nach rechts zieht und von dort wieder zurück zum linken Finger, dann hättet ihr etwas in der Form einer länglichen Träne. Versteht ihr, was ich meine?

Wir wollen in diesem Bild den erhobenen Zeigefinger der linken Hand »die Wahrheit« nennen und den oberen Teil der im Raum beschriebenen Schlaufe ansehen als die *Entfaltung* des Lichts der Wahrheit, das von den verschiedenen Religionen und den Meistern, Heiligen und Propheten aller Zeiten auf unendlich vielen Wegen weitergetragen wurde. Auf einer anderen Ebene können wir sehen, dass dieselbe gebogene Linie unsere eigene spirituelle Suche in den Frühstadien der Reise darstellt. Entlang dieser Linie finden wir all die New Age-Seminare und -Workshops; hier finden wir die scheinbar endlose Zahl von wohlmeinenden und oft selbsternannten Lehrern und jenen, die die Schnellstraßen zu Erleuchtung und spiritueller Erfahrung anbieten. Dieser Weg ist gefährlich und mit Fallgruben gepflastert, und doch ist er Teil der Reise. Schließlich lernen wir aus der Erfahrung, solange wir sie nicht beurteilen und hineinzwängen in unsere Konzepte davon, wie unser Leben sein sollte. Halten wir beispielsweise eine Erfahrung für »schlecht«, dann lernen wir nichts von dem, was in dieser Erfahrung eigentlich enthalten ist. Genauso können wir, wenn wir uns aufgrund einer so genannten »guten« Erfahrung einfach nur wohlfühlen, in dieselbe Falle geraten. Wir können nichts lernen, solange wir versuchen, das Leben »auf unsere Art« ablaufen zu lassen!

So werden wir Schritt für Schritt geführt, bis wir das Ende der »Schlaufe« erreichen. Das kann lange dauern, und glaubten wir an Reinkarnation, könnte man sagen, dass es viele, viele Lebensspannen braucht, diesen Punkt zu erreichen. Nicht jeder wird zu diesem Punkt gelangen. Wir können vom Weg abkommen. Wir können in die Irre geführt werden, bis wir uns nicht mehr daran erinnern, warum wir uns überhaupt auf die Reise gemacht haben. Vielleicht hat es Unfälle gegeben, oder wir haben einfach »aufgege-

point. We can lose the way. We can be led astray until we no longer can remember what we set out on the journey for in the first place. There may have been accidents, or we may have simply "given up" and decided to take the easy way out, to surrender the great possibility to become conscious human beings at last.

Or, in the loving arms of destiny, we can be carried to that bright and beautiful moment when we *know* that the way has been found. We are on the path of return! We no more need the boosting of our egos to keep us going. We have realised the utter stupidity of trying to *attain* knowledge. We have been told, and we understand at last, that knowledge is *given,* it is not acquired. The knowledge of ourselves does not come about in one flash of realization. It comes to us little by little, in balance with the amount of inner work we do, the amount of sacrifice we make. But the knowledge of ourselves inevitably leads to love. Love is the First Cause of the overflowing of the Divine Essence. "I was a Hidden Treasure and I loved to be known, so I created the world that I might be known" (hadith of the prophet Muhammad, peace and blessings be upon him).

* * *

During the first two years of this 1001-days cycle you have been asked to learn about the three lines of work. You have been reminded about the importance of the word *honesty* and perhaps you have come to see how difficult it is to constantly struggle with the lower nature of our being. There is no rest for the true seeker. In the last paper you were reminded of the real meaning of *trust.* If you worked conscientiously perhaps you were even given a taste of *knowing you are loved.* Then indeed you will have something real and beautiful to remember.

In this third year of the cycle, the first thing I want you to do is to spend some conscious time in contemplating on what this expression *"going home"* could mean to each one of you individually.* I want you to take three days out of your normal daily routine for this purpose. Be quiet. Go to the mountains or the ocean or sit by a river. Find somewhere beautiful where you can be completely alone and at peace. Complete the daily practises you have been given, but be sure to do these practises both morning and evening *and* when the sun

* After *The Last Barrier* and *The Invisible Way* (later renamed to *To Know We're Loved*), the third volume of the author's autobiographically-inspired trilogy of books was entitled *Going Home* [note from the publisher].

ben« und beschlossen, einen Ausweg zu suchen, und damit die große Möglichkeit aufgegeben, endlich bewusste menschliche Wesen zu werden.

Oder wir können auf den liebevollen Armen der Bestimmung zu jenem schönen, strahlenden Augenblick getragen werden, in dem wir *wissen,* dass der Weg gefunden wurde. Wir sind auf dem Pfad der Rückkehr! Wir brauchen nicht länger unser Ego aufzublasen, um weiterzumachen. Wir haben erkannt, wie äußerst dumm es ist, Wissen *erlangen* zu wollen. Uns wurde gesagt, und nun verstehen wir es endlich, dass Wissen *gegeben* wird, es wird nicht erworben. Die Erkenntnis unserer selbst geschieht nicht in einem Erkenntnisblitz. Sie kommt uns ganz allmählich zu, im Gleichschritt mit unserem inneren Arbeiten, mit dem Maß unseres Opfers. Aber die Kenntnis unserer selbst führt unweigerlich zur Liebe. Liebe ist der Erste Grund des Überfließens der Göttlichen Essenz. »Ich war ein Verborgener Schatz und sehnte Mich danach, erkannt zu werden; so erschuf Ich die Welt, damit Ich erkannt werde« (Hadith des Propheten Mohammed, Friede und Segen seien mit ihm).

* * *

In den beiden ersten Jahren dieses 1001-Tage-Zyklus' wurdet ihr gebeten, die drei Linien der Arbeit kennenzulernen. Ihr wurdet an die Bedeutung des Wortes *Aufrichtigkeit* erinnert und habt vielleicht gemerkt, wie schwierig der ständige Kampf mit der niederen Natur unseres Wesens ist. Es gibt keine Rast für den wahrhaft Suchenden. Im letzten Text wurdet ihr an die wahre Bedeutung des Wortes *Vertrauen* erinnert. Falls ihr gewissenhaft gearbeitet habt, wurde euch vielleicht sogar ein Geschmack vom Wissen, *dass ihr geliebt seid,* gegeben. Dann werdet ihr euch tatsächlich an etwas Wirkliches und Schönes erinnern können.

In diesem dritten Jahr des Zyklus' möchte ich, dass ihr zuerst einmal bewusst Zeit darauf verwendet zu kontemplieren, was dieser Ausdruck »nach Hause gehen« für euch persönlich bedeuten könnte.* Ich möchte, dass ihr euch dafür drei Tage lang von eurer

* *Going Home,* »nach Hause gehen«, lautet der englische Originaltitel (deutsche Ausgabe: *Jede Reise beginnt mit einer Frage*) des dritten Teils von Reshad Feilds autobiografisch inspirierter Trilogie, deren erster und zweiter Band *The Last Barrier,* »die letzte Hürde« (deutsch: *Ich ging den Weg des Derwisch*), und *The Invisible Way,* »der unsichtbare Weg« (deutsch: *Wissen, dass wir geliebt sind*), heißen [Anmerkung des Herausgebers].

täglichen Routine freimacht. Seid still. Geht in die Berge oder ans Meer oder setzt euch an einen Fluss. Findet einen schönen Ort, an dem ihr völlig allein seid und wo ihr eure Ruhe habt. Macht die täglichen Übungen, die euch gegeben wurden, aber vergewissert euch, dass ihr sie morgens und abends macht *sowie* dann, wenn die Sonne ihren Mittagszenit erreicht und ebenfalls wieder bei Sonnenuntergang. Lobt Gott mit jedem Atemzug, den ihr nehmt, ob ihr nun geht, sitzt, kocht oder einfach in eurem Herzen still seid. *Ihr seid unterwegs nach Hause.* Wendet euch eurem Herrn auf eure persönliche Weise zu und bittet Ihn, euch um die Kurve zu führen an jenem äußersten Punkt der Schlaufe auf der Zeichnung. Bittet Ihn, euch an die Hand zu nehmen; und erinnert euch, während ihr das tut, an eure Freunde auf dem Weg der Wahrheit, so dass wir den Kreis der Wahrheit gemeinsam, Hand in Hand, betreten können. Erwacht mit dem Lob Gottes und preist Ihn beim Schlafengehen. Lobt Ihn, denn Ihm gebührt aller Dank. Jedes Gebet sollte mit Lobpreis beginnen, und wir *können* unser Leben zu einem einzigen Gebet machen. »Oh David, Meine Sehnsucht nach ihnen ist weit größer, als ihre für Mich je sein könnte«. Findet die Zeit für diese drei Tage, wenn ihr könnt, und lasst diese Zeitspanne den »Schock« auslösen, der euch um die Kurve trägt.

Als Zweites seid ihr aufgefordert, alle eure Aufzeichnungen und Hausarbeiten bewusst durchzusehen und genau hinzuschauen, was ihr in diesen letzten beiden Jahren gelernt habt. Seid wiederum ehrlich mit euch selbst. Fürchtet euch nicht vor den Fehlern, die ihr vielleicht gemacht habt, sondern versucht, dieselben Fehler nicht zu wiederholen. Überlegt euch, wie ihr dieses nächste Jahr des 1001-Tage-Zyklus' verbringen wollt, individuell und im Hinblick auf eure Familien und Freunde, die Schule und die Transformationsarbeit im Allgemeinen. Seid nicht zufrieden mit euch, bis ihr wirklich sorgfältig durch eure Aufzeichnungen und eure Herzen gegangen seid, um herauszufinden, was ihr gelernt *habt* und was ihr in Zukunft noch lernen müsst. Was auch passiert, setzt nichts voraus, bis ihr gesucht und zwar gründlich gesucht habt.

»Holt das Unverarbeitete der Vergangenheit ans Licht.« Fahrt mit dieser Aufgabe fort, bis ihr wisst, was ihr bei diesem nächsten Schritt auf der Reise weglassen und was ihr mitnehmen müsst. Wenn ihr zum Beispiel den Mount Everest besteigen wolltet, würdet ihr ein Basislager anlegen sowie eine Reihe weiterer Lager auf

reaches its zenith at noon and again at sunset. Praise God with each breath that you take, whether you are walking, sitting, cooking or just being quiet in your own heart. *You are going home.* In your own way turn to your Lord, and ask Him to guide you round the curve at that very far end of the loop in the diagram. Ask Him to take you by the hand, and as you do remember your friends on the road of truth so that, hand in hand together, we can enter the circle of truth. Wake up praising God and go to bed praising Him. Praise Him, for to Him all thanks are due. All prayer should start with praise, and we *can* make our lives as one prayer. "O David, My Yearning for them is far greater than theirs can ever be for Me." Find the time for those three days when you can, and let that period of time provide the "shock" to get you to turn the corner.

The second thing you are asked to do is to consciously review all your own notes and homework and really see what you have learnt during these last two years. Be honest with yourselves once again. Do not be afraid of any mistakes you may have made, but do try to see how not to repeat the same mistakes again. Consider how you are going to spend this next year of the 1001-days cycle, both for yourselves, for your family and friends, for the school and the work of transformation in general. Don't be satisfied with yourselves until you have really been through a thorough search both in your journals and in your hearts to discover what you *have* learnt and what you need to learn in the future. Whatever happens, do not presume anything until you have searched and searched diligently.

"Bring up the tail of the past." Go on with this task until you know what to discard on this next step of the journey and what to take with you. For example, if you were to climb Mount Everest you would have a base camp and then a series of camps further on up the mountain. The further on you proceeded on the climb, the less equipment you could take with you, and yet you would also need a great deal in the early stages of the climb. You would need many people to help you, first in the planning stages and then, later, with the physical part of the journey. Finally you would have to go on alone. On this journey on the road of truth, one person at a time can plant the flag of truth on the summit. No two moments are ever seen to be the same in this world. *You are travelling from yourself to your self.*

The third instruction for this third year concerns the subject of *personal study.* I want you, first of all, to ask the office to send you a

dem Weg hinauf. Je höher ihr steigt, desto weniger Ausrüstungsgegenstände könnt ihr mitnehmen, und doch werdet ihr in den frühen Stadien der Bergbesteigung sehr viel Gepäck brauchen. Ihr braucht viele Menschen, die euch helfen, zunächst bei der Planung und später beim physischen Teil der Reise. Schließlich werdet ihr alleine weitergehen müssen. Auf dieser Reise auf dem Weg der Wahrheit kann nur einer nach dem anderen die Flagge der Wahrheit auf dem Gipfel hissen. In dieser Welt gibt es keine zwei Augenblicke, die gleich sind. *Du bist auf der Reise von dir selbst zu deinem Selbst.*

Die dritte Anweisung für diese dritte Jahr betrifft das *persönliche Studium.* Ich möchte, dass ihr zunächst einmal das Sekretariat darum bittet, euch eine Liste all meiner unveröffentlichten Texte zu schicken. Diese Anstrengung müsst ihr schon selbst unternehmen; erwartet nicht, dass jemand anderes das für euch erledigt! Wenn ihr dann die aktuell gültige Liste erhalten habt, vergleicht, welchen Text ihr noch nicht in euren Unterlagen habt, und stellt im nächsten Jahr sicher, dass ihr alle Studienmaterialien sorgfältig in eurer Sammlung abgelegt habt.

Strengt euch wirklich an, die bereits erhaltenen Texte nochmals zu lesen und auch zumindest einige meiner Bücher. Ich würde vor allem die beiden ersten Bücher, *Ich ging den Weg des Derwisch* und *Wissen, dass wir geliebt sind,* empfehlen ebenso wie *Schritte in die Freiheit* und *Die Alchimie des Herzens.* Ihr werdet feststellen, dass der Inhalt der Bücher in dem Maße, wie ihr euch verändert habt, euch mehr und mehr seiner inneren Bedeutung enthüllen wird. Wieder bitte ich euch: »*Setzt nichts voraus!*«

Schließlich lege ich diesem Papier die Liste der acht Regeln der Khwajaghan, der Meister der Weisheit, bei [siehe: *Die innere Arbeit I,* Seite 257]. Ihr seid gebeten, wenn ihr das noch nicht getan habt, diese acht Regeln im Laufe dieses Jahres selbst *so schön wie nur irgend möglich* abzuschreiben. Ihr tut das für euch selbst. Wie ihr das tun sollt? Das ist eure Sache. Falls ihr eine schöne Handschrift habt, geht zum Beispiel und findet das feinste Papier, mit dem ihr arbeiten könnt. Gebt euch mit nichts zufrieden außer dem Besten, selbst wenn ihr mehrere Wochen oder Monate braucht, um zu finden, wonach ihr sucht. Falls ihr malen könnt, könnt ihr eine Leinwand kreieren, die als »Rahmen« für diese großartigen Leitlinien auf eurer Reise nach Hause dienen kann. Wenn du Schreiner bist, könntest du das vollkommenste und schönste

list of all my unpublished papers. You have to make this effort; do not expect someone to make it for you! Then, when you have received the up-to-date list, find out which papers you have not already put in your journals and, during the next year, be sure to have all of them, carefully and safely, put into your collection.

Make a real effort to re-read those papers you already have received, as well as at least some of my books. I would particularly advocate the first two books, *The Last Barrier* and *The Invisible Way**, as well as *Steps to Freedom* and *Alchemy of the Heart.* You will find that, as you have changed, so the contents in the books will reveal more and more of their inner meaning to you. Again I beg you, *"Do not presume!"*

Finally, together with this paper I am enclosing a list of the eight precepts of the Khwajagan, the Masters of Wisdom [see: *The Inner Work I,* page 256]. During this year, if you have not already done so, you are asked to copy down these eight precepts yourselves *in the most beautiful way that you can.* You are doing this for yourself. How do you do this? This is up to you. If you have good handwriting, for example, go out and find the finest paper with which to work. Do not be satisfied with anything but the best, even if it takes you several weeks or months to find what you are looking for. If you can paint, you can design a canvas which can act as a "frame" for these great guidelines on our journey home. If you are a carpenter, you could make the most perfect and beautiful box in which to put a paper upon which the precepts are written, or typed. If you are a potter, there is a special pot or container you can make for the same purpose. There are endless possibilities. But remember, you are travelling from yourself to your self, and so you yourself, in your essence, will never again be satisfied until you have completed this task as consciously as possible. Even if it takes you more than a year until you can feel it is complete, continue and persevere! Through your own personal efforts, step by step, you will learn the inner meaning behind the words, and the *purpose* in being asked to complete this project. I wish you well!

* * *

This three-years cycle is not an end in itself. It is only a beginning. For a true seeker the journey never ends. Each day a new cycle is

* Later renamed and now published under the title *To Know We're Loved* [note from the publisher].

Kästchen anfertigen, in das du ein Stück Papier legst, auf das die Regeln geschrieben oder gedruckt sind. Wenn du Töpfer bist, könnte es ein besonderer Topf oder Behälter sein, den du zu demselben Zweck anfertigst. Die Möglichkeiten sind unbegrenzt. Aber erinnere dich daran: Du reist von dir selbst zu deinem Selbst, und so wirst du selbst, in deiner Essenz, nie wieder zufrieden sein, bis du diese Aufgabe so bewusst wie möglich zu Ende gebracht hast. Sogar falls du länger als ein Jahr brauchst, bis du das Gefühl hast, es sei vollendet, mache beharrlich weiter! Durch deine persönlichen Anstrengungen wirst du Schritt für Schritt die innere Bedeutung hinter den Worten kennenlernen und den *Sinn und Zweck* des Auftrags, dieses Projekt zu vollenden. Ich wünsche euch alles Gute!

* * *

Dieser Dreijahreszyklus ist kein Selbstzweck. Er ist lediglich ein Anfang. Für einen wahrhaften Sucher hört die Reise nie auf. Jeden Tag entfaltet sich ein neuer Zyklus, und das Licht der Wahrheit enthüllt sich ganz allmählich. Während wir uns verändern, vollzieht sich eine wirkliche Umwandlung in uns, so dass wir mehr »sehen« und mehr »hören«. Wir sind die Augen, durch die Gott sieht, und die Ohren, durch die Er hört. Das Wort kann nur durch uns ausgesprochen werden, und »im *Anfang* war das Wort, und das Wort war bei Gott.« Ohne das Wort kann es keine wahre Veränderung geben, keine bewusste Evolution, und das unnötige Leiden nimmt kein Ende. Das Wort spinnt den feinen Faden der Zeit, um den Raum für unsere Kinder und Kindeskinder abzustecken. Lass das Wort gesprochen werden, aber lass es nicht befleckt – gefärbt – sein von den drei Mauern, die uns von der Wahrheit trennen, nämlich Groll, Neid und Stolz. Es ist unsere individuelle Verantwortung, uns daran zu erinnern, was wir in unserem Leben zu vollbringen haben, damit das Wort sich weiterhin im Lichte der Wahrheit entfaltet.

> Oh Weiser, um die Wahrheit zu erkennen, komm zu dir, zu
> dir selbst.
> Um klar zu sehen, was Gott ist, komm zu dir, zu dir selbst.
>
> Der richtige Weg zu Gott führt von dir zu dir.
> Versuche, dich selbst zu finden; komm zu dir, zu dir selbst.

unfolding and the light of truth, little by little, reveals itself. As we change, as real transformation occurs within us, so we can "see" more and "hear" more. We are the eyes through which God sees and the ears through which He hears. The word cannot be spoken except through us, and "in the *beginning* was the Word, and the Word was with God." Without the word there can be no real change, no conscious evolution, and no end to unnecessary suffering. The word spins out the fine fabric of time to measure space for our children, and our children's children. Let the word be spoken. But let the word not be tainted – coloured – by the three walls that separate us from the truth, the walls of resentment, envy and pride. It is our individual responsibility to remember what we have to complete in our lives so that the word continues to unfold in the light of truth.

O, wise man, to know the truth, come to yourself, to yourself.
To see clearly what God is, come to yourself, to yourself.

The right path going to God goes from you to you.
Endeavour to find yourself; come to yourself, to yourself.

Whatever there is in the world has a sample in Man.
To find yourself in yourself, come to yourself, to yourself.

You are in the other world; in you is paradise.
The King showed Himself in you; come to yourself, to yourself.

Give up piety and worship; give up those empty habits.
Overcome all illusions; come to yourself, to yourself.

Your face is the book of truth, your word the verse of the Koran.
Gaibi, recognise yourself; come to yourself, to yourself.*

1994

* From: Sun'ullah Gaibi (17th century): *The Gathering,* "Rhyming of Heh", XIII. Translator unknown. A slightly different translation can be found in *Gaïbi – The Gathering. The Mystical Poetry of a Sufi Master of Melamet.* Translated by Murat Yagan and Diane Wilson. Kebzeh Publications, Vernon, Canada 1994, page 129.

Von allem, was in der Welt ist, liegt eine Kostprobe im
Menschen.
Um dich in dir selbst zu finden, komm zu dir, zu dir selbst.

Du bist in der anderen Welt, in dir ist das Paradies.
Der König zeigt Sich in dir; komm zu dir, zu dir selbst.

Lass ab von Frömmigkeit und Andacht, lass diese leeren
Gewohnheiten.
Überwinde alle Illusionen; komm zu dir, zu dir selbst.

Dein Gesicht ist das Buch der Wahrheit; dein Wort der Vers
des Korans.
Gaibi, erkenne dich selbst; komm zu dir, zu dir selbst.*

* Aus: *Gaïbi – The Gathering.* Übersetzt von Murat Yagan. Kebzeh Publications, Vernon, Kanada 1994.

We are to God
as the Pupil Is to the Eye

DURING THE PAST MONTHS, AND PARTICULARLY DURING MY recent visits to Holland and Germany, it has become increasingly apparent that something very clear needs to be said concerning the meaning of the word "pupil" in our individual search for truth. Many people assume that they are "my" pupils, just because they have taken initiation or have regularly attended the meetings of our living school or have helped to support the school and its activities in the relative world. But it doesn't "just happen" that someone becomes a pupil. It isn't like that. It may even take more than half a lifetime to know what the meaning of being a pupil in an esoteric school involves. There are many stories about people who finally discover the meaning on their death-beds, and yet they then still smile in recognition.

The first thing to understand is that on the path it is the teacher who chooses the pupil, and not the other way around. Thus it can easily be seen that this is the reverse of the normal educational system, where we, as it were, "get what we pay for", and so our education is largely dependent upon how much money we have to spend on our children's education. In the esoteric path – "esoteric" means "for the initiate *or* prepared" – it is the *quality* of the aspirant that counts, not his money or merely his or her intellectual ability. It is the quality of the heart that needs to be polished in order to be able to reflect the Attributes of God, that is the key into such a school. It is the willingness to learn what counts, not the desire to acquire knowledge or power or some sort of wisdom. It is the courage to be able to give up what is no longer useful on the journey that is the leather for the seeker's shoes; and it is the incredible perseverance necessary that makes up the soles of the shoes with which the pupil will have to walk. The threading of the laces in the shoes is the consciousness of the breath that will keep us walking on the straight way. The clothes that the aspiring pupil must wear are the clothes of total honesty and loyalty to this teacher and his fellow seekers. The only power that the seeker has is the power that grows from submission and surrender in every way to the laws that God has given us in the sacred scriptures and his or her faithfulness in carrying out the practices that are given in loving trust by the teacher. Thus the

Wir sind für Gott, was die Pupille für das Auge ist

WÄHREND DER VERGANGENEN MONATE UND INSBESONDERE bei meinen letzten Besuchen in Holland und Deutschland wurde es immer offensichtlicher, dass über die Bedeutung des Wortes »Schüler« auf unserer individuellen Suche nach der Wahrheit etwas sehr deutlich gesagt werden muss. Viele Leute glauben, sie seien »meine« Schüler, nur weil sie die Initiation empfangen oder regelmäßig an den Treffen unserer lebenden Schule teilgenommen oder geholfen haben, die Schule und ihre Aktivitäten in der relativen Welt zu unterstützen. Aber es »geschieht« nicht einfach, dass jemand zum Schüler wird. Dem ist nicht so. Es mag sogar länger als ein halbes Leben dauern zu erfahren, was die Bedeutung, ein Schüler in einer esoterischen Schule zu sein, alles beinhaltet. Es gibt viele Geschichten von Menschen, die die Bedeutung schließlich auf ihrem Sterbebett entdecken und sogar dann noch in Erkenntnis lächeln.

Als Erstes muss man verstehen, dass auf dem Weg der Lehrer den Schüler auswählt, und nicht anders herum. Es ist deutlich zu sehen, dass dies die Umkehrung des üblichen Schulsystems ist, wo wir sozusagen »bekommen, wofür wir bezahlt haben« und unsere Erziehung weitgehend davon abhängt, wie viel Geld für die Ausbildung unserer Kinder ausgegeben wird. Auf dem esoterischen Weg – »esoterisch« heißt »für die Eingeweihten *oder* die Vorbereiteten« – zählt die *Qualität* des Bewerbers, nicht etwa sein Geld oder seine intellektuellen Fähigkeiten. Der Schlüssel zu einer solchen Schule ist die Qualität des Herzens, das poliert werden muss, um fähig zu werden, die Eigenschaften Gottes widerzuspiegeln. Es ist die Bereitschaft zu lernen, die zählt, und nicht das Begehren, Wissen oder Macht oder Weisheit in irgendeiner Form anzusammeln. Das Leder für die Schuhe des Suchenden besteht aus dessen Mut, das, was auf der Reise nicht mehr benötigt wird, aufgeben zu können; und die Sohlen der Schuhe, in denen der Schüler gehen muss, sind gefertigt aus der unglaublichen Ausdauer, die er braucht. Die Fäden der Schnürsenkel bestehen aus dem Bewusstsein des Atems, der uns auf dem geraden Weg voranschreiten lässt. Die Bekleidung, die der Schulanwärter tragen muss, ist die Kleidung der völligen Aufrichtigkeit und Treue zu seinem Lehrer

teacher watches the seekers very carefully, testing them with every step that they take and praying that they will continue on the road of truth until they finally come into the present moment with every fibre of their being. For that is the moment when they, at last, can become pupils. And that is the *only moment* in which the knowledge of the path can be discovered.

Now there are obviously questions which arise when we are confronted with such statements. Perhaps we might ask ourselves whether it is therefore necessary to be part of this living school in order to become a pupil of the way. I am often asked that question. Perhaps we might even become depressed since we feel that we do not have the necessary qualifications to even begin the journey, and thus give up before taking the first step. "The journey of a thousand miles begins with one step." We might even ask why we have not been instructed more clearly in all these points in the past. In fact, this paper is to draw questions out of each person so that they can be seen on the surface. Without this sort of self-questioning and self-exposure it is very difficult to proceed. I would, therefore, like to offer some guidelines in the understanding that, as always, I speak from deep personal experience and not from information gathered from books or other people's opinions and stories.

The Steep Ascent...

I would like to start by examining the needs of the pupil and thus the necessity for a living school. After all, it is the needs of the seeker, which are the most important. In a sense, the teacher comes last since he or she has been waiting long to receive those who have made the necessary steps to reach their true beginning. I will attempt to blend both the needs of the seeker and the necessity of a school to help the pupil into one set of ideas. It will then be up to each of you to see how these ideas fit into the patterns of your own lives. Obviously a book could be written on this subject and, in fact, the eight books that I have written do cover a great deal of both the work within the school and, in the autobiographical parts, something of what may transpire in the journey of the seeker. Thus, this paper is in short notebook form, but offered to you with all the love in my heart.

The first thing to realise is that we have to completely reverse our ideas of what a pupil means as far as our past understanding of

und seinen Mitsuchenden. Die einzige Kraft, die der Suchende hat, ist die Kraft, die erwächst aus der Unterordnung und vollständigen Hingabe gegenüber den Gesetzen, die Gott uns in den heiligen Schriften gegeben hat, und aus der Gewissenhaftigkeit beim Ausführen der Übungen, die vom Lehrer in liebendem Vertrauen gegeben werden. So beobachtet der Lehrer die Suchenden sehr sorfältig, indem er sie mit jedem Schritt, den sie tun, prüft und betet, dass sie auf dem Weg der Wahrheit bleiben mögen, bis sie schließlich mit jeder Faser ihres Seins in den gegenwärtigen Moment gelangen. Denn dies ist der Moment, in dem sie endlich Schüler werden können. Und dies ist der *einzige Moment,* in dem das Wissen vom Weg entdeckt werden kann.

Nun ergeben sich natürlich Fragen, wenn wir mit solchen Aussagen konfrontiert werden. Vielleicht fragen wir uns, ob es notwendig ist, Teil dieser lebenden Schule zu sein, um ein Schüler des Weges zu werden. Diese Frage wird mir oft gestellt. Möglicherweise sind wir sogar niedergeschlagen, wenn wir fühlen, dass wir noch nicht einmal die nötigen Fähigkeiten besitzen, um die Reise überhaupt zu beginnen, und so geben wir vielleicht auf, noch bevor wir den ersten Schritt tun. »Die Reise von tausend Meilen beginnt mit einem Schritt.« Wir mögen sogar fragen, warum wir in der Vergangenheit zu all diesen Punkten nicht klarere Anweisungen erhalten haben. In der Tat soll dieser Text jeden zu Fragen anregen, damit diese in Offenheit betrachtet werden können. Ohne eine solche Selbstbefragung und Selbstbetrachtung ist es sehr schwierig fortzuschreiten. Daher möchte ich etwas Hilfestellung anbieten im Verständnis, dass ich wie immer aus tiefer persönlicher Erfahrung spreche, und nicht aufgrund von Informationen, die aus Büchern oder anderer Leute Meinungen und Geschichten stammen.

Der steile Aufstieg...

Ich möchte beginnen, indem ich die Bedürfnisse des Schülers untersuche und somit die Notwendigkeit für eine lebende Schule. Schließlich sind die Bedürfnisse des Suchenden das Wichtigste. In gewissem Sinne kommt der Lehrer am Schluss, da er eine lange Zeit gewartet hat, um jene zu empfangen, welche die notwendigen Schritte zur Erreichung ihres wahren Anfangs gemacht haben. Ich werde versuchen, die Bedürfnisse des Suchenden zu verbinden mit der Notwendigkeit einer Schule, um den Schülern ein einheitliches

Ideenkonzept zu vermitteln. Danach wird es bei jedem Einzelnen von euch liegen zu sehen, wie diese Vorstellungen in die Muster eures eigenen Lebens passen. Natürlich könnte man zu diesem Thema ein Buch verfassen, und die acht Bücher, die ich geschrieben habe, handeln tatsächlich zu einem großen Teil von der Arbeit innerhalb der Schule und, in ihren autobiografischen Passagen, von dem, was auf der Reise eines Suchenden geschehen kann. So ist dieser Text nur in Notizform gehalten und wird euch doch mit aller Liebe meines Herzens angeboten.

Zuerst müssen wir erkennen, dass wir unsere Vorstellungen davon, was es bedeutet, ein Schüler zu sein, vollständig auf den Kopf stellen müssen, sofern sie unserem bisherigen Verständnis von Erziehung entspringen. Wie ich bereits erwähnt habe, geht es in dieser lebenden Schule nicht ums »Erwerben«, sondern sie bringt vielmehr, zumindest in den ersten Stufen, ein Loslassen von all dem mit sich, was wir auf unserer Reise nicht länger benötigen. Zur Veranschaulichung will ich das Bild der Mount Everest-Besteigung heranziehen. Zuerst bedarf es überhaupt einmal der Idee, dass der Berg bezwungen werden muss, »weil er da ist«, wie Edmund Hillary, der Erstbesteiger des Everest, einmal gesagt hat. Dann müssen alle Pläne sehr sorgfältig ausgearbeitet werden. Es wäre wirklich töricht zu versuchen, den höchsten Berg der Welt ohne viel Hilfe, ohne bereitwilliges Team, ohne die richtige Ausrüstung und, was vielleicht das Wichtigste ist, ohne einen *Führer* zu besteigen. Wenn dann, nach einer wahrscheinlich langen Vorbereitungsphase, alles für den Aufstieg bereit ist, wird ein Basislager aufgeschlagen. Dort befindet sich Ausrüstung aller Art, und daraus können beim Aufstieg weitere Zwischenlager errichtet werden, eines nach dem anderen. Angenommen, es gibt sieben Lager auf dem Weg, so werden diese kleiner und kleiner, weil immer weniger auf den Berg hinaufgetragen werden kann. Schließlich werden vielleicht sogar nur zwei Leute das letzte Stück gemeinsam erklimmen: der Führer und der, dessen Zeit gekommen ist, den Gipfel zu erreichen. Vielleicht wird auch nur einer allein reisen, doch auf jeden Fall trägt der Gipfel des Berges für einen Sekundenbruchteil nur eine einzige Person.

Ich vermute, dass es für äußerst wenige Menschen möglich ist, den Bestimmungsort, den wir selbst für uns ausgewählt haben, nämlich die höchste für menschliche Wesen erreichbare Wahrheit, ohne einen Führer und ohne Hilfe zu erreichen. Aber dies ist eine

education is concerned. As I have already said, this living school is not to do with "acquisition", but rather, at least in the early stages, it is involved with the letting-go of all that is no longer necessary for us on our journey. As an example, let me give the analogy of climbing Mount Everest. First, there has to be the idea that the mountain needs to be climbed "because it is there", as Edmund Hillary, the first man who conquered Everest, once said. Then all the plans have to be laid down very carefully. It would be foolish indeed to try to climb the world's highest mountain without much help, a willing team, proper supplies, and, perhaps most important – a *guide.* When, after probably a long period of preparation, everything is ready for the climb, a base camp is set up. Supplies of all sorts are there, and so then the next camps can be set up, one by one, on the ascent. Let us say that there are seven camps along the way, each getting smaller and smaller, since less and less can be carried on up the mountain. Finally maybe just two people take the last climb together, the guide and he whose time has come to reach the summit. Perhaps only one will travel alone, but either way, for one brief split-second, the peak of the mountain supports only one person.

I suppose, for very rare people it might be possible to reach the destination we, ourselves, have chosen, which is the highest truth available to human beings, without a guide and without help. But this is a rare occurrence. If we met people like these, we should be very respectful indeed. But it is unlikely we will meet them, except perhaps at the summit itself. I would personally say that we *do* need help, and we *do* need a guide, and in fact we *need* the brotherhood that grows out of the heart's yearning of the true seekers. That is why this school exists. It is here to help us. It is not here to stop us in our inner search. It is not to hold us back, but it is to show us the disciplines and practices that have been handed down from one generation to another by people who have reached the summit of the mountain and *returned* to help others in their own climbing, in their own search. That is why Mevlana tells us that the most "subtle" of all God's Creations is man himself, since if he has indeed reached the goal and returned, then he is, of course, completely unrecognisable from other people. He does not need to be dressed in special robes or carry important documents or jewelled sceptres. Those are for the people who stay in the various camps on the journey up the mountain, even though some of them

seltene Erscheinung. Wenn wir Menschen wie diesen begegnen, sollten wir wirklich sehr respektvoll sein. Aber es ist unwahrscheinlich, dass wir sie treffen werden, außer vielleicht auf dem Berggipfel selbst. Ich persönlich behaupte, wir *brauchen* Hilfe und wir *brauchen* einen Führer, und in der Tat *brauchen* wir die Bruderschaft, die aus der Herzenssehnsucht der wahrhaft Suchenden erwächst. Darum gibt es diese Schule. Sie ist hier, um uns zu helfen. Sie ist nicht hier, um uns auf unserer inneren Suche aufzuhalten. Sie soll uns nicht zurückhalten, sondern sie soll uns die Regeln und Übungen zeigen, die von einer Generation zur anderen durch Menschen überliefert wurden, die den Gipfel des Berges erreicht haben und *zurückkehrten,* um anderen bei deren eigenem Aufstieg, deren eigener Suche zu helfen. Darum sagt uns Mevlana, dass die »subtilste« aller Schöpfungen Gottes der Mensch selbst ist, denn wenn er das Ziel wirklich erreicht hat und zurückgekehrt ist, ist er von anderen Menschen natürlich ganz und gar nicht zu unterscheiden. Er braucht sich nicht in besondere Gewänder zu kleiden oder wichtige Dokumente oder mit Juwelen geschmückte Zepter zu tragen. Solche Dinge sind für jene Menschen, die bei der Reise auf den Berg in den verschiedenen Lagern verbleiben, selbst wenn einige von ihnen tatsächlich den Gipfel erreicht haben und dann umgekehrt sind, um auf bestimmte Weise in einem der Lager entlang des Aufstiegs zu helfen. Die Analogie ist hier sicher offensichtlich.

Nun ist die Schule also ein bisschen klarer definiert. Es ist eine Schule für Suchende, für Bergsteiger, wenn man so will. Es ist keine Schule für diejenigen, die nach Macht oder Ruhm oder nach irgendeiner anderen Eigenschaft streben, die die Menschen in *dieser* Welt groß und bekannt macht. Diese Welt, über die ich bereits früher ausführlich gesprochen habe, kann, wie Khidr uns mitteilt, eine »Welt der Lügen« genannt werden. Erst dann, wenn wir die Wahrheit dieser Aussage erkannt haben und in der Lage waren, diese Welt vom Gipfel des Berges aus zu betrachten, können wir zurückkehren und sie *»das Land der Wahrheit«* nennen. Wenn wir uns mit dieser Welt des Vergleichs, dieser »Welt der Erscheinungen« und so weiter identifizieren, werden wir nie durch den Nebel, der durch unsere eigene Unzufriedenheit und unsere eigenen Projektionen entsteht, in das klare Licht des Tages gelangen. Zumindest einige Leser erachten das Nachwort in meinem ersten Buch, *Ich ging den Weg des Derwisch,* als ein gutes Beispiel für einen Teil des Aufstiegs.

have indeed reached the peak and then descended to help in a particular way in one of the camps on the ascent. The analogy is surely obvious here.

Now the school has been a little bit more clearly defined. It is a school for seekers, for climbers, if you wish. It is not a school for those who wish for power or fame or any of the other qualities which make people big and popular in *this* world. This world about which I have spoken already at length before can be called, as Khidr tells us, a "world of lies". It is only when we have seen the truth of this and been able to view this world from the vantage point of the top of the mountain that we can return and call it *"the land of truth"*. If we are identified with this world of comparison, this "world of appearances" et cetera, then we will never reach beyond the fog created by our own discontent and projections into the clear light of day. The epilogue in my first book, *The Last Barrier,* has been seen, at least by some readers, as a good example of a portion of the ascent.

This school is a school of *life.* That means that we join such a school and participate in it because we want to know just what life is about, and we long to be able to serve it since it is the gift that God has given us – and "there is no God except the One God." We realise, in our inner hearts, that we can no more just presume life. We can no more just presume breath and the tides of breathing, which make up our life down here in this world. We are no more satisfied with merely unconsciously participating in organic evolution. We wish and *need* to participate *consciously* and thus at least partly repay the debt of our existence. In other words, we want to give back something to God. Ultimately, that is the knowledge of ourselves. And that can *only* happen when we come, once and for all, into the present moment. That is when we are to God as the pupil is to the eye. That is, literally, when we become a *real* pupil, for we are then, in knowledge of that fact, the eyes through which God sees and the ears through which He hears. There is no separation, and indeed it is then that we meet our true teacher in the outer world face to face, and perhaps it might even be hard to know who is the pupil and who is the teacher! You have only to look at the meeting between Shams-i Tabriz and Jalaluddin Rumi to see what I am trying to convey.

Now, perhaps, we feel a little more content to be part of this living school since we realise, in humility and gratefulness, that we

Diese Schule ist eine Schule des *Lebens.* Das heißt, dass wir einer solchen Schule beitreten und an ihr teilnehmen, weil wir einfach wissen wollen, worum es im Leben geht, und wir sehnen uns danach, ihm dienen zu können, weil sie das Geschenk ist, das Gott uns gegeben hat – und »Es gibt keinen Gott außer dem Einen Gott.« Wir erkennen im Inneren unseres Herzens, dass wir das Leben nicht mehr einfach nur hinnehmen können. Wir können den Atem, sein Kommen und Gehen, das in dieser Welt unser Leben ausmacht, nicht länger einfach nur hinnehmen. Wir sind nicht mehr damit zufrieden, lediglich unbewusst an der organischen Evolution teilzuhaben. Wir wollen und *brauchen* es, *bewusst* teilzuhaben und somit wenigstens einen Teil der Schuld unserer Existenz zu begleichen. Mit anderen Worten: Wir wollen Gott etwas zurückgeben. Letzten Endes ist dies das Wissen um uns selbst. Und das kann *nur* geschehen, wenn wir ein und für alle Mal in den gegenwärtigen Moment gelangen. Dann sind wir für Gott, was die Pupille für das Auge ist.* Das ist genau dann, wenn wir ein *wirklicher* Schüler werden, denn dann sind wir, im Wissen um diese Tatsache, die Augen, durch die Gott schaut, und die Ohren, durch die Er hört. Dann gibt es keine Trennung mehr, und tatsächlich geschieht es erst dann, dass wir unserem wahren Lehrer in dieser äußeren Welt von Angesicht zu Angesicht begegnen. Dann ist es vielleicht sogar schwierig zu wissen, wer der Schüler und wer der Lehrer ist! Ihr braucht euch bloß das Zusammentreffen von Shams-i Tabriz und Jalaluddin Rumi anzuschauen, um zu verstehen, was ich zu vermitteln versuche.

Vielleicht fühlen wir uns nun ein wenig zufriedener damit, Teil dieser lebenden Schule zu sein, weil wir in Demut und Dankbarkeit erkennen, dass wir die Weisheit und Hilfe derer, die uns vorangegangen sind, in Anspruch nehmen können. Zumindest wissen wir jetzt, dass die Straße der Wahrheit nicht allein mit guten Absichten gepflastert ist, sondern mit den Opfern derer, die den Weg vom Anbeginn der Zeit gegangen sind. Mit Freude und riesiger *Begeisterung* wollen wir lernen. Tatsächlich gibt es sehr wenig, was uns davon abhalten kann, den Unterricht zu besuchen und so weiter, denn die Schule *ist* eine Schule des Lebens, und vor dem Leben können wir uns nicht so leicht drücken. Obwohl es natür-

* Man beachte das Wortspiel: Das englische Wort *pupil* bedeutet sowohl »Pupille« als auch »Schüler«; das Wort *eye* (»Auge«) ist in seiner Aussprache von *I* (»ich«) nicht zu unterscheiden [Anmerkung des Herausgebers].

might need the wisdom of those who have gone before us. We know by now, at least, that the road of truth is paved, not with good intentions alone, but with the sacrifice of those who have trodden the path from the beginning of time. It is with joy and tremendous *enthusiasm* that we wish to learn. Actually there is very little that can stop us attending classes et cetera, since the school *is* a school of life and we cannot very easily avoid life. Although, of course, it is very easy to avoid our responsibility in being born and thus avoid doing our best to discover the meaning of the Life [*al-Hayy,* the Everliving One] that *gives* us our life. With this loving enthusiasm, and in the spirit of brotherhood, the seeker is gathering his or her own strength to continue along the journey. True, some will leave and maybe find other schools, and some of them may be good. But some may also lead them into dangerous caverns or pitfalls. Some may even take the seeker in the opposite direction and yet, despite our own stupidity, even then God can bring us back on the path if we have right intention and right effort and remember that the breath is our friend. Those are the first three steps we need to take.

The next and obvious question that will arise is the subject of initiation, and whether that is even necessary. A very good question indeed! I can only answer that *kismet,* or destiny, plays a very active part in this journey. If we are destined to be together, to work together and to have been granted the very wonderful gift of the 'ingredient' that is passed at the point of initiation, then I feel it can be said that initiation is a beautiful step that can be taken. Initiation really means taking a step in a direction that you do not know. It is a new beginning. It means leaving behind the world we knew before, and yet not being separated from it. It means that we are together with others on the path and all of the brothers and sisters are moving towards the goal of their own very existence. Thus, in turn, we willingly and gratefully want to help each other with every breath we take and every step that is made on this life's journey.

As you no doubt know, I seldom refuse to give initiation to anyone. On the other hand there *are* times when I advise someone to look once again at their motive and intention. For if they feel that they are sort of "joining" something which can protect them from what they have to face in their daily lives, then they are looking in the wrong direction. Or if they feel that by taking initiation it is

lich sehr einfach ist, unserer Verantwortung, geboren worden zu sein, auszuweichen und alles zu unterlassen, die Bedeutung des Lebens [*al-Hayy,* das Ewig Lebende] zu entdecken, das uns unser Leben *gibt.* Mit dieser liebevollen Begeisterung und im Geiste der Bruderschaft sammelt der Suchende seine Kraft, um die Reise weiter fortzusetzen. Es stimmt: Einige werden gehen und vielleicht andere Schulen finden, und gewisse von diesen mögen gut sein. Aber einige können die Suchenden auch in gefährliche Höhlen oder Fallgruben führen. Einige können sie sogar in die entgegengesetzte Richtung leiten, und dennoch kann uns Gott, ungeachtet unserer eigenen Dummheit, auch dann noch auf den Weg zurückbringen, falls wir die richtige Absicht haben, uns wirklich bemühen und uns daran erinnern, dass der Atem unser Freund ist. Dies sind die ersten drei Schritte, die wir machen müssen.

Die nächste einleuchtende Frage, ist die über die Initiation und ob diese überhaupt notwendig ist. Eine wirklich sehr gute Frage! Ich kann nur antworten, dass *Kismet* oder Bestimmung eine sehr aktive Rolle auf dieser Reise spielt. Wenn wir dazu bestimmt sind, zusammen zu sein, zusammen zu arbeiten und das wundervolle Geschenk jener ›Zutat‹, das bei der Initiation weitergegeben wird, gewährt zu bekommen, dann, denke ich, kann man sagen, dass die Initiation ein schöner Schritt ist, der getan werden kann. Initiation bedeutet eigentlich, einen Schritt in eine dir unbekannte Richtung zu tun. Es ist ein neuer Anfang. Es bedeutet, die Welt, die wir vorher kannten, hinter uns zu lassen und doch nicht von ihr getrennt zu sein. Es bedeutet, dass wir mit anderen auf dem Weg zusammen sind und alle Brüder und Schwestern sich auf das Ziel ihrer eigenen eigentlichen Existenz zubewegen. So wollen wir wiederum einander bereitwillig und dankbar helfen, mit jedem Atemzug und mit jedem Schritt, der auf dieser Lebensreise gemacht wird.

Wie ihr zweifellos wisst, verwehre ich selten jemandem die Initiation. Andererseits *gibt* es Zeiten, zu denen ich jemandem rate, noch einmal seinen Beweggrund und seine Absicht zu prüfen. Denn wer denkt, dass man sozusagen etwas »beitrete«, das einen vor dem bewahrt, dem man sich im täglichen Leben stellen muss, der sucht in der falschen Richtung. Oder wer denkt, dass initiiert zu werden, das Leben einfacher mache und dass die Initiation an sich irgendetwas *mit* oder *für* einen mache, geht wohl besser fort und überdenkt die Dinge noch einmal. »Ich war roh, ich wurde gekocht, und nun bin ich verbrannt« (Jalauddin Rumi).

going to make life easier and that the initiation in itself will actually do something *to* them or *for* them, then it is better they go away and consider things again. "I was raw, I was cooked, and now I am burnt" (Jalaluddin Rumi).

A pupil of the way has normally left behind the raw state and, like the "chickpea" in the *Mathnawi,* has already been thrown into the cooking pot. So, those of you who are initiated into the Way of Love, Compassion and Service, do try to remember the step that you took in the beginning and remind yourselves each and every day of your commitment, willingness and agreement. Then you will always be given the help that you need. Maybe it will not be what you *want,* for that might be like stepping back into the world of lies. But what you really do *need* is here for you. You have my word.

Lastly, for this first part, I wish to bring up the word that we use so often, and that is the word *trust.* "Trust! Trust! Trust!" as my own teacher said to me so many times. And here I say "my" teacher. Although I took much knowledge and information from many other teachers, there came a time when I finally reached the point in my own life (which of course can only happen when we are in the present moment) when I was ready to make the total commitment. That teacher remains with me to this day even though, in this world, he has left us.

Trust is a quality that has to grow within, and for that to happen it is necessary that we become trustworthy. This is where the testing comes in. This is where our own individual efforts begin to count. Once we live in sufficient humility and perhaps have at least some knowledge of His Most Beautiful Names and thus know that He observes everything and that He is the Only Provider, and the Seer and the Knower et cetera, we realise the importance of this testing. When we are merely sleepwalkers on the stage of life, we do not know of our dependence; but when we do come to this realisation, then, in the testing, trust starts to grow. It is as though He watches over us, guarding us, building and helping us until the time is right for that last and great step into the present moment. That last step does indeed require total and complete trust. "Total" in that, in the process of metamorphosis we have been going through for so long, we have surrendered all projections into the so-called "future" and have brought *all* of the past with us. We are *totally* committed to that last step once and for all. There is no

Normalerweise hat ein Schüler des Weges den rohen Zustand hinter sich gelassen und wurde wie die »Kichererbse« im *Mathnawi* bereits in den Kochtopf geworfen. Versucht also, ihr die ihr in den Weg der Liebe, des Mitgefühls und des Dienens initiiert seid, euch wirklich an den Schritt zu erinnern, den ihr zu Beginn getan habt und denkt jeden einzelnen Tag an eure Verpflichtung, eure Bereitwilligkeit und euer Einverständnis. Dann werdet ihr immer die Hilfe erhalten, die ihr braucht. Vielleicht wird es nicht das sein, was ihr *wollt,* denn das könnte ein Rückschritt in die Welt der Lügen sein. Aber was ihr wirklich *braucht,* ist hier für euch. Ihr habt mein Wort.

Zum Schluss dieses ersten Teils des Textes möchte ich noch einen Begriff erörtern, den wir so oft gebrauchen, und das ist das Wort *Vertrauen.* »Vertrau! Vertraut! Vertrau!«, wie mein eigener Lehrer so oft zu mir gesagt hat. Und hier sage ich »mein« Lehrer. Obgleich ich viel Wissen und Information von zahlreichen anderen Lehrern erhalten hatte, erreichte ich schließlich in meinem eigenen Leben den Punkt (was natürlich nur geschehen kann, wenn wir im gegenwärtigen Moment sind), an dem ich bereit war, eine vollkommene Verpflichtung einzugehen. Dieser Lehrer ist bis zum heutigen Tag bei mir, auch wenn er uns in dieser Welt bereits verlassen hat.

Vertrauen ist eine Eigenschaft, die im Innern wachsen muss, und damit dies geschehen kann, ist es erforderlich, dass wir vertrauenswürdig werden. An diesem Punkt beginnen die Prüfungen. An diesem Punkt beginnen unsere eigenen individuellen Bemühungen zu zählen. Wenn wir erst einmal in ausreichender Demut leben und, sagen wir, zumindest ein bisschen über Seine Schönsten Namen wissen und somit erkennen, dass Er alles sieht und dass Er der Einzige Fürsorger ist und der Sehende und der Wissende und so weiter, dann wird uns die Bedeutung dieser Prüfungen bewusst. Solange wir nur Schlafwandler auf der Bühne des Lebens sind, wissen wir nichts von unserer Abhängigkeit, aber sobald wir zu dieser Erkenntnis kommen, beginnt mit den Prüfungen das Vertrauen zu wachsen. Es ist so, als ob Er über uns wacht, uns beschützt, uns führt und uns hilft, bis die Zeit reif ist für den letzten und großen Schritt in den gegenwärtigen Augenblick. Dieser letzte Schritt erfordert wirklich völliges und umfassendes Vertrauen. »Völlig« insofern, als dass wir im Verlauf der Verwandlung, durch die wir lange Zeit gegangen sind, alle Pro-

going back. We may have heard that this is the "real beginning of our lives", but it is only in trust that we can take that step into the unknown. The trust becomes complete when those hands we long for stretch out and hold us – so, finally, there is no more separation. As Ibn Arabi says, "Let us go hand in hand; let us enter the presence of truth."

I pray that during this next month you will all meditate on the meaning behind these words, and take confidence in the fact that we are all indeed travelling the same road. I pray that we will all smile together in the joy that we have on this journey and that, as we turn straight to our Lord, so we will hold out our hands to each other, thus remembering the great commandments of Jesus, "Love the Lord, thy God, and love thy neighbour as thyself."

> The hearty unripe grapes, capable of ripening, at last become one in heart by the breath of the masters of heart. They grow rapidly to grapehood, shedding duality and hatred and strife. Then, in maturity, they rend their skins till they become one. Unity is the proper attribute for one who is one with others.
>
> Water and clay, when fed on the breath of Jesus, spread wings, became a bird and flew. It is a breath from your body of water and clay. Make it a bird of paradise by breathing into it your heart's sincerity (*Mathnawi*).

... Is for the Thoroughly Normal Idiot...

Since writing the first part of this paper a great deal of work has been done, both on the inner and outer planes. As you all know, I have been mostly "on the road" during this time and have already spoken to well over two and a half thousand people. And the tour is not yet over! Soon there will come the two events in Berlin and Potsdam and then the summer school. In other words, it is a very busy time for us all, and I do personally wish to say how very grateful I am for all the hard work that you have done and are doing to help make this period of time move along as easily as possible.

I have often talked about "the wisdom of the idiots" and that the highest level of "idiot" is indeed the "normal idiot". During the recent visit to Frankfurt a very wonderful group of extremely normal

jektionen in die so genannte »Zukunft« aufgegeben und *alles* aus der Vergangenheit mit uns gebracht haben. Wir haben uns diesem letzten Schritt *vollständig* und ein für alle Mal verpflichtet. Es gibt kein Zurück. Wir mögen gehört haben, dass dies der »wahre Anfang unserer Leben« ist, aber nur im Vertrauen können wir diesen Schritt ins Unbekannte tun. Das Vertrauen wird vollkommen, wenn sich diese Hände, nach denen wir uns gesehnt haben, ausstrecken und uns halten – dann, endlich, gibt es keine Trennung mehr. Wie Ibn Arabi sagt: »Lass uns Hand in Hand gehen. Lass uns eintreten in die Gegenwart der Wahrheit.«

Ich bete darum, dass ihr während des nächsten Monats alle über die Bedeutung hinter diesen Worten meditiert und das Vertrauen gewinnt, dass wir alle tatsächlich auf derselben Straße reisen. Ich bete darum, dass wir in der Freude, die uns diese Reise bereitet, alle gemeinsam lächeln werden und dass wir uns gegenseitig die Hände reichen, wenn wir uns geradewegs Gott zuwenden und uns somit der großen Gebote Jesu erinnern: »Liebe den Herrn, deinen Gott, und liebe deinen Nächsten wie dich selbst.«

> Die herzhaften, unreifen Trauben, des Reifens fähig, werden schließlich eins im Herzen durch den Atem der Meister des Herzens. Sie wachsen schnell zur Rebe heran, Dualität und Hass und Kampf verbreitend. Dann, in der Reife, zerreißen sie ihre Häute, bis sie eins werden. Einheit ist die richtige Eigenschaft für den, der eins ist mit anderen.
>
> Wasser und Staub, genährt vom Atem Jesu, breiteten die Flügel aus, wurden ein Vogel und flogen. Es ist ein Atemzug deines Körpers aus Wasser und Staub. Mache einen Paradiesvogel daraus, indem du ihm die Aufrichtigkeit deines Herzens einhauchst (*Mathnawi*).

… ist für den vollständig normalen Idioten gedacht…

Seit ich den ersten Teil dieses Textes geschrieben habe, wurde eine große Menge Arbeit geleistet, sowohl auf den inneren als auch auf den äußeren Ebenen. Wie ihr alle wisst, war ich während dieser Zeit meistens »unterwegs« und habe zu über zweieinhalbtausend Menschen gesprochen. Und die Tour ist noch nicht vorüber! Bald

idiots turned up to help. Surely they were all a beautiful example of an expression of the work itself, whether they were cleaning, selling books, helping with the food or the different sorts of equipment necessary. Perhaps this sounds ridiculous but they were extremely noticeable in their almost total invisibility! For the average person who attended the lecture or the seminar they were "just there". Of course no one could possibly have known (unless they were already working on themselves) that there was a whole lot of conscious breathing in the halls and meeting rooms, or notice the oh so beautifully subtle aroma of the chairs washed with rose water – both on top as well as underneath! However, the sponsors noticed. Indeed they did, and many a fine compliment was passed on to either my wife or myself. I felt all warm and glowing inside, for it is surely in so-called "normality" that we can best help. I ask you to *consciously* re-read and study the story I have told so many times recently, i.e. the story about Khidr and "the world of lies" [see: *The Inner Work II,* page 512]. It has much to teach us and, like all Sufi stories, it can be read again and again in order to extract the essence of the teaching hidden within the frame of the story.

Apart from anything else, the first part of this paper certainly stirred up things a lot. Many people wrote to me expressing their thanks that they were reminded, yet again, that it is foolish indeed to just presume that we are pupils of the way. Others, however, seem to have come up against some confusion and even a little irritation. For those people who found any aggravation, may I suggest that you look at those subtle little three walls of resentment, envy and pride once more? Actually the letters have been "interesting", to say the least. Some have asked to be pupils immediately! Others have, I sensed, felt that the idea of being a pupil is too far away to even consider, and others perhaps felt that they would never be capable of being a real pupil et cetera and so forth. Either way it was a "stirring of the pot" and thus, I pray, creative.

In my last seminar I asked someone to write up, in German, in very *large* letters, "Teachers wanted" on the notice board. I wanted to see what the reaction would be; I watched to see if people were attracted by this statement. But, to my surprise, no-one even mentioned it to me! Perhaps they were frightened or something. What I was attempting to do, of course, was to offer yet another challenge, i.e. "Now, who of you would like to be a teacher?" Words are subtle and even dangerous at times, and I wonder how many of

kommen die beiden Anlässe in Berlin und Potsdam, und dann die Sommerschule. Mit anderen Worten: Es ist eine sehr arbeitsreiche Zeit für uns alle, und so möchte ich sagen, wie dankbar ich bin für all die harte Arbeit, die ihr geleistet habt und leistet, um mitzuhelfen, diesen Zeitabschnitt so leicht wie möglich vorbeiziehen zu lassen.

Ich habe oft über »Weisheit der Idioten« gesprochen, und die höchste Stufe von »Idiot« ist tatsächlich der »normale Idiot«. Als ich kürzlich in Frankfurt zu Besuch war, tauchte eine äußerst wundervolle Gruppe normaler Idioten auf, um zu helfen. Sie gaben sicherlich alle ein schönes Beispiel der Arbeit selbst ab, ob sie nun putzten, Bücher verkauften, bei der Essenszubereitung oder den verschiedenen notwendigen Einrichtungsarbeiten mithalfen. Das hört sich vielleicht lächerlich an, aber sie waren sehr bemerkenswert in ihrer fast vollkommenen Unsichtbarkeit! Für den durchschnittlichen Besucher des Vortrags oder des Seminars waren sie »einfach da«. Natürlich konnte kaum jemand wissen (außer er hätte bereits an sich selbst gearbeitet), wie viel bewusstes Atmen durch die Säle und Seminarräume ging, oder den ach so wunderbar feinen Duft wahrnehmen, der von den – auf der Ober- genauso wie auf der Unterseite! – mit Rosenwasser gewaschenen Stühlen ausging. Wie auch immer, die Veranstalter haben es bemerkt. Sie haben es tatsächlich wahrgenommen, und viele schöne Komplimente erreichten meine Frau und mich. Das hat mich sehr gerührt und erwärmt, denn es ist bestimmt in der so genannten »Normalität«, in der wir am besten helfen können. Ich bitte euch, jene Geschichte, die ich euch in letzter Zeit so häufig erzählt habe, die Geschichte von Khidr und der »Welt der Lügen«, noch einmal *bewusst* zu lesen und zu studieren [siehe: *Die innere Arbeit II,* Seite 513]. Sie kann uns viel lehren und, wie alle Sufi-Geschichten, wieder und wieder gelesen werden, um die Essenz der im Erzählrahmen verborgenen Lehre zu extrahieren.

Der erste Teil dieses Textes hat sicherlich viele Dinge kräftig aufgerührt. Zahlreiche Menschen haben mir geschrieben und ihren Dank dafür ausgesprochen, wieder einmal daran erinnert worden zu sein, dass es wirklich dumm ist, einfach vorauszusetzen, wir seien Schüler auf dem Weg. Andere aber scheinen etwas irritiert oder gar verwirrt worden zu sein. Jenen Leuten, die verärgert sind, möchte ich vorschlagen, dass sie sich noch einmal die drei subtilen Mauern von Groll, Neid und Stolz vor Augen führen.

you really considered, in the depths of your being, the questions that surely will have arisen concerning the last statements about the "pupil". Today I wish to try to help you sort out some of the questions, whether you have managed to verbalise them or not. Life would be boring indeed without a living question, and there surely must be questions living in you concerning these matters.

So let us explore this road of truth for awhile. In a sense the expression "road of truth" is somewhat misleading since a road implies that it has come from somewhere and that it will go somewhere or even reach a destination. Yet the reality of the road is that it is unfolding *with our own steps.* It is unfolding from itself just as light unfolds from itself, and yet it is *measured* in this world as travelling at a rate of 186 000 miles per second. Try to understand this. Here, in the relative world, there is, of necessity, a multiplicity of being. "The One creates the two, the two the three, and the three the ten-thousand things" et cetera. We cannot deny this fact, that is, that the Unity shows and explains Itself in the uniqueness of the many. However, if we were to merely see life as a series of causes creating a series of effects, then we would be missing the beautiful freedom that lies within the truth itself. As Ibn Arabi says, "The cause is the effect of its own effect," and "The seven steps of *fana* and *baqa* are not necessarily sequential." In this world it is necessary for us to have a destination, and that is why there is the road of truth. However, in our western tradition it is often said, "There are as many paths to God as there are human beings in the world, but there is only *one* way."

This part of the paper is really merely another way of explaining what I wrote within the words of the first one. Thus I hope you will look again at that first part. I am continuing to keep on the subject of the pupil-teacher relationship since I am convinced that, if it is properly understood, there will be a far greater and deeper realisation of the meaning of function in this living school and a greater freedom and new sense of "normality", which will help pave the road of truth itself. After all, it is our work that makes the paving stones for the road and therefore for those that will follow afterwards.

Let me come back, once again, to the word "pupil". What could this mean to you, I wonder? If being a pupil is such a high level or "station", as we call it, then can you all become pupils? Of course you can – that is if you really want to. But do you? That is the

In der Tat waren die Briefe, gelinde gesagt, »interessant«. Einige haben darum gebeten, sofort Schüler zu werden! Andere, so empfand ich es, haben gefühlt, dass die Idee, ein Schüler zu sein, zu weit enfernt ist, um überhaupt in Erwägung gezogen zu werden. Wieder andere fühlten, dass sie nie fähig sein würden, ein richtiger Schüler zu sein, und so weiter und so fort. Wie auch immer, es war in jeder Hinsicht ein »Rühren im Topf« und als solches, so bete ich, kreativ.

In meinem letzten Seminar habe ich jemanden gebeten, in sehr großen Buchstaben »Lehrer gesucht« an die Tafel zu schreiben. Ich wollte sehen, wie die Reaktion ausfällt; ich wollte beobachten, ob die Leute von dieser Aussage angezogen würden. Doch zu meiner Überraschung sprach mich kein Einziger darauf an! Vielleicht hatten sie Angst oder etwas Ähnliches. Aber natürlich hatte ich nur versucht, eine neue Herausforderung zu bieten, nämlich: »Nun, wer von euch möchte denn gerne ein Lehrer sein?« Wörter sind heikel und manchmal sogar gefährlich, und ich frage mich, wie viele von euch sich wirklich in der Tiefe ihrer Herzen den Fragen gestellt haben, die angesichts der letzten Aussagen über den »Schüler« sicherlich aufgetaucht sein müssen. Heute möchte ich euch helfen, einige dieser Fragen etwas zurechtzurücken, ob ihr es nun geschafft habt, sie in Worte zu fassen oder nicht. Sicherlich wäre das Leben langweilig ohne eine lebendige Frage, und natürlich muss es in euch lebendige Fragen in Bezug auf diese Dinge geben.

So lasst uns also diesen Weg der Wahrheit für eine Weile erforschen. Auf eine Art ist dieser Ausdruck »Weg der Wahrheit« etwas irreführend, da ein Weg impliziert, dass er von irgendwo her kommt und irgendwo hin führt oder sogar ein Ziel erreichen wird. Und doch besteht die Realität des Wegs darin, dass er sich *mit unseren eigenen Schritten* entfaltet. Er entfaltet sich aus sich selbst, wie das Licht sich aus sich selbst entfaltet, obwohl es in dieser Welt *gemessen* wird, als bewege es sich mit einer Geschwindigkeit von 300 000 Kilometer pro Sekunde fort. Versucht das zu verstehen. Hier, in der relativen Welt, gibt es notwendigerweise eine Vielheit des Seins. »Das Eine erschafft die Zwei, die Zwei die Drei, und die Drei die zehntausend Dinge« und so weiter. Wir können diese Tatsache nicht bestreiten, die darin besteht, dass die Einheit Sich selbst in der Einzigartigkeit des Vielen zeigt und erklärt. Wenn wir hingegen das Leben lediglich als eine Folge von Ursachen sehen,

question. And also what happens if you do not manage to become pupils? Can you also be of service and find your own unique and true station in life? These and many more questions are what I hope I have brought up in your hearts as the result of the first part. You see, if we are humble and honest and if we realise that we are custodians of our planet and potential world citizens, then, looking "out there" at the enormity of the problems, it surely is not such a big step to realise that we do need to become pupils. Our education system until now has not made us any happier, and we also find ourselves virtually incapable of having a visible effect on the outer world and all the misery that we witness and hear about each and every day in the media. If we care, then I would be surprised if we did *not* want to become pupils. On the other hand, with the education systems that we have known, we have, in the past, become pupils of something fairly specific. We have gone to school, for example, to become pupils of chemistry or psychology or engineering or art. *Now we are asked to become pupils of life itself.* That is the challenge my friends, and what could this mean? Surely, if we were good pupils, then we would learn about life (which never dies) according to our capacity and our ability to learn. We would travel the labyrinth I talk about so much, and we would continue to work on ourselves to keep treading that road of truth, doing our best never to miss a single day, perhaps even a single breath, and humbly continuing *whether we find a teacher or not.* Is this not true? Or are people adding their idea of a teacher being necessary as part of the bargain they are making for treading the road in the first place? Look into yourselves deeply at this stage please.

Now I have transposed the story yet again. I have said that if there are to be teachers, then there have to be pupils. How on earth, I ask, can one become a teacher if one has not first become a pupil? We cannot teach what is in life at any one moment if we are not living it. And to live it we have, of necessity, to die to the illusion of cause and effect being the *only* way to explain the phenomena we call "life". I also say, "Yes, teachers *are* wanted." Teachers are wanted because there is so much to be done and so much energy that has to be transformed and transmuted, which is the task of a living teacher. So many times we have heard it said that if only there were twenty conscious human beings in the world, then the whole consciousness of man would rise up one octave. In fact (whether we are talking about twenty or two-thousand people)

die eine Folge von Wirkungen erschaffen, würde uns die wunderbare Freiheit fehlen, die in der Wahrheit selbst liegt. Wie Ibn Arabi sagt: »Die Ursache ist die Wirkung ihrer eigenen Wirkung« und »Die sieben Stufen von *fana* und *baqa* sind nicht notwendigerweise sequentiell.« In dieser Welt ist es für uns notwendig, ein Ziel zu haben, und deshalb gibt es den Weg der Wahrheit. Jedenfalls wird in unserer westlichen Tradition oft gesagt: »Es gibt so viele Pfade zu Gott, wie Menschen auf der Erde sind, aber es gibt nur *einen* Weg.«

Dieser Teil des Textes ist vor allem einfach eine andere Art zu erklären, was ich mit anderen Worten im ersten Teil geschrieben habe. So hoffe ich, dass ihr euch jenen ersten Teil nochmals durchlest. Ich fahre mit dem Thema Lehrer-Schüler-Verhältnis fort, da ich überzeugt bin, dass, wenn dieses richtig verstanden wird, es in dieser lebenden Schule eine viel größere und tiefere Erkenntnis der Bedeutung von Funktion, eine größere Freiheit sowie ein neues Gefühl der »Normalität« geben kann, was helfen wird, den Weg der Wahrheit zu pflastern. Schließlich ist es unsere Arbeit, welche die Pflastersteine für den Weg produziert und damit auch für jene, die später folgen werden.

Lasst mich noch einmal auf das Wort »Schüler« zurückkommen. Was könnte es für euch bedeuten, frage ich mich? Wenn Schülersein eine so hohe Ebene oder »Station« ist, wie wir es nennen, könnt ihr dann alle Schüler werden? Natürlich könnt ihr – nämlich dann, wenn ihr dies wirklich wollt. Aber tut ihr das? Das ist die Frage. Und was passiert, wenn ihr es nicht schafft, Schüler zu werden? Könnt ihr dann trotzdem dienen und eure eigene einzigartige Station im Leben finden? Diese und viele andere Fragen hoffe ich, als Wirkung des ersten Teils in euren Herzen entfacht zu haben. Schaut, wenn wir demütig und ehrlich sind und wenn wir erkennen, dass wir die Hüter unseres Planeten und potenzielle Weltbürger sind, dann ist es, wenn wir »dort hinaus« blicken auf die Riesenhaftigkeit der Probleme, bestimmt kein so großer Schritt mehr zu erkennen, dass wir Schüler werden müssen. Unser Bildungssystem hat uns bis heute kein bisschen glücklicher gemacht, und wir fühlen uns auch praktisch unfähig, eine sichtbare Wirkung auszuüben auf die äußere Welt und all das Elend, dessen Zeugen wir sind und von dem wir jeden Tag in den Medien lesen und hören. Falls uns das nicht egal ist, wäre ich erstaunt, wenn wir *nicht* Schüler werden wollten. Andererseits sind wir in der Vergan-

there would indeed be the "platform" completed for the second cycle of mankind. And the beautiful paradox of it all is that a truly conscious human being, whether in the function of a teacher *or* a pupil (Did you understand what I wrote here?), is a thoroughly normal idiot. It does not matter what form he or she shows to the outer world. It is inside that counts. And the most normal thing of all is to understand the truth of our existence and to know that it is in the present moment alone that we can see that God is both transcendent and imminent *at the same time.* That is normality. That is real. That is *the way.* And that is how, with each step we take on the road of truth, we are opening up new and beautiful vistas for our brothers and our sisters, our children and our children's children – and even for ourselves at last.

So, please continue with your inner work, knowing that you are indeed recognised and loved, and that, little by little, as you walk on, the walls that divide us will crumble through your patience and perseverance and that, in truth, nothing will be wasted. The same bricks of conditioning that originally made up the walls of resentment, envy and pride will be transmuted into the bricks for that platform we talk about so much. After all, as Mevlana says, "Love turns even copper into gold."

To say you have no pain, is like saying "I am God."
To say "I" at the wrong time, is a curse.
To say "I" at the right time, is a Gift of God.
For al-Hallaj it was timely, for Pharaoh a lie.
Beat the rooster that crows too early.

JALALUDDIN RUMI

… *Not for the Faint-Hearted*

The more I attempted to write the third part of this paper for you, the more difficult it became. It would have been easier to produce an entire book on the subject. The whole subject of language came up again and again in my heart, as I started to write, and the knowledge that some of you are relatively new on the path, some have been with me for well over four years now in Europe, and others again have known me in the States for eighteen years. Of course I would not say to newcomers the same as what I would say

genheit in dem Bildungssystem, das wir kennen, Schüler von etwas sehr Spezifischem geworden. Wir sind zum Beispiel zur Schule gegangen, um Schüler der Chemie, der Psychologie, des Ingenieurwesens oder der Kunst zu werden. *Nun sind wir aufgefordert, Schüler des Lebens selbst zu werden.* Das ist die Herausforderung, meine Freunde, und was könnte es bedeuten? Natürlich würden wir, wenn wir gute Schüler wären, über das Leben (das niemals stirbt) lernen entsprechend unserer Kapazität und Aufnahmefähigkeit. Wir würden das Labyrinth durchreisen, von dem ich so viel spreche. Wir würden fortfahren, an uns selbst zu arbeiten, um den Weg der Wahrheit weiterzugehen, indem wir das Beste täten, niemals auch nur einen einzigen Tag, wahrscheinlich nicht einmal einen einzigen Atemzug zu verpassen. Wir würden demütig weiterfahren, *ob wir nun einen Lehrer finden oder nicht.* Ist das nicht wahr? Oder ist es so, dass die Leute ihre Idee von der Notwendigkeit eines Lehrers draufschlagen auf den Handel, den sie machen, um überhaupt erst auf dem Weg zu gelangen? Schaut bitte auf dieser Stufe tief in euch hinein.

Nun habe ich die Geschichte erneut transponiert. Ich sagte, dass, wenn es Lehrer geben soll, es auch Schüler geben müsse. Wie, um Himmels willen, kann jemand ein Lehrer werden, wenn er nicht zuerst ein Schüler wurde? Wir können nicht lehren, was zu irgendeinem Zeitpunkt im Leben ist, wenn wir es nicht leben. Und um zu leben, müssen wir notwendigerweise die Illusion von Ursache und Wirkung sterben lassen, was die *einzige* Möglichkeit ist, das Phänomen, das wir »Leben« nennen, zu erklären. Ich sage auch: »Ja, Lehrer *werden* gesucht!« Lehrer werden gesucht, weil es so viel zu tun gibt und so viel Energie transformiert und verwandelt werden muss, was die Aufgabe eines lebenden Lehrers ist. So oft haben wir gehört, dass, gäbe es nur zwanzig bewusste Menschen auf der Welt, das ganze Bewusstsein der Menschheit um eine Oktave ansteigen würde. Tatsächlich (ob wir nun von zwanzig oder zweitausend sprechen) würde dann die »Plattform« für den zweiten Zyklus der Menschheit wirklich fertig gestellt werden. Und das schöne Paradox bei alledem ist, dass ein wirklich bewusstes menschliches Wesen, sei es in der Funktion eines Lehrers *oder* eines Schülers (Habt ihr verstanden, was ich hier geschrieben habe?), ein vollständig normaler Idiot ist. Das Innere zählt. Und die normalste Sache von Allem ist es, die Wahrheit unserer Existenz zu verstehen und zu wissen, dass es einzig im gegenwärtigen

to those I have known for a long time. In the former case, most people are not yet familiar with the language of our school, and thus the aims and purposes we strive so hard to serve may be difficult to understand. In the case of those who have known me for so long, it is equally hard. The States are a vast country, and I have lived the life of a gypsy since I left England in 1973. It has often been difficult for people to find me and thus to rely on my presence for more than a limited period. In no way have I manifested what was "expected" of me (thank God), and thus people's hopes and aspirations have been 'shocked' out of them – just when they were perhaps getting used to me being around. Even the word *transformation* has produced enormous difficulties. "What does this mean?" I am asked, or "What is it that must be transformed?" or "Is it necessary that anything is transformed?" The words mean some thing very different to people coming from different spiritual backgrounds. So, with all this in my mind as I sit at my desk way out in the English countryside, I thought I would try to share a few personal experiences with you, so that you can hopefully find yourself in the stories and thus see what actions you need to take in order to reach that very beautiful stage of becoming a pupil of the way.

Of course about much of my own inner journey you will have read in my books or heard me talk about in the endless discourses over the years. But stories, if they are real and thus come from truth itself, can always be used to bring people into the present moment and illustrate situations that are as yet not understood, or misunderstood. Thus, if you have heard any of these stories before, just listen to them *in the present moment* and see if you can draw from them something useful for yourselves. It is rather like the weekly theme of the homework that was recently given concerning being at the right time and in the right place. Do you remember? Well, I read all of the homework and listened attentively to dozens of people writing beautiful and wonderful theories concerning that theme. But in nearly every case nothing actually "happened", i.e. obviously the theme was not understood in its *essence.* Since, if it had been truly understood, then signs would have been given to show that people were indeed in the right place and at the right time. God in His Name *ar-Rahim* would show Himself and thus what is called "living proof" would be given. The theories were fine, but people were not looking in depth at the theme; they were still skating over the surface of the ice without breaking it and

Augenblick ist, dass wir sehen können, dass Gott *gleichzeitig* sowohl transzendent wie auch immanent ist. Das ist Normalität. Das ist wirklich. Das ist *der Weg*. Und so, mit jedem Schritt, den wir auf dem Weg der Wahrheit machen, öffnen wir neue und schöne Aussichten für unsere Brüder und unsere Schwestern, unsere Kinder und Kindeskinder – und schließlich auch für uns selbst.

So fahrt bitte mit eurer inneren Arbeit fort im Wissen, dass ihr wirklich anerkannt und geliebt seid und dass, wenn ihr weiterschreitet, die Mauern, die uns trennen, nach und nach durch eure Geduld und Ausdauer zerbröckeln werden und dass, in Wahrheit, nichts verschwendet wird. Dieselben Steine der Konditionierung, die ursprünglich die Wände von Groll, Neid und Stolz aufgebaut haben, werden verwandelt in die Steine für die Plattform, von der wir so häufig sprechen. Schließlich, wie Mevlana sagt, »verwandelt Liebe sogar Kupfer in Gold.«

Zu sagen, du hast keinen Schmerz, ist dasselbe, wie zu sagen:
»Ich bin Gott.«
Zur falschen Zeit »ich« zu sagen, ist ein Fluch.
Zur richtigen Zeit »ich« zu sagen, ist ein Geschenk Gottes.
Für al-Hallaj war es rechtzeitig, für den Pharao eine Lüge.
Schlag' den Hahn, der zu früh kräht.

JALALUDDIN RUMI

... nicht für den Schwachherzigen

Je mehr ich versuchte, einen dritten Teil dieser Textserie für euch zu schreiben, desto schwieriger wurde es. Es wäre leichter gewesen, ein ganzes Buch über das Thema zu produzieren. Als ich zu schreiben begann, tauchte das Thema der Sprache immer und immer wieder in meinem Herzen auf und die Tatsache, dass einige von euch relativ neu sind auf dem Weg, einige jetzt in Europa seit über vier Jahren mit mir zusammen sind und wieder andere in den Vereinigten Staaten mich seit achtzehn Jahren kennen. Natürlich erzähle ich Neuankömmlingen nicht dasselbe wie denjenigen, die ich schon lange kenne. Im ersten Fall sind die meisten Leute noch nicht vertraut mit der Sprache der Schule und darum mögen die Ziele und Zwecke, denen zu dienen wir so sehr anstreben, schwierig zu verstehen sein. Im Falle derjenigen, die mich schon lange

jumping into the water. Not everyone though. In one case, a woman wrote that in that one week alone four people contacted her in their despair, with problems as serious as cancer, as death and dying, and from very deep personal loss. *All* of them contacted this woman, and she just "happened" to be in the right place and at the right time to be able to be there for them, to serve them in their distress and to give them the support that was needed. She wrote in her homework that she was asking in her inner soul what those people really *needed.* Nothing happens by chance. That particular person dug deeply into the essence of the theme, and so something useful could come out of it and God in His Name *ar-Rahim* must have smiled. In the same way I hope and pray that this third part of the paper will strike a note or a chord in the music of your own hearts, which will prove to you that the way has been found.

Some people ask me how it was that I knew when I had met my own teacher. After all, I had been searching for so long, ever since I was a very young man. I always try to tell people with such questions that it is the fire that is kindled in the heart that both lights the path and, at the same time, burns up that which seeks. Do you understand what I mean? In the same way, in the *dhikr,* whenever we affirm the Unity of God with all the passion in our own hearts, that which seeks becomes that which is sought until there is nothing left but Him.

It is the same with real prayer. Prayer is not for the faint-hearted. When we pray until we literally sweat, internally and outwardly, then that sweat heals the wounds of our sense of separation, for that which prays starts to cease to exist and He to Whom we pray becomes the only true reality. Am I clear? No, prayer is not for the faint-hearted and the weak, wishy-washy people on the spiritual path who just want to get it all as they want it to be, content as they mostly are with endlessly repeating old habit patterns in just a more and more subtle way. Real prayer is not for those who rely on therapies to just "feel good" and be more able to cope with life. Real prayer is for the brave and courageous who want to "die before they die", for those who are not frightened of making mistakes because they are still filled with guilt, and thus desiring perfection for themselves. The true seeker becomes the sought in the majesty of the present moment.

So I had been searching for a long time. Why? Why have you been searching, for example? What has driven you on and on, de-

kennen, ist es genauso schwierig. Die Vereinigten Staaten sind ein riesiges Land, und ich habe, seit ich England 1973 verlassen habe, ein Zigeunerleben geführt. Es war für die Menschen oft schwierig, mich zu finden und daher auch, sich für mehr als einen begrenzten Zeitraum auf meine Anwesenheit zu verlassen. Auf keinen Fall habe ich manifestiert, was von mir »erwartet« wurde (Gott sei Dank), und so wurden die Hoffnungen und Bestrebungen aus den Leuten ›herausschockiert‹ – vielleicht gerade, als sie sich an meine Anwesenheit zu gewöhnen begannen. Schon das Wort *Transformation* hat enorme Schwierigkeiten erzeugt. »Was bedeutet das?« werde ich gefragt oder »Was ist es, das transformiert werden muss?« oder »Ist es notwendig, dass überhaupt irgendetwas transformiert wird?« Die Worte bedeuten, je nach dem spirituellen Hintergrund der Fragenden, etwas sehr Unterschiedliches. Mit all dem im Kopf sitze ich also irgendwo in England auf dem Lande an meinem Schreibtisch und versuche, einige persönliche Erfahrungen mit euch zu teilen. Ich hoffe, dass ihr in den Geschichten euch selbst finden und sehen könnt, welche Handlungen ihr unternehmen müsst, um zur wunderbaren Stufe zu gelangen, ein Schüler des Weges zu werden.

Natürlich werdet ihr vieles über meine innere Reise in meinen Büchern gelesen oder mich in den zahlreichen Vorträgen während all der Jahre darüber sprechen gehört haben, aber Geschichten, wenn sie wirklich sind und somit aus der Wahrheit selbst kommen, können immer dazu benutzt werden, die Leute in den gegenwärtigen Moment zu bringen und Situationen zu illustrieren, die noch nicht verstanden oder missverstanden worden sind. Wenn ihr also irgendeine dieser Geschichten schon gehört habt, hört einfach *im gegenwärtigen Augenblick* zu und schaut, ob ihr daraus etwas für euch Nützliches ziehen könnt. Es ist ein bisschen wie beim Wochenthema, das kürzlich gegeben wurde, wo es darum ging, zur richtigen Zeit am richtigen Ort zu sein. Erinnert ihr euch? Nun, ich las all eure Hausaufgaben dazu und hörte aufmerksam Dutzenden von euch zu, wie ihr schöne und wunderbare Theorien über dieses Thema aufstelltet. Aber in fast allen Fällen »geschah« nicht wirklich etwas, das heißt, offensichtlich wurde das Thema nicht in seiner *Essenz* verstanden. Wäre es wirklich verstanden worden, hätten die Leute Zeichen erhalten, die ihnen gezeigt hätten, dass sie tatsächlich zur richtigen Zeit am richtigen Ort waren. Gott hätte Sich in Seinem Namen *ar-Rahim* gezeigt, und dadurch wäre

der so genannte »lebendige Beweis« gegeben worden. Die Theorien waren gut, aber die Leute gingen nicht in die Tiefe der Themen, sie liefen immer noch über die Oberfläche des Eises, ohne es zu durchbrechen und ins Wasser zu springen. Doch nicht alle. In einem Fall schrieb mir eine Frau in ihrem Text, dass in einer einzigen Woche vier Menschen in ihrer Verzweiflung zu ihr gekommen seien mit so ernsten Problemen wie Krebs, Sterben und Tod sowie großem persönlichen Verlust. *Alle* kamen sie zu dieser Frau und es »geschah« einfach so, dass sie zur richtigen Zeit am rechten Ort und fähig war, für sie da zu sein, ihnen in ihrer Not zu dienen und ihnen die Unterstützung zu geben, die sie brauchten. Sie schrieb in ihrer Hausaufgabe, sie hätte im Innersten ihrer Seele gefragt, was diese Menschen wirklich *brauchten.* Nichts geschieht zufällig. Diese Person hat tief in die Essenz des Themas hineingegraben und so konnte etwas Nützliches herauskommen und Gott in Seinem Namen *ar-Rahim* muss gelächelt haben. Ich hoffe und bete, dass dieser dritte Teil des Textes auf die gleiche Weise eine Saite oder einen Akkord in der Musik eurer eigenen Herzen zum Klingen bringe. Das wird euch beweisen, dass der Weg gefunden worden ist.

Manche Leute fragen mich, wie ich damals erkannte, dass ich meinen eigenen Lehrer gefunden hatte. Schließlich hatte ich schon so lange gesucht, seitdem ich ein sehr junger Mann war. Ich versuche, den Menschen mit solchen Fragen zu sagen, dass es das im Herzen entfachte Feuer ist, das sowohl den Weg beleuchtet als auch gleichzeitig das verbrennt, was sucht. Versteht ihr, was ich meine? Auf die gleiche Weise wird im *Dhikr*, wann immer wir mit der ganzen Leidenschaft unseres Herzens die Einheit Gottes bezeugen, das, was sucht, zu dem Gesuchten, bis nichts übrig bleibt als Er.

Es ist dasselbe mit dem echten Gebet. Beten ist nichts für Feiglinge. Wenn wir beim Beten buchstäblich schwitzen, innerlich wie äußerlich, heilt dieser Schweiß die Wunden unseres Gefühls der Trennung, denn das, was betet, hört allmählich auf zu existieren und Er, zu Dem wir beten, wird zur einzigen wahren Realität. Drücke ich mich klar aus? Nein, das Gebet ist nichts für Feiglinge und Schwache, für Seichtgänger auf dem spirituellen Weg, die alles nur so haben möchten, wie es ihnen gefällt, und sich damit zufriedengeben, ihre alten Gewohnheitsmuster endlos, aber auf immer subtilere Art zu wiederholen. Wirkliches Gebet ist nicht für

spite so many disappointments and unconscious suffering? What kept you going despite all the difficulties, and what will keep you going until you find your own true beginnings?

Surely it is what is described by the word *taste.* Somewhere along your own life's journey there has been a taste of another world, a world of possibility perhaps, a sense of being recognised at last, a touch of true love as though a bird had landed on your shoulder in the middle of the street or a butterfly had touched your cheek with its wings one fine early summer morning. Something somewhere has touched your hearts, and so you went searching, and that is how and why we met.

Don't deny the pain that also brought you here. Don't deny the suffering that was ultimately necessary to get you at least very near to where you ought to be. Don't look back at your life and say, "Poor me! Look at *me! Me! Me!*" Treat all the so-called "good" and the so-called "bad", and the pain that goes with such experiences, as merely footprints in the sands of time, each one the same. Don't remember the happy times more than the miserable. In fact, remember only that which is useful to bring you, step by step, into the present moment. And be grateful for each step, left and right, backwards and forwards.

My own taste was the taste of normality. That may sound strange, but that is the world I knew and lived in when I was young. If you were an orthodox psychologist or psychotherapist, you would surely not understand that my life could have been "normal" and beautiful. I had no father, since he died soon after I was born, and my mother was seldom around. Yet I had known love. I had known what it was like to be recognised in essence by those who had brought me up, and I knew the world of nature. Life was natural and normal and passionate, and each moment was a new one. That was until I "tightened". How many of you have done that? You know what I mean; tightened up inside and locked yourselves in the prison created by your own judgements of a moment of time. I did when my mother got married the fourth time and sold the house and land where I was born. I tightened, and all clear-seeing and clear-hearing of the real world was taken away from me. And thus I searched once more for that true taste of endless possibility. Can you, too, not remember that taste somewhere in your lives? It *is* there, that taste of which I write, however deeply buried in the dust of the years it may be. If it was not there, then

diejenigen, die sich auf Therapien verlassen, nur um sich einfach »gut zu fühlen« und mit ihrem Leben besser fertig zu werden. Wirkliches Gebet ist für die Tapferen und Mutigen, die »sterben« wollen, »bevor sie sterben« und für die, die keine Angst haben, Fehler zu machen, weil sie immer noch voller Schuld sind, und die sich die Vervollkommnung ihrer selbst wünschen. Der wahrhaft Suchende wird zum Gesuchten in der Majestät des gegenwärtigen Augenblicks.

Ich war also seit langer Zeit am Suchen. Warum? Weshalb sucht ihr, zum Beispiel? Was hat euch trotz so vieler Enttäuschungen und unbewusstem Leiden immer weiter vorangetrieben? Was bringt euch dazu, trotz aller Schwierigkeiten weiterzumachen, und was wird euch weitermachen lassen, bis ihr euren eigenen wahren Anfang findet?

Sicherlich ist es das, was mit dem Wort *Geschmack* beschrieben wird. Irgendwo auf eurer eigenen Lebensreise gab es den Geschmack einer anderen Welt, einer Welt der Möglichkeit vielleicht, ein Gefühl, endlich erkannt zu sein, ein Anflug wahrer Liebe, als sei mitten auf der Straße ein Vogel auf eurer Schulter gelandet oder als hätte an einem schönen Frühsommermorgen ein Schmetterling mit seinen Flügeln eure Wange berührt. Etwas hat irgendwo eure Herzen berührt, so machtet ihr euch auf die Suche und deshalb sind wir uns auf diese Art begegnet.

Verleugnet den Schmerz nicht, der auch dazu beitrug, euch hierher zu bringen. Verleugnet nicht das Leiden, das letztlich notwendig war, um euch zumindest sehr nahe dorthin zu bringen, wo ihr sein solltet. Schaut nicht auf eure Leben zurück und sagt: »Ich Arme, schaut *mich* an! *Mich! Mich!*« Behandelt alles so genannt »Gute« und so genannt »Schlechte« und den Schmerz, der mit solchen Erfahrungen verbunden ist, lediglich als Fußspuren im Sand der Zeit, jede gleich der anderen. Erinnert euch der glücklichen Zeiten nicht häufiger als der unglücklichen. Erinnert euch in der Tat nur an das, was nützlich ist, um euch Schritt für Schritt in den gegenwärtigen Augenblick zu bringen. Und seid dankbar für jeden Schritt, rechts und links, vorwärts und rückwärts.

Mein eigener Geschmack war der Geschmack der Normalität. Das mag seltsam klingen, aber dies ist die Welt, die ich kannte und in der ich lebte, als ich jung war. Wenn ihr ein orthodoxer Psychologe oder Psychotherapeut wäret, könntet ihr sicherlich nicht begreifen, wie mein Leben »normal« und schön hätte sein können.

you would not be seeking. But the key is to surrender the "poor me" syndrome, since it was that very tightening, however early on in your life it happened for you, that produced the pressure to set you out on the search in the first place. When the pain is sufficient, the yearning commences.

> Whatsoever grew, has grown for the sake of the needy, in order that a seeker may find the thing he sought. If God the Highest has created the heavens, He has created them for the purpose of removing the needs. Wherever a pain is, the cure goes thither; wherever a poverty is, the provision goes thither. Wherever a difficult question is, the answer goes thither; wherever a ship is, the water goes thither. Do not seek the water, but get thirst, so that the water may gush forth from above and below. Go running to those dales and hills, to the end that thou mayst become thirsty and fall prey to heat (*Mathnawi,* Book 3).

Thus my own search continued from this teacher to that teacher, from this school to that school, from one seminar to another one. You have heard it all before, either from myself or others or seen it in your own lives. And the thirst got stronger and stronger, and thus the need. When I first met up with the Sufi tradition, I knew that it was the path for me, but I had not found the spiritual guide. I met many people from the Sufi tradition, it is true, *but I still projected my personal and psychological needs unto these teachers.* I was not really searching for the truth. I just wanted back that taste that was slipping further and further back in my memory. I wanted to feel "normal" again. But that was not the way to achieve what I sought for. And yet it also was necessary that there was fuel for the fire – in this case the fuel of my own mistakes and the fuel from my own frustrations and self-pity. There is only a fire when there is something to burn.

So it was with a sense of total helplessness and frustration that I walked into that antique shop as I wrote about in my first book. From that moment on, there was never any doubt that I was indeed a willing pupil. There was nowhere else to look. There was no one else I wanted to be my guide apart from that one man, difficult as he indeed was and as total an enigma as he was seen in the outside world. I had set foot on the path, there was no going back.

Ich hatte keinen Vater, da er kurz nach meiner Geburt starb, und meine Mutter war nur selten da. Und doch hatte ich die Liebe gekannt. Durch diejenigen, die mich aufzogen, wusste ich, wie es war, in der Essenz erkannt zu sein, und ich kannte die Welt der Natur. Das Leben war natürlich und normal und leidenschaftlich, und jeder Augenblick war neu. Das war so, bis ich mich »verschloss«. Wie viele von euch haben das getan? Ihr wisst, was ich meine: euch innerlich zusammenzuziehen und selbst im Gefängnis einzuschließen, das ihr geschaffen habt durch eure eigenen Urteile über einen Augenblick der Zeit. Ich tat es, als meine Mutter zum vierten Mal heiratete und das Haus und das Land verkaufte, wo ich geboren wurde. Ich zog mich zusammen und alles Klarsehen und Klarhören der wirklichen Welt wurde mir genommen. Und so suchte ich noch einmal nach jenem wahren Geschmack unendlicher Möglichkeit. Könnt ihr euch nicht auch irgendwo in eurem Leben an diesen Geschmack erinnern? Er *ist* da, dieser Geschmack, von dem ich schreibe, wie tief er auch im Staub der Jahre vergraben sein mag. Wenn er nicht da wäre, würdet ihr nicht suchen. Aber der Schlüssel lieg darin, das »Armes Ich«-Syndrom hinzugeben, denn es war genau dieses Zusammenziehen, wie früh es euch in eurem Leben auch geschah, das den Druck produzierte, der euch überhaupt erst auf die Suche brachte. Wenn der Schmerz genügend groß ist, beginnt die Sehnsucht.

> Was auch immer wuchs, ist um der Bedürftigen willen gewachsen, damit ein Sucher das Ding, das er suchte, finden möge. Wenn Gott der Höchste den Himmel erschaffen hat, hat Er ihn zum Zweck erschaffen, die Bedürfnisse wegzunehmen. Wo immer ein Schmerz ist, geht die Heilung hin; wo immer Armut ist, wird versorgt werden. Wo immer eine schwierige Frage ist, geht die Antwort hin; wo immer ein Schiff ist, geht das Wasser hin. Sucht nicht das Wasser, sondern werdet durstig, damit das Wasser sich von oben und unten ergießen kann. Geht, rennt zu jenen Tälern und Hügeln, auf dass ihr durstig und ein Raub der Hitze werden möget (*Mathnawi*, Buch 3).

So ging meine Suche weiter von einem Lehrer zum anderen, von einer Schule zur nächsten, von einem Seminar zum anderen. Ihr habt das alles schon gehört, entweder von mir oder von anderen,

It was finally the beginning of my real life. And yet all that had gone before had been necessary to reach that point, and, thank God, I was able to breathe out a full sigh of gratefulness in total surrender – not just half a sigh and the other half waiting for perhaps an easier teacher or guide waiting for me another day. It didn't matter what the future would bring now. It only mattered that I was where I was and how I was. And now a door opened for me into the unknown. I never asked to be a pupil, I did not need to. He indeed wanted to be sure of me, and so, as you have all read, he tested me to the limit of my endurance and faithfulness – until he was sure. And the paradox of it all was that when he *was* certain, it was time for us to part and go on our ways, for he had to be in one country and myself in another. He had to go on to teach other people and use other methods for them that would attract them. I had to go out and live in the land of experience and hit my head many times and bruise my heart many times in order to gain the necessary experience to fulfil the wishes of the man who, for those years, served me as my teacher. I tried to serve him in every way, but it was only much later that I realised it was, in truth, he who was always serving me. My efforts compared to the efforts and frustrations he suffered because of my own weaknesses and stupidity were paltry indeed. But those efforts were surely real at the time.

What conclusions can you draw from this story? I am not meant to interpret my own stories, since it is you who must find out what is real for you in these words. However, it would be wise if you all considered very deeply what indeed it is that needs to be transformed in each of you so that you can grow into *real* human (eternally God-conscious) beings. After all, what is it that needs to "die" if we are to die before we die? If you remember the words of Mevlana again, "I died as a mineral to become a plant. I died as a plant to become an animal. I died as an animal to become a man, and I will die as a man…" et cetera, the story goes on and on through endless stages. So what "dies" when nothing, in reality, is ever lost? Have you, for example, surrendered your childhood yet – or are you still living in the past, perhaps cleverly disguised as a grown-up adult and yet sometimes behaving as though you are younger than a teenager? Be honest with yourselves. Don't ever be afraid of being honest, for if you are afraid in that way, then you will be afraid of making mistakes. And if you are afraid of making

oder habt es in eurem Leben selbst erfahren. Aber der Durst wurde größer und größer und damit auch das Bedürfnis. Als ich zum ersten Mal mit der Sufi-Tradition in Berührung kam, wusste ich, dass dies der Weg für mich war, aber ich hatte den spirituellen Führer noch nicht gefunden. Es stimmt, ich hatte viele Leute aus der Sufi-Tradition getroffen, *aber noch immer projizierte ich meine persönlichen und psychologischen Bedürfnisse auf diese Lehrer.* Ich suchte nicht wirklich nach der Wahrheit. Ich wollte nur jenen Geschmack zurück, der in meiner Erinnerung weiter und weiter zurückglitt. Ich wollte mich wieder »normal« fühlen. Aber auf diesem Weg war das, was ich suchte, nicht zu erreichen. Und doch brauchte es auch Brennstoff für das Feuer – in diesem Fall der Brennstoff meiner eigenen Fehler und der Brennstoff meiner eigenen Frustration und meines Selbstmitleids. Es gibt nur ein Feuer, wenn es etwas zu verbrennen gibt.

So war es mit einem Gefühl totaler Hilflosigkeit und Frustration, als ich jenes Antiquitätengeschäft betrat, über das ich in meinem ersten Buch geschrieben habe. Von jenem Moment an gab es keinen Zweifel mehr, dass ich tatsächlich ein williger Schüler war. Ich brauchte an keinem anderen Ort mehr zu suchen. Es gab niemanden, den ich als meinen Führer wollte, außer jenem einen Mann, der tatsächlich so schwierig war und von der äußeren Welt als vollkommenes Rätsel betrachtet wurde. Ich hatte mich auf den Weg gemacht, es gab kein Zurück. Es war endlich der Anfang meines wirklichen Lebens. Und doch war alles Vorangegangene notwendig, um diesen Punkt zu erreichen. Gott sei Dank war ich fähig, in gänzlicher Hingabe einen vollen Seufzer der Dankbarkeit auszuatmen – nicht nur einen halben Seufzer, dessen andere Hälfte darauf wartete, dass morgen vielleicht ein einfacherer Lehrer oder Führer auf mich warten würde. Nun kam es nicht mehr darauf an, was die Zukunft bringen würde. Nur, dass und wie ich hier war, zählte. Und nun öffnete sich für mich eine Tür ins Unbekannte. Ich bat nie darum, ein Schüler zu sein, ich brauchte es nicht. Er wollte sich meiner wirklich sicher sein, und so prüfte er mich, wie ihr alle gelesen habt, bis zur Grenze meiner Ausdauer und Treue – bis er sicher war. Und das Paradoxe dabei ist, dass es, als er sich sicher *war,* für uns Zeit wurde, uns zu trennen und unserer Wege zu gehen, denn er musste in einem Land sein und ich selbst in einem anderen. Er musste fortfahren, andere Menschen zu lehren und andere Methoden anzuwenden, um sie anzuziehen. Ich musste hinaus-

mistakes, you will never know the purpose of mistakes and so your search will be as though with one step forward and two steps backwards, round and round in the endless knot of Samsara.

I will finish this three-part paper with another story that happened in my own life. Again, you may have heard it, but have you understood it? Do you know why I told it so many times before? Surely it is a story of transformation and loving sacrifice, and surely it is a story of eternal recurrence – but then I am not meant to give you any keys.

Many years ago when I was married to my former wife Fahrunisa, she had a very serious car accident. It was not her first, and we always wondered why she kept on having such terrible accidents and yet, luckily enough, not getting seriously hurt. This time we were in Canada. Our youngest son at that time was about two and a half years old and my wife was again pregnant. I had been on a long journey in Europe, lecturing and so on. I was tired and suffering from jet-lag when I returned to Vancouver. The very next day we were to go up country by sea-plane on a fishing holiday. It had been arranged for a long time. In the early morning on the day after I arrived, I stayed in bed to rest and she went off with our son to leave him with her sister. It was about a four-hours journey by car and ferry. Four hours later I was woken up. She had had a car crash. No, she was not seriously hurt I was informed – just sixty stitches in her face and chest! The child was safe and the other car involved was also all right. It took me some hours to arrive at the hospital. The last stitches were being inserted, and then she was let out. We drove to her sister's, but something told me that everything was not all right at all. Two weeks later her spleen burst (remember, she was pregnant) and she had to have an emergency operation. She nearly bled to death, and it was a very serious situation. But she lived to tell the story and, believe it or not, she was *still pregnant.* Our youngest son was finally born on my birthday, within a minute of my own birth time.

Now, before John-Joseph was born it was asked that she and I and the young Oran were to go to Konya. Why is another story, but I remember so well pushing a collapsible baby carriage up and down the crowded streets of Konya every day with a rather pregnant wife to pay daily respects to Mevlana, to Sadruddin Konevi, to Shams-i Tabriz and to my sheikh, Suleyman Dede. I was tired, agitated and rather wishing I was back in England with my teacher.

gehen und im Land der Erfahrung leben, mir meinen Kopf viele Male anstoßen und meinem Herzen viele blaue Flecken zuziehen, um die notwendige Erfahrung zu gewinnen, damit ich die Wünsche des Mannes erfüllen konnte, der mir in jenen Jahren als mein Lehrer diente. Ich versuchte zwar ihm auf jede Weise zu dienen, realisierte aber erst sehr viel später, dass er es in Wahrheit gewesen war, der die ganze Zeit über mir diente. Verglichen mit den Mühen und Frustrationen, die er aufgrund meiner Schwäche und Dummheit erleiden musste, waren meine Bemühungen wirklich erbärmlich. Aber zu jener Zeit selbst waren diese Anstrengungen natürlich echt.

Welche Schlüsse könnt ihr aus dieser Geschichte ziehen? Ich sollte nicht meine eigenen Geschichten interpretieren, denn ihr seid es, die herausfinden müsst, was in diesen Worten für euch wirklich ist. Wie auch immer, es wäre weise, wenn ihr euch sehr eingehend überlegen würdet, was in jedem von euch transformiert werden muss, so dass ihr zu *wirklichen* menschlichen (ewig Gottbewussten) Wesen heranwachsen könnt. Denn was ist es eigentlich, das »sterben« muss, wenn wir sterben sollen, bevor wir sterben? Erinnert euch der Worte Mevlanas: »Ich starb als Mineral, um eine Pflanze zu werden. Ich starb als Pflanze, um ein Tier zu werden. Ich starb als Tier, um ein Mensch zu werden, und ich werde als Mensch sterben…« und so weiter. Die Geschichte schreitet voran durch endlose Stufen. Was also »stirbt«, wenn in Wirklichkeit nie etwas verloren geht? Habt ihr zum Beispiel eure Kindheit schon hingegeben – oder lebt ihr noch immer in der Vergangenheit, womöglich gut verkleidet als Erwachsene, verhaltet euch aber trotzdem mitunter jünger als ein Teenager? Seid ehrlich mit euch. Habt nie Angst, ehrlich zu sein, denn wenn ihr davor Angst habt, werdet ihr auch Angst haben, Fehler zu machen. Und wenn ihr Angst habt, Fehler zu machen, werdet ihr nie den Zweck der Fehler kennenlernen, und so wird eure Suche immer einen Schritt vorwärts und zwei Schritte rückwärts gehen, immer im Kreis des endlosen Samsara-Knotens.

Ich werde diesen dreiteiligen Text mit einer weiteren Geschichte aus meinem eigenen Leben beenden. Auch diese habt ihr vielleicht schon mal gehört, aber habt ihr sie auch verstanden? Wisst ihr, warum ich sie schon so oft erzählt habe? Sicher ist es eine Geschichte über Transformation und hingebungsvolles Opfer, und sicher ist es eine Geschichte über ewige Wiederkehr – aber eigentlich sollte ich euch keine Erklärungshilfen geben.

But it was he who had sent us here, and thus complaining was a silly waste of time.

One day Dede turned to me and said, "Reshad, you must make a sacrifice," looking at me piercingly between the eyes. "A what?" I asked him unbelievingly. "You must sacrifice a lamb for Fahrunisa to thank Allah that she is safe after her car crash."

Sacrifice a lamb... Now that was not an experience I either wanted or had known before. Anyway, when Dede went on to say that I must make the sacrifice in England, I had a very good excuse to say that it was impossible and also illegal to make personal sacrifices of lambs up and down the streets of London. I explained this with a happy smile and pointed out that England was not Turkey and it was not a Muslim country. Dede was not happy.

"Then you must sacrifice a lamb here," he said with an extra tone of intention in his voice. "But, but..." "There is no but!" he replied. "You will meet me before dawn tomorrow, and we will buy a lamb. *You* will buy the lamb, Reshad. I will find a *hoja*" (a man who has been on the pilgrimage to Mecca), "and the lamb will be sacrificed for Fahrunisa." There was to be no argument. The next day before dawn we walked, complete with a very sleepy small boy in his portable baby carriage, to Dede's house. He was already waiting for us, dressed in his best suit, and looking crossly at his large watch which hung from his waistcoat pocket.

No words were spoken as we walked to the market. There, after a great deal of bargaining and pinching of fat lambs tied to posts in the street, a deal was agreed upon, a taxi was called and Dede, Farhunisa, Oran and myself, plus a newly-found *hoja,* crammed into the car. The lamb was put into the trunk of the car with the lid open. It was a strange sight indeed in the early dawn mist of Konya.

I had also found a translator who awaited us with Dede's wife back at his little house. She explained that we were to do the prayers and that Dede would make the actual sacrifice. The *hoja* would skin the animal afterwards and then we would eat some of it for breakfast. We went out into the yard at the back of the house. The lamb was tied to a tree. Fahrunisa and I stood back, and I remember the sense of awe, and even fear, that I felt. And yet a most extraordinary peace descended over the whole surroundings. It was almost as though we were transported into another world altogether. The three men in a straight line and the women behind us, we

Vor vielen Jahren, als ich noch mit meiner früheren Frau Fahrunisa verheiratet war, hatte sie einen sehr schweren Autounfall. Es war nicht ihr erster, und wir wunderten uns immer darüber, warum sie wieder und wieder so schreckliche Unfälle hatte und dabei doch das Glück hatte, nie ernsthaft verletzt zu werden. Diesmal waren wir in Kanada. Unser jüngster Sohn war damals etwa zweieinhalb Jahre alt und meine Frau wieder schwanger. Ich war auf einer längeren Vortragsreise in Europa gewesen. Als ich nach Vancouver zurückkam, war ich müde und litt unter der Zeitverschiebung. Am nächsten Tag wollten wir mit einem Wasserflugzeug in einen seit langem vorbereiteten Angelurlaub aufs Land fliegen. Am frühen Morgen nachdem ich angekommen war, blieb ich im Bett, um mich auszuruhen, während meine Frau wegfuhr, um unseren Sohn zu ihrer Schwester zu bringen. Es war eine etwa vierstündige Fahrt mit dem Auto und der Fähre. Vier Stunden später wurde ich geweckt. Sie hatte einen Unfall gehabt. Nein, sie war nicht ernsthaft verletzt, wurde ich informiert – nur sechzig Stiche in ihrem Gesicht und auf der Brust! Das Kind war unversehrt und das andere am Unfall beteiligte Auto war auch in Ordnung. Ich brauchte einige Stunden, um das Krankenhaus zu erreichen. Die letzten Stiche wurden genäht und dann wurde sie entlassen. Wir fuhren zu ihrer Schwester, aber etwas sagte mir, dass ganz und gar nicht alles in Ordnung war. Zwei Wochen später platzte ihre Milz (denkt daran: sie war schwanger) und sie musste notfallmäßig operiert werden. Sie wäre beinahe verblutet, die Situation war sehr ernst. Aber sie überlebte und, ob ihr es glaubt oder nicht, sie war *noch immer schwanger.* Unser jüngster Sohn wurde schließlich just an meinem Geburtstag geboren, auf die Minute genau zu meiner eigenen Geburtszeit.

Nun, noch bevor John-Joseph geboren war, wurde darum gebeten, dass sie und ich und der kleine Oran nach Konya fahren sollten. Warum, ist eine andere Geschichte, aber ich erinnere mich noch gut daran, wie ich bei meinen täglichen Respektbezeugungen für Mevlana, Sadruddin Konevi, Shams-i Tabriz und meinen Scheich Suleyman Dede mit meiner hochschwangeren Frau einen klappbaren Kinderwagen durch die belebten Straßen von Konya schob. Ich war müde, aufgeregt und wünschte mir, ich wäre wieder in England bei meinem Lehrer. Aber da er uns hierher geschickt hatte, war es eine dumme Zeitverschwendung, sich zu beklagen.

said the prayers. The lamb was standing as quiet as the moment. One dawn bird sang in the garden. Dede took off his coat, said some more prayers by himself and then took the lamb by the rope around its neck to a space a little further away. It went with him so quietly, so beautifully, that I felt the tears running down my cheeks. I saw that Fahrunisa and the translator were also crying. It was as though the lamb *knew* what was going to happen and *knew* what it was there for. As Dede cut its throat, the light that filled the garden was astounding. I cannot say more than that.

We went back to the house. The *hoja* was already skinning the lamb. His fee would be the skin, which he would turn into a rug on which to sit one day when it was fully treated and cured. The meat was brought to Dede's tiny kitchen and he, himself, prepared the humble meal of small pieces of the lamb and some rice. It was just after dawn. We ate little; the rest was to go to the poor people, to Mevlana's kitchen at the other end of town. The whole ceremony was not yet over. The meat was packed up. Dede put on his jacket and, without saying a word, he walked out of the house and up the street, carrying the meat in a small plastic bag. I followed him with Fahrunisa, Oran in his baby carriage and the translator.

When we arrived at the kitchen, I fully expected that we would just give the meat to the woman who worked there and that would be the end of that saga. But no, it was not to be so simple. First the lamb itself had to be offered, and then further prayers were to be made and then, and only then, could we know if the offering was actually accepted. The translator explained everything to me as we went along. One of the ladies came out from the dark at the back of the kitchen past the huge pot that was simmering on the stove, and with the steam rising up all around us in the early morning light she took the lamb meat and went back into the gloom. We waited in silence. Eventually – and it seemed like an age – she came back, all smiling this time. Yes, the lamb had been accepted into Mevlana's kitchen. Everyone stood up then and shouted out, *"Al hamdu lillah!"* (Glory be to God), and we left. The next day my family and I returned to England.

The light on the path is from a lamp that is neither of the East nor of the West. It shines as brightly in the darkness as it does in the light of day. But it is a light that must be kept alive in the heart of the seeker. It is as fragile as a young virgin led by her father to meet her future husband. It must be kept alight and fed with the

Eines Tages wandte sich Dede an mich und sagte mit einem zwischen meine Augen bohrenden Blick: »Reshad, du musst ein Opfer darbringen.« »Ein was?« fragte ich ihn ungläubig. »Du musst ein Lamm opfern für Fahrunisa, um Allah zu danken, dass sie den Unfall heil überstanden hat.«

Ein Lamm opfern... Nun, das war eine Erfahrung, die ich weder machen wollte noch vorher gekannt hatte. Wie auch immer, als Dede dann sagte, ich müsse das Opfer in England darbringen, hatte ich die gute Ausrede, dass es unmöglich und auch illegal sei, auf den Straßen Londons eigene Lammopfer darzubringen. Ich erklärte dies mit einem Lächeln der Erleichterung und wies darauf hin, dass England nicht die Türkei und kein muslimisches Land sei. Dede war nicht glücklich.

»Dann musst du hier ein Lamm opfern«, sagte er mit nachdrücklicher Stimme. »Aber, aber...« »Es gibt kein Aber!«, antwortete er. »Du triffst mich morgen vor Sonnenaufgang und wir werden ein Lamm kaufen gehen. *Du* wirst das Lamm kaufen, Reshad. Ich werde einen Hodscha finden« (einen Mann, der die Pilgerreise nach Mekka gemacht hat), »und dann opfern wir das Lamm für Fahrunisa.« Es gab nichts zu diskutieren. Am nächsten Tag vor Sonnenaufgang spazierten wir zusammen mit einem sehr schläfrigen kleinen Jungen in seinem klappbaren Kinderwagen zu Dedes Haus. Der wartete schon in seinem besten Anzug auf uns, und schaute verdrießlich auf seine große Uhr, die an seiner Westentasche hing.

Kein Wort wurde gesprochen auf unserem Weg zum Markt. Dort, nach langem Feilschen und dem Kneifen vieler fetter Lämmer, die an Straßenpfosten gebunden waren, wurden wir uns mit einem Verkäufer einig. Ein Taxi wurde gerufen und Dede, Fahrunisa, Oran, ich selbst sowie ein soeben gefundener Hodscha hineingepfercht. Das Lamm wurde im offenen Kofferraum verstaut. Es war in der Tat ein seltsamer Anblick, der sich da im Dunst der frühen Morgendämmerung in Konya bot.

Ich hatte auch eine Übersetzerin aufgetrieben, die uns zusammen mit Dedes Frau in seinem kleinen Haus erwartete. Sie erklärte, dass wir die Gebete sprechen müssten und Dede das Opfern vornehmen werde. Der Hodscha würde das Tier dann häuten und wir würden das Fleisch anschließend zum Frühstück essen. Wir gingen in den Garten hinter dem Haus. Das Lamm war an einen Baum gebunden. Fahrunisa und ich standen im Hintergrund und

With Sheikh Suleyman Dede, Konya 1977

ich erinnere mich an ein Gefühl der Ehrfurcht und sogar der Angst. Und doch senkte sich ein außergewöhnlicher Frieden über die Umgebung, als seien wir in eine ganz andere Welt versetzt worden. Die drei Männer in einer Reihe, die Frauen hinter uns, sagten wir die Gebete. Das Lamm war so still wie der Augenblick. Ein Morgenvogel sang im Garten. Dede zog seinen Mantel aus, sagte selbst noch einige Gebete, nahm dann das Lamm beim Halsseil und führte es etwas abseits. Es folgte ihm so ruhig, so schön, dass ich Tränen über mein Gesicht rinnen spürte. Ich sah, dass auch Fahrunisa und die Übersetzerin weinten. Es war, als *wüsste* das Lamm, was geschehen würde, und *wüsste,* wozu es hier war. Als Dede seine Kehle durchschnitt, erfüllte ein erstaunliches Licht den Garten. Mehr kann ich dazu nicht sagen.

Wir gingen zum Haus zurück. Der Hodscha häutete bereits das Lamm. Sein Lohn war das Fell, das er später, nachdem es gesäubert und behandelt worden war, als Sitzunterlage verwenden würde. Das Fleisch wurde in Dedes kleine Küche gebracht, und er selbst bereitete das bescheidene Mahl aus kleinen Stückchen Lammfleisch und ein wenig Reis. Es war kurz nach Sonnenaufgang. Wir aßen wenig; der Rest sollte den Armen gegeben und dafür zur Mevlana-Küche auf der anderen Seite der Stadt gebracht werden. Die Zeremonie war noch nicht zu Ende. Das Fleisch wurde eingepackt. Dede zog seine Weste an und ging, das Fleisch in einer kleinen Plastiktüte mit sich tragend, ohne ein Wort aus dem Haus und die Straße hinauf. Ich folgte ihm mit Fahrunisa, Oran in seinem Kinderwagen und der Übersetzerin.

Ich nahm an, dass wir bei der Küche das Fleisch einfach der Frau, die dort arbeitete, übergeben würden und dies sei dann das Ende der Geschichte. Aber nein, so einfach war es nicht. Zuerst musste das Lamm angeboten und weitere Gebete gesprochen werden, und erst dann würden wir erfahren, ob unsere Gabe überhaupt akzeptiert würde. Die Übersetzerin erklärte mir laufend, was gerade geschah. Aus der Dunkelheit im hinteren Teil der Küche, am Herd vorbei, auf dem in einem Topf etwas köchelte, trat eine der Damen hervor, nahm durch den Dampf, der im frühen Morgenlicht überall um uns herumquoll, das Lammfleisch entgegen und verschwand damit wieder im Dunkeln. Wir warteten in Stille. Endlich – es erschien wie eine Ewigkeit – kam sie zurück, diesmal mit einem breiten Lächeln. Ja, das Lamm war in Mevlanas Küche akzeptiert worden. Alle erhoben sich und riefen: »*Al hamdu*

fuel of our own sacrifice. First we sacrifice all that we "thought" we were, to be immersed into the matrix of our true being, and thus the light is seen. Then, in that willing sacrifice we find our own real identity, and thus we finally have something real to offer up to the light of unity. We, ourselves, hold up the candle of "truth is my identity", and then even that flame is returned to its source. The wax melts. The eternal flame of truth remains.

> Spiritual life is knowledge in the time of trial:
> the more knowledge you have,
> the more spiritual life is yours.
> Our spirit is more than animal spirit. How?
> It has more knowledge.
> The spirit of angels is greater than ours;
> it transcends common sense.
> Yet the spirit of mystics is greater still.
> Don't be bewildered by this.
>
> When pure lawful food turns foul in your belly, put a lock on your throat and hide the key. Yet anyone in whom food becomes the light of spiritual glory, let him eat what he will, it's lawful food for him.
>
> JALALUDDIN RUMI

"Don't eat the sheikh; he's meant to eat you."

1991

lillah!« (Aller Ruhm sei Gott), und wir gingen. Am nächsten Tag kehrten meine Familie und ich nach England zurück.

Das Licht auf dem Weg kommt von einer Lampe, die weder aus dem Osten noch aus dem Westen stammt. Es leuchtet in der Dunkelheit genauso hell wie im Tageslicht. Aber es ist ein Licht, das im Herzen des Suchenden lebendig gehalten werden muss. Es ist so verletzlich wie eine junge Jungfrau, die von ihrem Vater zu ihrem zukünftigen Ehemann gebracht wird. Es muss am Leuchten gehalten und mit dem Brennstoff unseres eigenen Opfers genährt werden. Zuerst opfern wir alles, was wir »dachten« zu sein, um in die Matrix unseres wahren Wesens eingetaucht zu werden, und so wird das Licht gesehen. Dann finden wir durch dieses bereitwillige Opfer unsere eigene wirkliche Identität und haben dem Licht der Einheit endlich etwas Wirkliches darzubringen. Wir selbst halten die Kerze von »Wahrheit ist meine Identität« hoch, und dann kehrt sogar diese Flamme zu ihrem Ursprung zurück. Das Wachs schmilzt. Die ewige Flamme der Wahrheit bleibt.

> Spirituelles Leben ist Wissen in der Zeit der Prüfung:
> Je mehr Wissen du hast,
> desto mehr spirituelles Leben gehört dir.
> Unser Geist ist mehr als der tierische Geist. Wie?
> Er hat mehr Wissen.
> Der Geist der Engel ist größer als der unsere;
> er transzendiert gesunden Menschenverstand.
> Doch der Geist der Mystiker ist noch größer.
> Lass dich dadurch nicht verwirren.
>
> Wenn reine rechtmäßige Nahrung in deinem Bauch faul wird, lege ein Schloss an deine Kehle und verstecke den Schlüssel. Aber jeden, in dem Nahrung zum Licht spiritueller Herrlichkeit wird, den lass essen, was er will, es ist rechtmäßige Nahrung für ihn.
>
> JALALUDDIN RUMI

»Iss nicht den Scheich, er soll dich essen.«

World Citizens

WRITING ANYTHING AT THIS TIME IS A STRANGE EXPERIENCE. When we meet each month it is in order to share time together, to pray and meditate together. Together we look at the future that is as yet unmanifested and we try to see if there is something that we can particularly do to help in the process of its unfoldment into a beautiful and harmonious pattern in this world. Now, this Sunday evening we stand, once more, on the threshold of the possibility of war, and within two or three days, even before we meet together in one week's time, in many ways the future of our world for the next few years will have been decided. There is not very much we can do about the situation except to pray for peace and, if there indeed has to be war, that there will be the least amount of death and suffering possible.

What more can we do, or what more could we have done? It is a very difficult question, but it does not require very much intelligence to realise, if we are strictly honest with ourselves and others, that there is an enormous amount of unresolved problems in the world which simply do have to be sorted out one way or the other before this world as a whole can proceed in a harmonious direction. In this short paper it is not necessary to mention the apparently never-ending problems of starvation, pollution and potential ecological disasters that lurk just around the corner. Every day the newspapers are filled with further messages of doom, threats of the heating up of the planet, weather changes and more starvation to come, and even the possible inevitability of Armageddon in our time. It is not difficult to see that this indeed could be possible. Mankind does have the power to eradicate itself from the face of the planet, and the necessary tools to complete this project if that is what it wishes to do.

But is this *really* what *will* happen? Surely that is the question that is uppermost in our hearts and minds at this time. Will this war, if there is to be a war, precipitate so many disasters that indeed it will be the beginning of the wiping-out of a large portion of the world's population? Could such a "culling" process even be necessary if we look at the whole world situation, the over-population in certain areas et cetera, with no emotional insecurity or sentimentality? We would be wise to consider these matters.

Weltbürger

ZU DIESEM ZEITPUNKT ETWAS ZU SCHREIBEN, IST EINE merkwürdige Erfahrung. Wir treffen uns jeden Monat, um Zeit miteinander zu verbringen, um gemeinsam zu beten und zu meditieren. Gemeinsam schauen wir in die noch unmanifestierte Zukunft und versuchen zu erkennen, ob es da irgendetwas gibt, was insbesondere wir tun können, um bei dem Prozess ihrer Entfaltung in ein schönes und harmonisches Muster in dieser Welt behilflich zu sein. Nun, am heutigen Sonntagabend stehen wir wieder einmal an der Schwelle eines möglichen Krieges, und in zwei oder drei Tagen, noch bevor wir uns in einer Woche wiedersehen, wird die Zukunft unserer Welt für die nächsten Jahre entschieden sein. Für uns bleibt da nicht mehr viel, was wir noch tun können, außer für den Frieden zu beten, und, wenn es denn zum Krieg kommen muss, dafür, dass er möglichst wenig Tod und Leiden mit sich bringt.

Was sonst können wir noch tun, oder was hätten wir noch tun können? Das ist eine sehr schwierige Frage, aber, wenn wir ganz ehrlich zu uns selbst und anderen sind, bedarf es keiner besonderen Intelligenz, um zu erkennen, dass es eine ganze Menge ungelöster Probleme in der Welt gibt, die einfach irgendwie geregelt werden müssen, bevor diese Welt als Ganzes eine harmonische Richtung einschlagen kann. In diesem kurzen Text ist es nicht nötig, die offenbar nicht enden wollenden Probleme des Hungers, der Umweltverschmutzung und der möglichen ökologischen Katastrophen zu erwähnen, die hinter der nächsten Ecke lauern. Jeden Tag sind die Zeitungen voll von neuen Weltuntergangsmeldungen, der drohenden Erwärmung des Planeten, Klimaveränderungen und weiteren bevorstehenden Hungerkatastrophen, ja sogar der Möglichkeit eines Armageddon zu unseren Lebzeiten. Es ist leicht zu sehen, dass dies durchaus möglich ist. Die Menschheit hat tatsächlich die Macht, sich von der Oberfläche der Erde auszulöschen, und die nötigen Mittel, um dieses Vorhaben durchzuführen, wenn es das ist, was sie will.

Doch ist es *wirklich* das, was geschehen *wird?* Sicherlich steht diese Frage heute in unserem Herzen und in unseren Gedanken ganz oben. Wird dieser Krieg, wenn es dazu kommen sollte, so viele Katastrophen auslösen, dass er in der Tat der Beginn der

First of all, let us dwell very briefly on the obvious fact that it is indeed mankind's greed and stupidity that has brought us into this near disaster situation. We cannot blame God. Not everything is God's Will. That idea is for those fatalists who are often the very betrayers of life itself. We, in the work of transformation, are *not* fatalists. Let us be quite clear about this. And let us spend some time on examining the difference between fate and destiny in all of its aspects. Let us look at the falsehood in the outer forms of so many so-called "religions" in which hypocrisy, lying and cheating is just as much a part of everyday life as is the role of the Mafia in the drug cartels. Look, for example, at our own Christian background. Look how we were told, as children, not to worship idols and graven images, and yet we watch people still bowing and kneeling in front of religious symbols and, at the same time, forgetting the Unity of God. We could almost imagine Jesus looking down in horror at those endless statues of him still hanging there on the Cross when he would like us to realise him in the resurrection as one with the Divine and with the unity itself.

Look at what we are seeing in this world of suffering, this starvation and this war nearly upon us as men fight with men over the "black gold" the oil – when there is enough energy in the universe for us all! Look at the banks, the capitalism of the "casino mentality", as it is called, when our own money is being gambled with each and every moment of our lives, we having little control. And yet we only have to look into the Bible to see how the world was warned those thousands of years ago, how we were told not to bow down before images of gold or pursue false gods. Have we learned anything? Will we ever learn?

These are the thoughts that I see spinning around me as I write. They are not my personal thoughts. No, far from it. But these are the thoughts that endlessly wish to be manifested in and through so-called human beings who are really nothing more than sleepwalkers on the stage of life, almost totally unable to have any control of their own lives or the world around them and who, through no *real* education, are not even encouraged to discover their own true identity. *"Satnam!"* as the Sikhs say to each other when they meet; "Truth is my identity!" Not, "Hi, how are you today?" without even waiting for an answer.

All esoteric schools from the beginning of time have been granted to us to help those who *really do care* to come upon the truth of

Vernichtung eines großen Teils der Weltbevölkerung bedeutet? Könnte ein solches »Ausmerzen« gar natürlich oder notwendig sein, wenn wir, und zwar ohne emotionale Verunsicherung oder Sentimentalität, die Weltsituation als Ganzes betrachten, die Überbevölkerung in einigen Regionen und so weiter? Wir täten gut daran, über diese Dinge nachzudenken.

Wir wollen zuerst einmal bei der offensichtlichen Tatsache verweilen, dass es in der Tat die Gier und die Dummheit der Menschheit waren, die uns in diese schier katastrophale Lage gebracht haben. Wir können nicht Gott die Schuld geben. Nicht alles ist Gottes Wille. Das ist das Konzept jener Fatalisten, die oft die wahren Verräter am Leben selbst sind. Wir, die wir im Werk der Transformation stehen, sind *keine* Fatalisten. Lasst uns diesbezüglich ganz deutlich sein. Und nehmen wir uns doch ein wenig Zeit dafür, den Unterschied zwischen Schicksal und Bestimmung in all seinen Aspekten zu untersuchen. Betrachten wir uns die Falschheit in der äußeren Form so vieler so genannter »Religionen«, in denen Heuchelei und Lug und Trug genauso zum Alltag gehören wie die Rolle der Mafia in den Drogenkartellen. Schauen wir uns beispielsweise unsere eigene christliche Herkunft an. Seht, wie wir als Kinder gelehrt wurden, keine Idole und Götzenbilder zu verehren, und doch beobachten wir, wie sich die Menschen vor religiösen Symbolen verneigen und niederknien und gleichzeitig die Einheit Gottes vergessen. Wir können uns vorstellen, wie Jesus auf diese unzähligen Statuen seiner selbst hinabblickt, die immer noch am Kreuz hängen, während er sich doch wünschte, dass wir ihn in der Auferstehung erkennen, als eins mit dem Göttlichen und mit der Einheit.

Schaut doch, was wir in dieser Welt des Leidens sehen, diesen Hunger und diesen bald über uns hereinbrechenden Krieg, in dem Menschen gegen Menschen um das »schwarze Gold«, das Öl, kämpfen – wo doch genügend Energie für uns alle im Universum vorhanden ist! Schaut euch die Banken an, den Kapitalismus der so genannten »Kasinomentalität«, wenn in jedem Augenblick unseres Lebens mit unserem Geld gezockt wird und wir kaum eine Kontrolle darüber haben. Und doch müssen wir nur die Bibel aufschlagen, um nachzulesen, wie die Welt schon vor Tausenden von Jahren gewarnt wurde, wie uns gesagt wurde, wir sollten uns nicht verneigen vor goldenen Bildern oder falschen Göttern anhängen. Haben wir etwas gelernt? Werden wir je etwas lernen?

their own identity, and thus the knowledge of their own unique and particular function, both as individuals and as part of a group. To meet up with such a school is one of the greatest gifts that can be given to us. To be able to begin to learn how to serve the Unmanifested God by being given the knowledge of how to work on ourselves that we may become as chalices for the living Spirit should be as exciting as being born anew each and every day of our lives. Do not underestimate what you have been given. Do not fall back into merely repeating the habit patterns of your own and of those who have gone before you. Do not become part of the "dinosaur effect", i.e. fall into the trap of joining an obsolete and virtually useless set of belief systems which have brought us, once again, to the very brink of war. Let us all face the truth of our own identity, and work on ourselves so that we can indeed learn to become world citizens, consciously eager to be true custodians of our planet and able to give our lives one hundred percent to our Creator in Whom we have our life, in Whom we have our being and without Whom there is *nothing*.

There is a wonderful story in the *Mathnawi* which, I believe, is the message for us this month. It is about an ant on the threshing floor. The ant is so identified (let us all learn how *not* to be identified to anything in this world) with its one little grain of wheat it is carrying hither and thither that it does not see the extent of the threshing floor, its size or its purpose. The ant is frightened, and trembling and showing great agitation as it greedily carries just this one little bit of wheat. It does not see that the threshing floor has existed for thousands of years and long after it, the ant, has gone it will continue.

The owner of the threshing floor shouts out to the ant. He says, "Hey you! You keep holding on to that little piece of wheat as though it is something, but in reality it is nothing. Have you felt that that grain of wheat is *all* that I have? You are so identified that you cannot see everything else, so go and look at Saturn way out there in space. Or look at Solomon in all his glory. What are you, little ant? You see, ant, if you had beheld the Spirit, you would be delivered from the body. And you are not this body, are you? If you woke up you *could* be the spiritual eye." Rumi writes, "Man [essentially] is eye; the rest of him is mere flesh and skin. Whatsoever his eye has beheld, he is that thing."

Solche Gedanken umkreisen mich, während ich dies schreibe. Es sind nicht meine eigenen Gedanken. Nein, ganz und gar nicht. Aber es sind die Gedanken, die sich unaufhörlich manifestieren möchten, in und durch sogenannte Menschen, die in Wirklichkeit lediglich Schlafwandler auf der Bühne des Lebens sind, nahezu völlig unfähig, ihr eigenes Leben und ihre Umgebung unter Kontrolle zu haben, und die, ohne eine *wirkliche* Erziehung, nicht einmal dazu ermutigt werden, ihre wahre Identität zu entdecken. »*Satnam!*«, wie die Sikhs sagen, wenn sie einander begegnen: »Die Wahrheit ist meine Identität!« Und nicht: »Na, wie geht's denn heute?«, ohne überhaupt auf eine Antwort zu warten

Alle esoterischen Schulen von Anbeginn der Zeit wurden uns gegeben, damit denen geholfen wird, denen *wirklich daran liegt,* die Wahrheit ihrer eigenen Identität und damit das Wissen um ihre einzigartige, besondere Funktion als Individuen wie als Angehörige einer Gruppe zu entdecken. Auf eine solche Schule zu stoßen, ist eines der größten Geschenke, das uns gegeben werden kann. In der Lage zu sein, mit dem Lernen zu beginnen, wie man dem Unmanifestierten Gott dienen kann, indem uns das Wissen gegeben wird, wie wir an uns selbst arbeiten können, um Gefäße für den lebendigen Geist zu werden, sollte so aufregend sein, als würden wir jeden Tag unseres Lebens neu geboren. Unterschätzt nicht, was euch gegeben wurde. Fallt nicht zurück in das einfache Wiederholen eurer eigenen Verhaltensmuster und derjenigen eurer Vorfahren. Werdet nicht Teil des »Dinosauriereffekts«, das heißt, geratet nicht in die Falle, euch überholten und eigentlich nutzlosen Glaubenssystemen anzuschließen, die uns wieder einmal an den Rand eines Krieges gebracht haben. Lasst uns alle der Wahrheit unserer Identität ins Gesicht sehen und an uns arbeiten, so dass wir in der Tat lernen, Weltbürger zu werden, die bewusst darauf brennen, wahre Hüter unseres Planeten zu sein und fähig, unser Leben unserem Schöpfer hundertprozentig zu übergeben, dem Schöpfer, in Dem wir leben, in Dem wir sind und ohne Den *nichts* ist.

Im *Mathnawi* findet sich eine wundervolle Geschichte, die, so glaube ich, die Botschaft für uns in diesem Monat ist. Sie handelt von der Ameise auf dem Dreschboden. Die Ameise ist so identifiziert (lasst uns alle lernen, mit *nichts* in dieser Welt identifiziert zu sein) mit ihrem einen Weizenkorn, welches sie hin- und her-

The story goes on developing, telling us that it is necessary to "die before we die," and how the whole of this world has taken the wrong way for "they are afraid of non-existence, though it is really the refuge in which they find salvation." Rumi explains that the world looks in the wrong direction and uses the wrong sort of energy for "trading". Mankind has no *real* money, no *real* capital to purchase what he seeks for. "The capital required for the market of this world is gold. There, in the next world, the capital is love and two eyes wet with tears." Then, at the very end of the story, Rumi writes, "Perform an act of service for the Creator's Sake; what hast thou to do with being accepted or rejected by the people?"

There are so many levels we can look at when we read the *Mathnawi* or study stories that are written from source. But they do have one thing in common for us all. They explain, in all their different ways, how literally *everything* we see in this world is the *result* of what has happened within us. And yet we need to be intelligent enough, and brave enough, to understand that what we do see in this world may have been 'caused' by actions taken by *"us"*, i.e. by representatives of human-kind, generations and generations before this time that we experience in our own lifetimes. We cannot say that this present world situation is merely the result of Western colonialism during the past fifty to one-hundred years. The whole principle that is being fought over goes back hundreds or even thousands of years. We need to grow up beyond the narrow confines of our own little piece of wheat we carry around and which, at times, we find so heavy and see time as a vast, living part of the creative process, a necessary part of the unfoldment of truth and knowledge. I personally challenge you to consider the possibility that even the weather we experience may also come from what happens within the human being. I challenge you to discover *anything* that does not emanate from within ourselves. I challenge you to find out for yourselves *why* it is said that the secret of creation lies in the understanding of the Most Beautiful Names of God and the hierarchy of the Names. But I do *not* challenge you to try to deny the living fact that the whole of the universe is made for man, and not the other way around. That is something that we need to learn how to accept, and therefore to be able to wake up in gratefulness and praise to our creator.

schleppt, dass sie das Ausmaß der Tenne gar nicht wahrnimmt, weder deren Größe noch deren Zweck. Sie hat Angst und zittert und ist voller Aufregung, während sie dieses eine Weizenkorn gierig transportiert. Die Ameise sieht nicht, dass es die Tenne seit Tausenden von Jahren gegeben hat und diese noch lange nach ihrem Tod fortbestehen wird.

Der Besitzer der Tenne ruft zur Ameise: »Du da! Du klammerst dich an dieses Weizenkorn, als ob es etwas wäre, aber in Wirklichkeit ist es nichts. Hattest du das Gefühl, dieses Weizenkorn sei *alles,* was ich habe? Du bist so identifiziert, dass du nichts anderes sehen kannst. Darum geh' und sieh dir den Saturn dort draußen im Weltraum an. Oder schau auf Salomon in all seiner Pracht. Was bist du schon, kleine Ameise? Schau, Ameise, wenn du den Geist betrachtet hättest, würdest du vom Körper befreit werden. Und du bist doch nicht dieser Körper, nicht wahr? Wenn du aufwachtest, *könntest* du das Geistige Auge sein.« Rumi schreibt: »[Im Wesentlichen] ist der Mensch Auge; der Rest ist bloß Fleisch und Haut. Was auch immer sein Auge gesehen hat, das ist er.«

Die Geschichte entfaltet sich und erzählt uns, was notwendig ist, damit »wir sterben bevor wir sterben«, und wie die ganze Welt den falschen Weg eingeschlagen hat, denn »sie fürchten das Nicht-Sein, obwohl es in Wirklichkeit die Zuflucht ist, wo sie Rettung finden.« Rumi erklärt, dass die Welt in die falsche Richtung schaut und die falsche Art von Energie für den »Tauschhandel« benutzt. Die Menschheit hat kein *echtes* Geld, kein *wirkliches* Kapital für das, wonach sie sucht. »Das für den Markt dieser Welt benötigte Zahlungsmittel ist Gold. Dort, in der nächsten Welt, ist Liebe das Kapital und zwei tränenfeuchte Augen.« Dann, am Ende der Geschichte, schreibt Rumi: »Leiste einen Dienst um des Schöpfers Willen; was hast du damit zu schaffen, ob du von den Menschen akzeptiert oder abgelehnt wirst?«

Es gibt so viele Ebenen zu betrachten, wenn wir das *Mathnawi* lesen oder Geschichten studieren, die von der Quelle her geschrieben sind. Aber sie haben für uns alle eines gemeinsam. Sie erklären, jede auf ihre Art, wie buchstäblich *alles* das *Resultat* dessen ist, was in unserem Inneren geschieht. Und doch müssen wir intelligent und tapfer genug sein, um zu verstehen, dass das, was wir in dieser tatsächlich Welt sehen, möglicherweise von Taten ›verursacht‹ wurde, die durch *»uns«* begangen wurden, das heißt, von Ver-

tretern menschenähnlicher Generationen und Abergenerationen vor dieser Zeit, die wir als unsere Lebenszeit erfahren. Wir können nicht sagen, dass die gegenwärtige Weltlage allein das Resultat des westlichen Kolonialismus in den letzten fünfzig bis hundert Jahren ist. Das ganze Prinzip, um das hier gekämpft wird, reicht Hunderte oder sogar Tausende von Jahren zurück. Wir müssen über die engen Grenzen unseres eigenen kleinen Weizenkorns, das wir mit uns herumschleppen und manchmal so schwer finden, hinauswachsen und die Zeit als einen unermesslichen, lebendigen Teil des Schöpfungsprozesses erkennen, als notwendigen Teil der Entfaltung von Wahrheit und Wissen. Ich fordere euch auf, die Möglichkeit zu erwägen, dass selbst unser Wetter vielleicht daraus entsteht, was im Menschen vor sich geht. Ich fordere euch auf, *irgendetwas* zu finden, was nicht aus unserem Inneren hervorgeht. Ich fordere euch auf, selbst herauszufinden, *weshalb* gesagt wird, dass das Geheimnis der Schöpfung im Verstehen der Schönsten Namen Gottes und derer Hierarchie liegt. Aber ich fordere euch *nicht* auf zu versuchen, die lebendige Tatsache zu leugnen, dass das gesamte Universum für den Menschen gemacht wurde, und nicht umgekehrt. Das ist etwas, das wir akzeptieren lernen müssen, so dass wir in Dankbarkeit und voller Lobpreis für unseren Schöpfer erwachen mögen.

Die heutigen Weltbürger sind die Pioniere von gestern und die Vorfahren von morgen. »Du bist dein eigener Vorbote« (Khalil Gibran).* Der Weg der Wahrheit ist gepflastert mit dem Opfer derer, die uns vorangingen. Wir müssen unser Bestes tun, die Schuld unserer eigenen Existenz zu begleichen. Der Weg ist nicht einfach; das hat euch auch nie jemand versprochen. Aber ihr *habt*

* »Du bist dein eigener Vorbote, und die Festen, die du errichtet hast, sind nur das Fundament für dein größeres Ich. Dieses größere Ich ist wiederum nur ein Fundament.

Auch ich bin mein eigener Vorbote, denn der lange Schatten, den die Sonne bei ihrem Aufgang vor mir ausbreitet, zieht sich nach Mittag allmählich unter meinen Füßen zusammen. Doch ein neuer Sonnenaufgang wird neuen Schatten vor mir ausbreiten, und auch der wird zusammenschrumpfen nach einem neuen Mittag.

Schon immer waren wir unsere eigenen Vorboten, und wir werden es immer sein. Alles, was wir gesammelt haben, und alles, was wir noch sammeln werden, sind nur Samen für Felder, die noch brach liegen. Wir sind die Felder und der Sämann, wir sind die Erntenden und die Ernte zugleich […]«

Khalil Gibran: *Der Vorbote,* Walter Verlag, Solothurn und Düsseldorf 1994.

The world citizens of today are the pioneers of yesterday and the forerunners of tomorrow. "You are your own forerunner" (Khalil Gibran).* The road of truth is paved with the sacrifice of those who have gone before us. We have to do our best to pay the debt of our existence. It is not an easy road; no-one ever told you it was going to be. But you do have the knowledge to go forward to help those who need help. You do have the inner tools to help, and the brotherhood to rely-on for love and allegiance and loyalty and truthful living. Now I pray at this time that, just as the ancient and traditional alchemists knew that they needed a little gold in order to transform the base metals and produce more physical gold, so you will know, once and for all, that you *already* have what you need to reach your own spiritual destiny in this world as did beloved Mevlana. That is why, if we are asked, we say, "No, we are not Mevlevi, but we follow what Mevlana followed." Love is the cause of creation, and love is its own effect. Our two eyes, wet with tears, are the eyes of those who know love.

1991

* "You are your own forerunner, and the towers you have builded are but the foundation of your giant-self. And that self too shall be a foundation.

And I too am my own forerunner, for the long shadow stretching before me at sunrise shall gather under my feet at the noon hour. Yet another sunrise shall lay another shadow before me, and that also shall be gathered at another noon.

Always have we been our own forerunners, and always shall we be. And all that we have gathered and shall gather shall be but seeds for fields yet unploughed. We are the fields and the ploughmen, the gatherers and the gathered [...]"

From: *The Forerunner*, 1920.

das Wissen, um voranzugehen und denen zu helfen, die Hilfe brauchen. Ihr *habt* die inneren Werkzeuge zum Helfen, und die Bruderschaft, auf die ihr euch verlassen könnt im Hinblick auf Liebe, Verbindlichkeit, Treue und wahrhaftiges Leben. Ich bete zu diesem Zeitpunkt darum, dass ihr ein für alle Mal wisst – genauso wie die alten und traditionellen Alchimisten wussten, dass sie ein bisschen Gold brauchen, um die Grundmetalle umzuwandeln und mehr physisches Gold zu produzieren –, dass ihr *bereits habt,* was ihr benötigt, um eure persönliche geistige Bestimmung in dieser Welt zu erreichen so wie unser geliebter Mevlana. Aus diesem Grund sagen wir, wenn wir gefragt werden: »Nein, wir sind keine Mevlevis, sondern wir folgen dem Weg, dem Mevlana folgte.« Liebe ist die Ursache der Schöpfung, und Liebe ist ihre eigene Wirkung. Unsere beiden Augen, feucht von Tränen, sind die Augen jener, die die Liebe kennen.

A Beautiful but Demanding Responsibility

Letter to Initiates

VERY DEAR FRIENDS, OR, AS THE SUFIS SAY, "BELOVED ONES of God," for this monthly meeting I decided to write you all a letter. Autumn is always a strange time for many people. The energy is withdrawing into the earth while a part of us is still living in the warm days of summer, and maybe even looking towards our holidays in the next year. It is a time when there are often illness, flu and colds et cetera, and an increase of nervous tension. Doctors and therapists will tell you that their consulting rooms are often very crowded at this time. And yet for us, who follow the Way of Love, Compassion and Service, it is one of our busiest times. We walk on the road of truth, the same road that Mevlana trod, and soon it will be time for the Sema on 17 December, that blessed night of nights when Mevlana reached union in 1273. It is, for us, a very special day, and, if it can be understood in an esoteric sense, a very important day for the work of transformation in the world. After all, is it not said "the breath of the mystic turns the world"?

So, at this time, we have many things to consider, and there are many preparations that have to be made for the Sema itself, the receiving of the guests and indeed everything that goes into making the whole day one to remember for always. Sometimes it is good to look back to the year before, and it is surely not difficult to remember the beauty that was manifested in 1989, when we made that video film about the Sema*, and the extraordinary cooperation that was experienced from both the visible and invisible worlds. We pray that this year there will also be an equal amount of cooperation.

Of course, there is much to be done again this year, and I am personally asking for everyone to help the organizers in any way that they can, offering time and energy when and if necessary. As you know, there is to be an exhibition of your design work done with the eight precepts of the Khwajagan, the Masters of Wisdom, as well as readings, music and *dhikr* before the Sema ceremony itself, which this year will be a slightly shortened version. We will do everything we can to make the evening one of beauty in God's Name and in praise of our Patron Mevlana Jalaluddin Rumi and all that that means in the outer and inner worlds.

* Reshad Feild: *Turning towards the Morning*, Chalice Verlag, Zurich 1989.

Eine schöne, aber anspruchsvolle Verantwortung

Brief an die Initiierten

MEINE LIEBEN FREUNDE, ODER WIE DIE SUFIS SAGEN, »GEliebte Gottes«, ich habe beschlossen, euch allen im Hinblick auf dieses monatliche Treffen einen Brief zu schreiben. Für viele Menschen ist der Herbst immer eine seltsame Zeit. Die Energie zieht sich in die Erde zurück, ein Teil von uns lebt noch in den warmen Tagen des Sommers oder denkt schon an die Ferien im kommenden Jahr. In dieser Zeit kommt es oft zu Krankheiten, wie Grippe, Erkältungen und Ähnlichem, und zu einer wachsenden inneren Spannung. Ärzte und Therapeuten berichten, dass ihre Sprechzimmer in dieser Zeit häufig überfüllt sind. Und doch ist es für uns, die wir dem Weg der Liebe, des Mitgefühls und des Dienens folgen, eine sehr arbeitsreiche Zeit. Wir gehen den Weg der Wahrheit, den gleichen Weg, dem auch Mevlana folgte, und bald ist die Zeit des Semas am 17. Dezember gekommen, jene Nacht der Nächte, in der Mevlana im Jahre 1273 die Vereinigung erlangte. Für uns ist dies ein besonderer Tag und, esoterisch gesehen, ein sehr wichtiger für das Werk der Transformation in der Welt. Heißt es etwa nicht, dass »der Atem des Mystikers die Welt bewegt«?

So müssen wir in dieser Zeit viele Dinge bedenken und es gibt manches vorzubereiten für das Sema selbst, den Empfang der Gäste und überhaupt alles, was dazu gehört, um diesen ganzen Tag unvergesslich werden zu lassen. Manchmal ist es gut, auf das vergangene Jahr zurückzublicken, und es ist bestimmt nicht schwierig, sich an die Schönheit zu erinnern, die 1989 zum Ausdruck kam, als wir den Videofilm über das Sema drehten*, und an das außergewöhnliche Zusammenwirken der sichtbaren und der unsichtbaren Welt, das wir erfahren durften. Wir beten darum, dass in diesem Jahr ein gleiches Maß an Zusammenarbeit entstehen wird.

Natürlich gibt es auch dieses Jahr viel zu tun, und ich persönlich bitte darum, dass jeder von euch den Organisatoren mit seiner Zeit und Energie auf jede erdenkliche Weise hilft, wann und wo es nötig ist. Wie ihr wisst, wird es vor der eigentlichen Sema-Zeremonie, die in diesem Jahr leicht gekürzt sein wird, eine

* Reshad Feild: *Dem Morgen entgegendrehen,* Chalice Verlag, Zürich 1989.

Now, most of you will have heard of the word *chilla,* which has various meanings. For most people a *chilla* means something like a "retreat" in western religious terms. In fact, it is said that for most of the dervish brotherhoods the *chilla* lasts for 1001 days, but for a Mevlevi, the *chilla* never ends.

Here we are naturally talking about the retreat or *chilla* that is part of our daily life and not separate from it, although there are times when, for example, a 40-days retreat in the wilderness is very useful and necessary. So, in this letter, I decided to write to you a little about what the *chilla* has meant to me personally and, hopefully, offer you all some advice which may be useful at this time.

The first subject to approach is naturally the subject of initiation itself. "Initiation" really means taking a step in a direction that you do not know. It requires courage to take this step; it requires loving trust on the part of the person requesting initiation and also the one who gives it. It necessitates a tremendous degree of respect to what is actually *given* at the time of the initiation – that very special "ingredient" that is passed from hand to hand and which I gave to you as it was given to me by my own beloved teacher. It is important to remember this level of respect. I have repeatedly said that we are not part of an "order", but rather are initiated into what is called *the way.* So if someone cross-examines you as to what "line" my teacher came from, you will know that the person who puts forward the question is, in one way or another, involved with *form,* and although we wish everyone well we do not have to answer such questions. Ever-smiling we love our brother and sister into the present moment as much as we can and go on our way.

However, the respect to the initiation itself can never be stressed strongly enough, and I feel that I, personally, have not made it clear enough. That is, I have not stressed the full importance of the step that is taken by the person requesting the initiation. And perhaps I have also not been strong enough in my insistence on the rules that need to be followed by the *mureeds* (i.e. those who have taken initiation), rules such as perseverance in practices, attending classes regularly, keeping journals and doing homework et cetera. There are many rules which are given as a form of protection, and all of you have heard me repeatedly say just how important these rules are and why it is vitally necessary to follow the disciplines. Surely I do not need to say more in this letter. If there are queries

Ausstellung eurer Designarbeiten zu den acht Regeln der Khwajagan geben sowie Lesungen, Musik und einen *Dhikr*. Wir werden alles tun, was uns möglich ist, um diesen Abend zu einem Abend der Schönheit in Gottes Namen und des Lobpreises unseres Schirmherrn Mevlana Jalaluddin Rumi zu machen und all dessen, was das in der äußeren und der inneren Welt bedeutet.

Nun werden die meisten von euch das Wort *chilla* kennen, das unterschiedliche Bedeutungen hat. Für die meisten Menschen bedeutet *chilla* eine Art »Klausur« im westlichen religiösen Sinn. Es heißt übrigens, dass die *chilla* bei den meisten Derwisch-Bruderschaften 1001 Tage dauert, aber dass sie für einen Mevlevi niemals aufhört.

Hier sprechen wir natürlich von der Klausur oder der *chilla*, die Teil unseres Alltags ist und nicht davon losgelöst, obwohl es Zeiten gibt, in denen zum Beispiel eine 40-tägige Klausur in der Wildnis sehr nützlich und notwendig sein mag. So habe ich beschlossen, euch in diesem Brief ein wenig davon zu schreiben, was die *chilla* für mich selbst bedeutet hat, und euch hoffentlich einige Ratschläge zu geben, die zu diesem Zeitpunkt von Nutzen sein können.

Das erste Thema, das anzusprechen ist, betrifft die Initiation selbst. »Initiation« heißt eigentlich, einen Schritt in eine unbekannte Richtung zu tun. Es erfordert Mut, diesen Schritt zu tun; es erfordert liebevolles Vertrauen seitens der Person, die um Initiation bittet, und auch seitens derjenigen, die sie gibt. Es bedingt einen außerordentlich hohen Grad des Respekts dafür, was im Moment der Initiation tatsächlich *gegeben* wird – jene ganz besondere »Zutat«, die von Hand zu Hand weitergereicht wird und die ich euch gegeben habe, so wie sie mir selbst von meinem geliebten Lehrer gegeben wurde. Es ist wichtig, sich an diese Stufe des Respekts zu erinnern. Ich habe des Öfteren gesagt, dass wir nicht Teil eines »Ordens« sind, sondern vielmehr in etwas eingeweiht, was *der Weg* genannt wird. Wenn euch also jemand ins Kreuzverhör nimmt und wissen will, aus welcher »Linie« mein Lehrer kam, dann werdet ihr erkennen, dass die Person, die eine solche Frage stellt, an die *Form* gebunden ist, und obwohl wir allen das Beste wünschen, brauchen wir solche Fragen nicht zu beantworten. Freundlich lächelnd lieben wir unseren Bruder oder unsere Schwester nach bestem Vermögen im gegenwärtigen Moment und gehen unserer Wege.

then you can discuss them amongst yourselves. If you have special questions you can also ask those on the path who have perhaps more experience. And if they, in turn, cannot answer them, they can ask me. That is the order of things, and it is obvious.

So, for one reason or another, people are drawn to this path either through a "chance" meeting with someone, through reading a book or through attending a lecture or seminar. No one can really know exactly the workings of destiny. If this path seems the one that people wish to follow, then they will ask more about it and they may then ask to take the initiation. In the old days this would be given very formally. The aspirant would often have to remain "on probation" for a year or so, attending each class that he could and studying the nature of the way. Then, if he was to be accepted into the brotherhood, there would be much special preparation. Perhaps he would be put on a strict fast in the wilderness before the day of the initiation. Either way, it would be seen to be perhaps *the most important day in his life.* There is absolutely no difference in the importance today. It is just that I do not produce a formal ceremony for you for reasons that I was given by my own teacher many years ago. Again, in formal ceremonies, there would not only be witnesses to the event (as in a marriage ceremony for example), but there would also be a special person assigned to the basic spiritual training of the individual and also very strict promises would have to be made by the *mureed;* promises such as testifying to absolute obedience to the teacher, severe secrecy as to the "levels" of initiation given, secrecy as to the workings of the brotherhood, and many other things.

Again these promises are not extracted from you, which, in a sense, makes your own initiation much harder. You have less form to support your own laziness and weaknesses. You do not have someone chasing after you all the time to discover whether you are doing the practices or not. No one asks to inspect your journals. You are not asked to leave the brotherhood if you do not do your homework, for instance. On the other hand, this does not mean to say that this brotherhood does not also follow the esoteric laws. It is just that it is up to you to work especially hard to discover what they are, and how to obey them. Most important of all, it is up to each one of you, individually, to treasure what you have been given, to nurture the seed, that it may eventually grow and bear fruit, and to behave in such a conscious manner that even the effect

Aber der Respekt für die Initiation selbst kann nie genug betont werden, und ich habe das Gefühl, dass ich das noch nicht genügend deutlich gemacht habe. Das heißt, ich habe nicht die volle Bedeutung des Schrittes hervorgehoben, welcher von der um Initiation bittenden Person getan wird. Und vielleicht habe ich auch nicht nachdrücklich genug auf der Beachtung der Regeln bestanden, die von den *Murids* (das heißt, von denen, welche die Initiation empfangen haben) befolgt werden müssen, Regeln wie die Ausdauer bei den Übungen, der regelmäßige Besuch von Klassen, das Führen eines Tagebuchs, das Erledigen von Hausarbeiten und so weiter. Viele Regeln werden als eine Art Schutz gegeben, und ihr alle habt mich immer wieder sagen hören, wie überaus wichtig diese Regeln sind und warum es lebensnotwendig ist, die Disziplin zu beachten. Sicherlich brauche ich in diesem Brief nicht mehr dazu zu sagen. Wenn es Fragen gibt, könnt ihr sie untereinander diskutieren. Wenn ihr besondere Fragen habt, könnt ihr auch diejenigen Weggefährten fragen, die vielleicht mehr Erfahrung haben. Und wenn sie wiederum diese Fragen nicht beantworten können, mögen sie mich fragen. Das ist die Regel, und es liegt auf der Hand.

So werden die Menschen aus dem einen oder anderen Grund von diesem Pfad angezogen, entweder durch eine »zufällige« Begegnung mit jemandem, durch die Lektüre eines Buches oder durch den Besuch eines Vortrags oder eines Seminars. Niemand weiß genau, wie die Bestimmung waltet. Wenn dies jemandem als der Pfad erscheint, dem er folgen will, wird er sich genauer darüber erkundigen und dann möglicherweise um Initiation bitten. In früheren Zeiten wurde diese sehr formal erteilt. Der Aspirant musste oft etwa ein Jahr »auf Probe« bleiben, an möglichst jeder Klasse teilnehmen und das Wesen des Weges studieren. Wenn er dann in die Bruderschaft aufgenommen werden sollte, wurden viele besondere Vorbereitungen getroffen. Möglicherweise wurde ihm vor dem Tag der Initiation ein strenges Fasten in der Wildnis auferlegt. Auf jeden Fall wurde dies als der möglicherweise *bedeutendste Tag in seinem Leben* betrachtet. Diese Bedeutung ist heute kein bisschen anders. Es ist nur so, dass ich keine förmliche Zeremonie für euch abhalte, und zwar aus Gründen, die mir mein eigener Lehrer vor vielen Jahren genannt hat. Noch einmal, bei diesen formellen Zeremonien nahmen nicht nur Zeugen des Ereignisses teil (wie etwa bei einer Hochzeitszeremonie), sondern es wurde auch

of your presence can help towards the reciprocal maintenance of the planet itself. It is a beautiful but demanding responsibility.

Finally the initiation is given and received – hopefully consciously! The seed has been sown. The *mureed* is personally given a practice for the next 40-days period and is asked to write back to me after this period so that the practices can be checked and adjusted if necessary. This is a very important step in reciprocity, but is often sadly forgotten. Forty days pass by and another octave starts, and I am sorry to say that in many cases I do not hear from the *mureed* again perhaps for a long time. Equally, I cannot be expected to look through all my files and chase the 'miscreant' around the world. Life isn't quite like that!

The first forty days are really rather like an 'injection', but of a very special ingredient, to help heat the cauldron within the heart of the seeker. If the intention was clear in the first instance, then the *mureed* will start to feel the benefit of taking this very giant step into the unknown. If the aspirant was not quite ready, or did not persevere with the practices that were given, then the little seed may not receive sufficient watering for it to grow and to complete its purpose. This is sad, but of course it can, and does, happen.

Traditionally the next period after the forty-days one is a period of ninety days. This again more firmly establishes the inner meaning of the initiation, and there is hopefully the beginning of growth in the pupil. The teacher checks the practices from time to time, the pupils learn to study with more intensity since they should, by this time, be discovering a real purpose in their own inner lives, and so the *chilla* continues. As I said, in most brotherhoods the *chilla* is for a period of 1001 days – and you may note that the period of 1001 days since I first came to Switzerland is now over. This *is* important to note since, although newcomers are always joining us and have been joining us throughout that three-years period, there obviously is a different attitude after the 1001 days. Now it is time for those who have been with me for this length of time to take a great deal more responsibility for the newcomers, helping them along the road. It is time for them to take a subtle but direct responsibility in seeing just how they can pass on what they have been given, and what they are developing in their practices, to those in the outer world who, after all, most likely know nothing about the inner workings of life itself.

eine besondere, für die spirituelle Grundausbildung des Individuums zuständige Person ernannt, und der *Murid* musste viele strenge Gelübde ablegen: zum Beispiel das Versprechen absoluten Gehorsams dem Lehrer gegenüber, die strengste Geheimhaltung über die »Stufen« der erhaltenen Einweihung, das Geheimhalten der Arbeitsweise der Bruderschaft und vieles andere mehr.

Auch diese Gelübde werden von euch nicht verlangt, was eure Initiation in gewisser Hinsicht noch viel härter macht. Ihr habt weniger Form, die eure Faulheit und eure Schwächen unterstützen könnte. Niemand ist ständig hinter euch her, um zu kontrollieren, ob ihr eure Übungen macht oder nicht. Niemand will eure Tagebücher inspizieren. Ihr werdet nicht zum Verlassen der Bruderschaft aufgefordert, wenn ihr zum Beispiel eure Hausarbeiten nicht macht. Andererseits heißt das nicht, dass diese Bruderschaft nicht ebenfalls den esoterischen Gesetzen folgt. Es ist einfach so, dass es an euch selbst liegt, besonders hart zu arbeiten, um herauszufinden, was das für Gesetze sind und wie man sie befolgen muss. Das Wichtigste ist, dass es bei jedem Einzelnen von euch liegt, das wertzuschätzen, was euch gegeben wurde, die Saat zu behüten, so dass sie schließlich aufgehen und Frucht tragen kann, und euch so bewusst zu verhalten, dass die Wirkung eurer bloßen Anwesenheit zur gegenseitigen Erhaltung des Planeten beitragen kann. Es ist eine schöne, aber anspruchsvolle Verantwortung.

Schließlich wird die Initiation gegeben und empfangen – hoffentlich bewusst. Die Saat ist gesät. Der *Murid* erhält eine persönliche Übung für die nächsten vierzig Tage, und er wird aufgefordert, mir nach dieser Zeitspanne zu schreiben, so dass die Übungen kontrolliert und, falls nötig, angepasst werden können. Das ist ein sehr wichtiger Schritt in der Gegenseitigkeit, der aber leider oft vergessen wird. Vierzig Tage vergehen und eine neue Oktave beginnt, und leider muss ich sagen, dass ich in vielen Fällen nichts mehr von dem *Murid* höre, vielleicht für lange Zeit. Ebenso kann man nicht von mir erwarten, dass ich mich durch alle meine Aktenordner wühle und dem ›Tunichtgut‹ um den ganzen Erdball hinterherjage. So funktioniert das Leben nicht!

Die ersten vierzig Tage sind eigentlich eher eine ›Injektion‹, aber die Injektion einer sehr besonderen Zutat, die dazu beiträgt, den Kessel im Herzen des Wahrheitssuchers zu erhitzen. Wenn seine Absicht von Anfang an klar war, wird der *Murid* den Nutzen zu spüren beginnen, den ihm dieser riesige Schritt ins Ungewisse

bringt. Wenn der Aspirant noch nicht ganz bereit war oder keine Ausdauer mit den ihm gegebenen Übungen hatte, dann bekommt das kleine Samenkorn vielleicht nicht genügend Wasser, um zu wachsen und seinen Zweck zu erfüllen. Das ist traurig, aber natürlich kann dies geschehen, und es geschieht auch.

Traditionellerweise folgt auf die vierzigtägige Periode ein spezieller Zeitabschnitt von neunzig Tagen. Diese verstärkt noch einmal die innere Bedeutung der Initiation, und hoffentlich zeichnet sich beim Schüler ein beginnendes Wachstum ab. Der Lehrer überprüft die Übungen von Zeit zu Zeit, die Schüler lernen, intensiver zu studieren, weil sie zu diesem Zeitpunkt einen wirklichen Sinn in ihrem inneren Leben entdecken sollten, und so geht die *chilla* weiter. Wie gesagt, dauert die *chilla* bei den meisten Bruderschaften 1001 Tage – und ihr habt vielleicht bemerkt, dass der Zeitraum von 1001 Tagen, seit ich zum ersten Mal in die Schweiz kam, nun vorüber ist. Es *ist* wichtig, das festzustellen, weil, obschon immer wieder neue Menschen zu uns kommen und das auch in diesen drei Jahren durchwegs der Fall war, nach diesen 1001 Tagen offensichtlich eine andere Einstellung vorhanden ist. Für diejenigen, die so lange mit mir zusammen waren, ist es jetzt an der Zeit, sehr viel mehr Verantwortung für die Neuankömmlinge zu übernehmen und ihnen auf dem Weg zu helfen. Es ist jetzt Zeit für sie, eine unaufdringliche, aber konkrete Verantwortung dafür zu übernehmen, dass sie erkennen, wie sie das, was ihnen geschenkt worden ist und was sie in ihren Übungen entwickeln, denjenigen da draußen weiter geben können, die nun mal höchstwahrscheinlich nichts von der inneren Wirkungsweise des Lebens wissen.

So lautet meine heutige Botschaft an euch: Erinnert euch wieder einmal eurer Verantwortung, der Verantwortung gegenüber dem Weg, gegenüber euren Lehrern und, was ebenso wichtig ist, gegenüber euch selbst. Letzten Endes seid ihr es, ihr selbst, auf die es ankommt, denn Gott hat uns nach Seinem Bilde erschaffen, und schließlich sagte Er: »Ich war ein Verborgener Schatz und sehnte Mich danach, erkannt zu werden; so erschuf Ich die Welt, damit Ich erkannt werde« (Hadith des Propheten Mohammed, Friede und Segen seien mit ihm). Bitte bekräftigt eure Unterfangen und nährt das kostbare kleine Samenkorn, das euer wahres Selbst ist. Wässert es mit Schönheit und liebender Fürsorge. Bebaut den Boden mit Ausdauer und einem Leben des Gebetes, seid stets

So my message to you at this time is to remind you, once more, of your responsibilities, both to the way, to your teachers and, just as important, to yourselves. Ultimately it is you, yourselves, that matter since God made us in His Image, and indeed He did say, "I was a Hidden Treasure and I loved to be known, so I created the world that I might be known" (hadith of the prophet Muhammad, peace and blessings be upon him). Please do reaffirm your undertaking, feed that precious little seed that is the seed of your true self. Water it with beauty and loving kindness. Cultivate the soil with perseverance and a prayerful life, always being accurate in your prayers and intelligently searching. Do not be wishy-washy in your seeking – that is, do not be either vague in your prayers and then blame God for receiving vague answers, or try to light the fire of truth with a heart that has not passionately been singing the Praise of God in gratefulness. Do not expect to see fire where there is no light. Do not presume that you can know the secret of eternal life if you are still holding on to the past. Be *in* the world but not *identified* to it, and if you want to know who Mevlana is then remember that indeed he reached union with God. Therefore there was, and is, no separation. To reach union ourselves we can leave nothing behind. Indeed there can be no "before" or "after", for it is only in the *now* that we meet God face to face and can then say, "Wheresoever ye look, there is the Face of God."

May you all receive deeper and deeper initiations with every conscious breath that you take, and may we all be granted on the blessed night of 17 December the taste of the Grace of God through the presence of Mevlana.

1990

genau in euren Gebeten und sucht auf intelligente Weise. Seid nicht wischiwaschi bei eurer Suche – das heißt, seid nicht vage in euren Gebeten und beschuldigt dann Gott, euch vage Antworten zu geben, oder versucht nicht, das Feuer der Wahrheit in einem Herzen zu entzünden, das das Lob Gottes nicht voll leidenschaftlicher Dankbarkeit gesungen hat. Erwartet nicht, Feuer zu sehen, wo es kein Licht gibt. Rechnet nicht damit, dass ihr das Geheimnis des ewigen Lebens erkennen könnt, wenn ihr noch an der Vergangenheit festhaltet. Seid *in* der Welt, doch *identifiziert* euch nicht mit ihr, und wenn ihr wissen wollt, wer Mevlana ist, dann erinnert euch daran, dass er wahrhaftig die Vereinigung mit Gott erlangte. Deswegen gab und gibt es keine Trennung. Wenn wir die Vereinigung erlangen wollen, können wir nichts zurücklassen. Tatsächlich kann es kein »Vorher« oder »Nachher« geben, denn nur im *Jetzt* können wir Gott von Angesicht zu Angesicht begegnen und schließlich sagen: »Wo immer du auch hinschaust, dort ist das Antlitz Gottes.«

Möget ihr alle mit jedem bewussten Atemzug tiefer und tiefer eingeweiht werden, und möge uns allen in der gesegneten Nacht des 17. Dezember durch die Gegenwart Mevlanas der Geschmack der Gnade Gottes geschenkt werden.

What Makes Something Sacred?

WE OFTEN USE THE WORD "SACRED" AND YET I WONDER how often we really contemplate on the meaning it has for us. We can look up a word in an encyclopaedia, which can give us some explanation or can provide agreement to our doubts. But what does a word mean to *us?* We always need to remember that there is a real danger in that, despite all our conscious efforts, we can fall into the dangerous trap of a subtle form of 'copying'. By this I mean that because we still have a degree of resentment, envy or pride, we may look to other human beings and their experiences and, in more and more subtle ways, try to copy them, to emulate them. We even pretend to ourselves that this is not so, but in reality we do fall into this trap more often than we care to admit. This is particularly true when we feel that we ought to *experience* something in one way or another. We read about "spiritual experiences" and such things, and just because we do not have any great flashes of light or inner understanding we then feel that we have failed. Perhaps we feel that we are not worthy of such experiences or that we must be doing something wrong. Maybe we have not succeeded in our search, or we are on the wrong path et cetera.

Hazrat Inayat Khan once said, "Make God a reality, and He will make you the truth." This is a very profound sentence if you contemplate on it. After all, there is no god but God. There is only *one* Absolute Being. So how can "we", whoever we think we are, make God a reality, Who exists by Himself, in Himself, both in His Uniqueness and His Absoluteness? These are questions well worth asking, and if we have the courage to ask them, we are surely on the path of wisdom.

But do we have the courage? Here is the great question. Every day, in the mirror of our lives, we are confronted with challenges which we may or may not be prepared to face. These challenges are all given to us by God in order that we may fulfil our covenant with Him, i.e. as we remember Him so He is already remembering us. We are faced with these challenges in every conscious moment. We even come face to face with them in moments when we are not conscious, but, if we are not conscious at the right time, we may not benefit from all the beautiful experiences that God has given us in this world, which, as you know, is called "the world of appearances".

Wodurch wird etwas heilig?

WIR GEBRAUCHEN HÄUFIG DAS WORT »HEILIG«, UND DOCH frage ich mich, wie oft wir wirklich über die Bedeutung kontemplieren, die es für uns hat. Wir können ein Wort in einem Lexikon nachschlagen, das uns eine gewisse Erklärung liefern oder natürlich auch unsere Zweifel bestätigen kann. Aber was bedeutet ein Wort denn für *uns?* Wir müssen uns immer daran erinnern, dass eine wirkliche Gefahr darin besteht, dass wir, all unseren bewussten Anstrengungen zum Trotz, in die gefährlichen Fallstricke einer subtilen Form des ›Nachahmens‹ geraten können. Damit meine ich, dass wir, weil wir immer noch ein gewisses Maß an Groll, Neid oder Stolz haben, vielleicht auf andere Leute und deren Erfahrungen schauen und auf mehr oder weniger subtile Art und Weise versuchen, diese zu kopieren, sie nachzumachen. Wir behaupten zwar, dem sei nicht so, aber in Wirklichkeit stolpern wir öfter in diese Falle, als wir gerne zugeben möchten. Das gilt besonders dann, wenn wir meinen, wir sollten etwas in der einen oder anderen Art *erleben.* Wir lesen von »geistigen Erfahrungen« und dergleichen, und nur, weil wir selbst kein großartiges Aufflackern von Licht oder innerem Verstehen erleben, denken wir, wir hätten versagt. Vielleicht haben wir das Gefühl, solcher Erfahrungen nicht würdig zu sein oder wohl irgendetwas falsch zu machen. Vielleicht war unsere Suche erfolglos, oder wir sind auf dem falschen Weg oder dergleichen.

Hazrat Inayat Khan hat einmal gesagt: »Mache Gott zu einer Wirklichkeit, und Er wird dich zur Wahrheit machen.« Dieser Satz hat eine tiefe Bedeutung, wenn ihr darüber kontempliert. Schließlich gibt es keinen Gott außer Gott. Es gibt nur *ein* Absolutes Sein. Wie also können »wir«, wer auch immer wir zu sein glauben, Gott zu einer Wirklichkeit machen, Ihn, Der aus Sich selbst und in Sich selbst ist, in Seiner Einzigartigkeit wie auch in Seiner Absolutheit? Es lohnt sich, diese Fragen zu stellen, und wenn wir den Mut dazu haben, befinden wir uns mit Sicherheit auf dem Pfad der Weisheit.

Doch haben wir den Mut? Das ist die große Frage. Tag für Tag sehen wir uns im Spiegel unseres Lebens Herausforderungen gegenübergestellt, denen wir uns zu stellen bereit sind oder auch nicht. All diese Herausforderungen werden uns von Gott gegeben, damit wir unseren Vertrag mit Ihm erfüllen, das heißt, wenn wir

The 1001-days cycle, which so many of you are undertaking, will undoubtedly offer many challenges which may have been offered to you before (some of them even since we met), but now are given again in the realisation that you have worked hard enough to be able to face what you have to face with the right attitude. In this cycle you are asked to have an attitude of gratefulness and to look at everything directly and with courage and total honesty.

Is this a frightening idea for you? If it is, then welcome the fear! If it is not, then proceed onwards, but always realising that you have made this great step to allow all these "grey blankets" to be lifted off the fire of truth that lies within. As you lift off the blankets (or as they are lifted off almost inspite of yourselves), many things will be exposed which need to be exposed for you all to come into the true realisation of the Unity of God. As the blankets come off, there is more air. What does air do to fire? Of course, it makes it burn more fiercely. Thus, in alchemy, air is often considered to be a stronger element than fire. We wish this fire of truth to burn strongly so that He will provide more pure light, which is the light of understanding, the light of beauty, the light of wisdom and the light that lives within the Peace of God. As children raised in the Christian tradition we used to say, "May the Light of God, which passeth all understanding, light your way home." Jesus, in the Sufi tradition, is also known as "the Spirit of God"; and did he himself not say, "I am the light of the world"? There is something to meditate on here for all of you. What is "the Jesus of your being", for example? There are answers given, although somewhat hidden, in the *Fihi ma fihi* of Rumi.

What more do you need to do in this 1001-days cycle having made your initial commitment? This is a question that has been asked of me by several people. The answer, first of all, is that you have taken the important first step – "Take one step towards Allah, and He takes ten steps towards you." This first step offers you now a wonderful and unique opportunity to redeem the patterns of the past and, as such, it does not require me to give you more and more practices. You have plenty! What is asked of you is to make life itself sacred. It is asked of you to make the practices sacred. It is asked of you to make the Names of God sacred. God is the Only Friend, and therefore all of His Names are your friends.

Thus, at this time, I am asking you to contemplate on what the word *sacred* can mean to you. "Sacred" really means that something,

Seiner gedenken, erinnert Er sich bereits ans uns. Wir stehen vor diesen Herausforderungen in jedem bewussten Augenblick. Wir sind ihnen sogar in den Momenten ausgesetzt, in denen wir nicht bewusst sind, aber wenn wir nicht zur richtigen Zeit bewusst sind, werden uns vielleicht all die schönen Erfahrungen nichts nützen, die uns Gott in dieser Welt gegeben hat, die, wie ihr wisst, die »Welt der Erscheinungen« genannt wird.

Das 1001-Tage-Programm, das so viele von euch auf sich nehmen, wird zweifellos zahlreiche Herausforderungen bieten, die möglicherweise bereits früher an euch herangetragen wurden (einige davon sogar seit wir uns begegnet sind). Nun werden sie euch erneut angeboten, allerdings im Bewusstsein, dass ihr hart genug gearbeitet habt, um fähig zu sein, sie in der richtigen Haltung anzuschauen. In diesem Zyklus werdet ihr aufgefordert, eine Haltung der Dankbarkeit einzunehmen und alles direkt, mutig und völlig aufrichtig anzuschauen.

Erschreckt euch dieser Gedanke? Falls dem so ist, begrüßt die Angst! Falls nicht, schreitet weiter, aber seid euch stets bewusst, dass ihr diesen großen Schritt gemacht habt, damit all diese »grauen Schleier« vor dem Feuer der Wahrheit gelüftet werden können. Wenn ihr diese Vorhänge beiseite zieht (oder wenn sie trotz eurer selbst geöffnet werden), kommen manche Dinge zum Vorschein, die von euch gesehen werden müssen, damit ihr alle zur wirklichen Erkenntnis der Einheit Gottes kommt. Wenn die Vorhänge fallen, gibt es mehr Luft. Was macht die Luft mit dem Feuer? Natürlich, sie lässt es heftiger brennen. Deswegen gilt in der Alchimie die Luft als stärkeres Element als das Feuer. Wir wünschen uns, dass dieses Feuer der Wahrheit stark brennt, so dass Er uns mehr reines Licht gibt, und das ist das Licht des Verstehens, das Licht der Schönheit, das Licht der Weisheit und das Licht, das inmitten von Gottes Frieden lebt. Als Kinder, die christlich erzogen wurden, sagten wir immer: »Möge das Licht Gottes, das jegliches Verstehen überstrahlt, deinen Heimweg erleuchten.« In der Sufi-Tradition kennt man Jesus auch als den »Geist Gottes«, und hat er nicht selbst gesagt: »Ich bin das Licht der Welt«? Das ist für euch alle etwas zur Kontemplation. Was zum Beispiel ist der »Jesus deines Wesens«? Antworten darauf enthält Rumis *Fihi ma fihi*, auch wenn sie etwas versteckt sind.

Was müsst ihr sonst noch tun in diesem 1001-Tage-Zyklus, nachdem ihr eure anfängliche Verpflichtung eingegangen seid?

such as a "sacred book", is coming from higher worlds, sometimes called "the unmanifested Aspect of God", and as such needs to be treated with the utmost respect by us human beings, desiring only to fulfil the Will of God, and in consciousness of our love for Him. Practices can be nothing more or less than "band-aids". Reciting the Names of God can be nothing more than what Jesus warned us about, which is "vain repetition". Just making a *dhikr* of *"la illaha il'Allah"* and not really testifying to the Unity of God can be nothing more or less than a sound which blows away with the nearest change in the direction of the wind. It is asked of us to make life sacred and all that is within life, both seen and unseen, the *al-Batin* and the *al-Zahir* aspects of life, the hidden and the manifest.

We need to treasure the knowledge that we are given and the vehicles which are custodians of the knowledge that we meet in our lifetime. We are asked to treat these custodians with the same respect as we would treat, for example, a beautiful porcelain bowl which has been handed down to us from generation to generation, perhaps originally given to a member of the family who visited China in the tenth century. That precious bowl would have been passed from family to family, and moved from house to house, treated with the utmost respect so that the children could eventually inherit it and, when they had the bowl in their own hands, fill it with whatever they had to fill it with.

My uncle, Professor Robert D. Feild, had a very fine collection of a rare sort of china that came from what is now North Korea. He would amaze everyone by insisting that each piece was used in daily life in his small apartment, whether to drink out of or whether to be filled with salad or cereal. He said that there is no point in having the bowl without putting it to its correct use. After all, no vehicle was just made to be stared at. Collectors of such rare china and porcelain would look in horror as we dipped our hands into a precious eleventh century bowl to, perhaps, bring forth a Swiss chocolate! However, the message here is very clear; ultimately there is no separation. Therefore whoever we meet on the road of truth, who will bring us to knowledge and who has been given the task of being a custodian of that knowledge, should be seen in that very special light of understanding that lies within the heart of the true seeker.

The *word* is also sacred. If we do not treasure the word, whether in the sacred books we have been given or in the discourses of our

Diese Frage wurde mir von vielen Menschen gestellt. Die Antwort lautet vor allem, dass ihr den wichtigen ersten Schritt getan habt – »Mach einen Schritt auf Allah zu, und Er kommt dir zehn Schritte entgegen«. Dieser erste Schritt bietet euch jetzt eine wunderbare und einzigartige Gelegenheit, die Muster der Vergangenheit zu erlösen, und daher ist es nicht notwendig, dass ich euch mehr und mehr Übungen gebe. Ihr habt ja bereits so viele! Was von euch verlangt wird, ist, das Leben selbst zu heiligen. Ihr seid gebeten, die Übungen zu heiligen. Es wird von euch gefordert, die Namen Gottes zu heiligen. Gott ist der Einzige Freund, und darum sind alle Seine Namen eure Freunde.

Also bitte ich euch zu diesem Zeitpunkt, darüber zu kontemplieren, was das Wort *heilig* für euch bedeutet. »Heilig« heißt im Grunde, dass etwas, wie ein »heiliges Buch«, aus höheren Welten kommt, die manchmal »der unmanifestierte Aspekt Gottes« genannt werden, und als solches von uns Menschen mit dem höchsten Respekt behandelt werden muss, mit dem einzigen Wunsch, den Willen Gottes im Bewusstsein unserer Liebe für Ihn zu erfüllen. Übungen sind möglicherweise nichts anderes als »Pflaster«. Das Rezitieren der Gottesnamen kann mitunter nicht mehr sein als »leere Wiederholung«, wovor uns Jesus gewarnt hat. Wenn man einen *Dhikr* mit *»la illaha il'Allah«* macht, ohne wirklich die Einheit Gottes zu bezeugen, ist das lediglich ein Klang, der bei der nächstbesten Änderung der Windrichtung verweht. Wir sind aufgerufen, das Leben zu heiligen und alles, was im Leben steckt, die sichtbaren und die ungesehenen Aspekte des Lebens, den *al-Batin* und den *al-Zahir,* das Verborgene und das Offenbare.

Wir müssen das Wissen, das uns gegeben wird, wie einen Schatz hüten und ebenso die Fahrzeuge, die Hüter des Wissens sind, dem wir in unserem Leben begegnen. Es wird von uns verlangt, dass wir diese Hüter mit dem gleichen Respekt behandeln, wie wir zum Beispiel mit einer schönen Porzellanschale umgehen würden, die von Generation zu Generation bis in unsere Hände weitergegeben worden ist und vielleicht ursprünglich einem Familienmitglied geschenkt wurde, das China im zehnten Jahrhundert besuchte. Diese kostbare Schale wurde von Familie zu Familie weitergegeben und von Haus zu Haus mitgenommen; sie wurde mit dem höchsten Respekt behandelt, so dass die Kinder sie schließlich erben und, als sie sie in ihren eigenen Händen hielten, füllen konnten mit was auch immer sie sie füllen mussten.

teachers, then we are forgetting that words are indeed like boats. For the average human being words are perhaps meant only to exist like boats on the surface of the ocean. But for you, all of you, words are sacred and living beings, and it is up to you to extract the essence of what lies within them. We don't want to presume the words and what they are trying to convey and just let them slip by, to be blown away by the nearest turn of the tides in the ocean or by the wind, which changes direction so quickly and so spontaneously at certain times. Remember, never get caught by the tides, but rather see the beauty that exists in the change in every moment of our lives.

Make life sacred, and God's Breath will be surely the breath of His Compassion and Mercy for all true seekers on the Way of Love, Compassion and Service, the road of truth.

1991

The Four Turns

IN THE SUFI TRADITION WE OFTEN READ OF VARIOUS "turns", which represent stages on the path of return (*tassawuf*), with which we are all involved. In a sense we can see that the steps of *fana* and *baqa* also flow and move with the turns. *Fana* means the passing away from all that is not God, and *baqa* is the remaining of the essential truth. Again there are a hundred and one levels that can be considered in the subject of *fana* and *baqa,* and the steps are not, necessarily, sequential. This makes life even more "interesting", and perhaps that is why it is said, "The Divine Guidance is to bring us to the point of perplexity."

Before I go into a description of the turns themselves, perhaps it would be a good idea to ask why it is that people do meet up with the Sufi tradition, and then why perhaps some people do not persevere long enough to find out the real essence and core of the fruit, which is, after all, the cause of the fruit tree being planted in the first place.

In my recent autumn tour in three countries I had to start off all the lectures and seminars with a description of *la illaha il'Allah,* but, in the early steps, not even using the words themselves.

Mein Onkel, Professor Robert D. Feild, besaß eine sehr schöne Sammlung einer seltenen Porzellanart, die aus dem jetzigen Nordkorea stammte. Er versetzte jedermann in Erstaunen, wenn er darauf bestand, dass jedes einzelne Stück im Alltag seiner kleinen Wohnung benutzt wurde, ob man nun daraus trank oder es mit Salat oder Müsliflocken füllte. Er sagte, es sei sinnlos, eine Schale zu besitzen, ohne sie ihrem eigentlichen Zweck zuzuführen. Schließlich baue man kein Fahrzeug, nur um es anzustarren. Sammler solcher seltenen Porzellane sahen immer entsetzt zu, wenn wir mit unseren Händen in eine der kostbaren Schalen aus dem elften Jahrhundert griffen, etwa um uns ein Stück Schweizer Schokolade herauszuangeln! Die Botschaft darin ist klar: Letzten Endes gibt es keine Trennung. Darum sollte jeder, dem wir auf dem Weg der Wahrheit begegnen, der uns Wissen und Erkenntnis bringt und der die Aufgabe erhalten hat, ein Hüter dieses Wissens zu sein, in jenem ganz besonderen Lichte des Verstehens gesehen werden, das im Herzen jedes wahren Suchenden leuchtet.

Auch das *Wort* ist heilig. Wenn wir das Wort nicht wertschätzen, ob in den heiligen Büchern, die uns gegeben wurden, oder in den Unterweisungen unserer Lehrer, dann vergessen wir, dass Worte in der Tat wie Boote sind. Für den gewöhnlichen Menschen sind Worte vielleicht nur dazu bestimmt, Boote auf der Oberfläche des Ozeans zu sein. Doch für euch, jeden von euch, sind Worte heilige und lebendige Wesen, und es ist an euch, die Essenz dessen, was in ihnen liegt, herauszuziehen. Wir wollen weder die Worte für selbstverständlich halten noch das, was sie zu vermitteln suchen, und sie nicht einfach an uns vorüberziehen lassen, so dass sie davongeweht werden im nächsten Wechsel der Gezeiten, vom Wind, der seine Richtung zu gewissen Zeiten so schnell und so unerwartet ändert. Denkt daran, nie in die Gezeiten hineingezogen zu werden, sondern achtet vielmehr auf die Schönheit, die im Wechsel liegt, in jedem Augenblick unseres Lebens.

Heiligt das Leben, und Gottes Atem wird mit Sicherheit der Atem Seines Erbarmens und Seiner Gnade sein für alle wahren Suchenden auf dem Wege der Liebe, des Mitgefühls und des Dienens, dem Weg der Wahrheit.

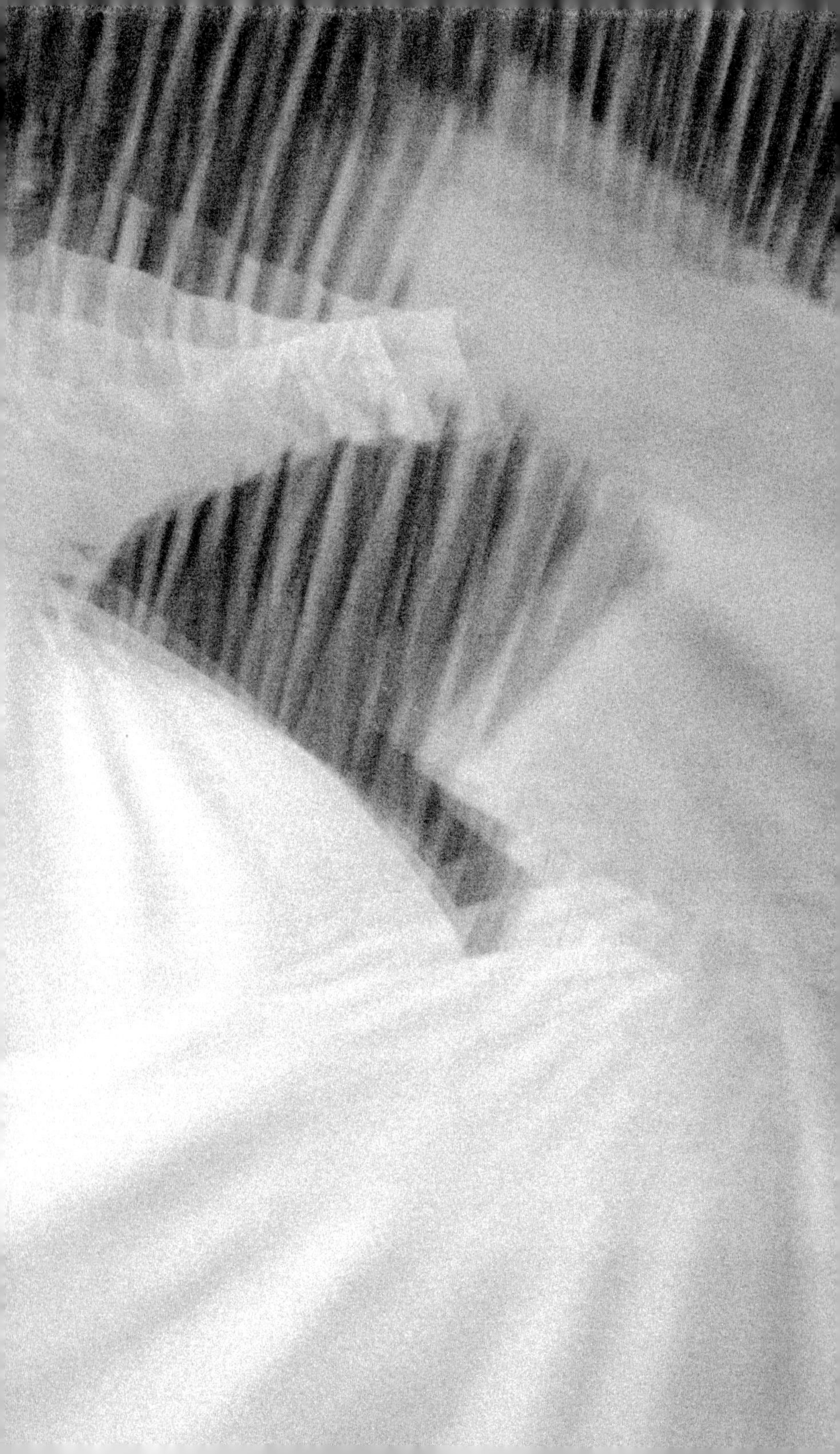

Die vier Drehungen

OFT LESEN WIR IN DER SUFI-TRADITION VON VERSCHIEDENEN »Drehungen«, welche Stadien darstellen auf dem Weg der Rückkehr (*tassawuf*), mit dem wir uns alle befassen. In gewisser Hinsicht können wir erkennen, dass auch die Stufen von *fana* und *baqa* sich fließend mit den Drehungen bewegen. *Fana* bedeutet das Dahinscheiden von allem, was nicht Gott ist, und *baqa* ist das Zurückbleiben der essenziellen Wahrheit. Auch beim Thema von *fana* und *baqa* gibt es hundertundeine Ebene, die wir in Betracht ziehen können, und die Stufen folgen nicht notwendigerweise aufeinander. Dies macht das Leben noch »interessanter", und vielleicht wird deswegen gesagt: »Die Göttliche Führung soll uns zum Punkt der Verwirrung bringen.«

Bevor ich nun zur Beschreibung der Drehungen selbst komme, wäre es vielleicht eine gute Idee, sich zu fragen, wie die Menschen eigentlich auf die Sufi-Tradition stoßen, und auch, warum manche Leute vielleicht nicht lange genug ausharren, um zur wirklichen Essenz und zum Kern der Frucht vorzustoßen, die letztlich die Ursache dafür ist, dass der Obstbaum überhaupt gepflanzt wurde.

Kürzlich auf meiner Herbstreise durch drei Länder musste ich alle Vorträge und Seminare mit einer Beschreibung von *la illaha il'Allah* einleiten, ohne jedoch ganz zu Beginn die Worte selbst auch nur zu verwenden. Ich fragte dann die Menschen (die zu Hunderten kamen), ob sie eines meiner Bücher gelesen hätten. Die Mehrzahl hatte zumindest das erste Buch gelesen, dessen deutscher Titel *Ich ging den Weg des Derwisch* lautet. Viele Jahre war dieses Buch in Europa ungeheuer beliebt; in den Staaten ist es zurzeit gerade vergriffen.

Ich fragte die Teilnehmer ohne Umschweife, ob sie die Bedeutung des Wortes »Derwisch« kennen, doch bei all den vielen Veranstaltungen gab es nicht eine einzige Person, die den buchstäblichen Sinn des Wortes kannte. Nicht nur wusste niemand (mein eigener deutscher Verleger inbegriffen) den Sinn des Wortes, auch hatte niemand jemals einen anderen danach gefragt! Wahrlich ein bemerkenswerter Umstand in jeder Hinsicht. Sie hatten nicht gefragt, sie wussten es nicht und manche schien es noch nicht einmal zu kümmern. Eine Frau, die sich als die Vertriebsleiterin meines deutschen Verlages herausstellte und die ich auf der diesjährigen Frankfurter Buchmesse zum ersten Mal

I would ask the people (who came in the hundreds) if they had read any of my books. The majority had read at least the first book, which in the German language is called "I went the way of the dervish". This book has been immensely popular over many years in Europe; in the States it is currently out of print.

I used to boldly ask them if they knew the meaning of the word "dervish", and in all the many events there was not one single person who knew the literal meaning of the word. They (including my own German publisher) not only did not know the meaning of the word, but had never ever asked anyone either! A truly remarkable situation in every way. They had not asked, they did not know, and many did not even seem to care. One woman, who turned out to be the main sales manager for the German publisher and whom I met for the first time this year at the international Frankfurt book fair, pursued me round the passageways, apparently still overwhelmed by the book. I asked her the usual questions about the meaning and all that sort of thing. "But I don't care," she said, "I met my husband through that book..."

The word "dervish" actually means "threshold" – like the threshold of a doorway. That is what it means, although it is also generally considered that a dervish is a seeker (*salik*) after truth. Be that as it may, that first book of mine has sold a huge number of copies, well over 150 000 throughout the world, and heaven knows how many people have actually borrowed the book and read it as well.

In the States, where the book is called *The Last Barrier,* people bought it because it is a spiritual adventure story, it is humanistic, natural and honest, and has the ring of truth in it. It is apparently about the Sufi tradition, but I wonder how many people have persevered long enough to really know what a Sufi is – I mean what he or she stands for and what is necessary for someone to be given the name "Sufi". Not many I fear. The word carried them along for awhile, but maybe they forgot their buckets and spades (as children often do) and so did not dig into the sands of time to find out. Here in Germany it was the word "dervish", and the same thing applies. People have "heard" about the book, and maybe they "heard" something within the covers of the book. Something triggered off the resonance of a tuning fork of the right note in their hearts. They were mainly pleased, and some even followed the pilgrimage journey to Turkey, and many tourist seekers have been

getroffen hatte, verfolgte mich durch die Korridore, offenbar noch immer von dem Buch beeindruckt. Ich stellte ihr die üblichen Fragen nach der Bedeutung und all dem. »Das ist mir doch egal«, sagte sie, »über dieses Buch habe ich meinen Mann kennen gelernt…«

Das Wort »Derwisch« bedeutet eigentlich »Schwelle« – wie die Türschwelle. Das ist seine Bedeutung, wenn auch nach allgemeiner Ansicht ein Derwisch ein Wahrheitssucher (*salik*) ist. Wie dem auch sei, von diesem, meinem ersten Buch wurde eine riesige Stückzahl verkauft, weit über 150 000 Exemplare in der ganzen Welt, und weiß Gott wie viele Leute sich das Buch ausgeliehen und es ebenfalls gelesen haben.

In den Vereinigten Staaten, wo das Buch *The Last Barrier* (»die letzte Hürde«) heißt, kauften die Leute es, weil es eine spirituelle Abenteuergeschichte ist, humanistisch, natürlich und aufrichtig, und weil es den Klang der Wahrheit in sich trägt. Offensichtlich handelt es von der Sufi-Tradition, aber ich frage mich, wie viele Leute ausdauernd genug waren, wirklich herauszufinden, was ein Sufi ist – ich meine, wofür er oder sie steht, und was es braucht, bis man jemandem den Titel »Sufi« gibt? Nicht sehr viele, fürchte ich. Das Wort trug sie eine Weile mit sich, doch vergaßen sie vielleicht Eimer und Spaten (wie es Kinder oft tun) und so gruben sie nicht im Sand der Zeit, um es herauszufinden. Hier in Deutschland war es das Wort »Derwisch«, und dasselbe geschah. Die Leute hatten von dem Buch »gehört«, und vielleicht »hörten« sie etwas zwischen den Buchdeckeln. Etwas löste die Resonanz einer Stimmgabel der richtigen Note in ihren Herzen aus. Den meisten gefiel es, und einige folgten sogar dem Pilgerpfad in die Türkei. Viele touristisch Suchende wurden dort, bewaffnet mit meinem Buch, an den Straßenecken von Konya gesichtet, hierhin und dorthin Ausschau haltend, um den richtigen Weg zu finden zum Sitz von Mevlana, zu Sadruddin Konevi und zu Shams-i Tabriz.

Sie *hörten* etwas, und begannen, sich der Quelle des Klangs zuzudrehen. Vielleicht machten sie eine Vierteldrehung, ihre Arme symbolisch über dem Herzen gekreuzt, und warteten auf den ersten Morgenanbruch des wirklichen Lebens, indem sie sich abwandten von der Welt der Illusion, die sie vorher als ihr Zuhause gekannt hatten.

Dies war der Beginn der ersten Drehung, und möglicherweise erbrachten sie viele Anstrengungen, um sich in einem 360-Grad-

seen standing on the street corners of Konya armed with my book, looking this way and that and trying to discover the correct way to go to Mevlana's seat, and where is Sadruddin Konevi, and where Shams-i Tabriz.

They *heard* something, and they started to turn towards the source of the sound. Perhaps they made a quarter turn, their arms symbolically crossed over their hearts, waiting for the daybreak of the first morning of the real life, as they turned from the world of illusion that before they had known as their homes.

It was the beginning of the first turn, and perhaps they made many efforts to turn right around in one 360 degrees sweep of love. But that first turn is not easy. We carry so much weight on our shoulders. There is much conditioning, personal pain and false suffering. How can we keep a balance if we are thinking about the past or the future? How can we keep a balance if we think at all? Anyone who has practised the physical turn of the Mevlevis knows that.

No, to complete that first turn and then be able to move on to the second turn requires a really persevering nature, courage, trust and faith in the ultimate rightness of all life. It is not for the faint-hearted, this first turn, or any other turn for that matter. It is for those who really care and who want to be of service more than anything else – for the simple reason that "being of service" is not some sort of alternative way of life; it is the only way of life that makes sense in the long run. So there are not only the very positive qualities that have to be developed in order to complete the turn, but also our very centre of gravity has to change. There can no more be a "me" as separate from the whole. There can only be myself as part of the greater self, not separate at all and yet totally unique. I can learn about the turn, I can learn about the meanings behind and within the turn, but I have to do the turning myself as a unique individual turning back to my own source.

The next step is what is often called *seeing*. In the first turn we heard the good news of another way of life, not separate from this world, but living within the known world. We heard of a new sort of freedom. We wanted that freedom. We were even prepared to give up what would be necessary in order to attain to that freedom. If we found a good teacher, we would also be guided along the path. Otherwise we would have to trust our own individual guidance from within and hope for the best. And that is a difficult task,

Schwung der Liebe vollständig herumzudrehen. Aber diese erste Drehung ist nicht einfach. Wir tragen so viel Gewicht auf unseren Schultern. Es gibt viel Konditionierung, persönlichen Schmerz und falsches Leiden. Wie können wir das Gleichgewicht halten, wenn wir über die Vergangenheit oder die Zukunft nachdenken? Wie können wir im Gleichgewicht bleiben, wenn wir überhaupt denken? Das weiß jeder, der das physische Drehen der Mevlevis geübt hat.

Nein, diese erste Drehung abzuschließen und dann fähig zu sein, zur zweiten überzugehen, erfordert eine wahrhaft ausdauernde Natur, Mut, Vertrauen und den Glauben in die letztendliche Richtigkeit allen Lebens. Sie ist nichts für die Schwachherzigen, diese erste Drehung oder jede andere Drehung, was das betrifft. Sie ist für diejenigen, denen es wirklich etwas bedeutet und die dienen wollen, mehr als alles andere – aus dem einfachen Grund, dass »dienen« nicht eine Art alternativen Lebensstils ist, sondern die einzige Lebensart, die auf lange Sicht Sinn macht. Es gibt also nicht nur die sehr positiven Eigenschaften, die entwickelt werden müssen, um die Drehung zu vollenden, auch unser innerster Schwerpunkt muss verlagert werden. Es kann kein vom Ganzen getrenntes »Ich« mehr geben. Es kann mich selbst nur noch als Teil des größeren Selbsts geben, keinesfalls mehr davon getrennt, und dennoch völlig einzigartig. Ich kann über das Drehen lernen; ich kann die Bedeutungen hinter und in dem Drehen lernen, aber das Drehen muss ich selbst ausführen als ein einzigartiges Individuum, das sich zu seinem eigenen Ursprung zurückwendet.

Der nächste Schritt ist das, was häufig *Sehen* genannt wird. In der ersten Drehung hörten wir die frohe Botschaft einer anderen Art zu leben, nicht getrennt von dieser Welt, sondern innerhalb der uns bekannten Welt. Wir hörten von einer neuen Art von Freiheit. Wir wollten diese Freiheit. Wir waren sogar darauf vorbereitet, das aufzugeben, was aufzugeben notwendig wäre, um diese Freiheit zu erlangen. Wenn wir einen guten Lehrer fanden, wurden wir auch entlang des Weges geführt. Andernfalls mussten wir unserer inneren Führung vertrauen und auf das Beste hoffen. Und das ist eine schwierige Aufgabe, denn vielleicht wussten wir nicht wirklich, was aufgegeben und was gepflegt werden muss. Vielleicht gab es niemanden, der uns helfen konnte, die schöne Kunst der Nichtidentifikation zu verstehen, und so fuhren sich unsere materiellen und körperlichen Erwägungen nach kurzer Zeit wieder an

jenen falschen Orten fest, denen wir aufgrund unseres Grübelns und unserer Verlustängste verhaftet bleiben. Und doch, hätten wir einen guten Lehrer gefunden und ihn akzeptiert, so würden wir verstehen, dass das Einzige, was wir aufgeben müssen, das eigentliche Haften an der materiellen Welt ist, nicht notwendigerweise die physischen Objekte selbst, das Haus, der Besitz, der Beruf und sogar die Familie.

Wie vollenden wir also die erste Drehung? Offensichtlich ist er nicht für jedermann – dieser Sufi-Weg –, weil es in der relativen Welt Zeit braucht, um fähig zu werden, sich zu verpflichten. Wir müssen uns verpflichten wollen. Wir müssen unsere Körper und unsere *nafs* so erziehen, dass sie dem Ruf antworten, den wir in der einen oder anderen Art vernommen haben. Was die Leute in meinem ersten Buch gehört haben, war wahrlich eine Herausforderung; wenn aber die Leute nicht wirklich gelauscht haben, konnte es kein Hören geben, und so wanderte das kleine Buch einfach zurück in das staubige Bücherregal für jemand anderen, der es eines Tages hervornehmen und vielleicht versuchen wird, sich der Ursache hinter der scheinbaren Ursache zuzuwenden.

Angenommen, jemand vollendet diese erste Drehung wirklich und das, auf wundersame Weise, sogar ohne einen Lehrer – welches ist dann der nächste Schritt? Taucht die Drehung des »Sehens« einfach unvermittelt auf, oder müssen wir nach ihr Ausschau halten?

Wir wollen die Analogie des *Sema* verwenden, um ein Bild zu zeichnen, das uns zur Beantwortung dieser Frage führen könnte. Zu Beginn der Zeremonie treten die Derwische einer nach dem anderen ein, schwarz gekleidet, noch immer in ihren Gräbern, eingesperrt wie Tiere in dieser Welt der Erscheinungen. Erst nachdem sie die Rundgänge des Sultan Weled-Gangs vollendet haben, gelangen sie an den Punkt, an dem die Finsternis menschlicher Ignoranz abgeworfen wird, um den wahren Drehkreis ihres Lebens zu enthüllen. Und davor gibt es noch diesen entscheidenden Augenblick, wenn sie mit ihren Händen auf den Boden klatschen, um die Welt sozusagen aus dem Schlaf zu rütteln.

So gehen sie zum Scheich und bitten um Erlaubnis, die erste Drehung zu beginnen. Sie wird gegeben, und so schreiten sie weiter. Das ganze Training über die 1001 Tage wird nun in vollem Umfang geprüft. Die erste größere *chilla* ihrer Leben ist vorbei. Nun müssen sie beginnen, sich zurück zu ihrem Schöpfer zu

for perhaps we would not really know just what does have to be given up and what needs to be cultivated. Perhaps there would be no one to help us understand the beautiful art of non-identification, and so, before long, we would be bogged down once more on those wrong places by material and physical considerations, attached to them by the sticky process of thinking about them and what would happen if we lost them. Yet, if we had found a good teacher and accepted him, then we would understand that the only thing we would have to give up would be the actual attachment to the material world, not necessarily the physical objects, the house, the wealth, the job and even the family.

So how do we actually complete the first turn? Obviously it is not for everyone – this Sufi path I mean – because it takes time in the relative world to be able to be committed. We have to want to be committed. We have to train our bodies and our *nafs* to respond to the call that we heard in one way or another. What people heard in my first book was truly a challenge; but if people were not really listening, there could be no hearing, and so the little book just went back into the dust on the bookshelves for someone else, one day, to pick it up and perhaps try to turn to the cause behind the apparent cause.

Now supposing someone does actually complete this first turn, and even, miraculously, without a teacher – then what is the next step? Does the turn of "seeing" just suddenly appear or do we have to look for it?

Let us use the analogy of the Sema to illustrate a picture that could lead to the answer to that question. At the beginning of the ceremony the dervishes come in, one by one, dressed in black, still in their tombs, caged, like animals, in this world of appearances. It is only when they have completed the circumambulations in the "Sultan Weled Walk" that they can come to the point when the darkness of human ignorance is cast aside to reveal the true turning circle of their lives. And even before that there is that crucial moment when they slap the floor, as it were awakening the world from sleep.

So they go to the sheikh, begging his permission to commence the first turn. It is given, and on they go. All their training over 1001 days is now tested to the full. The first major *chilla* of their lives is over. Now they must begin to turn back to their creator. They were asleep, buried in the thick morass of expectations and

drehen. Sie haben geschlafen, begraben im dicken Morast von Erwartungen und Gedankenformen aus über tausend Jahren der Verbannung. Nun beginnen sie aufzuwachen. Sie haben die frohe Botschaft gehört. Sie drehen, und die Brise wirklicher Veränderung fächert ihre Gewänder auf, die sich im Drehkreis ihrer Leben bauschen.

Und dann ist es vorbei, die erste Drehung ist vollendet. Die Musik zögert einen Augenblick. Es entsteht eine Pause, und die Derwische kehren wieder in jene erste Aufstellung zurück, um die zweite Drehung zu beginnen. Sind sie bereit? Sie schreiten nach vorn, bitten erneut um Erlaubnis, und gehen noch einmal hinaus. Dieses Mal ist es die Drehung des »Sehens«.

In unserem Alltag können diejenigen, welche die erste Drehung vollendet und die zweite Drehung begonnen haben, leicht erkannt werden. Da ist ein neues Leuchten in ihren Augen. Ihre Gegenwart weckt Vertrauen und Zuversicht. Eine neue Musik klingt aus ihren Herzen. Sie lächeln. Die pathetische Vorstellung ihrer Getrenntheit wurde in der ersten Drehung verbrannt, als sie vernahmen, dass dies in der Tat die frohe Botschaft, der Beginn des Wegs der Rückkehr ist, und sie diese Drehung abschlossen. Sie können weitergehen. Sie haben verstanden, dass sie jetzt wirklich ins Sein kommen müssen, völlig in Liebe, und sich für die Liebe in der Liebe Gottes drehen müssen. Kein Wunder, dass Licht in ihren Augen ist!

So, wie sie gehört haben, beginnen sie nun zu »sehen«, was sie zu tun haben. Sie müssen in sich die drei Welten ins Gleichgewicht bringen. Sie können sich nicht mehr einfach auf den Anstoß der Liebe selbst verlassen. Sie sehen, dass sie Liebe mit Wissen verankern müssen, und dieses Wissen ist die Kenntnis ihrer selbst. In der zweiten Drehung müssen sie sich quasi in die universelle Matrix zurückwerfen, aus der sie ursprünglich gekommen sind. Sie müssen eingehüllt werden in den Mantel Marias, umfangen in Gottes Gnade und Erbarmen. Sie beginnen, in das Herz des Lebens zu schauen. Ihre Entschlossenheit wächst. Sie beginnen ihr Studium und entfalten so das Göttliche Wissen, das seit Anbeginn der Zeit von den Botschaftern und Propheten Gottes durch alle Epochen der Menschheit weitergetragen wurde. Sie erkennen die Eigenschaften Gottes, die in Seinen geliebten Dienern manifestiert wurden. Sie sehen die Göttlichkeit Adams, die Weisheit Noahs, die verzückte Liebe Abrahams und die Weisheit des Unsichtbaren in

thought forms over a thousand years of exile. Now they are beginning to awake. They have heard the good news. They turn, and the breezes of real change fan their skirts billowing in the turning circle of their lives.

And then it is over, the first turn is complete. The music hesitates for a moment. There is a pause, and again the dervishes return to that first line to begin the second turn. Are they ready? They proceed forward, again asking permission, and then out they go once again. This time it is the turn of "seeing".

In our daily lives those who have completed the first turn and have entered the second turn can be easily seen. There is a new light in their eyes. Their presence inspires trust and confidence. There is a new music ringing from their hearts. They are smiling. The pathetic notion of their separation has been burnt up in the first turn as they heard that indeed this was the good news, this is the beginning of the path of return, and they have completed that turn. They can go on. They have realised that now they need to really come into being, completely in love, turning for love in the Love of God. No wonder there is light in their eyes!

Just as they heard, so now they begin to see what it is they have to do. They have to balance the three worlds within them. They can no longer rely on the impetus of love alone. They see that they must anchor love through knowledge, and that is the knowledge of themselves. In the second turn they have to almost throw themselves back into the universal matrix from which they originally came. They have to be enveloped by the cloak of Mary, embraced in God's Mercy and Compassion. They start to see into the heart of life. Their determination grows. They start to study, and thus unfold the Divine Knowledge that has continued from the beginning of time through God's Messengers and Prophets in all the ages of mankind. They see the Qualities of God that were manifested in His beloved Servants. They see the divinity of Adam and the wisdom of Noah, the rapturous love of Abraham and the wisdom of the unseen in the patience of Job. They see the wisdom of being in the prophet David and the breath in Jonah when he entered the belly of the whale. They see the wisdom of prophecy in the word of Jesus, the sublime wisdom in the word of Moses and the wisdom of singularity in the word of Muhammad. And as they turn in this second of the four glorious turns, all the Qualities of God start to come to life again in the body of the true seeker, the *salik*.

der Geduld von Hiob. Sie sehen die Weisheit des Seins im Propheten David, und den Atem in Jonas, als er im Bauch des Wals war. Sie sehen die Weisheit der Weissagung im Worte Jesu, die erhabene Weisheit im Worte Mose und die Weisheit der Einzigartigkeit im Worte Mohammeds. Und während sie sich drehen in dieser zweiten der vier herrlichen Drehungen, beginnen alle Eigenschaften Gottes wieder lebendig zu werden im Körper des wahren Suchers, des *salik.*

Ich frage mich, wie lange diese Drehung braucht in dieser Welt? Sie braucht so viel Zeit, wie wir brauchen, um fähig zu sein, zur Erkenntnis unserer totalen Abhängigkeit von Gott zu gelangen und zum Beginn des »Wissens« um unsere Verpflichtung aus unserer Geburt als Mann und Frau. So lange dauert es, denn wir müssen diese so schönen Eigenschaften Gottes in menschlicher Form verkörpern, damit wir die Eigenschaften mit jedem Atemzug, den wir nehmen, in das Wissen um und in die Liebe zu Gott verwandeln können. Wir haben uns selbst in die Matrix, den Schoß des Augenblicks, geworfen. Wir haben die Weisheit der Liebe Gottes gesehen, wie sie sich im Leben Seiner Botschafter und Propheten zeigt und sich mit jedem Atemzug Seiner Gnade und Seines Erbarmens entfaltet. Wir erkennen, dass Seine Namen in der Tat wie Kraftlinien sind, die Seine Schöpfung hier auf der Erde ins Sein bringen. Wir verherrlichen Seine Heiligen Namen, und wir verherrlichen Ihn, Dessen Namen sie sind. Die Sonne ist nun in ihren Scheitelpunkt gezogen und bleibt fest und für immer in unserem Herz. Einen Augenblick lange sehen wir gar das Licht hinter der Sonne, das Licht, das unserer Sonne ihr Licht verleiht. Indem wir drehen, indem wir atmen, bereitet dieses Licht einen neuen Weg für all diejenigen um uns, die gerade dabei sind, auf ihre erste Drehung zuzugehen. Und wieder drehen wir uns.

Wir drehen uns zum dritten Mal. Dies ist die Drehung des Wissens. Wir sehen nicht mehr, denn es ist niemand übrig, der sähe. Es gibt nur Ihn! Unsere Augen sind die Augen, durch die Er sieht; unsere Ohren sind die Ohren, durch die Er hört. Es gibt keinen Gott außer Ihm. Dies wissen wir, wenn wir drehen, und doch müssen wir noch immer um Erlaubnis bitten, ein weiteres Mal, um fortzuschreiten unserer wahren Bestimmung entgegen. Dies ist die längste der vier Drehungen. Und doch ist sie die Drehung der Verzückung. Sogar noch jenseits der Verherrlichung, jenseits des Rufens der Engel und Erzengel, die wir in der Höhe tanzen sahen,

I wonder how long this turn takes in this world. It takes as long as we need to be able to come to the realisation of our total dependence upon God, and to the beginning of "knowing" our obligation in being born man and woman. That is how long it takes, for we must embody in human form those Qualities of God, so Divine and so beautiful, that we can turn the Qualities into the Knowledge and Love of God in every breath that we take. We have thrown ourselves into the matrix, the womb of the moment. We have seen the wisdom of the Love of God as shown in the lives of His Messengers and Prophets unfolding with each breath of His Mercy and Compassion. We see that His Names are indeed like lines of force bringing His Creation into being here on earth. We glorify His Holy Names, and we glorify Him, Whose Names they are. The sun has moved into its zenith and is fixed forever in our hearts. For a moment we even see the light behind the sun, the light that gives light to our sun. As we turn, as we breathe, that light ushers forth a new way for all those around us who are just beginning to walk towards their first turn. We turn again.

We turn for the third time. It is the turn of knowledge. No more do we see, for there is no one left to see. There is only He! Our eyes are the eyes through which He sees; our ears are the ears through which He hears. There is no god but Him. We know this as we turn, and yet we still have to ask permission, once more, to proceed on towards our true destiny. This is the longest of the four turns. And yet this is the turn of exultation. Beyond even glorification, beyond the call of the angels and the archangels whom we saw dancing on high, there is the knowing of God's Unity, and then there can only be exultation. The pounding of the drums in the third turn changes our heart beat since no more do "we" have a heart, for it has joined the Heart of the Beloved in the knowledge of His Unity.

Is there any more? Is there any further to go, any more turning to make in our lives? Is this not truly enough? No, we must go on. We have tasted of the way of certainty. Now we must emerge from the eternal womb of Mary to enter the world forever with permission from our Lord. It is the world of true being. God said, "Be! *Kun!*" and all became. There is no creation in the relative world, there is only the becoming of being. A real Sufi is not created.

liegt das Wissen um die Einheit Gottes, und da kann es nur noch Jubel geben. Das Trommeln in der dritten Drehung verändert unseren Herzschlag, denn nicht länger haben »wir« ein Herz, es hat sich mit dem Herz des Geliebten vereinigt im Wissen um Seine Einheit.

Gibt es da noch mehr? Können wir in unserem Leben noch weiter gehen, noch weiter drehen? Ist das nicht wahrlich genug? Nein, wir müssen weiter. Wir haben einen Geschmack vom Weg der Gewissheit bekommen. Nun müssen wir aus dem ewigen Schoß von Maria herauskommen, für immer in die Welt eintreten mit der Erlaubnis unseres Herrn. Dies ist die Welt des wahren Seins. Gott sprach: »Sei! *Kun!*« und alles wurde. Es gibt keine Schöpfung in der relativen Welt, es gibt nur das Werden des Seins. Ein wahrer Sufi ist nicht erschaffen.

Die letzte Drehung. Der Scheich verlässt den Post.* Die Derwische verteilen sich im Raum, um sich endlich um ihre wahre Achse zu drehen. Den Atem des Göttlichen Erbarmens hört man auf den Röcken der *Semazen* und sieht man im Aufgehen der Sonne, wenn das Licht hinter der Sonne die Drehhalle mit majestätischem Glanz erfüllt. Der Scheich dreht sich selbst. Es ist vollendet. Und die Welt beginnt von Neuem.

Liebe Freunde, möge euch die Erlaubnis gegeben werden, euer eigenes Leben wahrhaftig und in Klarheit zu betrachten. In der Tat habt ihr die frohe Botschaft gehört. Vielleicht habt ihr ein bisschen davon »gesehen«, was für die zweite Drehung erforderlich ist. Also dreht euch weiter. Ihr werdet selbst wissen, ob ihr euch gegenüber ehrlich seid, ob ihr die erste Drehung schon vollendet habt. Ist euer rechter Fuß stets auf den Post ausgerichtet, in jeder eurer Drehungen, bei jedem Schritt in eurem täglichen Leben? Rot ist die Farbe der Vereinigung, also drehen wir uns so, dass wir uns ihr stellen und nicht bloß ein bisschen in ihre Richtung schwenken. Wir müssen uns ganz herumdrehen. Und wenn ihr gesehen habt, was in der zweiten Drehung von euch verlangt wird, dann erbringt die richtigen Anstrengungen und geht weiter. Lasst euch durch die Verästelungen der *nafs* nicht von eurer Absicht wegdrehen! Liebt die *nafs,* denn auch sie hat Anteil an der Schöpfung Gottes. Bringt ihr bei, was sie zu tun hat, und sie wird euch gut dienen. So wie ihr die sechs Sinne erzieht mit dem Licht, das aus einer reinen Absicht

* Üblicherweise ein rot gefärbtes Schaffell, auf dem der Scheich während des ersten Teils der Sema-Zeremonie sitzt bzw. steht [Anmerkung des Herausgebers].

The last turn. The sheikh leaves the post.* The dervishes spread out to turn, at last, on their true axis. The breath of God's Compassion is heard on the skirts of the *semazens* and seen in the rising of the sun, as the light behind the sun fills the turning hall with the majesty of illumination. The sheikh turns himself. It is complete. The world begins again.

May you be given permission, dear friends, to look truly and clearly into your own lives. You have indeed heard the good news. Perhaps you have "seen" a little of what is required in the second turn. So go on turning. You will know if you are honest with yourselves, whether you have yet completed the first turn. Is your right foot facing the post with every turn you take, with every footfall you make in daily life? Red is the colour of union, so we turn to face it, not just a little of the way. We have to turn all the way. And when you have seen what is required of you in the second turn, then make the right efforts and move on. Don't be spun off your intention by the meanderings of the *nafs!* Love the *nafs,* for it is part of God's Creation as well. Teach it what it is meant to do, and it will serve you well. Just as you train the six senses with light beamed from pure intention, so study the nature of the *nafs* and finally let it be your valiant steed to help carry you all through to the ninth heaven of completion. Remember the wisdom of the prophets, bringing God's Message to us as we come to every corner so that we can turn on and on back to our source. May we all be guided on the straight way.

1989

* Usually a red-coloured sheep skin on which the sheikh sits and stands during the first part of the Sema ceremony [note from the publisher].

strahlt, so studiert die Natur der *nafs* und lasst sie letztlich euer kühnes Ross sein, das euch durch alles hindurch bis zum neunten Himmel der Vollendung trägt. Erinnert euch an die Weisheit der Propheten, die uns Gottes Botschaft bringen, wann immer wir an eine Ecke gelangen, so dass wir uns weiter und weiter drehen können, zurück zu unserem Ursprung. Mögen wir alle auf dem geraden Weg geführt werden.

Die Zeit und die Oktave

Gott erschafft die Jahreszeiten, aber der Mensch erschafft die Zeit

WIRKLICHES HANDELN HAT SEINEN URSPRUNG NICHT IN DIEser Welt, die wir »Erscheinungswelt« nennen, sondern in einer jenseitigen Welt. Es muss die Brücke zwischen dieser und der künftigen Welt überschreiten. Darin besteht das Geheimnis von Zeit und Handlung. Zeit und Handlung entstehen durch *uns.* Zeit ist nicht irgendein willkürlicher linearer Prozess; wir machen, dass sie geschieht. Dies tun wir bewusst. Wir erschaffen Zeit durch Einverständnis. Wir können die künftige Welt, die ihrem Wesen nach vollkommen ist wie die Matrix, in diesen Augenblick hineinbringen. Es existiert eine riesige Möglichkeit, und es liegt an uns, aus ihr Ordnung entstehen zu lassen. Eine neue, vollkommene Ordnung zu schaffen, heißt, unsere alten Vorstellungen von uns selbst und vom Leben aufzulösen, und das führt uns zu größerer Freiheit, größerem Raum und größerer Erkenntnis über den Zweck unseres Geborenseins. Wärst du ein Bildhauer, würdest du einen Klumpen Lehm nehmen, in dem alle für die Arbeit notwendigen Möglichkeiten enthalten sind, und diese Masse in eine bestimmte Ordnung bringen. Du würdest etwas daraus gestalten, indem du Raum, Zeit und Ausdehnung aus ihrem gegebenen Potenzial schöpfst.

Viele Menschen kümmern sich entweder überhaupt nicht um die Zeit, oder sie nehmen sie als selbstverständlich. Wie oft ziehen wir tatsächlich die Zeit in Betracht, die uns zur Verfügung steht, die Zeit, die uns in diesem Leben, auf diesem Planeten gegeben ist?

Time and the Octave

God makes the seasons, but man makes time

REAL ACTION DOES NOT COME FROM THIS WORLD, WHICH we call "the world of appearances", but from a world beyond. It must come across a bridge between this world and the world-to-come. This is the secret of time and action. Time and action are made through *us*. Time is not an arbitrary thing floating on in a linear way; we make it happen. We do it in consciousness. We make time by agreement. We can bring the world-to-come, which in essence is perfect like the matrix, into this moment. An immense possibility exists, and it is up to us to make order out of it. To create a new and perfect order is to disintegrate old concepts of ourselves and life, leading us to greater freedom, greater space and greater realisation about the purpose of our being born. If you were a sculptor, for example, you would take clay, which has all the possibility within it for the work at hand, and you would create order from it. You would shape it into something, creating space, time and dimension out of its given potential.

Time is something that many people either ignore or presume. How often do we really consider the time we have, the time we are given in this life, on this planet? To presume time is to let time pass away, and that is a waste of time. It is a question of what we do with time. Some people need to see time, some need to go through time and some need to manifest time. To see time is to understand it. To go through time is to redeem the past by allowing the future to come in. To manifest time is to create time in order to do something with it. God makes the seasons, but man makes time. We create time; time is in our hands.

To manifest time is to manifest energy. Energy is all around us, and it is up to us to bring it into something, into time. Rather than wasting it, we can do something useful with this time for ourselves, our children and our children's children. To waste time is to waste our lives, and since our lives are a gift given to us, we are also wasting God's Time.

Our job, as human beings, is to participate in the manifestation of God's Will on earth. First we need the knowledge of how to do this, and then we need to be willing to fulfil our unique function. We can see how this works in the manifestation of an idea. First

Die Zeit einfach vorauszusetzen, heißt, sie nutzlos verstreichen lassen, und das ist Zeitverschwendung. Die Frage ist, wie wir mit der Zeit umgehen. Einige Menschen müssen die Zeit sehen, andere müssen durch sie hindurchgehen, und wieder andere müssen sie manifestieren. Zeit sehen bedeutet, sie zu verstehen. Durch Zeit hindurchgehen heißt, die Vergangenheit zu erlösen, indem wir der Zukunft erlauben hereinzukommen. Zeit manifestieren besagt, Zeit zu erschaffen, um etwas damit zu tun. Gott erschafft die Jahreszeiten, aber der Mensch erschafft die Zeit. Wir erschaffen Zeit; die Zeit liegt in unseren Händen.

Zeit zu manifestieren, heißt, Energie zu manifestieren. Wir sind überall von Energie umgeben, und es liegt an uns, diese in etwas, in die Zeit, hineinzugeben. Statt sie zu verschwenden, können wir mit dieser Zeit etwas Sinnvolles für uns selbst, für unsere Kinder und für unsere Kindeskinder anfangen. Zeit zu verschwenden, bedeutet, unser Leben zu verschwenden, und da uns unser Leben geschenkt ist, verschwenden wir auch die Zeit Gottes.

Als Menschen haben wir die Aufgabe, an der Manifestation von Gottes Willen auf dieser Erde mitzuwirken. Zuerst brauchen wir das Wissen, wie dies zu bewerkstelligen ist, und danach müssen wir willens sein, unsere einzigartige Funktion zu erfüllen. Wie dies geschieht, können wir in der Manifestation einer Idee sehen. Am Anfang steht die Idee, danach kommt das Gefühl oder der Wunsch, diese auszudrücken, und am Ende steht der Ausdruck. Damit eine Idee aus der Welt der Möglichkeit verwirklicht werden kann, bedarf es eines ganzen Prozesses innerhalb der Zeit. Es braucht Zeit und erfordert Arbeit, und je mehr wir über die Gesetze von Zeit und Manifestation wissen, desto besser können wir diesem Ausdruck dienen.

Wenn wir einer Idee zur Vollendung verhelfen möchten, so bedarf es dazu einer Absicht und ausreichender, zielgerichteter Energie. Ebenso müssen wir willens dazu sein. Damit es aus der Welt der Archetypen ein Fließen in die Verwirklichung gibt, müssen unser Einverständnis mit diesem Prozess und unsere Hilfsbereitschaft in dem Vorsatz »Ich will« Ausdruck finden. Um die Aufgabe zu erfüllen, sind innere Verpflichtung, Einverständnis sowie Beharrlichkeit nötig. Wann immer wir irgendeinen Aspekt des Göttlichen Plans mit dem Vorsatz »Ich will« bejahen, wird uns genau das zuteil, was wir zur Erfüllung dieses Planes brauchen. Entscheidend ist die Triade von Verpflichtung, Bereitwilligkeit

there is the idea, then there is the feeling or desire to express it, and finally there is the expression. A whole process must take place in time for an idea from the world of possibility to manifest. It takes time and it takes work, and the more we know about the laws of time and manifestation, the better we can serve that expression.

There needs to be an intention and sufficient energy directed properly to see an idea through to its completion. We also need to be willing to do it. For there to be a flow from the world of archetypes into manifestation it is necessary that we give our agreement and assistance to the process by saying, "I will." We need commitment and agreement, and also perseverance to fulfil the task. Whenever we consciously affirm "I will" to an aspect of the Divine Plan, we are given exactly what we need to fulfil that plan. There needs to be the triad of commitment, willingness and agreement, which I call "the triad of freedom". Through this triad of freedom we are placed in the stream of service and can thus participate in the manifestation of being into becoming.

We have to really desire to manifest God's Will to the best of our abilities. Without this, we will never put in all of our effort. It is important to visualise whatever we are asked to do with our deepest feelings and the desire to complete it. We cannot expect that it will all happen easily, or even complete itself in the way that we envision. We can only do our best and pray that it will work out in the best way possible. There is no need to feel attached, but it is good to care very deeply. Then from the feeling and thought there needs to be action, because without action there can be no manifestation in this world.

The definition of patience is the distance between vision and manifestation. I f we are impatient, we will not give enough time for a vision to manifest. Patience is active, not passive. We need to work at it. It is an actively receptive state because we need to wait for the right time, taking care not to fall asleep and miss it.

As human beings we have to make decisions and follow them to their destination if we are to get anywhere in life. Often we are diverted by accident and fate. Who is in control if we are not awake and do not make conscious decisions? Though we can ask for guidance, we cannot expect God to make our decisions for us; we cannot expect God to do what needs to be done in order to reach the destination; we cannot expect God to make it all happen. We have to make the effort ourselves; *we* have to make the decision.

und Einverständnis, die ich die »Triade der Freiheit« nenne. Durch diese Triade der Freiheit werden wir in den Strom des Dienens gebracht und können somit an der Offenbarung des Seins ins Werden teilhaben.

Wir müssen uns wirklich wünschen, Gottes Willen nach Kräften zu manifestieren, denn andernfalls werden wir nie die nötige Anstrengung erbringen. Was immer zu tun uns auch aufgegeben sein mag, müssen wir mit unseren tiefsten Gefühlen und dem Wunsch, es zu vollenden, visualisieren. Auch dürfen wir nicht erwarten, dass alles ganz leicht geht oder sich sogar nach unseren Vorstellungen vollendet. Wir können einzig unser Bestes tun und beten, dass alles sich so gut wie möglich entwickelt. Dabei brauchen wir uns nicht verhaftet zu fühlen, aber tiefe Anteilnahme ist gut. Dann müssen den Gefühlen und Gedanken Taten folgen, weil in dieser Welt nichts ohne aktives Handeln manifestiert werden kann.

Geduld wird definiert als der Abstand zwischen Vision und Verwirklichung. Wenn wir ungeduldig sind, geben wir einer Vision nicht genug Zeit für ihre Manifestation. Geduld ist aktiv, nicht passiv. Daran müssen wir arbeiten. Sie ist ein aktiver Zustand der Empfänglichkeit, denn wir müssen auf den richtigen Zeitpunkt warten und aufpassen, dass wir nicht einschlafen und diesen richtigen Augenblick versäumen.

Als Menschen müssen wir Entschlüsse fassen und konsequent auf ihre Verwirklichung hinarbeiten, wenn wir es im Leben zu etwas bringen wollen. Oft werden wir jedoch durch Zufall und Schicksal abgelenkt. Wer aber hat die Kontrolle, wenn wir nicht wach sind und keine bewussten Entscheidungen treffen? Obwohl wir natürlich Gott darum bitten können, uns zu leiten, dürfen wir nicht erwarten, dass Er uns unsere Entscheidungen abnimmt; wir können nicht erwarten, dass Er für uns erledigt, was getan werden muss, damit wir unser Ziel erreichen; wir können nicht erwarten, dass Gott einfach alles geschehen lässt. Wir müssen uns selbst anstrengen; *wir* müssen die Entscheidung treffen.

Meistens beginnen wir mit den besten Absichten, aber nur selten bringen wir die Dinge tatsächlich zu Ende. Um etwas jedoch wirklich zum Abschluss zu bringen, brauchen wir ausreichend Energie und Willensstärke. Obwohl wir einen Vorsatz gefasst haben und beginnen, gibt es im Verlauf seiner Verwirklichung Stadien, in denen wir dazu neigen, von unserer Absicht abzuwei-

The Looping of Time
A Seminar with
Reshad Feild

chen oder einzuschlafen, so dass es einer zusätzlichen Anstrengung bedarf, um im Fluss zu bleiben. Wir können unsere ursprüngliche Absicht sogar für Stunden, Tage, Jahre, ja für ein ganzes Leben völlig vergessen. Die Kenntnis und Anwendung der Gesetze der Zeit können uns jedoch helfen, unsere Aufgabe zu erfüllen.

Es gibt zwei Arten von Zeit. Die eine ist die natürliche Zeit, die auf dem Wechsel der Jahreszeiten und von Tag und Nacht basiert. Die andere ist die Zeit, die von einem Menschen erzeugt wird, der mit der Zeit richtig umzugehen weiß. Ohne dieses Wissen um die Zeit kann es keine wirkliche Veränderung geben; wir wiederholen lediglich auf verschiedene Arten die Verhaltensmuster, die in unserer Konditionierung angelegt sind. Wir müssen die Gesetze, die unsere Existenz bestimmen, verstehen und uns nach ihnen richten. Die Zeit wiederholt sich so lange zyklisch, bis wir lernen, die Zeitgesetze für uns nutzbar zu machen.

Wichtig für das Verständnis von Zeit ist das, was ich »umgekehrte« oder »rückläufige« Zeit nenne. Die Zeit umkehren bedeutet, sie als aus der Zukunft hereinkommend zu betrachten. Offensichtlich gibt es eine Zeit, die aus der Vergangenheit in die Gegenwart kommt, aber es gibt gleichermaßen eine Zeit, die aus der bereits vollendeten Zukunft kommt. Die Zukunft gelangt so in die Gegenwart und tritt ins Dasein ein. Wenn wir Zeit auf diese Weise anschauen, können wir auch die Vollkommenheit akzeptieren, die in uns hinein und durch uns hindurchströmt. Unsere Aufgabe ist es, für die Vollkommenheit offen und innerlich so klar wie möglich zu sein. Wir können uns den Zustand der Vollendung zunächst vorstellen und dann sehen, wie wir ihn ins Sein bringen könnten. Der erste Schritt besteht darin, einen Vorsatz zu fassen und dann seine Vollendung zu visualisieren, indem wir die Zeit umkehren und sehen, wie die Vollendung gleichsam auf uns zukommt.

Die Gesetze der Zeit können wir im Wissen und im Üben dessen finden, was als »die Oktave« bezeichnet wird. Nur sehr wenige Menschen wissen um die Oktave, und noch weniger wenden sie an. Was mit diesem Prinzip gemeint ist, lernen wir zu verstehen, wenn wir damit experimentieren. Es gibt eine Reihe verschiedener natürlicher Zyklen, die unablässig wirksam sind. Ganz ähnlich gibt es auch zahlreiche verschiedene Oktaven, die ständig wirksam sind. Dies können Oktaven innerhalb einer Stunde, eines Tages, einer Woche, eines Jahres oder eines ganzen Lebens sein. Wann immer wir uns entschließen, etwas zu beginnen und innerhalb

Normally we start off with good intentions, but things rarely get completed. We need sufficient energy and sufficient will to complete things. Although we have made an intention and begin, there are places in its fulfilment where we have the tendency to divert the intention or fall asleep and so need extra effort to keep the flow going. We can, in fact, completely forget the original intention for hours, for days, for years or for a lifetime. It is the knowledge and practice of the laws of time that can help us to fulfil our task.

There are two sorts of time. One is the natural time based upon the seasons and night and day. The other is the time that is created by a human being who knows how to use time. Without this knowledge of time, there can be no real change; we only repeat, in different ways, the habit patterns of our conditioning. We have to understand the laws that govern our existence and abide by them. Time is cyclical and repetitive until we learn how to use the laws of time.

An important way to understand time is in what I call "reversed" or "retrograde" time. Reversing time means to see time as coming in from the future. There is time that apparently comes from the past into the present, and then there is time that comes from the future, which is already complete. The future is coming into the present; it is coming into being. If we see time in this way, we can accept the perfection coming in and through us. Our job is to be open to it and to be as clear as possible inside. We can consider the completion first and then look at how we may bring it into being. The first step is to make an intention and then visualise its completion by reversing time and seeing how the completion moves towards you.

The laws of time can be found in the knowledge and practice of what is called "the octave". Very few people know about the octave, and fewer still apply it. The way to learn about it is to experiment with it. There are a number of different natural cycles going on all the time. Likewise, there are many different octaves going on all the time. These may be octaves within an hour, a day, a week, a year or a lifetime. Whenever we agree to begin and complete something within a set amount of time, we create an octave. Thus there may well be many octaves going on at once. We can be aware of these and then, in agreement, work with them.

The notes in the octave follow the same pattern as in the standard musical octave, that is *Do, Re, Mi, Fa, Sol, La, Ti, Do*… Each

einer festgesetzten Zeit zu beenden, erzeugen wir eine Oktave. So ist es gut möglich, dass viele Oktaven gleichzeitig ablaufen. Wir können uns ihrer bewusst werden, und dann im Einklang mit ihnen arbeiten.

Die Noten der Oktave entsprechen exakt dem Muster der musikalischen Standardoktave, also: *Do, Re, Mi, Fa, Sol, La, Ti, Do...* Jede der Noten repräsentiert einen bestimmten Zeitpunkt sowie eine Qualität von Energie. Je mehr wir für diese Noten und die Oktave als Ganzes wach sind, desto leichter erkennen wir die Stadien, wo wir unsere Absicht aus den Augen verlieren könnten und wo wir eine zusätzliche Anstrengung unternehmen müssen, um zu vollenden, was wir uns vorgenommen haben.

Die Oktave

Do ist die Note und der Klang der *Absicht.* »Halte dir deine Absicht bei jedem Schritt, den du tust, vor Augen. Du willst Freiheit, und das darfst du niemals vergessen« [siehe: *Die innere Arbeit I,* Seite 257].

Re bringt den *Rhythmus* in unser Leben, »Schritt für Schritt«. Ein Schritt ist unsere Vorherbestimmung in Ewigkeit, und einer ist die Stärke und Ausdauer, die auf dem Weg des Lebens nötig sind.

Mi ist *Gleichgewicht,* und eine Empfindung unserer eigenen Identität. »Stehe in dieser Welt, aber verbeuge dich in der nächsten.« Mi ist die Note, bei welcher 72 000 Nervenenden entweder frei sind, Musik hervorzubringen, oder aber in Knoten von Angst und Hemmung zusammengebunden sind. Mi ist der Kessel, in dem die Knoten entweder geknöpft oder gelöst werden.

Fa ist die Mitte der Oktave. Es ist weder sauer noch basisch, weder positiv noch negativ. Fa setzt die umgewandelte Energie in den ersten drei Noten in Umlauf und bringt ebenso die bis jetzt unmanifestierte Zukunft ins Spiel. Fa ist die Note des *Herzens.*

Sol ist dort, wo die Kehle das *Wort* ausspricht. »Im Anfang war das Wort.« Sol ist dort, wo wir das heilige *Hu* erklingen lassen, den ersten manifestierten Laut im Universum, der tragende Klang des Unmanifestierten. Sol ist dort, wo der Atem von Gottes Mitgefühl zum Wort wird.

of the notes represents a certain stage of time and also a quality of energy. The more we are aware of these notes and awake to the octave itself, the more we can recognise those places where our intention is liable to be diverted and where we will need to make extra effort in order to complete what we said that we would do.

The Octave

Do is the note and the sound of *intention.* "Keep your intention before you at every step you take. You wish for freedom, and you must never forget it" [see: *The Inner Work I,* page 256].

Re brings the *rhythm* into our life, "step by step". One step is our predestination in eternity, and one is the strength and perseverance that is necessary on the road of life.

Mi is *balance,* and a sense of our own identity. "Stand in this world, but bow in the next." Mi is the note where 72 000 nerve endings are either free to produce music, or are tied in knots of fear and repression. Mi is the cauldron where the knots are tied or untied.

Fa is the middle of the octave. It is neither acid nor alkaline, neither negative nor positive. Fa circulates the transformed energy in the first three notes of the octave, as well as brings into play the as yet unmanifested future. Fa is the note of the *heart.*

Sol is where the throat speaks out the *word.* "In the beginning was the Word." Sol is where we sound the sacred *Hu,* the first manifested sound in the universe, the carrying sound of the unmanifest. Sol is where the breath of God's Compassion becomes the Word.

La is the note of the *third eye,* the inner light within the seeker. It is the light of God's Intention for us, and it is the light that shines out in the darkness of human ignorance.

Ti is like the *pause* before a new beginning. It lies in the unmanifested triad of God's Creative Intention.

1991

The first note of the octave has to do with intention. We start off with the note *Do,* which contains all possibility and is the decision or intention. It is here we decide to complete our task by a certain time. The rest of the octave will unfold within the time that we

La ist die Note des *dritten Auges,* des inneren Lichtes im Suchenden. Es ist das Licht von Gottes Absicht für uns, und es ist das Licht, das hinausscheint in die Dunkelheit der menschlichen Ignoranz.

Ti ist wie die *Pause* vor einem Neuanfang. Es liegt in der unmanifestierten Triade von Gottes Kreativer Absicht.

Die erste Note der Oktave hat mit der Absicht zu tun. Wir beginnen mit der Note *Do,* die die ganze Möglichkeit enthält und gleichbedeutend ist mit der Absicht oder der Entscheidung. An diesem Punkt beschließen wir, unsere Aufgabe innerhalb eines bestimmten Zeitrahmens zu Ende zu bringen. Die restlichen Schritte der Oktave entfalten sich dann innerhalb der von uns festgelegten Zeit. Wir können uns die Triade der Freiheit – unsere Verpflichtung, unsere Bereitwilligkeit und unser Einverständnis – ins Gedächtnis rufen, und zwar wann immer es uns Schwierigkeiten bereitet, unserer ursprünglichen Absicht zu folgen. Um die Oktave zu einem Abschluss zu bringen, müssen wir beharrlich an unserer Absicht festhalten. Das negative Potenzial der Note Do ist Apathie, ein Zustand, in dem wir nicht einmal eine Entscheidung treffen, geschweige denn sie vollenden können.

Haben wir einmal eine Entscheidung getroffen, so müssen wir unserem Handeln einen Rhythmus zu Grunde legen, was bei der Note *Re* geschieht. Hier können wir beginnen zu handeln und uns schrittweise unserem Ziel nähern. Das negative Potenzial der Note Re ist Kummer.

Die nächste Note ist die Note *Mi,* die das Selbstbewusstsein des Arbeitens innerhalb der Oktave bezeichnet. Das negative Potenzial von Mi ist Angst, aber die Note Mi enthält ebenfalls das Potenzial des Mutes. Hier taucht häufig das Problem auf, dass wir uns vom »Ich«-Empfinden gefangen nehmen lassen. An diesem Punkt kommt es deswegen darauf an zu begreifen, dass wir weitergehen müssen, als wären wir im Kampf. Denn es handelt sich tatsächlich um einen inneren Kampf, nicht von unserer ursprünglichen Absicht abzuweichen oder in der Angst steckenzubleiben. An dieser Stelle müssen wir den Mut aufbringen, entschlossen weiterzugehen. Der Schlüssel dazu ist Dankbarkeit. Bringen wir die nötige Kraft auf, für alles dankbar zu sein, was uns an diesen Punkt geführt hat? Wir können nicht voranschreiten, solange wir in Apathie, Kummer oder Angst stecken, uns also von den negativen

have agreed to. We can also remember the triad of freedom – our commitment, our willingness and our agreement – and then return to it at any time we are having difficulties in following through with our original intention. We need to persevere with our intention in order to complete the octave. The negative potential of the note Do is apathy, in which we cannot even make a decision, let alone complete one.

Once we have made our decision we need to develop a rhythm in our action, which takes place in the note *Re.* Here we can begin to take action and move towards our goal. The negative potential of the note Re has to do with grief.

The next note is the note *Mi,* which is the self-consciousness of working in the octave. The negative potential of Mi is fear, but in the note Mi is also the potential of courage. The problem often arises here that we get caught in this sense of "me". We have to realise at this point that we must go on, as though we were in battle. It is a battle within, a battle not to become deviated from our original intention or stuck in fear. Here we need to have the courage to go on. The key here is gratefulness. Can we be grateful for all that has led us up to this point? We cannot go on if we are stuck in apathy, grief or fear, which are the negative potentials of the first three notes or centres in man.

The point of deviation most often occurs at the *Mi-Fa* interval of an octave. We are heading in a certain direction and all of a sudden we find ourselves going somewhere else. We fall asleep at this interval and some other influence comes in to sweep us away. We need to be awake and restate our intention at this point. Otherwise we are bound to get swept away by forces beyond our control, by attractions or by what we call "fate". Somewhere between Mi and Fa there will probably be a distraction. This distraction may come from the outside, or it may come from our own fear of going on. Often we get deviated by attraction, and the line of our intention goes off in that direction. We have to start all over again. This is known in the East as "the knot of Samsara", where we go around and around but never reach our goal.

We need to be aware of the Mi-Fa interval and of the pressure that is apt to mount here. We might have the tendency to go to sleep, get bored or go into despair at the work to be done. At this crucial point it is helpful to have a conscious shock applied from outside ourselves to wake us up and remind us of our original in-

Potenzialen der drei ersten Noten oder Zentren im Menschen bestimmen lassen.

Am häufigsten zu Abweichungen von unseren Vorsätzen kommt es im *Mi-Fa*-Intervall der jeweiligen Oktave. Wir verfolgen eine bestimmte Richtung und müssen dann plötzlich feststellen, dass wir ganz woanders hingehen. In diesem Intervall schlafen wir ein oder werden durch irgendeinen anderen Einfluss von unserem Weg abgebracht. An diesem Punkt heißt es aufwachen und unseren ursprünglichen Vorsatz wiederaufnehmen. Andernfalls laufen wir Gefahr, von unkontrollierbaren Kräften und Attraktionen fortgerissen zu werden oder von dem, was wir gewöhnlich »Schicksal« nennen. Irgendwo zwischen Mi und Fa wird es wahrscheinlich eine Ablenkung geben. Diese Ablenkung kann von außen kommen oder aus unserer Angst weiterzugehen. Häufig werden wir durch einen Reiz abgelenkt, wodurch die Linie unserer Absicht sich in eine andere Richtung verlagert. Dann müssen wir wieder von vorne anfangen. Im Osten ist dies als »Samsara-Knoten« bekannt, bei dem wir blindlings im Kreis umherirren, ohne die Möglichkeit, unser Ziel je zu erreichen.

Wir müssen uns des Mi-Fa-Intervalls bewusst und auf den Druck gefasst sein, der hier leicht entstehen kann. Vielleicht neigen wir in dieser Phase dazu einzuschlafen, uns zu langweilen oder an der Arbeit zu verzweifeln. An diesem entscheidenden Punkt ist es hilfreich, wenn uns ein bewusster Schock von außen aufweckt und uns unser ursprüngliches Vorhaben wieder ins Gedächtnis rufen lässt. Es muss kein unangenehmer Schock sein. Es kann ein Schmetterling sein, der sich auf unserer Hand niederlässt, oder ein Freund, der uns Mut zuspricht. Die wichtige Zeit ist die Zeit, in der es am schwierigsten ist, sich zu erinnern.

Obwohl das Mi-Fa-Intervall schwierig ist, bietet es uns auch Gelegenheit für eine besondere Arbeit. Wenn es uns nämlich gelingt, an uns zu arbeiten und in dieser Zeit eine zusätzliche Anstrengung zu erbringen, können wir durch diesen schwierigen Übergang hindurchgehen. Durch Dankbarkeit und den Mut weiterzugehen, können wir in die Note Fa gelangen, und diese Note ist der Thron des Herzens.

In der Note *Fa* dürfen wir uns eine Periode der Entspannung gönnen. Das heißt allerdings nicht, dass wir unsere ursprüngliche Absicht vergessen, doch befinden wir uns hier in einem Zustand, in dem unser eigenes ›Tun‹ des Werkes sich genau mit jener

tention. It doesn't have to be a nasty shock. It can be a butterfly landing on our hand, or a friend giving us encouragement. The time that is important is the time when it is most difficult to remember.

Although the Mi-Fa interval is difficult, it also presents us with an opportunity to do special work. If we can work on ourselves and put extra effort into this time, we can proceed through this difficult crossing. Through gratefulness and the courage to go on, we can come into the note Fa, which is the throne of the heart.

When we come into the note *Fa,* there is a period of relaxation. This does not mean that we forget our original intention, but here we find ourselves in a place of balance between us 'doing' the work and the work 'working through' us. We are in the middle of the octave, and from here the completion moves towards us with increasing speed. Time accelerates as the future comes closer and closer. The last three notes of the octave cannot really be explained in words. But as we become aware of how the octave manifests within a given time frame, we may notice the difference in the quality of the notes.

Finally we reach the step *Ti-Do,* which is another critical interval, the crossing into a new octave. Again the secret of moving through this interval is gratefulness, the gratefulness of having completed what we set out to do, and the willingness to let it go so that we can go on to the next step in our journey. In the completion of our original intention, working with the knowledge of the octave and other laws that govern the manifestation of life on earth, we have been able to use time consciously.

Time is the eternal Attribute of God (Sufi saying).

Keep your intention before you at every step you take. You wish for freedom, and you must never forget it (Khwajagan).

Make the senses your friends, and time will be on your side at last (Reshad Feild).

1990

Wirkung die Waage hält, die das Werk ›durch uns tut‹. Wir befinden uns nun in der Mitte der Oktave, und von jetzt an kommt die Vollendung mit zunehmender Geschwindigkeit auf uns zu. Die Zeit beschleunigt sich in dem Maße, wie die Zukunft näher und näher kommt. Die letzten drei Noten der Oktave lassen sich mit Worten nicht angemessen erklären. Während uns jedoch bewusst wird, wie die Oktave sich innerhalb eines vorgegebenen Zeitrahmens manifestiert, können wir vielleicht den zwischen den einzelnen Noten bestehenden Qualitätsunterschied bemerken.

Schließlich erreichen wir den *Ti-Do*-Schritt, der wieder ein kritisches Intervall ist, der Übergang in eine neue Oktave. Wieder ist Dankbarkeit das Geheimnis, durch dieses Intervall hindurchzugehen, Dankbarkeit, das zu vollenden, was wir uns vorgenommen hatten, und die Bereitschaft, es loszulassen, damit wir auf unserer Reise den nächsten Schritt tun können. In der Vollendung unserer ursprünglichen Absicht haben wir im Wissen um die Oktave und die übrigen Gesetze, denen die Manifestation des Lebens auf dieser Erde unterworfen ist, gearbeitet und waren fähig, die Zeit bewusst zu nutzen.

Zeit ist das Ewige Attribut Gottes (Sufi-Spruch).

Halte dir deine Absicht bei jedem Schritt, den du tust, vor Augen. Du willst Freiheit, und das darfst du niemals vergessen (Khwajagan).

Macht die Sinne zu euren Freunden, und die Zeit wird schließlich auf eurer Seite sein (Reshad Feild).

The Sacred Impulse, the Tone Scale and the Names

FIRST OF ALL, LET ME SAY THAT I AM REALLY THRILLED about the enthusiasm that is currently being shown by all the work and the groups of this living school in Europe. At the same time I want you to humbly realise that the road of truth is paved with the sacrifices of those who have gone before us. Therefore we need to remember that the seventeen years I spent here in America, and also the years before in England, are still part of the distillation process. Lately when one of our students from Switzerland was visiting us over here, she was such an obvious and wonderful example of this. The effect of her presence on people here in the States, who are part of the 'old order', the 'old cycle' or 'octave of life', if you like, was quite amazing and both my wife and I were very grateful for this. So it is, in a way, as though I spent a long formative period in America before I returned to Europe, where now the benefit is being felt.

At the same time I don't want you all to forget the work that is going on here or started to go on here again, because surely this country needs a tremendous amount of help. There is absolutely no doubt about this. Santa Fe, although one of the physically most beautiful places you could ever see, can be disgusting and unhealthy. If you could see this struggling in a muddy, murky atmosphere, this struggling for trying to achieve something in the spiritual path rather than prepare oneself for the Grace of God, you would be horrified. It is nothing but endless psychic performances, if you see what I mean. It's almost like a sort of psychic strip show, everybody exposing whatever little bit they know of something or other, and then trying to sell it, in which they are extremely successful. I know of one internationally operating woman, for example, who is extremely well known in Europe and who lives just outside Santa Fe. She charges over two thousand dollars for just four days channelling and even a lot more for people who can afford to pay more! In other words, we are very blessed with this living school of ours, and I do hope there will come an opportunity for some of you to spread the word from Europe across to America one day, when the time is right.

As I said, I am very pleased from a distance hearing about your enthusiasm. But all enthusiasm, however useful, carries a warning

Der heilige Impuls, die Tonleiter und die Namen

LASST MICH ZUERST ANMERKEN, DASS ICH WIRKLICH BErührt bin von der Begeisterung, die derzeit in all der Arbeit und den Gruppen dieser lebenden Schule in Europa an den Tag gelegt wird. Gleichzeitig möchte ich, dass ihr einfach auch erkennt, dass der Weg der Wahrheit mit den Opfern derjenigen gepflastert ist, die ihn vor uns gegangen sind. Deshalb müssen wir uns daran erinnern, dass die siebzehn Jahre, die ich hier in Amerika verbracht habe, wie auch die Jahre zuvor in England, noch immer Teil des Destillationsprozesses sind. Eine unserer Studentinnen aus der Schweiz, die kürzlich bei uns hier zu Besuch weilte, war ein offensichtliches und wunderbares Beispiel dafür. Die Wirkung ihrer Anwesenheit auf die Menschen hier in den Vereinigten Staaten, die noch Teil der ›alten Ordnung‹, des ›alten Zyklus'‹ oder der ›alten Lebensoktave‹ sind, war ganz erstaunlich, und meine Frau und ich waren sehr dankbar dafür. Es ist gewissermaßen so, als ob ich eine lange Lehrzeit in Amerika verbracht hätte, bevor ich nach Europa zurückgekehrt bin, wo nun der Nutzen zu spüren ist.

Gleichzeitig möchte ich, dass keiner von euch die Arbeit vergisst, die hier verrichtet wird oder wieder neu aufgenommen wurde, denn dieses Land braucht sicherlich ein großes Maß an Hilfe. Daran besteht überhaupt kein Zweifel. Santa Fe, obwohl physisch einer der wunderschönsten Orte, die ihr überhaupt erleben könnt, kann abstoßend und ungesund sein. Könntet ihr dieses Kämpfen in einer trüben, düsteren Atmosphäre sehen, dieses Sichabmühen, um etwas auf dem spirituellen Pfad zu erreichen, anstatt sich für die Gnade Gottes vorzubereiten, ihr wäret schockiert. Nichts als endlose Psycho-Aufführungen, wenn ihr versteht, was ich meine. Es ist fast so etwas wie eine psychische Stripshow, wo jeder das Bisschen zur Schau stellt, was er von diesem oder jenem weiß, um dann zu versuchen, es zu verkaufen, worin hier viele außerordentlich erfolgreich sind. Ich weiß zum Beispiel von einer international tätigen Frau, die in Europa äußerst bekannt ist und die etwas außerhalb von Santa Fe wohnt. Für nur vier Tage Channeling verlangt sie über zweitausend Dollar, und sogar noch viel mehr von denen, die sich mehr leisten können! In anderen Worten: Mit unserer lebenden Schule sind wir wirklich gesegnet,

und ich hoffe sehr, dass einige von euch Gelegenheit erhalten werden, eines Tages das Wort von Europa aus in Amerika zu verbreiten, wenn der richtige Zeitpunkt dafür gekommen ist.

Wie gesagt, freue ich mich wirklich sehr, aus der Ferne von eurem Enthusiasmus zu hören. Aber jede Begeisterung, so nützlich sie auch sein mag, trägt eine Warnung in sich, und das ist in der Tat der Zweck dieses Textes.

Zu bestimmten Zeiten in der Geschichte erscheint etwas auf der Oberfläche des Planeten, verkörpert durch ein menschliches Wesen oder eine kleine Gruppe Menschen oder sogar eine Gesellschaft, was manchmal als »heiliger Impuls« bezeichnet wird. Das Problem mit heiligen Impulsen besteht darin, dass sie neutrale Energie darstellen, und neutrale Energie kann zu unserem eigenen Zweck eingesetzt werden oder für jemand anderen. Sie kann dem Guten dienen oder zu einer sich einrollenden Spirale werden, die Energie aus anderen Menschen abzieht, obwohl sie in manchen Fällen viel Geld und anderes bescheren kann.

Schauen wir in die Geschichte zurück, so können wir sehen, wann es sehr akute Gefahrenpunkte gegeben hat, und hier in New Mexico, wo ich gerade lebe, werde ich stark an die große Zivilisation der Inka in Südamerika erinnert. Die Inka waren ein mystisches Volk. Der Planet wurde als heilig erachtet, und das Leben selbst war heilig. Der ganze Aspekt des Atems und die Mystik, und wie der Atem des Mystikers die Welt dreht, waren von höchster Bedeutung. Aber wie alles in dieser Welt bringt jedes Ding sein Gegenteil hervor: Es kam die Zeit der Azteken. Im Grunde genommen waren sie Wissenschaftler. Sie erfanden den Kalender, wie ihr wisst, und manches andere mehr. Gold wurde ihnen sehr wichtig, wohingegen vorher, zur Zeit der Inka, das Gold als symbolische Wertschätzung des Ewigen oder der Ergebnisse des ewigen alchimistischen Prozesses angesehen wurde. Mit den Azteken wurde dies anders, und tatsächlich zerstörten sie die gesamte Zivilisation der Inkas. Sie aßen sie buchstäblich auf, so schrecklich das auch klingen mag. Und schließlich kamen die Spanier und nahmen sich alles Gold und verzierten damit, als einem Symbol der Verkörperung Christi, reiche Kirchen – und was daraus wurde, wissen wir.

Mit anderen Worten, wann immer ein heiliger Impuls auftritt, entsteht auch sein potenzielles Gegenteil. Und das geschieht, wenn die Leute sich in die Welt der Anziehung verstricken, das heißt in

with it, and this is really the purpose of what I am writing to you in this paper.

At certain times of history there is something which appears on the surface of the planet through a human being or a small group or even a society and which is sometimes called a "sacred impulse". The problem with sacred impulses is that they are of a neutral energy, and neutral energy can be used for one's own purpose or for another. It can turn for good or it can turn to an involuted spiral which extracts energy from other people, although providing in many cases a great deal of money and so on.

If we look back in history, we can see when there were very acute danger points, and, living here in New Mexico, I am reminded so much of the great civilisation of the Incas in South America. The Incas were a mystical race. The planet was considered sacred and life itself was very sacred. The whole aspect of breath and the mystic and how the breath of the mystic turns the world was of special importance. But like everything in this world, one thing produces its opposite and along came the Aztecs. They were essentially scientists. They invented the calendar, as you know, and many other things. Gold became of tremendous importance to them, whereas before, in the time of the Incas, gold was used as a symbolic appreciation of the eternal, or of the results of the eternal alchemical process. But with the Aztecs it was different, and they actually destroyed the whole of the Inca civilisation. They literally ate them up, horrifying as that may sound. And finally along came the Spaniards and took away all the gold and served it up in rich churches as a symbol of the Christ image – and we know what happened to that.

In other words, whenever a sacred impulse comes, so does its potential opposite. And that is when people get caught in the world of attraction, i.e. in a world that appears to be so good, and then forget the First Cause, as it is sometimes called.

In our lifetime we have seen something of this since a sacred impulse really emerged rather dramatically in the sixties in California, then spread across the States to Europe and is now thrashing its way with enormous enthusiasm around the streets of Moscow and Leningrad. I recently saw an interesting documentary about that on television, i.e. how mysticism is becoming almost a social disease. It is quite obvious why. Because, as we all know, the false concepts of God were eradicated very much at the time of the

eine Welt, die ihnen als so gut vorkommt, und dann die Erste Ursache, wie sie manchmal genannt wird, vergessen.

In unserem Leben haben wir so etwas miterlebt, als ein heiliger Impuls wirklich recht dramatisch in den Sechzigerjahren in Kalifornien auftrat, sich dann über die Vereinigten Staaten und Europa ausbreitete und sich jetzt, begleitet von einer riesigen Begeisterung, seinen Weg durch die Straßen von Moskau und Leningrad bahnt. Kürzlich sah ich eine interessante Fernsehsendung darüber, wie Mystizismus fast schon zu einer Gesellschaftskrankheit wird. Es ist ziemlich offensichtlich warum. Denn wie wir alle wissen, wurden die falschen Konzepte von Gott zur Zeit des leninistisch-stalinistischen Regimes weitgehend ausgerottet, was auf lange Sicht natürlich gar keine so schlechte Sache war. So hatten die Menschen wenigstens keine falschen Bilder von Gott entworfen und vor sich her getragen, und das hat eine deutliche Öffnung zurückgelassen, durch die etwas vom wirklichen mystischen Pfad hereinkommen kann – und das ist für jeden sehr aufregend, der die Situation intelligent betrachtet. Gleichzeitig fehlte spürbar jene Atmosphäre, die aus der Gier des Kapitalismus hervorgeht. Davon konnten wir uns in diesem Jahr anlässlich eines internationalen Esoterik-Festivals in Potsdam, im Osten Deutschlands, selbst überzeugen. Auch das half, den höheren Impulsen, den heiligen Impuls natürlich eingeschlossen, einen freien Raum zu öffnen. Ich sage »einschließlich des heiligen Impulses«, weil der heilige Impuls als Teil eines breiten Stroms reiner Energie eintritt, der eine tragende Kraft für vieles darstellt, das nicht in normaler Alltagssprache erörtert werden kann.

Wir haben also diesen bemerkenswerten Wandel in unserer Zeit, in den Sechzigerjahren, miterlebt. Doch wir haben auch kriegerische Auseinandersetzungen gesehen, und nun beobachten wir, vor allem hier in den Vereinigten Staaten, den Zusammenbruch des Wirtschaftssystems, an das wir uns so lange gewöhnt hatten. Und all dies innerhalb so weniger Jahre! Manchmal ist es gut, sich einfach hinzusetzen und über diese Dinge zu kontemplieren.

Nun haben wir unsere lebende Schule in Europa und die unglaublich harte Arbeit, die ihr alle in diese Schule gesteckt habt. Es ist jedoch ebenfalls sehr wichtig, sich – in Demut – daran zu erinnern, dass es mehr als die Arbeit meines Lebens gebraucht hat, die nötige Destillation voranzubringen, die erforderlich war, damit ihr den heiligen Impuls bei euch habt. Es ist ungeheuer wichtig, dass

Leninist-Stalinist regime, and that was on the long term, of course, not a very bad thing. So, people had not projected false images of God in order to follow them, and that has left a very clear opening for something of the true mystical path to come in – which is very exciting for anyone who looks at the situation intelligently. At the same time the atmosphere created by the greed of capitalism was noticeably absent there, as we could witness when we attended an international esoteric festival in Potsdam, in East Germany, earlier this year. This helped to open the space for the higher impulses including, of course, the sacred impulse to enter. I say "including the sacred impulse" because the sacred impulse comes in as part of a vast stream of pure energy, which is a carrying force for many matters which cannot really be discussed in normal day-to-day language.

So we have seen this remarkable change happening in our time, in the sixties. But we have also seen wars struggling, and now we are watching, very much over here in the States, the collapse of the economic status that has been known for so long. And all this in such a few years! Sometimes it is a good thing to just sit down and contemplate on these matters.

Now we have our living school in Europe and the incredible hard work that you have all put into it. It is also important, however, to remember, in humility, that it may have taken more than my own lifetime's work to bring forth the distillation that was necessary so that you have the sacred impulse with you. It is tremendously important that you always remember that the sacred impulse remains pure and unadulterated. It is dependant entirely upon the degree of our own purity. Here we can use the word *saf,* which means "pure and adaptable like water". Water finds its own level, as we know. And remember that if our own inner water table is pure and unadulterated, we are good and fine receptacles for the Spirit to transform the water back into the Spirit, which sometimes is called "the wine of the spirit".

So here is the warning again: don't be too enthusiastic, but at the same time don't let your energy drop! I will explain a little bit about the word "enthusiasm" according to the inner tradition and about what is called "the emotional tone scale". But please remember that each of the notes in the scale has many levels, maybe at least seven levels in the same way as there are seven ways you can read the Koran and so on. So just take this for something that you

ihr euch stets daran erinnert, dass der heilige Impuls rein und unverfälscht bleibt. Er hängt gänzlich vom Grad unserer eigenen Reinheit ab. Hier können wir das Wort *saf* benutzen, was »rein und anpassungsfähig wie Wasser« bedeutet. Wasser findet seine eigene Ebene, wie wir wissen. Und erinnert euch, dass, wenn unser eigener innerer Wasserspiegel rein und unverfälscht ist, wir gute und feine Gefäße für den Geist sind, der Wasser in Geist zurück verwandelt, was manchmal der »Geistwein« genannt wird.

Also nochmals die Warnung: Seid nicht zu enthusiastisch, aber lasst gleichzeitig eure Energie nicht sinken! Ich möchte ein wenig das Wort »Begeisterung« und das, was »die emotionale Tonleiter« genannt wird, gemäß der inneren Tradition erläutern. Doch erinnert euch bitte daran, dass jede einzelne Note der Tonleiter viele Ebenen hat, vielleicht mindestens sieben Ebenen, genauso wie es sieben Arten gibt, den Koran zu lesen und so weiter. Also nehmt dies einfach als etwas, worüber ihr kontemplieren könnt, nicht als Darstellung eines Systems, denn das ist es nicht.

Die emotionale Tonleiter

Auf der untersten Note der Tonleiter haben wir das, was wir als »Koma« bezeichnen. Das ist ein Zustand, den wir irgendwo in Todesnähe ansiedeln können, das heißt, der Körper arbeitet noch und auch einige der Gefühle, aber die Person im Zustand des Komas muss versorgt werden und vegetiert eigentlich nur so vor sich hin. Das kann, wie wir wissen, durch ein Unglück oder einen Autounfall oder ein starkes emotionales Trauma entstehen. Knapp oberhalb dieses katatonischen Zustands liegt die erste Stufe eines anabolen Zustands, aber auch dieser liegt noch sehr tief. Wir bezeichnen ihn als »Kummer«, der seinerseits wiederum viele Ebenen hat, von denen das Selbstmitleid eindeutig eine der niedrigsten ist. Wenn jemand einen solchen Punkt des Selbstmitleids erreicht, dass er auf niemand anderen mehr Rücksicht nehmen kann, kehrt sich die ursprünglich verfügbare Energie um und die Person wird zu einem praktisch nutzlosen Mitglied der Gesellschaft. Diese sehr niedrige Ebene des Kummers sinkt innerhalb der Notenskala herunter auf eine noch tiefere Stufe, die wir »Apathie« nennen. Wir haben also Koma als unterste Stufe, dann Apathie und schließlich Kummer. Apathie ist ein Zustand, den wir, da bin ich mir sicher, alle erfahren haben, wenn wir einfach zu müde und

can contemplate on, rather than taking it as an explanation of a system, because it is not that.

The Emotional Tone Scale

On the lowest note of the tone scale we have what we call "coma". That is a state that we can see as being somewhere close to death, i.e. the body and even some of the feelings are still functioning, but the person in a comatose state has to be looked after and really exists like a vegetable. This, as we know, can come about through accidents and car crashes and great emotional traumas. Just above that state, which is a catatonic state, there is the first level of an anabolic state, and yet this is still very low. It is called "grief", but it has again many levels, of which self-pity is obviously one of the lowest. If someone reaches such a point of self-pity that they cannot consider anyone else, the energy that was originally available to them gets inverted and they become almost useless members of society. This very low level of grief sinks into an even lower level within that tone scale, which we call "apathy". So you have the lowest state, which is coma, then apathy and then grief. Apathy is a state which we have all experienced, I am sure, when we are just too tired and too bored, too miserable, too full of self-pity to do anything, and we feel we can't do anything about life, even if it is offered to us. There are many levels of grief. This isn't the beautiful grief or grief that can be beautiful, like the grief of pure mourning. The mourning for the loss of a loved one, or the grief that is expressed in the cry of separation of the reed from the flute, as in the first eighteen lines of the *Mathnawi,* are miles higher up, as you can imagine.

Let's look a little bit more at the word "grief" because grief, like anything in this world, has what we call its "chronic opposite". An opposite of grief can be – sometimes almost like a spiritual band-aid – a certain level of enthusiasm, i.e. something like positive thinking. This is classical. Also a great deal of this "positive channelling" business is really just the opposite side of the coin of grief. I wonder if you see why. Unless we have transformed and transmuted the energy that has reached this low point of grief into something useful, we merely cover it up with the same energy that originally arrived with us. Thus we forget about our grief and go about our business full of enthusiasm about, let's say, ecology or

gelangweilt sind, zu elend, zu voll von Selbstmitleid, um irgendetwas zu tun, und wir das Gefühl haben, wir könnten nichts aus dem Leben machen, selbst wenn uns Angebote gemacht werden. Kummer hat viele Ebenen. Die Rede ist hier nicht von jenem Kummer, der auch schön sein kann, wie zum Beispiel der Kummer reiner Trauer. Das Trauern um den Verlust eines geliebten Menschen oder der Kummer, der ausgedrückt wird im Trennungsschmerz des Schilfrohrs von der Flöte in den achtzehn Eröffnungszeilen des *Mathnawi,* sind meilenweit höher angesiedelt, wie ihr euch sicher vorstellen könnt.

Lasst uns das Wort »Kummer« noch etwas genauer betrachten, denn wie alles in dieser Welt hat Kummer sein so genanntes »chronisches Gegenteil«. Ein Gegenstück zu Kummer kann – manchmal quasi wie spirituelles Heftpflaster – ein gewisser Grad an Enthusiasmus sein, das heißt so etwas wie positives Denken. Ein klassischer Fall. Auch vieles von diesem »positiven Channelling«-Geschäft ist in Wirklichkeit nur die Kehrseite der Münze des Kummers. Seht ihr, warum? Solange wir die Energie, die diesen niedrigen Punkt des Kummers erreicht hat, nicht in etwas Nützliches transformiert oder umgewandelt haben, übertünchen wir sie nur mit derselben Energie, die uns ursprünglich erreicht hat. So vergessen wir unseren Kummer und gehen voller Enthusiasmus unseren Geschäften nach, wie zum Beispiel der Ökologie oder etwas Ähnlichem; dabei sind wir innerlich noch immer genauso elendiglich gespalten und furchtbar unglücklich über die Weltlage oder unsere eigene Situation oder unsere Beziehungen oder was auch immer. Wir alle kennen das und können es nicht ganz und gar abstreiten.

Jenseits des Kummers liegt die Angst. Ich habe, wie ihr wisst, über drei Hauptängste gesprochen und geschrieben: die Angst vor dem Tod, die Angst vor Ablehnung und die Angst davor, nicht geliebt zu sein. Damit lassen sich viele Ebenen der Angst erkunden, über die ihr kontemplieren könnt, all die verschiedenen Ängste, die ihr habt, die Angst vor Trennung, die Angst vor Schmerz und hundert andere Arten von Angst. Auch dies ist in gewisser Weise ein stärkeres Gefühl als die Energie des Kummers. Es hat mehr von der anabolen Qualität, das heißt des Aus-sich-Herausgehens, weil wir aus Angst wütend aufschreien können. Aber wenn unser Kummer sehr, sehr tief sitzt, haben wir nicht einmal die Energie, voller Ärger oder Ablehnung loszubrüllen oder zu schreien: »Schau

something like that; whereas inside we are still miserably separated and miserably unhappy about the world situation or our own situation or our relationships or whatever. We all know this and can't really deny it.

Beyond grief is fear. I have spoken and written about three major fears, as you know: the fear of death, the fear of being rejected and the fear of not being loved. With this we can go into many levels of fear which you can contemplate on, all the different fears you have, the fear of separation, the fear of pain and hundreds of other sorts of fears. Again it is, in a way, a stronger feeling than the energy of grief. It has more of the anabolic quality, i.e. of the going-outness, because we can shout out in anger from fear. But if our grief is very, very low, we haven't even got the energy to shout out in anger or shout out in rejection or shout out, „Look, here I am! Why will you not recognise me, why will you not see me? Why, why, why?" We won't even have that sort of energy on a low level of grief, but in fear we have. And it is, of course, through fears that wars are made, and it is through fears that most of our economic system in a capitalist society is created from. So, fear too has its apparently positive side of the coin in the relative world.

All these states I am mentioning, mind you, are not to be looked at in judgement. They are to be looked at as by the intelligent observer that is in each one of you.

If we look at the human body, we see that all those lower states or lower notes in the scale exist, really, below the so-called "dome", which is mentioned in *Steps to Freedom* and in others of my books and papers. It is in the area of the solar plexus, and its physical equivalent is the diaphragm. All those states are below the waste and therefore you can say that they are ninety-eight percent to do with past time and conditioned mind. Because you cannot really be frightened of something without having some hidden harmonic memory lurking in the subconscious or the electro-magnetic field. Fear of the complete unknown is very rare and a very healthy fear in fact. Most of our fears are to do with the past, and in the same way grief has to do with experiences in the past. Much of this subject I have also written about in my book *Here to Heal,* and it is worthwhile remembering these things. When we "bring up the tail of the past", we are also asked to do a great deal of revision – and "revision" shall be the keyword for the next five months of your studies –, a great deal of revision of what has been taught and of

doch her, hier bin ich! Warum willst du mich nicht erkennen, warum willst du mich nicht sehen, warum, warum, warum?« Auf einer niedrigen Ebene des Kummers haben wir nicht einmal diese Art von Energie, im Zustand der Angst hingegen schon. Und natürlich werden Kriege sowie der Großteil unseres Wirtschaftssystems in einer kapitalistischen Gesellschaft durch Ängste am Laufen gehalten. So hat also auch die Angst ihre scheinbar positive Kehrseite in der relativen Welt.

Denkt daran: All diese Zustände, die ich hier beschreibe, sollten wir nicht in einer urteilenden Haltung betrachten. Sie müssen von dem intelligenten Beobachter, der in jedem von euch seinen Platz hat, angeschaut werden.

Wenn wir den menschlichen Körper betrachten, sehen wir, dass all diese unteren Stufen oder unteren Noten der Tonleiter eigentlich unterhalb der so genannten »Kuppel« existieren, die ich in *Schritte in die Freiheit** und anderen meiner Bücher und Texte erwähnt habe. Sie befindet sich im Bereich des Solarplexus' und hat ihre physische Entsprechung im Zwerchfell. All diese Zustände liegen im Bereich unterhalb der Gürtellinie, und daher kann man sagen, dass sie zu achtundneunzig Prozent mit vergangener Zeit und dem konditionierten Verstand zu tun haben. Weil man eigentlich nicht erschrocken sein kann, ohne dass da eine versteckte Erinnerung anklingt, die im Unterbewussten oder im elektromagnetischen Feld lauert. Angst vor dem völlig Unbekannten ist sehr selten und in der Tat eine sehr gesunde Angst. Die meisten unserer Ängste haben jedoch mit der Vergangenheit zu tun, genauso wie Kummer mit vergangenen Erfahrungen zu tun hat. Über dieses Thema habe ich auch in meinem Buch *Leben, um zu heilen* geschrieben, und es lohnt sich, diese Dinge in Erinnerung zu behalten. Wenn wir »das Unverarbeitete aus der Vergangenheit ans Licht bringen«, sind wir auch gebeten, vieles gründlich zu überarbeiten und zu revidieren – und »Revision« soll das Schlüsselwort für eure nächsten fünf Studienmonate sein –, was bisher gelehrt wurde, was wir gelernt haben sowie auch eine ehrliche Bestandsaufnahme dessen zu machen, was wir nicht gelernt haben.

Nun kommen wir zu höheren Stufen der Tonleiter, von denen ich jedoch nicht alle behandeln werde. In jeder inneren Schule werdet ihr etwas anders lautende Erklärungen dazu finden, aber das ist auch in Ordnung.

* Chalice Verlag, Zürich 2004.

how much we have learnt, and a humble recollection of how much we have not learnt, as well.

Now we go on to higher levels in the tone scale, but I am not including all of them. In each different inner school you will find somewhat different explanations, but that's okay.

Fear, grief, apathy and so on are not to be understood as sequential, really, although the harmonics of the tone, the notes in the tone scale are in a sense sequential. If, for example, somebody gets very angry in a relationship in our world or in relationship to the world because the world is not treating the person as he or she felt that it should be treating them, then out of a great deal of anger – which comes out of fear of not being able to have the world as one wanted it to be – the person will immediately start dropping into grief. You then get the obvious harmonics from anger and fear, which is self-pity, and then self-pity can get lower and lower and thus the "poor me" gets poorer and poorer... Finally the person may become apathetic and go to bed and feel that he or she cannot do anything at all about life. In other words: the tone scale is not entirely sequential anymore than are the states of *fana* and *baqa* in the Sufi tradition.

There is another note in the tone scale, slightly higher up, which we call "boredom". There are several sorts of boredom. There is a state of boredom we all know, which is a harmonic of self-pity and even apathy. We are bored, bored, bored... We have not put anything into life, so life is not giving it back to us, and thus we are bored. That is a harmonic of a low note in the scale. There is, however, another note for which it is very hard to find a word, so when I say "bored", I'll explain it this way: it is a state in which we can see life very clearly to be as it is. We are not even identified with it sufficiently to fall down the tone scale. We can see, for example, that war is about to start in a certain country, that this bank has already collapsed and that one will, that we have so many bills to pay and we don't know how we are going to pay them, that we have not been able to even rent a car because we don't have a valid credit card... and we are bored of all this.

I wonder if you see what I mean. In other words, it is a state where we can see things objectively as they are, and yet there is very little or nothing we can do. This, too, can be called "boredom". And there are many, many levels in that, because if we are very conscious and on the breath, we can use that note to be able to

Angst, Kummer, Apathie und so weiter sind nicht eigentlich sequenziell zu verstehen, obwohl die Oberschwingungen des Tons, die Noten auf der Skala in bestimmter Hinsicht sequenziell angeordnet sind. Wenn zum Beispiel jemand in einer Beziehung innerhalb unserer Welt oder in einer Beziehung zur Welt sehr zornig wird, weil die Welt die Person nicht so behandelt, wie sie behandelt werden möchte, dann geschieht es aus sehr viel Ärger – der wiederum aus der Angst entsteht, die Welt nicht so haben zu können, wie man sie gern hätte –, dass die Person sofort in Kummer versinkt. Folglich haben wir also den offenkundigen Unterton von Ärger und Angst, nämlich Selbstmitleid, und dann kann das Selbstmitleid tiefer und tiefer sinken und so wird das »arme Ich« immer ärmer und ärmer... Schließlich kann die Person apathisch werden, sich ins Bett legen und das Gefühl haben, überhaupt nichts aus ihrem Leben machen zu können. Mit anderen Worten, die Tonleiter ist nicht völlig sequenziell, ebenso wenig wie es die Zustände von *fana* und *baqa* in der Sufi-Tradition sind.

Etwas höher auf der Notenskala gibt es einen weiteren Ton, den wir als »Langeweile« bezeichnen. Nun gibt es verschiedene Sorten von Langeweile. Es gibt einen Zustand des Gelangweiltseins, den wir alle als einen Oberton von Selbstmitleid und Apathie kennen. Uns ist langweilig, langweilig, langweilig... Wir haben nichts ins Leben hineingesteckt, daher gibt uns das Leben nichts zurück, und wir langweilen uns. Das ist eine Oberschwingung eines tiefen Tons der Skala. Es gibt aber noch eine andere Note, einen anderen Ton, für den es sehr schwer ist, ein Wort zu finden. Wenn ich also sage »gelangweilt«, meine ich das wie folgt: Es handelt sich um einen Zustand, in dem wir das Leben sehr deutlich so sehen können, wie es ist. Wir sind nicht einmal genügend damit identifiziert, um die Tonleiter herunterzufallen. Wir können beispielsweise sehen, dass es in diesem und jenem Land Krieg geben wird, dass diese Bank bereits pleite gegangen ist und jene Bank folgen wird, dass wir all diese Rechnungen bezahlen müssen und nicht mehr wissen, wie wir sie bezahlen können, dass wir ohne eine gültige Kreditkarte noch nicht einmal ein Auto mieten können... und all dies langweilt uns.

Ich frage mich, ob ihr versteht, was ich meine. Es ist, mit anderen Worten, ein Zustand, in dem wir die Dinge objektiv sehen können, wie sie sind, und trotzdem gibt es sehr wenig oder gar nichts, was wir tun können. Auch das kann man »Langeweile«

make a harmonious way of life in society since it enables us to have a very good understanding of time. It is actually such a high state, although it may not appear to be, that it is in that note that we can often come to understand some of the laws that govern our universe, including the law of reversed time I have discussed with you (the train of the future coming in and so on). It is quite a high state indeed. It is not to be frowned at, but it is also necessary and it also needs to be observed.

Now, beyond this one there is another note, and again no words can really suffice. It is really a higher level than boredom. It is a note which we might call a "conservative note" (from the latin word *conservare,* "to conserve"). It means basically that we can see life as it is and we can understand such a high level of time that we know that we need to conserve the status quo (as it is shown in the relative world) for as long as it is necessary. It is from within that note and the understanding of that note that we can take action and, in taking action, be able to change if necessary the status quo to move on into another cycle. It is from that very high level of knowledge that you can see cycles – huge cycles of history, two hundred years cycles, sometimes two and a half thousand years cycles and even twelve thousand years cycles – and see them in great armfuls. Once we fill up our world with love and light on the breath, and our out-breath becomes equally balanced to the in-breath and we begin to understand that we are indeed a cosmic apparatus for the transformation of subtle energies, we may begin to realise this and we can start from this point to understand enormous levels of time.

Beyond even that note is what is called "enthusiasm" or "the note of enthusiasm". Here we have to look at the difference between what is termed in English "chronic enthusiasm" and real enthusiasm; and the best way to do so is possibly through the understanding of movement of time and energy. Enthusiasm, if you were to look at a vortex, would be the fastest moving part of the vortex, the fastest spinning, which is closest to the centre. Real enthusiasm is the bubbling over of the Divine Impulse into the world. It is a necessary state within our own psychology, within our own being, and it is a necessary state for the work of transformation to go on into our own world. If we don't have enthusiasm, life can be extremely tedious. Anyway, a portion of us, maybe it's the essence of the soul, is always looking for someone with enthusiasm.

nennen. Und es gibt viele, viele Ebenen darin, weil wir, wenn wir sehr bewusst und auf dem Atem sind, diesen Ton dazu nutzen, ein harmonisches Leben in der Gesellschaft zu führen, da er uns ein sehr gutes Verständnis von Zeit verschaffen kann. Eigentlich ist es, auch wenn es uns nicht so vorkommt, ein derart hoher Zustand, dass wir in dieser Note, in diesem Klang oft zum Verständnis einiger Gesetze gelangen können, die unser Universum regieren, einschließlich des Gesetzes der umgekehrten Zeit, worüber wir bereits sprachen (der Zug, der aus der Zukunft hereinkommt, und so weiter). Es ist tatsächlich ein ziemlich hoher Zustand, dem wir nicht mit Stirnrunzeln begegnen sollten, der vielmehr ebenfalls notwendig ist und den wir beobachten müssen.

Nun ist über diesem noch ein weiterer Ton, und auch für ihn gibt es eigentlich keine Worte. Es ist wirklich eine höhere Ebene als die Langeweile. Es ist ein Ton, den wir als »konservierende Note« bezeichnen könnten (nach dem lateinischen Wort *conservare,* »bewahren«). Im Grunde bedeutet es, dass wir das Leben so zu sehen vermögen, wie es ist, und eine derart hohe Ebene der Zeit verstehen können, dass wir wissen, dass wir den Status quo (wie er sich in der relativen Welt zeigt) solange wie nötig bewahren müssen. Aus dem Inneren dieser Note und dem Verstehen dieser Note rührt, dass wir handeln können und, indem wir handeln, fähig sind, den Status quo wenn nötig zu ändern, um in den nächsten Zyklus überzugehen. Von dieser sehr hohen Ebene des Wissens aus könnt ihr Zyklen sehen – lange Zyklen der Geschichte, Zyklen von zweihundert Jahren, manchmal Zyklen von zweieinhalbtausend Jahren und sogar von zwölftausend Jahren – und zwar jede Menge. Wenn wir einmal damit beginnen, unsere Welt mit Liebe und Licht auf dem Atem zu füllen, und unser Ausatmen vollkommen ins Gleichgewicht kommt mit dem Einatmen und wir anfangen zu verstehen, dass wir tatsächlich kosmische Apparaturen zur Transformation feinstofflicher Energien sind, können wir dies alles zu verstehen beginnen und von diesem Punkt ausgehend weitläufige Ebenen von Zeit begreifen.

Noch jenseits davon liegt das, was wir »Begeisterung« oder »die Note des Enthusiasmus« nennen. Hier müssen wir uns den Unterschied zwischen dem »chronischen Enthusiasmus«, wie wir im Englischen sagen, und echter Begeisterung anschauen; und die beste Art, dies zu tun, ist möglicherweise im Verständnis der Bewegung von Zeit und Energie. Wenn wir einen wirbelnden

There is a wonderful state of enthusiasm, where everything is as it is and we can enthusiastically give, because there is nothing blocking the givingness that is within us and the sacred impulse which needs to be given out. In other words, we ourselves are *in* the world, but not *of* the world. We are not identified with whatsoever. We appear to exist, but we do not. This is the state of the real dervish. As we say in our tradition, "If you meet a dervish, he is non-existent."

This is not chronic enthusiasm. And yet a bubbling forth of enthusiasm – such as, for example, an enthusiastic venture of travelling with thirty or forty people all the way to Konya – is a harmonic note of both enthusiasm and the higher notes. It certainly can't come from a low level such as boredom. I hope you understand what I mean by this.

It is difficult to explain apart from what is called the "unified field theory", but that's too difficult unless you studied modern physics. Since the tone scale exists in all the kingdoms, except possibly in the mineral kingdom, you may look at a plant. There is an enthusiasm in the plant in its receptivity, when a hummingbird approaches to fill its beak with the nectar. And there is a state of enthusiasm in the hummingbird fulfilling its function because its function is removing the nectar, and so on. It's quite a high level, in fact, and we can watch this even on our patio. But imagine what level a human being is! Think of the speed of the hummingbird's wings as it hovers to collect the nectar – and we have a 'hummingbird' within us. Think of the speed of the movement of energy of real enthusiasm on that note of the tone scale. Isn't that a wonderful idea?

Beyond that there is the tone which you could call the "highest", which is the word "serenity". Serenity is so high up, you can't even talk about it. It is the serenity you can sometimes see in great art; it is very hard to see it in a human being. If you look at pictures of the Buddha, you see this tremendously serene expression. But when the Buddha was alive, would you have seen him looking like that? I doubt it, except possibly in deep meditation. And again, it would only be what you see, as with a sense of projection of what you want to see. Serenity is beyond the world of appearances. It is a state of being in unity. It is the state of the witness. It is a state of witnessing the unity at the same time as being the representative of it. It is almost impossible to put it into words. It's a state, if at all

Strudel nehmen, wäre Enthusiasmus der sich am schnellsten bewegende Teil darin, der am schnellsten kreisende, also der dem Zentrum am nächsten liegende. Echter Enthusiasmus, echte Begeisterung ist das Überschwappen des Göttlichen Impulses in die Welt. Es ist ein notwendiger Zustand in unserer eigenen Psychologie, in unserem eigenen Wesen, und es ist ein Zustand, der notwendig ist, damit die Arbeit der Transformation in unserer eigenen Welt weitergehen kann. Wenn wir keine Begeisterung aufbringen, kann das Leben äußerst öde sein. Jedenfalls sucht ein Teil von uns, vielleicht ist das die Essenz der Seele, immer nach jemandem mit Enthusiasmus.

Es gibt einen wundervollen Zustand des Enthusiasmus', wo alles ist, wie es ist, und wir voller Begeisterung geben können, weil nichts da ist, was das Geben in uns und den heiligen Impuls, der ausgegeben werden muss, blockieren könnte. Dann sind wir, anders ausgedrückt, *in* der Welt, aber nicht *von* der Welt. Wir sind in keiner Weise identifiziert. Wir scheinen zu existieren, aber wir existieren nicht. Das ist der Zustand des echten Derwischs. Wie wir in unserer Tradition sagen: »Wenn du einen Derwisch triffst, existiert er nicht.«

Das ist kein chronischer Enthusiasmus. Und dennoch ist ein Übersprudeln vor Begeisterung – wie etwa eine abenteuerliche Reise mit dreißig, vierzig Leuten den ganzen Weg bis nach Konya – eine gemeinsame Oberschwingung von Enthusiasmus und den höheren Tönen. Gewiss kann das nicht von einer tiefen Ebene wie der Langeweile stammen. Ich hoffe, ihr versteht, was ich damit meine.

Es lässt sich kaum erklären, außer mit der so genannten »einheitlichen Feldtheorie«, doch das wäre zu schwierig, wenn ihr nicht moderne Physik studiert. Da die Tonleiter in allen Königreichen existiert, außer vielleicht dem mineralischen, könnt ihr eine Pflanze betrachten. In der Pflanze gibt es Begeisterung in ihrer Empfänglichkeit für einen Kolibri, der sich nähert, um seinen Schnabel mit Nektar zu füllen. Und der Kolibri ist in einem Zustand des Enthusiasmus', während er seine Aufgabe erfüllt, denn seine Aufgabe besteht darin, den Nektar wegzutragen und so weiter. Das ist, in Tat und Wahrheit, eine recht hohe Ebene, und die können wir sogar auf unserer Veranda beobachten. Aber stellt euch vor, auf welcher Ebene erst ein menschliches Wesen steht! Bedenkt die Geschwindigkeit der Flügel des Kolibris, wie er da schwebt und

den Nektar einsammelt – und wir haben sozusagen einen ›Kolibri‹ in uns. Denkt an die Geschwindigkeit der Energiebewegung von echtem Enthusiasmus auf dieser Note der Tonleiter. Ist das nicht eine wundervolle Idee?

Jenseits dessen gibt es den Ton, den man den »höchsten« nennen könnte, und das ist die gelassene Heiterkeit. Heiterkeit ist so hoch oben, dass man kaum darüber sprechen kann. Gemeint ist jene Heiterkeit, die manchmal in großer Kunst zu sehen ist; im Menschen wird sie äußerst selten sichtbar. Wenn ihr euch Bilder des Buddhas anschaut, erkennt ihr diesen ausgesprochen gelassenen Ausdruck. Aber hättet ihr den Buddha so sehen können, solange er noch am Leben war? Das bezweifle ich, außer vielleicht in tiefer Meditation. Und auch dann würdet ihr gewissermaßen nur die Projektion dessen sehen, was ihr sehen wollt. Die gelassene Heiterkeit ist jenseits der Welt der Erscheinungen. Es ist ein Zustand, in dem man in Einheit ist. Es ist der Zustand des Zeugen. Es ist ein Zustand, in dem man die Einheit bezeugt und zugleich ihr Repräsentant ist. Es ist fast unmöglich, dies in Worte zu fassen. Wenn überhaupt, ist es ein Zustand jenseits des Zustands von *fana-fi Allah.* Es gibt, wie ihr wisst, *fana-fi sheikh, fana-fi rasul, fana-fi Allah,* und dann gibt es noch *fana-fi Haqq.* Und vielleicht ist er da irgendwo oder so gar noch weiter.

Bevor wir fortfahren, erinnert euch bitte daran, dass dies ein Text ist für Menschen, die schon eine Weile auf diesem Pfad reisen und sich der Arbeit dieser Schule völlig verpflichtet haben. Es wäre nicht besonders sinnvoll, ihn völligen Neulingen zum Studieren zu geben, denn diese würden wahrscheinlich denken, wir arbeiteten an einem System. Und wie ihr alle wisst, ist das nicht der Fall.

Die Hierarchie der Namen

Lasst uns nun zu den Allerschönsten Namen Gottes kommen. Ich schlage vor, dass ihr meine bisherigen Tonbänder und Texte zu diesem großen Thema gründlich studiert. Die Welt Seiner Namen steht auf einer hohe Stufe in der Tonleiter des Lebens, auf einer sehr, sehr hohen Stufe.

Das Geheimnis der Schöpfung, so heißt es, liegt in der Kenntnis der Namen und der Hierarchie der Namen. Dies mag wohl wahr sein, aber es ist auch ein sehr gefährlicher Schritt, wenn wir anfan-

possible, beyond the state of *fana-fi Allah*. We have, as you know, *fana-fi sheikh*, *fana-fi rasul*, *fana-fi Allah*, and then there is *fana-fi Haqq*. And maybe it's somewhere there or even further.

Before we continue, please remember that this here is a paper for people who have been travelling this path for quite a while and are totally committed to the work of this school. There would be no point in giving it to complete newcomers, as they would probably think we are working on a system. And as you all know, we are not.

The Hierarchy of the Names

Now let's come to the Most Beautiful Names of God. I suggest that you take a thorough look at the tapes I have recorded and the papers I have written on this vast subject already. The world of His Names is high up in the scale of life, very, very high up indeed.

The secret of creation is in the knowledge of the Names and the hierarchy of the Names, it is said. This may well be true, but it is a very dangerous move if we start to intellectualise and therefore *think* we know. Have we not seen this so often in an imbalanced situation, for example when people are brought into the esoteric teaching, let's say of Ibn Arabi, without there being sufficient receptivity in their "vehicles" to receive the teaching? We may even have experienced this ourselves. Either we get into a state of total confusion because we feel that we do not understand what Ibn Arabi is telling us, or we simply cannot understand or both. Or alternatively we say "yes, yes" and somebody else says "yes, yes" followed by several more people, and finally many people agree to something that they, really, don't understand at all. This can be seen all over the world at different times of history. Wherever you have a very high level of teaching, which requires a very special language to even speak about it, you have the danger that people will fall into the trap of *thinking* they know, rather than *knowing* that they know. It is the same with the Most Beautiful Names of God. I want to be quite clear about this. Knowing *of* the Names is not enough!

Let me weave a little picture for you. I have personally encouraged, as you know, many classes on this very useful, beautiful and indeed most creative subject of the Names. On the other hand we must not forget the humble things in life, for example the breath. Remember what I said, "Visualisation without breath is like a pen

gen, mit dem Verstand zu arbeiten, und dann *denken,* wir wüssten. Haben wir dies nicht schon oft in einer unausgewogenen Situation erlebt, zum Beispiel wenn Menschen in eine esoterische Lehre, sagen wir in die von Ibn Arabi, eingeführt werden, ohne dass ihr »Gefährt« über genügend Empfänglichkeit zur Aufnahme der Lehre verfügt? Vielleicht haben wir das sogar an uns selbst erlebt. Entweder geraten wir in ein völliges Durcheinander, weil wir spüren, dass wir nicht verstehen, was Ibn Arabi uns sagt, oder wir können es einfach nicht begreifen oder auch beides. Oder wir sagen »ja, ja«, und der Nächste sagt »ja, ja« und dann noch mehr Leute, und schließlich geben viele ihre Zustimmung zu etwas, das sie in Wahrheit überhaupt nicht verstehen. Das können wir überall in der Welt zu verschiedenen Zeiten der Geschichte beobachten. Wo immer eine sehr hohe Ebene der Lehre vorhanden ist, die eine spezifische Sprache verlangt, um überhaupt darüber sprechen zu können, besteht die Gefahr, dass Menschen in die Falle tappen und *denken,* sie wüssten, anstatt zu *wissen,* dass sie wissen. Dasselbe gilt für die Allerschönsten Namen Gottes. Ich möchte diesbezüglich ganz klar sein. *Über* die Namen zu wissen, ist nicht genug!

Lasst mich ein kleines Bild für euch zeichnen. Wie ihr wisst, habe ich viele Klassen zu diesem sehr sinnvollen, schönen und äußerst kreativen Thema der Gottesnamen gegeben. Auf der anderen Seite dürfen wir die einfachen Dinge im Leben, wie zum Beispiel den Atem, nicht vergessen. Erinnert euch, was ich gesagt habe: »Visualisierung ohne Atem ist wie ein Füller ohne Tinte.« Wir können den Füller frustriert wegwerfen und einen neuen kaufen, aber gerade in dem Augenblick, wo Visualisierung nötig ist, brauchen wir den Füller voll mit Tinte. Ist das nicht so? Bis wir einen neuen Füller besorgt haben, weil unser alter keine Tinte mehr hatte, ist es zu spät für die Visualisierung. Deshalb müssen wir uns ständig des Atems bewusst sein.

Erinnert ihr euch an die Geschichte unseres lieben Freundes in der Schweiz und an seine bemerkenswerte Erfahrung mit dem 7-1-7-1-7-Atem? Er brachte diesen Atemrhythmus einer Person per Telefon bei, die dann wiederum einer anderen Person half, aus einem zweieinhalbjährigen Koma zu erwachen. Und so erwachte diese Frau aus ihrem Koma, war dankbar und konnte tatsächlich wieder sprechen. Sie sagte: »Jetzt kann ich gehen und sterben.« Das ist eine wahre Geschichte. Ich möchte, dass ihr alle Geschichten über die Menschen aufschreibt, denen ihr mit der 7-1-7-1-7-

without ink." We can discard the pen in frustration and go and buy another one, but at the very moment when visualisation is necessary, we need the pen filled with ink. Is this not so? By the time we have gone out to find another pen, because our old one has run out of ink, it is too late to do the visualisation. Thus we always need to be awake to the breath.

Do you remember the story of our dear friend in Switzerland and the remarkable experience he had concerning the 7-1-7-1-7 breathing? He taught this breathing rhythm to someone on the telephone, and that person in turn helped another person out of a two and a half years coma. And so this woman came out of her coma to be grateful and could actually speak again, before she then said, "Now I can go and die." This is a true story. I would like you all to collect as many stories as you can about the people you have helped through the 7-1-7-1-7 breathing and put it in some sort of a book. Perhaps one of you will be in charge of this and would volunteer to ask each group leader to collect stories from all members of the school throughout Europe and again also in the States. Maybe that could be a special project you can complete by the time of this year's Sema. I would be happy about this and promise that I will do something good with it, for the sake of the future coming in and for people who want to hear about the importance of understanding the breath. It is necessary, you know, to testify in some way or another.

So don't forget the humble things when you get involved with the Names. Why? Because even with the sacred impulse, which carries the wind of change with it on the breath of the *Hu,* the breath of God's Compassion, these Names cannot get here unless they go through various other worlds which are also not yet manifested. Remember, in the esoteric tradition we are working with the Unmanifested God, the unmanifested self. It is our direct responsibility and obligation, our *wasifa* if you like, to help manifest what God wishes us to manifest, or rather what He wishes to manifest. *La illaha il'Allah – Hu.* There is only He, ultimately.

So let's look at the Names as we looked at the tone scale, going from the bottom towards the top, from coma and apathy to serenity. Let's consider the unmanifest and first touch on the idea of the Absolute. You can't really have an idea about the Absolute and you can't talk about it much. One can only vaguely see that there is something we call "the Absolute".

Atmung geholfen habt, und diese Berichte in Buchform zusammenstellt. Vielleicht kann jemand von euch sich darum kümmern und die Aufgabe übernehmen, alle Gruppenleiter zu bitten, von allen Mitgliedern der Schule in Europa und auch in den Vereinigten Staaten diese Geschichten zu sammeln. Das könnte ein Projekt sein, welches ihr bis zum diesjährigen Sema abschließt. Ich würde mich sehr darüber freuen und verspreche euch, etwas Gutes damit zu tun um der hereinkommenden Zukunft willen und für die Menschen, die etwas über die Bedeutung und das Verständnis des Atems erfahren wollen. Wisst: Es ist notwendig, auf die eine oder andere Art Zeugnis abzulegen.

Vergesst also die einfachen Dinge nicht, wenn ihr euch mit den Namen befasst. Warum? Weil selbst mit dem heiligen Impuls, der den Wind der Veränderung auf dem Atem des *Hu*, dem Atem von Gottes Mitgefühl, mit sich trägt, diese Namen hier nicht ankommen können, ohne dass sie durch verschiedene andere Welten hindurch gegangen sind, die ebenfalls noch nicht manifestiert sind. Erinnert euch: In der esoterischen Tradition arbeiten wir mit dem Unmanifestierten Gott, dem unmanifestierten Selbst. Unsere unmittelbare Verantwortlichkeit und Verpflichtung, unsere *Wasifa*, wenn ihr so wollt, besteht darin, entfalten zu helfen, was Gott uns zu entfalten wünscht oder vielmehr was Er zu entfalten wünscht. *La illaha il'Allah – Hu.* Letztendlich gibt es nur Ihn.

Lasst uns daher die Namen anschauen, so wie wir die Tonleiter betrachtet haben, indem wir von unten nach oben gehen, von Koma und Apathie bis Heiterkeit. Bedenken wir das Unmanifestierte und erörtern wir zuerst die Idee des Absoluten. Eigentlich kann man vom Absoluten keine Vorstellung haben, und man kann nicht viel darüber sagen. Man kann nur vage sehen, dass es so etwas gibt, das wir »das Absolute« nennen.

Wie ihr wisst, beginnt unsere Initiation mit den Worten »Im Namen des Einen Absoluten Wesens, initiiere ich dich…« Dies sind die ersten Worte der Zeremonie. Es gibt *ein* Absolutes Wesen, von Dem alles kommt. Ihr könnt darüber lesen und es durch Ibn Arabi und andere verstehen. Rumi und Ibn Arabi sagen übrigens genau dasselbe, nur aus etwas unterschiedlichen Herangehensweisen. Wie könnte es auch anders sein? Wir haben also das Absolute, und wir können sagen, dass die Namen notwendig sind und daher mit Notwendigkeit aus dem Absoluten hervorgehen, aber sie sind nicht sequenziell.

As you know, in our initiation we start off with the words, "In the Name of the One Absolute Being, I initiate you…" Those are the first words in the ceremony. There is *one* Absolute Being, from Which all comes. You can read about that and understand it through Ibn Arabi and others. Rumi and Ibn Arabi, by the way, say exactly the same thing, just from slightly different approaches. How could it be otherwise? So we have the Absolute, and we can say that the Names are necessary and therefore they are necessarily emerging from the Absolute, but they are not sequential.

He wants to be known by His Names. Won't you? If there were twenty-four Fredericks in Germany in one group and I telephoned from the States and said, "Please, I want to talk to Frederick," they would all say, "Who? Me? Which Frederick?" And then there would be panic because I couldn't describe him unless I had the photographs of the Fredericks. Do you see what I mean? It is actually far more esoteric and fun than it appears; but we can easily pass by these little Sufi stories to which there is so much more than meets the eye.

He wants to be known, and that is why the Prophet (peace and blessings be upon him) said, "I was a Hidden Treasure and I loved to be known, so I created the world that I might be known." We can see that He wants to be known, and therefore we can know Him, i.e. know Him by His Names. By whichever Name you call Him, there is He. We have listed ninety-nine of His Most Beautiful Names, but of course they are limitless. We list twenty-seven major prophets, but in certain schools of thought there are so many prophets I cannot even remember how many. For the sake of your study we list ninety-nine Names of God.

But how can they manifest? This is the important thing. How? Just like the many Fredericks, they are 'sitting there', waiting to be recognised and to manifest, each one of them carrying their inherent qualities. Just as *al-Hakim* carries the inherent qualities like healing, medicine, therapy and so on, all the Names have different qualities. The study of those qualities is such a vast subject that it will probably take us many, many years in the groups and in our individual studies to be able to really know exactly all the meanings. But we shouldn't be too ambitious at this stage, I feel.

Let's suppose you are looking up into the sky and you could see the stars while the sun is still shining. The Names are beyond the stars and yet we, in our normal state, do not see the stars when the

Er will durch Seine Namen erkannt werden. Wollt ihr das nicht auch? Wenn es in Deutschland in einer Gruppe vierundzwanzig Friedrichs gäbe und ich aus den Vereinigten Staaten anriefe und sagte, ich möchte bitte Friedrich sprechen, würden sie alle sagen: »Wen? Mich? Welchen Friedrich?« Und dann gäbe es Aufregung, weil ich ihn nur beschreiben könnte, wenn ich Fotos von den Friedrichs hätte. Seht ihr, was ich meine? Es ist eigentlich viel esoterischer und macht viel mehr Spaß, als es scheint; aber wir können diese kleinen Sufi-Geschichten leicht überlesen, in denen so viel mehr steckt, als uns auf Anhieb ins Auge sticht.

Er will erkannt werden, und deshalb hat der Prophet (Friede und Segen seien mit ihm) gesagt: »Ich war ein Verborgener Schatz und sehnte Mich danach, erkannt zu werden; so erschuf Ich die Welt, damit Ich erkannt werde.« Wir können sehen, dass Er erkannt werden möchte, und deshalb können wir Ihn erkennen, das heißt unter Seinen Namen erkennen. Mit welchem Namen du Ihn auch anrufst, da ist Er. Wir haben Seine neunundneunzig Allerschönsten Namen aufgelistet, aber natürlich gibt es deren unzählige. Wir zählen siebenundzwanzig Hauptpropheten, aber in bestimmten Denkschulen gibt es wer weiß wie viele Propheten. Zum Zweck eurer Studien zählen wir neunundneunzig Gottesnamen auf.

Doch wie können sie sich manifestieren? Das ist das Wichtige. Wie? Genauso wie die vielen Friedrichs ›sitzen‹ sie da und warten darauf, erkannt zu werden und sich zu manifestieren, und jeder einzelne trägt die in ihm angelegten Qualitäten. So wie *al-Hakim* die ihm innewohnenden Eigenschaften wie Heilung, Medizin, Therapie und so weiter trägt, haben alle diese Namen verschiedene Qualitäten. Deren Studium ist ein so weites Feld, dass wir in den Gruppen und unseren eigenen Studien vermutlich viele, viele Jahre brauchen werden, um fähig zu sein, alle Bedeutungen wirklich genau zu kennen. Aber lasst uns im jetzigen Stadium nicht zu ehrgeizig sein.

Nehmen wir einmal an, ihr schaut hinauf in den Himmel und könntet die Sterne sehen, während die Sonne noch scheint. Die Namen sind jenseits der Sterne, und doch sehen wir in unserem normalen Zustand die Sterne, solange die Sonne scheint, genauso wenig wie wir die Sonne des Nachts sehen. Wir müssen daher alle Konzepte von Dualität verwerfen, um Seine Herrlichsten und Schönsten Namen zu verstehen. Und dafür brauchen wir Hilfe aus

sun is still shining, anymore than we see the sun at night. We have to cut through all the concepts of duality in order to understand His Most Glorious and Most Beautiful Names. And for this we need help from the invisible kingdoms. We need help from the quality carried on the breath of Divine Compassion; we need help from the worlds of the archangels, if we want to use that expression; we need help from the world of the angels; we need help from the world of archetypes, if you prefer this notion; and we need help from the world of ideas. Within all this, lurking right at the edge of manifestation, is the world of possibility. Yet all those worlds (right through to the Names), which are all unmanifested, invisible and intangible, are existing within the unity. And that unity is within us and we are potentially the manifested Consciousness of God. This is a tremendous challenge.

Thus, if you are studying the Names, you have a tremendous responsibility and indeed an obligation to clear the way for Him to manifest in His Most Beautiful Names. In Christian terms we say, "Prepare ye the Way of the Lord." We prepare the way, so He can manifest. You can see that traditionally in our world when at certain times in certain religious customs they say that the gods descend, sometimes just for three days in a year, and they prepare the way with flowers and fruits and they clean all the temples and make everything so perfectly clean. On a much lower level you can see a similar thing when a very important person, a VIP, comes to visit from another country, and they prepare the way for the guest. It is a symbolic gesture, and indeed whenever I give a talk it is the responsibilities of the helpers to be sure that all the chairs are nicely cleaned, both on top and below, for the visitors and guests to sit and listen. They prepare the way for the word, in this case. When I give a talk, I represent the word, don't I? "In the beginning was the Word." It is exactly the same thing with your studies and everything you are doing. It is not a question of making the classical mistake of trying to *acquire* knowledge, but rather it is a continuous state of preparing the way for the Lord. Within what I call "the point of lordship" are all the Names, all the worlds of possibilities, all the ideas, archetypal notions, the angels and archangels and all what in Christian terms is called "the company of heaven". Which is, of course, the invisible counterpart of ourselves or, as my beloved teacher Bulent said, the matrix of our true being, the true matrix, or the inner meaning of *Hazreti Maryam,* the Virgin Mary.

den unsichtbaren Reichen. Wir brauchen die Hilfe der auf dem Atem des Göttlichen Mitgefühls getragenen Qualität; wir benötigen Hilfe aus der Welt der Erzengel, um diesen Ausdruck zu benutzen; wir brauchen Hilfe aus der Welt der Engel; wir bedürfen der Hilfe aus der Welt der Archetypen, wenn ihr dieses Bild vorzieht; und wir benötigen Hilfe aus der Welt der Ideen. Innerhalb all dessen, sozusagen am Rand der Manifestation, lauert die Welt der Möglichkeiten. Doch all diese Welten (geradewegs bis hin zu den Namen), die unmanifestiert, unsichtbar und unfassbar sind, existieren innerhalb der Einheit. Und diese Einheit liegt in uns und wir sind potenziell das manifestierte Bewusstsein Gottes. Das ist eine ungeheuer große Herausforderung.

Wenn ihr also die Namen studiert, habt ihr auch eine riesige Verantwortung und in der Tat die Verpflichtung, den Weg für Ihn freizumachen, damit Er Sich in Seinen Schönsten Namen manifestieren kann. In christlichen Worten sagen wir: »Bereitet den Weg des Herrn.« Wir bereiten den Weg, damit Er Sich manifestieren kann. Ihr könnt das in unserer Welt an den Traditionen erkennen, wenn zu bestimmten Zeiten in gewissen religiösen Bräuchen gesagt wird, dass die Götter herabsteigen, manchmal nur für drei Tage in einem Jahr, und dann der Weg mit Blumen und Früchten bestreut wird und alle Tempel gesäubert werden und so alles vollkommen rein gemacht wird. Auf einer viel niedrigeren Ebene kann man dasselbe sehen, wenn eine prominente Persönlichkeit, ein VIP, aus einem anderen Land zu Besuch kommt und der Weg für den Gast vorbereitet wird, oder nicht? Es ist eine symbolische Geste, und in der Tat, wann immer ich einen Vortrag halte, liegt es in der Verantwortlichkeit der Helfer, dafür zu sorgen, dass alle Stühle, auf denen die Besucher und Gäste sitzen und zuhören, bestens gereinigt sind, und zwar an der Oberseite genauso wie von unten. In diesem Fall, um den Weg für das Wort zu bereiten. Wenn ich einen Vortrag halte, repräsentiere ich das Wort, nicht wahr? »Im Anfang war das Wort.« Genau dasselbe gilt für eure Studien und für alles, was ihr tut. Es geht darum, nicht den klassischen Fehler zu begehen und zu versuchen, Wissen zu *erwerben,* sondern zu verstehen, dass es eher ein fortwährender Zustand des Wegbereitens für den Herrn ist. Innerhalb dessen, was ich den »Punkt der Herrschaft« nenne, sind alle Namen enthalten, die gesamte Welt der Möglichkeiten, alle Ideen, archetypischen Vorstellungen, Engel und Erzengel und all das, was in christlicher Terminologie

These are tremendously important and exiting ideas for you to look at. Our work in this living school is to develop a continuous state of preparation. Our work is not to try and acquire more and more knowledge when there is no receptacle for it. The Names can be scattered all over the face of the universe, but can they manifest without a living human being?

There is no present moment without a conscious human being. This is a great truth I want to leave you with. And there is no present moment as long as we are contaminated by a conditioning. If we remain in apathy and even coma, grief, self-pity of all levels and fears of so many sorts, there is no present moment and we are not the manifested Consciousness of God. While, in fact, we should all be uniquely sculpted out of the qualities within His Most Beautiful Names, in every moment of our lives.

1991

Essence and Function in a Living School

THIS LIVING SCHOOL, AS I HAVE EXPLAINED SO OFTEN, IS A 'vehicle', and a very necessary vehicle. A tree needs the bark to protect the wood of the tree that is moistened by the rising sap. The sap needs the tree to move in and 'have its being'. The tree has to have the earth in which to grow, and the earth contains the minerals and other ingredients that are necessary for its growth. And there is the need of the sun and the rain and the wind, and normally trees like to be near other trees. This is just a simple analogy to illustrate *function.*

In using this analogy, where does our school fit into the picture? I would like to see it explained that the 'bark' of the school, the outer and necessary form that is vital in providing protection, is in its organisation, its physical centre (if there is one) and the necessary approval by the authorities of the country in which the school exists. Like with all trees, the bark is important because if it is missing, the elements can get in and start to destroy the tree. Equally well if too many small branches start to grow, it may be necessary

die »himmlischen Heerscharen« genannt wird. Was natürlich das unsichtbare Gegenstück unserer selbst ist oder, wie mein geliebter Lehrer Bulent sagte, die Matrix unseres wahren Wesens, die wahre Matrix oder die innere Bedeutung von *Hazreti Maryam*, der Jungfrau Maria.

Das sind ungeheuer wichtige und aufregende Ideen, die ihr euch anschauen könnt. Unsere Arbeit in dieser lebenden Schule besteht darin, einen permanenten Zustand der Vorbereitung zu entwickeln. Unsere Arbeit ist es nicht, immer mehr und mehr Wissen anzuhäufen, wenn es kein Gefäß dafür gibt. Die Namen können über das ganze Universum verstreut sein, aber können sie sich ohne ein lebendiges menschliches Wesen manifestieren?

Es gibt keinen gegenwärtigen Moment, ohne ein bewusstes menschliches Wesen. Das ist eine große Wahrheit, mit der ich euch zurücklassen möchte. Und es gibt keinen gegenwärtigen Moment, solange wir vergiftet sind von Konditionierungen. Wenn wir in Apathie und sogar Koma, Kummer, Selbstmitleid auf allen Ebenen und Ängsten aller Art verbleiben, dann gibt es keinen gegenwärtigen Moment und wir sind nicht das manifestierte Bewusstsein Gottes. Wohingegen wir doch tatsächlich alle in einzigartiger Weise aus den Qualitäten Seiner Allerschönsten Namen gemeißelt sein sollten, in jedem Augenblick unseres Lebens.

to prune these off so that the *purpose* of the tree can be made possible and realised.

I see that the outer form of the inner work, i.e. the practices that are given in public, the group work in all ways, the seminars et cetera, is like the actual wood of the tree. Each tree is different. Some live for hundreds of years and some for a relatively short time, such as those trees whose purpose it is to make timber for the building of houses, or those which are cut down relatively early in order to be sawn up and shredded to make the pulp for newspapers and writing paper of all sorts. Some are "collector's trees". They are the specimen trees that grow up to show off the Beauty of our Creator in a special way. They often grow in big private gardens or public parks, and even have labels on their trunks to tell people what they are and their country of origin. Yes, there are many sorts of trees.

There is, however, one thing in common with all trees. They die if there is no sap and if the sap is not allowed to rise up within them. That means that the ground already has to be fertile for the tree to be planted in the first instance, and thus the sap most certainly contains elements of work that has already been done in the past on the land, both by natural causes and through the cultivation by man.

The sap represents *essence* as far as our school is concerned. Heart speaks to heart, and essence relates to itself – that is something to work on in inner study!

The essence is that which carries the knowledge. The knowledge of which I speak can neither be seen nor heard with the physical senses, but only understood in an essential way. Yet it also needs the heart, the heart that circulates the blood, the materialised Spirit, around the body. Consider the whole tree at this point. The heart has both that outer form which, with air and therefore oxygen, brings life to the tree, and the inner form, which is the "secret heart", which filters the etheric or the as-yet unformed blood to make it more closely associated with essence, the sap of the tree. That is why I call our school a "living school".

To understand all these things it is obviously necessary to also look at the word "purpose" and to see that everything has to be in a state of cooperation and communication as near perfect as possible. The bark does not need to know about the essence, but the essence most certainly understands the need of the bark. The tree

Essenz und Funktion in einer lebenden Schule

DIESE LEBENDE SCHULE IST, WIE ICH SO OFT ERKLÄRT HABE, ein ›Fahrzeug‹, und zwar ein äußerst notwendiges Fahrzeug. Ein Baum braucht die Borke zum Schutz des Holzes, das vom aufsteigenden Saft befeuchtet wird. Der Saft bedarf des Baumes, um hochzusteigen und in ihm ›zu existieren‹. Der Baum benötigt die Erde zum Wachsen, und die Erde enthält die Mineralien und andere Nährstoffe, die für sein Wachstum notwendig sind. Er braucht Sonne, Regen und Wind, und im Allgemeinen stehen Bäume gerne in der Nähe anderer Bäume. Dies ist nur eine schlichte Analogie, um *Funktion* zu illustrieren.

Wenn ich diese Analogie verwende, wie passt unsere Schule ins Bild? Ich möchte es gerne so erläutern, dass die ›Borke‹ der Schule, die äußere für den Schutz lebensnotwendige Form, in ihrer Organisation liegt, in ihrem physischen Zentrum (falls eines besteht) sowie in der erforderlichen Billigung durch die Behörden desjenigen Landes, in welchem die Schule existiert. Bei allen Bäumen ist die Borke wichtig. Wenn diese fehlt, können die Elemente eindringen und den Baum zu zerstören beginnen. Ebenso kann es notwendig werden, wenn zu viele kleine Zweige zu wachsen beginnen, diese wegzuschneiden, so dass *Sinn und Zweck* des Baumes ermöglicht und erfüllt werden können.

Ich erachte die äußere Form der inneren Arbeit, das heißt die öffentlich gegebenen Übungen, alle Formen der Gruppenarbeit und die Seminare als das eigentliche Holz des Baumes. Jeder Baum ist anders. Einige Bäume leben Jahrhunderte lang, andere nur eine relativ kurze Zeit, wie zum Beispiel jene Bäume, deren Zweck es ist, Bauholz für Häuser zu liefern, oder jene, die ziemlich jung gefällt werden, um zu Papiermehl für Zeitungs- oder Schreibpapier zersägt und zermahlen zu werden. Einige Bäume sind »Sammlerexemplare«. Das ist die Sorte von Bäumen, die heranwachsen, um die Schönheit unseres Schöpfers zur Geltung zu bringen. Oft wachsen sie in großen Privatgärten oder öffentlichen Parkanlagen und tragen sogar Schilder an den Stämmen mit Angaben zu ihrer Art und ihren Herkunftsländern. Ja, es gibt viele Sorten von Bäumen.

Alle Bäume haben jedoch eines gemeinsam. Sie sterben, wenn sie keinen Saft haben und wenn der Saft in ihrem Inneren nicht

hochsteigen kann. Das bedeutet, dass der Boden bereits fruchtbar sein muss, bevor der Baum überhaupt gepflanzt wird, und daher weist der Saft ganz sicher Spuren der Arbeit auf, die in der Vergangenheit bereits auf diesem Grund und Boden geleistet wurde, sowohl durch natürliche Ursachen als auch durch menschliche Kultivierung.

Der Saft stellt die *Essenz* dar, soweit es unsere Schule betrifft. Das Herz spricht zum Herzen, und die Essenz bezieht sich auf sich selbst – daran solltet ihr in eurem inneren Studium arbeiten!

Die Essenz ist das, was das Wissen trägt. Das Wissen, von dem ich spreche, ist mit den körperlichen Sinnesorganen weder zu sehen noch zu hören, sondern kann nur auf eine essenzielle Weise verstanden werden. Doch es braucht auch das Herz, jenes Herz, welches das Blut, den Materie gewordenen Geist, im Körper zirkulieren lässt. Zieht an diesem Punkt den ganzen Baum in Betracht. Das Herz hat sowohl jene äußere Form, die dem Baum mit der Luft, mit dem Sauerstoff Leben bringt, als auch die innere Form, das »geheime Herz«, welches das ätherische oder bisher noch ungeformte Blut filtert, um es mit der Essenz, dem Saft des Baumes, feiner zu verbinden. Das ist der Grund, weshalb ich unsere Schule eine »lebende Schule« nenne.

Um diese Zusammenhänge zu verstehen, ist es offensichtlich notwendig, auch die Begriffe »Sinn und Zweck« genauer zu betrachten und zu begreifen, dass alles in einem möglichst perfekten Zustand von Zusammenarbeit und Kommunikation sein muss. Die Borke muss nichts von der Essenz wissen, doch die Essenz versteht ganz gewiss die Notwendigkeit der Borke. Der Baum liebt seine Borke, weil er sich vor den Stürmen und den Käfern und Tieren beschützt fühlt. Er fühlt sich nackt und »entblößt« (wie ein gehäutetes Tier), wenn die Borke abgeschält wird. Er »blutet« dann im wahrsten Sinne des Wortes, und die Essenz wird vergeudet, denn sie ist nur für diesen einen Baum bestimmt. Alles muss zusammenarbeiten, aber Kommunikation funktioniert nur aufgrund einer Art von innerem Sinn, den Bäume haben, und sie wird ermöglicht durch das notwendige Wissen des Försters, dessen Aufgabe darin besteht, sich in jeder Hinsicht um die Bäume zu kümmern.

Dieser Förster hat das Wesen und die Funktionsweise der Bäume, vieler verschiedener Bäume, studiert, und er kennt auch das Land und den Boden, auf dem der Baum gepflanzt ist. Er muss

loves its bark because it feels protected from the storms and the beatles and animals. It feels bare and "raw" (like a skinned animal) if the bark is cut away. It actually "bleeds", and the essence is then wasted since the essence is only for that one tree. Everything has to work in cooperation, but communication is only possible through some inner sense that trees have and is enabled through the necessary knowledge of the woodsman, whose job it is to look after the trees in all ways.

This woodsman has studied the nature and workings of trees, many different trees, and he also knows the land and where the tree is planted. He has to keep away marauding animals and people who want to cut down trees just because of greed in order to build more houses or apartments. He has to see that the trees are pruned, and that there is sufficient light and air for the correct nourishment of the tree. The task of the woodsman is a very big task indeed, for he knows about the sap, and he knows, above everyone else, that the sap for one tree is for that tree alone in its uniqueness. He knows that each tree and each plant and indeed everything is interconnected. And so there is not a step that he makes through the woods and the forests which is not sacred. It has to be. It is because of his journeying through the forest and his observancy and his watchfulness in all ways that his beloved trees are protected and then can fulfil their own purpose and – dare I say it? – destiny on earth. Yes, the work of such a man or woman, whether recognised by the outer world or not, is vital to the tree, the forest and the future coming into our world.

Thus it is with the work of our living school, and this little story may help you all to look, once again, at the nature and purpose of our work both inner and outer. It may help people to see that if the outer form of the school is seen to be over-important, the essence can be forgotten, and thus the knowledge, and thus even the teacher. People can easily forget, and it *is* difficult to understand that someone whose function it is to be a spiritual teacher in our world lives *only* in the moment. Nobody can see and understand this except those who also live only in the moment. Therefore making use of the teacher is opening up the possibility of real knowledge in the present moment. "There is no present moment without a conscious human being." Only then can the sap rise up through the tree, carrying the necessary knowledge that lets the tree grow and thus the leaves to shelter people from the hot sun

Schädlinge fernhalten genauso wie jene Menschen, die Bäume aus reiner Habgier fällen wollen, einfach um noch mehr Häuser oder Wohnungen zu bauen. Er muss darauf achten, dass die Bäume beschnitten werden und dass dem Baum genügend Licht und Nahrung zur Verfügung stehen. Der Förster hat in der Tat eine gewaltige Aufgabe, denn er weiß um den Saft und versteht besser als jeder andere, dass der Saft eines Baumes allein für diesen Baum in seiner Einzigartigkeit bestimmt ist. Er weiß, dass jeder Baum und jede Pflanze und überhaupt alles miteinander verbunden ist. Und so unternimmt er im Wald und im Gehölz nicht einen Schritt, der nicht heilig wäre. Das ist notwendig. Denn nur aufgrund seiner Streifzüge im Wald, durch seine Beobachtung und seine Wachsamkeit sind seine geliebten Bäume geschützt und können ihren eigenen Zweck und – darf ich es sagen? – ihre Bestimmung erfüllen. Ja, die Arbeit eines solchen Menschen, ob nun von der Außenwelt bemerkt oder nicht, ist lebenswichtig für den Baum, den Wald und die Zukunft, die in unsere Welt hereinkommt.

So ist es mit der Arbeit unserer lebenden Schule, und diese kleine Analogie kann euch dabei helfen, euch wieder einmal die innere und äußere Natur und den Sinn unserer Arbeit anzuschauen. Sie kann den Menschen dabei behilflich sein zu sehen, dass, wenn die äußere Form der Schule zu wichtig genommen wird, die Essenz vergessen gehen kann, und damit das Wissen und sogar der Lehrer. Die Menschen vergessen leicht, und es *ist* schwierig zu verstehen, dass jemand, dessen Funktion es ist, ein spiritueller Lehrer in unserer Welt zu sein, *einzig und allein* im Augenblick lebt. Niemand vermag das zu sehen und zu verstehen, außer jenen, die ihrerseits nur im Augenblick leben. Deswegen eröffnet die Inanspruchnahme des Lehrers im gegenwärtigen Moment die Möglichkeit wahren Wissens. »Es gibt keinen gegenwärtigen Moment, ohne ein bewusstes menschliches Wesen.« Nur dann kann der Saft im Baum aufsteigen und das nötige Wissen transportieren, das den Baum wachsen lässt und damit die Blätter, die die Menschen vor der brennenden Sonne und dem Regen schützen. Nur dann kann die Schönheit von allen in der Umgebung gesehen werden – selbst wenn sie nicht erkennen, was alles vielleicht über viele Generationen hinweg in die Schöpfung eines solch wunderschönen Baumes eingegangen ist.

Wenn aber Sinn und Zweck vergessen gehen, und sogar der Lehrer vergessen wird (Man sollte sich in Liebe und Respekt an ihn

and the rain. Only then can the beauty be seen by all around – even if they do not see what went into the creation of such a very beautiful tree over maybe many generations.

But if the purpose is forgotten, and even the teacher is forgotten (He or she should be remembered in love and respect as often as possible each day, not just once or every now and again!) then what chance is there left for little trees to grow into bigger trees when the time is right?

1992

Names and Functions

AS I SAID SO MANY TIMES, THERE IS A "CENTRE" IN THE work, and each real school or teaching feeds into this centre whatever they can. One of our own school's contributions to the whole is the study of the Names, but from a western understanding. That is what I want to convey in this paper.

But first I would like to remind you that comparison is not something that should ever be encouraged. Comparison is the food of the mind, and we want the mind to do what we want it to do and to learn how to become calm, and not feel that it has to eat so much. When we talk about function, for example in our living school, we are not talking about comparison. This is misunderstood very often. "Equality in essence and hierarchy in function" is a standard saying in our tradition.

There is no comparison when one discusses the function of a carpenter and the function of a wood-carver. If I want to make a wooden staircase, for instance, then I will go to my designer first of all. That is one function. He will design the staircase, taking into consideration the many factors that go into the making of such a construction in that particular house with those particular measurements. Then, since I may have said I want the banisters to be carved with animal figures, bears, foxes, lions, wolves and the like, both the designer and myself will be looking for a suitable wood-carver in his function as a carver. He is *not* a carpenter. On the other hand, one needs a carpenter to make the actual staircase, and

oder an sie jeden Tag so oft wie möglich erinnern, nicht bloß einmal oder ab und zu!), welche Chance haben dann die kleinen Bäume, zu größeren heranzuwachsen, wenn die Zeit dafür gekommen ist?

Namen und Funktionen

WIE ICH SCHON OFT GESAGT HABE, GIBT ES EIN »ZENTRUM« in der Arbeit, und jede *echte* Schule oder Lehre gibt in dieses Zentrum, was immer sie kann. Einer der Beiträge zum Ganzen, die unsere eigene Schule leistet, ist das Studium der Namen, jedoch von einem westlichen Verständnis her. Das möchte ich in diesem folgenden Text vermitteln.

Zuerst will ich euch aber daran erinnern, dass Vergleich nichts ist, was jemals unterstützt werden sollte. Vergleich ist die Nahrung für den Verstand, und wir wollen, dass der Verstand das tut, was wir von ihm wollen, und lernt, still zu werden, und aufhört zu glauben, dass er so viel essen muss. Wenn wir über Funktion sprechen, zum Beispiel im Zusammenhang mit unserer lebenden Schule, hat das nichts mit Vergleich zu tun. Dies wird sehr häufig missverstanden. »Gleichheit in der Essenz und Hierarchie in der Funktion« ist ein Grundsatz in unserer Tradition.

Es gibt keinen Vergleich, wenn über die Funktion eines Zimmermannes und die Funktion eines Holzschnitzers gesprochen wird. Wenn ich zum Beispiel eine Holztreppe bauen will, gehe ich zuerst zu einem Konstrukteur. Das ist eine Funktion. Er wird eine Zeichnung der Treppe erstellen, indem er sich alle Faktoren überlegt, die es braucht, um eine solche Konstruktion in diesem bestimmten Haus mit seinen besonderen Maßen anzufertigen. Falls ich das Geländer mit geschnitzten Tierfiguren verziert haben möchte, mit Bären, Füchsen, Löwen, Wölfen und dergleichen, werden sich der Konstrukteur und ich gemeinsam nach einem in seiner Funktion als Schnitzer geeigneten Holzkünstler umsehen. Er ist *kein* Zimmermann. Andererseits braucht man einen Zimmermann, um die eigentliche Treppe herzustellen, und er wird wahrscheinlich einige Lehrlinge brauchen, die mit ihm arbeiten. Einige der Schnitzereien werden in Zusammenarbeit mit dem Baumeister

he will probably need some apprentices to work with him. Some of the carving will be done when the staircase is in place in the house, worked on in association with the builder. And the builder is not the carpenter either, although the builder, on instructions from the designer, may employ the carpenter, who, in turn, might just employ the wood-carver – who may just "happen" to be a brother of his.

Remember that famous Sufi sheikh from Irak who visited us lately. His function, or at least one of his many functions in this world at this time, is the giving of teachings *from* the Koran and in his own "mother tongue", which is Arabic. His function may or may not be that of a transformer. In the electrical system of a car you have to have both a generator and a transformer. That is all that I am talking about.

My own function, or one of them, is to be a transformer, and most certainly my function is *not* trying to teach second-hand studies of the Koran to those who might be interested. That would very much be "the soup of the soup of the duck"! I do not consider one of my functions to be a writer. I consider it to be an obligation to put down on paper the knowledge that I have been given in one way or another. You *could* say, however, that I don't function badly as a writer. But that is a very subtle play on words, i.e. if someone considers that I *am* a writer, they have a right to say whether they think or feel that I function well in that capacity. But then I do not say that my *major* function is to be a writer. Firstly a transformer, and then a modern psychologist (although these two functions go together, really), and then…

To be a student, an eternal pupil if you like, is *not* a function as such. In a *real* esoteric school ("esoteric" as meaning "for the initiate or prepared") the functions need to be very firmly explained and understood. For example, some of the many people who write to me and whom – unless they are initiated – I don't know very well, approach me as a father figure, a psychologist, a spiritual guide or the current Head of this living school. That is why, when people within the school come to me, I ask them to define, for themselves, in what function or capacity they are approaching me. That, then, stops many among them from writing back to me since they have never considered that there is something called "function" in an esoteric school. They are just used to such things in the "normal" educational system. They do not understand that there is

angefertigt, wenn die Treppe im Haus eingebaut worden ist. Und der Baumeister ist ebenfalls nicht der Zimmermann, obwohl der Baumeister gemäß den Instruktionen des Konstrukteurs einen Zimmermann anstellen kann, der dann den Holzschnitzer beauftragen mag – der vielleicht sogar »rein zufällig« sein Bruder ist.

Erinnert euch an den berühmten Sufi-Scheich aus dem Irak, der uns kürzlich besucht hat. Seine Funktion, oder wenigstens eine seiner vielen Funktionen zu diesem Zeitpunkt in dieser Welt, ist das Lehren *aus dem* Koran, und zwar in seiner eigenen »Muttersprache«, dem Arabischen. Seine Funktion kann, muss aber nicht, die eines Transformators sein. Im elektrischen System eines Autos braucht man beides, einen Generator und einen Transformator. Das ist es, wovon ich hier spreche.

Meine eigene Funktion (oder eine von ihnen) ist es, ein Transformator zu sein, und meine Funktion ist es ganz bestimmt *nicht,* Studien des Korans aus zweiter Hand zu unterrichten für Menschen, die daran interessiert sein könnten. Das wäre dann wirklich »die Suppe von der Suppe von der Ente«! Ich betrachte es nicht als eine meiner Funktionen, ein Schriftsteller zu sein. Ich betrachte es als eine Verpflichtung, das mir auf die eine oder andere Art gegebene Wissen zu Papier zu bringen. Man *könnte* allerdings sagen, dass ich als Autor nicht schlecht funktioniere. Aber das ist ein sehr spitzfindiges Wortspiel, das heißt: Wenn mich jemand als Schriftsteller betrachtet, dann hat er ein Recht zu sagen, ob er denkt oder fühlt, dass ich in dieser Eigenschaft gut funktioniere. Aber ich sage nicht, dass meine Hauptfunktion die ist, ein Autor zu sein. In erster Linie fungiere ich als Transformator, dann als moderner Psychologe (obwohl diese beiden Funktionen in Wirklichkeit zusammenfallen) und schließlich...

Ein Student zu sein, ein ewiger Schüler, wenn man so will, ist als solches *keine* Funktion. In einer *echten* esoterischen Schule (»esoterisch« verstanden als »für die Eingeweihten oder die Vorbereiteten«) müssen die Funktionen sehr genau erklärt und begriffen werden. Einige der vielen Menschen zum Beispiel, die mir schreiben und die ich – falls sie nicht initiiert sind – nicht gut kenne, nähern sich mir als einer Vaterfigur, als einem Psychologen, als einem spirituellen Führer oder als dem aktuellen Leiter dieser lebenden Schule. Das ist der Grund weshalb ich, wenn Leute aus der Schule zu mir kommen, sie bitte, sich selbst darüber klar zu werden, in welcher Funktion oder Eigenschaft sie an mich herantreten. Das

far more need in an esoteric school for these things to be understood. After all, the function of Saint Christopher (for travellers) is not the same as Saint Anthony's (for finding things). The hierarchy in the science of angelology is very precise and even "numbered", i.e. written down with a numbering system which, by the way, is taught in the inner school of the Cabbala, in which tradition I am somewhat more than interested and have many friends also.

In my function as Head of this school I have, for instance, appointed somebody to be Director of Studies and two other people to take on two other important functions. Each member of this "triad", having individual and special qualities unique to that individual, in turn needs two "helpers" or "apprentices" to make the inner structure of the school strong. And also each of those two helpers need two more people with whom they can share what they are learning. This is called *delegation.* In this way, with sufficient communication and feed-back on all levels, what is first of all stated from the Head of the school is then not watered down through endless opinions to become the "soup of the soup of the duck". Thus, Reshad in his function is able to learn, directly from the three members of the triad, what is going on in all the different groups associated in the school in all countries. It is basic common sense.

In learning about the Names it is important to get to the *root* of the different words, so that, in respect, we can try to discover what it was that Hazrati Ali and his merry band were given from the Highest to pass on and to explain to their Arab friends. With the use of Arabic language the knowledge was able to be passed on. For example into Egypt, where with the help of that generally-used language the "hang-over" from the various ancient Egyptian periods going back to nearly 2700 BC could adapt itself to the "new" understanding of unity.

Getting to the root of things is important, *but it must not stop there.* We are *not* Arabs; we are Swiss and English and French and German and American and Dutch and Austrian et cetera. We have our own mother tongues, and gone is the time for "conversion". The unified field theory in modern physics plus the incredible communications technology have done with the need for the missionary zeal and the possible results of this as seen in "neo" or bigoted quasi-religious societies. Although the science of the Names did not come into our world until the time of Hazrati Ali, it is, *of*

hält dann viele davon ab, mir zurückzuschreiben, da sie sich nie überlegt haben, dass es in einer esoterischen Schule etwas gibt, das man »Funktion« nennt. Solche Dinge kennen sie nur aus dem »normalen« Erziehungssystem. Sie verstehen nicht, dass es in einer esoterischen Schule von weit größerer Notwendigkeit ist, diese Dinge zu begreifen. Schließlich ist die Funktion des heiligen Christophorus (zuständig für Reisende) nicht die gleiche wie die des heiligen Antonius (zuständig für das Auffinden verlorengegangener Sachen). Die Hierarchie in der Wissenschaft der Engel ist sehr genau und sogar »numeriert«, das heißt, in einem Zahlensystem niedergeschrieben, welches in der inneren Schule der Kabbala gelehrt wird, eine Tradition, an der ich mehr als nur ein bisschen Interesse und aus der ich auch viele Freunde habe.

In meiner Funktion als Leiter dieser Schule habe ich beispielsweise jemanden zum Studiendirektor ernannt sowie zwei andere Personen zu zwei weiteren wichtigen Funktionsträgern bestimmt. Jedes Mitglied dieser »Triade«, mit seinen individuellen und speziellen Fähigkeiten, braucht seinerseits zwei »Helfer« oder »Lehrlinge«, um die innere Struktur der Schule zu stärken. Und auch diese zwei Helfer brauchen jeweils zwei weitere Personen, mit denen sie das teilen können, was sie lernen. Das nennt man *Delegation.* Auf diese Art und Weise und mit genügend Kommunikation und Rückmeldung wird das, was der Leiter der Schule sagt, nicht durch endlose Meinungen zur »Suppe von der Suppe von der Ente« verwässert. So ist es dann mir, Reshad, in meiner Funktion möglich, direkt von den Mitgliedern der Triade zu erfahren, was in allen Gruppen der Schule in allen Ländern vor sich geht. Das ist schlicht gesunder Menschenverstand.

Beim Studium der Namen ist es wichtig, zu den *Wurzeln* der verschiedenen Wörter vorzudringen, so dass wir respektvoll versuchen können zu entdecken, was es war, das Hazrati Ali und seinen fröhlichen Gefährten vom Höchsten aufgetragen worden war, ihren arabischen Freunden weiterzugeben und zu erklären. Mit dem Gebrauch der arabischen Sprache war es möglich, das Wissen weiterzureichen. Zum Beispiel in Ägypten, wo mit Hilfe dieser weit verbreiteten Sprache sich die Überbleibsel der verschiedenen, bis 2700 v. Chr. zurückreichenden altägyptischen Perioden dem »neuen« Verständnis von Einheit anpassen konnten.

Zu den Wurzeln der Dinge zu gelangen ist wichtig, *aber wir dürfen dort nicht Halt machen.* Wir sind *keine* Araber; wir sind

Schweizer und Engländer und Franzosen und Deutsche und Amerikaner und Holländer und Österreicher und so weiter. Wir haben unsere eigenen Muttersprachen, und die Zeit fürs »Konvertieren« ist vorbei. Die einheitliche Feldtheorie der modernen Physik und die unglaubliche Kommunikationstechnologie haben Schluss gemacht mit dem Bedarf an Missionseifer und dessen Resultaten, wie wir sie in »neo« oder bigotten, quasireligiösen Gesellschaften finden. Obschon die Wissenschaft der Namen nicht vor der Zeit von Hazrati Ali in unsere Welt kam, ist sie *selbstverständlich* weder auf die arabischen Völker beschränkt noch auf die arabische Sprache, genauso wenig wie keine Religion und kein religiöser Gedanke oder Glaube vollständig auf den geografischen Ort begrenzt sind, am dem sie gewachsen sind und der deshalb bereits fruchtbarer Boden für ihr Wachstum darstellte.

Alles unter der Sonne »hat seine Zeit«, und Zyklen sind in der Tat ein faszinierendes Thema. Denkt nur an das Britische Imperium und wie wir von dieser kleinen Insel aus drei Viertel der Welt beherrschten und aus dem Chaos Ordnung schufen. Dann wurde es Zeit aufzugeben. Aber natürlich versuchten die Briten, wie es alle Kulturen tun, daran festzuhalten, aus Angst oder Machttrieb oder was auch immer. Eine bestimmte Zeit lang haben wir dennoch gute Arbeit geleistet, wenn man sich die Geschichte sorgfältig betrachtet. Aber mit ein bisschen Intelligenz können wir sehen, dass dann eine Zeit kam, in der das Britische Imperium nicht länger nützlich war, unabhängige Regierungen hingege sinnvoll *wurden.* Und so kam das Ende des Imperiums – genauso wie zu ihrer Zeit das Ende der Pharaonen in Ägypten – und obwohl alles seine Zeit braucht, sehen wir heute Indien, Pakistan, den afrikanischen Kontinent und so weiter, die alle von eigenen Regierungen regiert werden. Zumindest sollten sie das und würden es auch, wenn nicht die internationalen Banken und die ausrangierten Ideen des Kapitalismus wären. Aber das ist eine andere Geschichte.

Um zu einem Verständnis der Namen zu gelangen, ist es also wenigstens zu Beginn sehr nützlich, die arabischen Wurzeln der Wörter etwas in den Griff zu bekommen, in Respekt für ihre Herkunft und ihre Entstehung. Aber das ist nur der Anfang. Wie ihr sicher wisst, sind alle Namen in jedem Einzelnen von uns. Gott schuf uns nach Seinem Bilde, und nicht nur die, die sich selbst »Christen« oder »Muslime« oder dies oder das nennen.

course, not limited to the Arab people, nor the Arabic language, any more than any religion or religious thought or belief is entirely limited to the geographical ground upon which it grew and which was, therefore, already fertile soil for its growth.

Everything "has its time" under the sun, and cycles are indeed a fascinating subject. Just think of the British Empire, and how we, from that tiny island, ruled three quarters of the world bringing order out of chaos. Then it was time to give up. But of course the British tried to hold on, as all cultures do, because of fear or power or whatever. We did, nevertheless, a good job for awhile if one looks carefully into history. But if we are at all intelligent, we can see that there then came a time when the British Empire was no more useful while independent government *became* useful. And thus came the end of the Empire – just like the end of the Pharaohs in Egypt in their time – and, although things take time to work themselves out, we now see India, Pakistan, the African continent et cetera all ruled by internal governments. At least they are meant to be and even would be if it were not for the international banks and out-dated concepts of capitalism. But that's another story.

Thus to get to the understanding of the Names, it is, at least in the beginning, very useful to have a little bit of a grip on the Arabic roots of the words, in respect for where they came from and how, and when. But that is only the beginning. The Names, as you surely know, are all within each and everyone of us. God made us in His Image, and not just those who call themselves "Christians" or "Muslims" or this or that.

One of our roles and functions in this living school is to be "icebreakers", carrying what is best from the past and the essence produced through the alchemical process of the inner workings of the school to go forth in His Name, the One Absolute Being, on the road of truth and on the Way of Love, Compassion and Service.

Nothing I write here is really new for you, but it is something that needs to be said many times. We need to be reminded that the answer lies right here in our own hearts, we do not need to look elsewhere. My dream, or "powerful vision" as the Native North American Indians would say, is that our study of the Names will be a contribution to "the centre" and lead others on to have the same passion that some of you do concerning His Most Beautiful Names. Sooner or later, the understanding of the Names will be

Eine unserer Rollen und Funktionen in dieser lebenden Schule ist es, »Eisbrecher« zu sein, die das Beste aus der Vergangenheit und die Essenz, die durch den alchimistischen Prozess der inneren Arbeit der Schule erarbeitet wurde, weitertragen in Seinem Namen, dem Einen Absoluten Wesen, auf dem Pfad der Wahrheit und auf dem Weg der Liebe und des Mitgefühls und des Dienens.

Nichts was ich hier schreibe, ist wirklich neu für euch, aber es ist etwas, das immer wieder gesagt werden muss. Wir müssen daran erinnert werden, dass die Antwort hier in unserem eigenen Herzen liegt, wir brauchen nicht anderswo danach zu suchen. Mein Traum, meine »kraftvolle Vision«, wie die nordamerikanischen Indianer sagen würden, ist, dass unser Studium der Namen einen Beitrag an »das Zentrum« leistet und andere zu derselben Leidenschaft bringen wird, wie einige von euch sie in Bezug auf Seine Schönsten Namen haben. Früher oder später wird das Verstehen der Namen ein Teil sein der herrlichen Erkenntnis der Einheit Gottes in unserer Zeit und *in unseren eigenen individuellen Sprachen.* Das ist die Vision. Genauso wie viele moderne Christen die Vision haben, dass eines Tages Christus erscheinen wird und zu jedem (sogar im Fernsehen!) in *dessen eigener Sprache* sprechen wird.

Um diesen Text zu beenden, möchte ich etwas von Rupert Sheldrake, einem modernen Physiker und Bekannten von mir, zitieren. Es kann zeigen, wie ihr alle in euren Studienklassen zu den Namen, ob ihr es bereits wisst oder nicht, durch das elektromagnetische Feld einen Einfluss auf das Ganze habt. Vielleicht ist das hier, da er in seiner Beschreibung und Erklärung der neuen Prinzipien der Physik über Ratten spricht, ein ziemlich banales Beispiel, aber es ist sicherlich interessant:

> In meiner Hypothese der morphischen Resonanz, die in meinem Buch *Das Gedächtnis der Natur* beschrieben ist, schlage ich vor, dass die Natur ein eigenes Gedächtnis hat. Das, was wir für gewöhnlich »Naturgesetze« nennen, könnte eher so etwas wie Gewohnheiten sein. Gemäß dieser Theorie besteht ein Einfluss von ähnlichen Dingen auf nachfolgende ähnliche Dinge durch den Prozess, den ich *morphische Resonanz* nenne. Jede Spezies oder jede Art von Ding hat ein kollektives Gedächtnis. Das bedeutet, wenn man Ratten an einem Ort einen neuen Trick beibringt, sollten die Ratten auf der ganzen Welt diesen Trick schneller lernen können, nur weil

part of the glorious realisation of the Unity of God in our time and *in our own individual languages.* That is the vision. Just like so many modern Christians have a vision that one day the Christos will appear (even on television!) and speak to everyone *in their own language.*

To complete this paper I would like to quote something from Rupert Sheldrake, a modern physicist and an acquaintance of mine. It may show just how you people, in your classes on the Names, are, whether you yet know it or not, having an effect on the whole through the electromagnetic field. Since, in his description and explanation of the new principles in physics, he is talking about rats it is perhaps rather a banal example, but it surely is interesting:

> In my hypothesis of morphic resonance, described in my book *The Presence of the Past,* I propose that there is an inherent memory in nature. What we usually call "the laws of nature" may be more like habits. According to this theory, there is an influence from similar things towards subsequent similar things by the process I call *morphic resonance.* Each species, or each kind of thing, has a collective memory. This means that if you train rats to learn a new trick in one place, rats around the world should be able to learn it quicker just because the rats had learned it in the first place. This influence by morphic resonance works through the organising fields of things, which I call the *morphic fields.* At all levels in nature things are organised by fields and these fields have an inherent memory...

In *my* ('Feild's') hypothesis, these "morphic fields" include the electromagnetic field, the "T fields" or thought fields and various other fields that are set up and inter-connected by conscious human beings who "walk their talk", i.e. the modern geomancers and healers of the land who *know,* without any shadow of a doubt, the inner meaning of the Biblical words, "Whereso'ever ye stand, that is holy ground." The inter-connectedness of all life must *never* be forgotten in our spiritual search, which is, after all, entirely personal since not one other single person can *ever* know the feelings of another. But they can meet in the space in-between, in-between two thoughts, two concepts, two breaths.

> die Ratten ihn am ersten Ort bereits gelernt haben. Dieser Einfluss der morphischen Resonanz funktioniert aufgrund organisierender Felder von Dingen, die ich *morphische Felder* nenne. In der Natur ist alles auf allen Ebenen durch Felder organisiert und diese Felder haben ein ihnen innewohnendes Gedächtnis...

In *meiner* (der ›Feild'schen‹) Hypothese schließen diese »morphischen Felder« das elektromagnetische Feld mit ein, die »G-Felder« oder Gedankenfelder und viele verschiedene andere Felder, die erzeugt werden und miteinander verbunden sind durch bewusste menschliche Wesen, die »tun, was sie sagen«, das heißt die modernen Geomanten und Heiler des Landes, die ohne jeglichen Schatten eines Zweifels die Bedeutung *kennen* der biblischen Worte: »Wo auch immer du stehst, ist heiliger Boden.« Deshalb darf die Verbundenheit allen Lebens *niemals* vergessen werden auf unserer spirituellen Suche, die schließlich vollkommen persönlich ist, da keine einzige Person *jemals* die Gefühle einer anderen Person kennen kann. Aber sie können sich im Raum dazwischen treffen, im Raum zwischen zwei Gedanken, zwei Konzepten, zwei Atemzügen.

Es gibt *keinen* Vergleich, wenn man Funktion versteht. Funktion kann nur verstanden werden in lebendigem Respekt für die Tatsache, dass alles und jedes seinen Platz unter der Sonne hat und dass sich die Wahrheit immer auf die Art und Weise manifestiert, die sowohl der Zeit als auch dem Ort entspricht. Deshalb war die Wahrheit, die sich in der Linie der Propheten zeigt, *immer* die Wahrheit, aber jeweils auf unterschiedliche Weise ausgedrückt.

Ein Transformator ist kein Generator, obwohl zu bestimmten Zeiten und in speziellen Fällen eine Funktion sehr direkt mit einer anderen Funktion zusammenarbeiten muss. Es kann möglich sein, den inneren Mechanismus eines Generators derart zu verändern, dass er teilweise die Funktion eines Transformators übernehmen kann, obwohl in diesem Prozess natürlich die eine oder andere seiner hauptsächlichen Funktionen eingestellt werden muss. Mit anderen Worten, man verliert zumindest für eine bestimmte Zeit entweder die Funktion des Generators oder die des Transformators.

Das Studium der Namen ist ein Akt des Dienens, besonders wenn wir uns daran erinnern, dass wir das *Ganze* nähren. Wir geben das, was wir lernen, ins »Zentrum« im Verständnis, dass es

There is *no* comparison when one understands function. Function can only be understood through living respect for the fact that everything and everyone has his or her own place under the sun, and that the truth always manifests in the manner and way that is appropriate to both the time and the place. Thus the truth which shows through the Line of the Prophets was *always* the truth, but expressed in different ways.

A transformer is not a generator, although, at certain times and in special cases, one function may have to work very directly with another function. It might be possible to adapt the inner mechanics of a generator in such a way that it can partly take over the function of a transformer although, of course, one or other of its primary functions would have to be extinguished in the process. In other words, you would have to loose, for a time at least, either the function of the generator or the transformer.

The study of the Names is an act of service, particularly if we remember that we are feeding the *whole.* We are putting what we learn into "the centre" in the understanding that there is only *one* Absolute Being. From the memory that exists through morphic resonance, we learn the "mother tongue" in and through which the Names were 'invented' and brought to use in our world. In that knowledge and through loving resonance, our hearts, in the womb of the moment, may be able to resonate to the meaning of the Names in our own individual way and *in this time of history.*

Once all this is understood – the meaning of function, the purpose of this living school at *this* time of history and our contribution to the whole, the centre of being if you wish – then we understand in our own uniqueness His Wish in our own desire, His Hope in our own aspirations and His Belief in us through our Knowledge of Him. Then it is not difficult to submit ourselves to His Will in the unity, for at last we have something to offer, which is the knowledge of ourselves. Then there is love, and "love is the cause and love is its own effect."

1991

nur *ein* Absolutes Wesen gibt. Aus dem Gedächtnis, das aufgrund der morphischen Resonanz existiert, erlernen wir die »Muttersprache«, in welcher die Namen ›erfunden‹ und zum Gebrauch in unsere Welt gebracht wurden. In diesem Wissen und durch liebende Resonanz können unsere Herzen im Schoß des Augenblicks fähig sein, mit den Bedeutungen der Namen mitzuschwingen, und zwar auf unsere eigene persönliche Art und Weise und *zu diesem Zeitpunkt der Geschichte.*

Wenn all dies einmal verstanden ist – die Bedeutung von Funktion, der Zweck unserer lebenden Schule zu *diesem* Zeitpunkt der Geschichte sowie unser Beitrag zum Ganzen, dem Zentrum des Seins, wenn man so will –, dann verstehen wir in unserer eigenen Einzigartigkeit Seinen Wunsch in unserem eigenen Verlangen, Seine Hoffnung in unserem eigenen Streben und Seinen Glauben an uns durch unser Wissen von Ihm. Dann ist es nicht schwierig, uns Seinem Willen in der Einheit zu unterwerfen, weil wir endlich etwas darzubieten haben, und zwar das Wissen von uns selbst. Dann ist da Liebe, und »Liebe ist der Grund und Liebe ist ihre eigene Wirkung.«

Advice on What *Not* to Do

IT IS SO EASY TO JUST GET SWEPT ALONG BY CHRONIC enthusiasm, and so much of that, as we all know from experience, is based on just pure, unadulterated loneliness. It is not real. This sort of enthusiasm sweeps everyone along with it, particularly those who are weak (mostly lonely themselves) and do not, as yet, have their own stable centre. Then everyone gets into trouble. We have seen this happen; we have witnessed the results, and we have worked hard to put things into balance once again. *That* is the value of experiences – to work with them, not to fight them, and then later, when the time is right, to see what lessons have actually been *learnt* from them and what has been done with them. Avoid the danger of reading into the experiences "signs" that please and gratify the subtleties of the ego, that part of man which has never bowed down to Adam, the first man, the intellect itself.

I cannot advise my students and pupils as to what to do. I always said that I can only advise you on what *not* to do. After all, *"la"* comes *before* the declaration of the unity. I care about you and all my other pupils in the world *equally.* We are all equal in the Sight of God. There are no "special clients" or favourites, and surely what I want for you all is your freedom. "Let us go together towards union." What you do in life is your own business.

There is one thing that might be important to mention at this stage. We should point out to people, again and again if necessary, that *love* is the First Cause. If this is forgotten, all the "schools", all the "centres" and all communities, spiritual or otherwise, are bound to finally be seen to be nothing but a mess of wastage. *First* we love God, Allah or by whatever name we know Him, and *then* we love His Servants. In taking on a *teacher* (which means that you must be "ready" in the first place), you make someone – who is on the path and whose function in this world is to be a teacher – a *servant,* and a grateful and willing one. He or she is then the servant to the Creator and, since there is no separation any longer, *also* to the pupil since the servant knows that God and His Creation are, in essence, one.

If this is understood, then how can there be 'arguments' in this school's groups and such-like foolery? In some places, for example, I am told that people are always saying, "But Reshad said this or that," and then someone else comes up and says, "But to me

Ratschlag, was man *nicht* tun sollte

ES IST SO LEICHT, SICH VON CHRONISCHER BEGEISTERUNG mitreißen zu lassen. Wie wir alle aus Erfahrung wissen, beruht ein großer Teil davon allein auf purer, ungemilderter Einsamkeit. Sie ist nicht real. Diese Art der Begeisterung reißt jeden mit, vor allem diejenigen, die schwach (und einsam) sind und noch keine stabile Mitte gefunden haben. So kommt jeder in Schwierigkeiten. Wir haben gesehen, wie dies geschieht; wir wurden Zeugen der Resultate und haben hart gearbeitet, um die Dinge wieder ins Gleichgewicht zu bringen. *Das* ist der Wert von Erfahrungen – mit ihnen zu arbeiten, statt sie zu bekämpfen, und später dann, wenn die Zeit dafür gekommen ist, zu schauen, welche Lektionen eigentlich aus ihnen *gelernt* wurden und was aus ihnen gemacht wurde. Vermeide die Gefahr, in die Erfahrungen »Zeichen« hineinzulesen, die den Spitzfindigkeiten des Egos schmeicheln und jenen Teil des Menschen bestätigen, der sich niemals vor Adam, dem ersten Menschen, dem Intellekt selbst, verbeugt hat.

Ich kann meinen Studenten und Schülern nicht sagen, was sie tun sollen. Ich habe immer betont, dass ich euch nur raten kann, was ihr *nicht* tun solltet. Schließlich kommt das *»La«* *vor* dem Bekenntnis zur Einheit. Ich liebe euch und alle meine anderen Schüler auf der Welt *gleichermaßen.* Vor den Augen Gottes sind wir alle gleich. Es gibt keine »besonderen Kunden« oder Günstlinge, und gewiss ist es Freiheit, was ich mir für euch alle wünsche. »Lasst uns gemeinsam Richtung Einheit schreiten.« Was ihr in eurem Leben tut, ist eure eigene Angelegenheit.

Es gibt etwas, dessen Erwähnung an dieser Stelle wichtig ist. Wir sollten die Menschen, notfalls auch mehrfach, darauf hinweisen, dass *Liebe* der Erste Grund ist. Wenn das in Vergessenheit gerät, müssen alle »Schulen«, alle »Zentren« und alle Gemeinschaften spiritueller oder anderer Art letzten Endes nur als eine einzige riesige Verschwendung angesehen werden. *Zuerst* lieben wir Gott, Allah oder unter welchem Namen wir Ihn auch kennen, und *dann* lieben wir Seine Diener. Wenn man einen *Lehrer* annimmt (was bedeutet, dass man schon »bereit« sein muss), macht man jemanden, der auf dem Weg ist und in dieser Welt die Funktion eines Lehrers hat, zu einem *Diener,* und zwar zu einem dankbaren und willigen Diener. Er oder sie ist dann Diener des Schöpfers und, da es keine Trennung mehr gibt, *auch* Diener des Schülers, da

Reshad said this or that and that is different." Of course! How could it be otherwise? We all hear with our own set of ears and ear-holes and therefore in our own unique way. On the other hand, if people remember that they are loved by God, their Creator, and *never forget* (that they are unique and equal in His Sight), their love for the teacher is their own saving grace, their own protection, and the reflection of their own inner guide, *al-Hadi,* on the road of truth.

This is where the work of the school comes in. The school is like a "wake-up farm". It is a "set-up", a rather loosely knit organisation or "frame", through which *real* and *living* teachings may be given to fertile soil that has been ploughed and tilled and watered and cleared of stones already before the season for sowing. *That* is what this school is about; it is no more important than this. And yet, paradoxically, without such a living school how can people be prepared to be suitable vehicles for knowledge, vehicles that finally never go "asleep" ever again? Let this never be forgotten, please.

There is, on the other hand, always a danger that a school takes on some sort of special importance (think of certain Gurdjieff-related organisations, for example, and many others). If then the First Cause, which is *love,* and the servant of love, who has the role and function of the teacher, are forgotten, what will inevitably happen? It is obvious, and history can give us many clues in this direction without looking very far into the library for such disasters.

Those of us who are working together now – whether we have known each other for many years or just a few years or even those people who have just come into the brotherhood – are all stepping into an unknown cycle. And yet we can have faith. Look at what has gone on before us. Look at the sacrifice of those who helped pave the road of truth with their gold and silver stepping stones over thousands of years, which yet are just one arm-span in the life of one who knows. And how long does it take to open one's arms? More than one breath?

The keys for this next cycle can be found in two words, namely *humility* in the knowledge of our dependence, and *gratefulness* in our love of God, in being able to love God and be loved by Him. By keep these two themes in our hearts, we will not go far wrong. For indeed, it is said, "Light upon Light; God guides those to whom He pleaseth" (Koran).

der Diener weiß, dass Gott und Seine Schöpfung in der Essenz eins sind.

Wenn das verstanden wurde, wie kann es dann in den Gruppen dieser Schule ›Streit‹ und ähnliche Dummheiten geben? Zum Beispiel habe ich gehört, dass Leute an einigen Orten wohl ständig sagen: »Aber Reshad hat dies oder jenes gesagt«. Und dann kommt eine andere Person und sagt: »Aber zu mir hat Reshad das und das gesagt, und das ist anders.« Natürlich! Wie könnte es auch anders sein? Wir alle hören mit unseren eigenen Ohren und unseren Ohrmuscheln und damit auf unsere eigene, persönliche und unvergleichliche Art und Weise. Wenn die Menschen sich andererseits daran erinnern, dass sie von Gott, ihrem Schöpfer, geliebt werden, und *niemals vergessen* (dass sie in Seiner Sicht einzigartig und gleichwertig sind), ist ihre Liebe zum Lehrer ihre rettende Gnade, ihr Schutz und das Abbild ihrer eigenen inneren Führung, *al-Hadi,* auf dem Weg der Wahrheit.

Hier kommt nun die Arbeit der Schule ins Spiel. Die Schule ist eine Art »Aufweck-Farm«. Sie ist eine »Inszenierung«, eine ziemlich lose geknüpfte Organisation oder ein »Rahmen«, durch den die *wahren* und *lebendigen* Unterweisungen auf fruchtbaren Boden fallen können, auf Boden, der umgepflügt und gelockert und gewässert und bereits vor der Saatzeit von Steinen befreit wurde. *Darum* geht es in dieser Schule; wichtiger ist sie nicht. Und doch, das ist eben das Paradox: Wie können Menschen ohne eine solche lebende Schule darauf vorbereitet werden, geeignete Fahrzeuge für das Wissen zu sein, Fahrzeuge, die schließlich nie wieder »einschlafen« werden? Bitte, vergesst das niemals.

Andererseits besteht immer die Gefahr, dass eine Schule sich auf eine bestimmte Art für besonders wichtig hält (nehmt zum Beispiel gewisse auf Gurdjieff bezogene Organisationen und viele andere). Wenn dann der Erste Grund, die *Liebe,* und der Diener der Liebe, der die Rolle und Funktion des Lehrers hat, vergessen werden, was wird dann unweigerlich passieren? Es liegt auf der Hand, und die Geschichte gibt uns viele Hinweise in dieser Richtung, ohne dass wir in der Bibliothek allzulange nach solchen Katastrophen suchen müssten.

Diejenigen von uns, die jetzt zusammenarbeiten – ob wir einander nun schon viele oder erst ein paar Jahre kennen oder die Menschen, die gerade neu zu unserer Gemeinschaft stoßen –, treten in einen unbekannten Zyklus ein. Und doch können wir

To *remember* is our own individual task; the task of this living school is to do everything it can do to facilitate situations which can help to wake up and remember. The school is not to provide more, it is not to placate our self-righteousness or make us "feel good". The school is like the eternal ship of true freedom, whose function it is to take us home, and then to "return" to take on new passengers. We are asked not to be dependent on anything except Allah – least of all on the school. See the work of this living school for what it is. Use the analogy of a ship if you wish, but remember a ship has a motive and a purpose and experts who are necessary to see that it runs smoothly. It needs support on every level, from the highest level of agreement and courage to patience and perseverance, as well as joy and song and music on dark and windy days. It needs support on the relative level; this *is* the relative world, after all. Without this the ship cannot continue to do its work. The ship also needs restoration work done on it at times. It has to go into dry-dock for re-painting and for the engines to be stripped down and spare parts replaced as necessary. Let us not glamorise our school, but rather see that it is a *necessary function.* Please remember that. It is true that the teacher needs a ship, and the ocean is wide and deep. So give me a good ship, with a strong and trustworthy crew who do not argue and who will trust the captain *and* each other. We do have the map, you know!

Apart from contemplating the keys of "humility" and "gratefulness", the other very necessary work to be done at this time is to do with the word *sensing.* I wonder how many people have really considered what "knowing" means. Do some of you, for example, feel that just knowing something with the head is enough? It is true that God created the intellect first in this world (Adam was the first man), but then look at the Line of the Prophets and the necessary qualities that have needed (and still need) to be unfolded so that *every part* of us knows. Is this not written in the Scriptures? What does "Light upon Light" *mean?*

It is said that at the Second Coming (or whatever you want to call this event) each "member" of the physical body shall "know" in its own way. We even talk about "God be in my head and in my *understanding*". May God surely be in our arms and in our *feeling* hands; may God be in our hearts, and in our limbs, and in our walk and our talk, and in our sleeping. May God be on our breath

Glauben und Vertrauen haben. Seht, was vor uns geschehen ist. Schaut euch die Opfer all derer an, die dazu beigetragen haben, den Weg der Wahrheit durch die Jahrtausende mit goldenen und silbernen Trittsteinen zu pflastern, Jahrtausende, die im Leben eines Wissenden doch nur eine Armspanne bedeuten. Und wie lange dauert es, die Arme zu öffnen? Länger als die Dauer eines Atemzugs?

Die beiden Schlüsselwörter für diesen nächsten Zyklus sind *Demut* im Wissen um unsere Abhängigkeit sowie *Dankbarkeit* in unserer Liebe zu Gott, weil wir fähig sind, Gott zu lieben und uns von Ihm lieben zu lassen. Wenn wir diese beiden Themen in unserem Herzen bewahren, werden wir nicht weit vom Weg abkommen. Denn es heißt: »Licht über Licht. Gott führt die, an denen Er Gefallen hat« (Koran).

Das *Erinnern* ist unsere persönliche Aufgabe; Aufgabe dieser lebenden Schule ist es, alles ihr Mögliche zu tun, um Situationen herbeizuführen, die uns dabei helfen können, aufzuwachen und uns zu erinnern. Mehr muss die Schule nicht bieten; sie ist nicht dazu da, unserer Selbstgerechtigkeit zu schmeicheln oder uns »angenehme Gefühle« zu verschaffen. Die Schule ist wie das ewige Schiff der wahren Freiheit, dessen Funktion darin besteht, uns nach Hause zu bringen und dann »zurückzukehren«, um neue Passagiere aufzunehmen. Wir sind aufgefordert, von nichts abhängig zu sein, außer von Allah – und sicher nicht von der Schule. Seht die Arbeit dieser lebenden Schule als das an, was sie ist. Verwendet die Analogie eines Schiffes, wenn ihr mögt, doch denkt daran: Ein Schiff hat einen Beweggrund und einen Zweck, und es braucht Fachleute, die darauf achten, dass es ruhig fährt. Es benötigt Unterstützung auf jeder Ebene, von der höchsten Ebene des Einverständnisses und des Mutes bis zu Geduld und Ausdauer und Freude und Gesang an dunklen und windigen Tagen. Es braucht Unterstützung auf der Ebene der Relativität, denn schließlich *ist* dies die relative Welt. Ohne sie kann das Schiff seine Arbeit nicht fortführen. Das Schiff bedarf auch gelegentlicher Instandhaltungsarbeiten. Es muss ins Trockendock für einen Neuanstrich, für die Überholung der Maschinen und, falls nötig, den Einbau von Ersatzteilen. Wir wollen unsere Schule nicht verherrlichen, sondern wir betrachten sie vielmehr als eine *notwendige Funktion.* Bitte, erinnert euch daran. Es ist wahr, dass der Lehrer ein Schiff braucht, und der Ozean ist weit und tief. Darum gebt mir ein

gutes Schiff mit einer starken und verlässlichen Mannschaft, die sich nicht streitet und sowohl dem Kapitän *als auch* sich untereinander vertraut. Denn, ihr wisst ja, die Seekarte *haben* wir!

Neben der Kontemplation der Schlüsselbegriffe »Demut« und »Dankbarkeit« gibt es zu diesem Zeitpunkt eine andere höchst notwendige Arbeit, die mit dem Wort *Spüren* zu tun hat. Ich frage mich, wie viele Leute sich wirklich überlegt haben, was »wissen« bedeutet. Glauben einige von euch zum Beispiel, es reiche aus, etwas nur mit dem Kopf zu wissen? Es ist wahr, dass Gott in dieser Welt zuerst den Intellekt erschaffen hat (Adam war der erste Mensch), aber dann schaut euch die Linie der Propheten an und die nötigen Eigenschaften, die entfaltet werden mussten (und müssen), damit *jeder Teil* von uns weiß. Steht das nicht in den heiligen Schriften? Was *bedeutet* »Licht über Licht«?

Es wird gesagt, dass bei der Wiederkunft (oder wie immer ihr dieses Ereignis nennen wollt) jedes »Glied« des physischen Körpers auf seine spezifische Weise »wissen« werde. Wir sprechen sogar davon, »Gott möge in meinem Kopf und in meinem *Verstehen* sein«. Möge Gott tatsächlich in unseren Armen und unseren *fühlenden* Händen sein; möge Gott in unseren Herzen, unseren Gliedern, und möge Gott auf unseren Wegen und in unseren Worten und in unserem Schlaf sein. Möge Gott in Seinem Mitgefühl und Seiner Gnade und in Seiner Vergebung auf unserem Atem sein. Und möge Gott mit uns sein an unserem Ende, wenn wir diese Welt verlassen.

Ich möchte, dass ihr alle aufhört, über unnötige Dinge zu reden, besonders bei Gruppentreffen, und dass ihr euch beobachtet. Bringt den Beobachter in euer Leben, und *spürt, spürt, spürt!* Seid in jenem »aktiven empfänglichen Zustand«, über den ich so viel gesprochen habe, aber verfallt nicht ins Nichtstun! Das ist der Schlüssel zu wahrer Geduld. Was für eine schwierige Aufgabe! Aber welch ein Sieg wartet auf uns, wenn wir wirklich *die ganze Zeit* in diesem Zustand sind! »Lass ein den Regen, lass ein den Wind, lass ein die hereindringende Macht… Oh, wie kann ein so kleines Herz eine so großartige Gesellschaft umfangen?« (Kathleen Raine)

Das ist der »Regen aus einer anderen Welt«, das »Herabsteigen der geläuterten Kräfte«, von denen die Alchimisten sprechen. Doch dieser Regen muss unser *ganzes* Wesen durchdringen und erleuchten, sogar unseren physischen Körper. *Das ist die Arbeit des*

in His Compassion and Mercy and in His Forgiveness. And may God be at our end and at our departing from this world.

I want all of you to stop talking about unnecessary things, particularly at group meetings, and watch yourselves. Bring in the observer into your lives, and *sense, sense, sense!* Be in the "actively receptive state" that I talked about so often, but don't do nothing! That is a key to real patience. What a difficult task that is! But what victory lies waiting for us if we are truly in this state *all the time!* "Let in the rain, let in the wind, let in the invading night… O, how can a heart so small contain a company so great?" (Kathleen Raine).

This is the "rain from another world", the "descent of the purified forces" talked about by the alchemists. But this rain must permeate and irradiate *all* of our being and even our physical body. *This is the work of the next cycle,* which is unknown. Your work is to find out the answer *here* and *now,* and *in* the body that God has given us in His Love – not to understand merely from dreams and symbols and signs, and endless "messages" from the unknown. After all, once the sign is deciphered, the dream interpreted, the symbols smiled upon and the messages understood, why should we also ignore the vehicle, the body itself? "This world is the resurrection" (Rumi). If we cannot find Him here, within our own heart, then where else can we find Him? Can any of you say, with all honesty, that you know Him *here?* "Some people see God in creation, and some creation in God. The Sufi is one who sees God in creation, and creation in God – *at the same time"* (Sufi saying).

So how are we to proceed? Firstly with love and lastly with love, but in the space in between with work on ourselves. Do not expect anyone else to do this work for you. Remember you are all unique, and are asked to find *your own* path. "There are as many paths to God as there are human beings on the planet; but there is only one Way!" Never forgert that this world needs *you,* and that means you and me and all of His Creation. Can this happen without us knowing ourselves? Remember that the Trust of God was offered to His Creation, but that it was only man who accepted this trust.

Never let it be forgotten either that proper *balance* is necessary. That means it is necessary to work with *all* of your talents, and that, in turn, also means *study.* It is through study – in loving co-

nächsten Zyklus', der unbekannt ist. Eure Arbeit besteht darin, die Antwort *hier* und *jetzt* zu finden, und *im* Körper, den uns Gott in Seiner Liebe gegeben hat – das kann man nicht nur in Träumen, Symbolen und Zeichen verstehen oder in endlosen »Botschaften« aus dem Unbekannten. Denn schließlich, wenn das Zeichen enträtselt ist, der Traum gedeutet, die Symbole belächelt und die Botschaften verstanden sind, warum sollten wir das Fahrzeug, nämlich den Körper selbst, nicht beachten? »Diese Welt ist die Auferstehung« (Rumi). Wenn wir Ihn nicht hier, in unserem eigenen Herzen, finden können, wo sonst sollen wir Ihn denn dann finden? Kann irgendjemand von euch ganz ehrlich sagen, dass er oder sie Ihn *hier* kennt? »Manche Menschen sehen Gott in der Schöpfung, und manche sehen die Schöpfung in Gott. Der Sufi ist jemand, der Gott in der Schöpfung sieht und die Schöpfung in Gott – *zur gleichen Zeit*« (Sufi-Ausspruch).

Wie sollen wir also vorgehen? Zuerst mit Liebe und am Schluss mit Liebe, doch im Zwischenraum mit Arbeit an uns selbst. Erwartet nicht, dass irgendjemand anderes diese Arbeit für euch tut. Denkt daran, ihr seid alle einzigartig und ihr seid gebeten, *euren eigenen* Pfad zu finden. »Es gibt so viele Pfade zu Gott wie menschliche Wesen auf dem Planeten; aber es gibt nur einen Weg!« Vergesst nie, dass diese Welt *euch* braucht, und das heißt dich und mich und Seine ganze Schöpfung. Kann das geschehen, wenn wir uns selbst nicht kennen? Erinnert euch: Gott hat Sein Vertrauen Seiner Schöpfung angeboten, doch nur der Mensch nahm dieses Vertrauen an.

Vergesst auch nie, dass das richtige *Gleichgewicht* unabdingbar ist. Das bedeutet, es ist nötig, mit *all* euren Talenten zu arbeiten, und das wiederum heißt: *Studium.* Durch das Studium – in liebevoller Zusammenarbeit und im Verständnis der Notwendigkeit, bewusst auf dem Atem zu sein – können die schlummernden Talente in jedem von uns zum Vorschein gebracht und befreit werden. Wie die gefangenen Vögel mit ihren gestutzten Flügeln möchten auch sie so gerne nach Hause fliegen! Die Qualitäten, die in den Herzen all der Propheten von Anbeginn der Zeit liegen, warten darauf, ans Licht, Sein Licht, zu kommen. Darum entleeren wir unser Herz von allem, was nicht Er ist. *La illaha il'Allah!* Dann gibt es Platz für Ihn, und wir existieren nicht mehr, weil es Ihn *allein* gibt. Welch ein Göttliches Geheimnis! Was für eine schöne Komödie!

operation and in the realisation of the necessity of being conscious on the breath – that the latent talents within each one of us can be brought forth and released. Like trapped and pinioned birds, they so long to fly home too! The qualities that lie within the hearts of all the prophets from the beginning of time lie waiting to be brought to light, to His Light. So we empty our hearts of all that is not Him. *La illaha il'Allah!* Then there is room for Him, and we no more exist, for there is *only* He. What a Divine Mystery this is! What a beautiful comedy!

Lastly, dear friends, I do beg you to be very careful for my sake, if for no one else's. Just the other day, I heard some horrifying stories of what goes on behind the scenes at the current international summer school. Apparently, there are leaders of work groups shouting "Breathe!" at each other (as though they themselves knew how to breathe) and arguing about just how something is meant to be done, or not done et cetera – wait until I catch them! I listened to all those reports, first with horror and dismay, but then I laughed out loud. I nearly upset the boat in which I was fishing. What was so funny was that all these idiots who keep telling people to breathe or sound the *Hu* (apparently at every available moment) do so as though I had either encouraged such stupidities or even instructed them to be done. Oh dear me! Has the world gone mad? I ask you, has any of you *ever* seen Reshad sound a *Hu* with a circle of well-meaning idiots before doing some functional activity like cleaning toilets or peeling potatoes? The only time you hear me sound the *Hu,* apart from at the end of *dhikr,* is in the Visualisation Practice (and that for a very special purpose to do with the law of octaves). But you don't do this at *every* moment!

Anyway, I am told some really funny stories about the Serbs and the Germans, the Austrians and the English and the Dutch, the Swiss and the Persians, let alone the American contingent, who got increasingly furious I am informed, all apparently thinking that these were some sort of special instructions given by Reshad. What a joke! I *never* would advocate such things. Just see the dirt in the toilets, clean it out and get on with it! That would be my instructions. And if you have rose water at hand, add some for fun, and if not, then not. Next we will have people in this school doing that dreadful hand-shake up in the air that American football players seem to do before they make any new move!

Zum Schluss, liebe Freunde, bitte ich euch, mir zuliebe, wenn schon für niemand anderen, überaus vorsichtig zu sein. Erst vorgestern hörte ich einige erschreckende Geschichten darüber, was offensichtlich hinter den Kulissen der gegenwärtigen internationalen Sommerschule geschieht. Es scheint wohl Leiter von Arbeitsgruppen zu geben, die einander zurufen: »Atme!« (als ob sie selbst wüssten, wie man atmet), und Auseinandersetzungen darüber, wie etwas getan oder nicht getan werden sollte und so weiter – wartet bis ich diejenigen erwische! Ich hörte mir alle diese Geschichten an, zuerst mit Entsetzen und Besorgnis, aber dann lachte ich schallend los. Ich habe fast das Boot zum Kippen gebracht, in dem ich gerade am Angeln war. Das Komische daran war, dass all diese Idioten, die den Leuten sagen, sie sollen atmen oder (scheinbar bei jeder sich bietenden Gelegenheit) das *Hu* erklingen lassen, so tun, als hätte ich selbst solche Dummheiten angeregt oder gar angeordnet. Du meine Güte! Sind denn alle verrückt geworden? Ich frage euch, hat irgendjemand von euch jemals gesehen, dass Reshad mit einem Kreis von wohlmeinenden Idioten zusammensteht und ein *Hu* erklingen ließe, bevor er etwas so Funktionales wie Toilettenputzen oder Kartoffelschälen in Angriff nimmt? Die einzige Gelegenheit, bei der ihr mich das *Hu* singen hört, außer am Ende des *Dhikr,* ist bei der Visualisierungsübung (und das aus einem bestimmten Grund, der mit dem Gesetz der Oktave zu tun hat). Aber das macht man doch nicht in *jedem* Augenblick!

Jedenfalls habe ich einige wirklich komische Geschichten über die Serben und die Deutschen, die Österreicher und die Engländer und die Holländer, die Schweizer und die Perser gehört, ganz zu schweigen vom amerikanischen Kontingent, das meinen Informationen zufolge immer wütender wurde, da offenbar alle meinten, dass dies einige besondere Anweisungen von Reshad seien. Was für ein Witz! Ich würde *niemals* solche Dinge empfehlen. Nehmt den Dreck in den Toiletten einfach zur Kenntnis, putzt ihn weg und macht mit eurem Tagewerk weiter! Das wären meine Anweisungen. Und wenn ihr Rosenwasser zur Hand habt, fügt spaßeshalber etwas hinzu, und wenn nicht, dann nicht. Demnächst werden wir noch Leute in dieser Schule haben, die dieses furchtbare Händeklatschen in der Luft vollführen, das die amerikanischen Fußballer jeweils vor ihrem nächsten Spielzug zum Besten geben!

As for sounding the most sacred sound of all, the *Hu,* please read Mister Bennett's discourse on the subject in his book *Intimations.** I would even suggest that you read out loud that chapter to all the participants of the summer school. The chapter is based on a talk he gave in my own house in Gloucestershire, England. This talk also happened to have been given because of some stupid mistakes that I myself made. Thus, you can see that we can all learn from our own mistakes, and *never* be ashamed of testifying to our own idiocy and ignorance so that we never again behave in such a manner as I did back then at the Glastonbury Festival, which is what got Mr. B. so upset in the first place.

So, be loved and be loving, and *be normal!* Let this school be a place where people can learn to be really normal, and cut out all this "spiritual business"! It only makes people feel special, and then they feel more and more lost and don't know what to do or where to go. They might even feel that a "normal" job or work is not spiritual enough, or not enough "of service" or some such other rubbish – and thus the cycle starts up again. As I wrote before, I cannot tell you what to do, only what *not* to do. And what I will tell you not to do is based on my own experience and my own mistakes.

1992

* John G. Bennett: *Intimations. Talks with J.G. Bennett at Beshara.* Aldsworth 1975.

Was nun das Erklingenlassen des heiligsten aller Klänge, des *Hu,* angeht, so lest bitte Herrn Bennetts Vortrag über dieses Thema in seinem Buch *Der grüne Drache* nach.* Ich schlage sogar vor, dass ihr den Teilnehmern der Sommerschule jenes Kapitel laut vorlest. Es basiert auf einem Vortrag, den er in meinem Haus in Glocestershire, England, gehalten hat. Dieser Vortrag wurde auch deswegen gehalten, weil ich selbst ein paar dumme Fehler gemacht hatte. Daran könnt ihr sehen, dass wir alle aus unseren Fehlern lernen können und uns *niemals* schämen sollten, zu unserer eigenen Idiotie und Unwissenheit zu stehen, damit wir uns nie wieder so aufführen, wie ich es damals auf dem Glastonbury-Festival getan hatte und damit Mr. B. überhaupt so aufgebracht hatte.

Also, seid geliebt und liebevoll, und *seid normal!* Lasst diese Schule einen Ort sein, wo die Menschen lernen können, wirklich normal zu sein, und lasst diesen ganzen »spirituellen Kram« beiseite! Es führt nur dazu, dass sich die Leute als etwas Besonderes vorkommen, und dann fühlen sie sich immer mehr verloren und wissen nicht mehr, was sie tun oder wo sie hingehen sollen. Vielleicht bekommen sie sogar das Gefühl, dass eine »normale« Arbeit oder Beschäftigung nicht spirituell genug oder nicht genügendes »Dienen« sei oder sonst so ein Quatsch – und dann beginnt der Zyklus wieder von vorne. Wie ich bereits geschrieben habe, kann ich euch nicht sagen, was ihr tun sollst, sondern nur, was *nicht.* Und das, wovon ich euch abrate, beruht auf meiner eigenen Erfahrung und meinen eigenen Fehlern.

* John G. Bennett: *Der grüne Drache. Gespräche mit J.G. Bennett in Beshara.* Südergellersen 1993.

Rituale und spirituelles Kleinbürgerleben

LETZTE NACHT SAH ICH IM FERNSEHEN EINEN DOKUMENTARfilm über kleine Stämme überall auf der Welt, und das Thema war *Schönheit.* Es wurde gezeigt, auf welche Weise gewisse Völker ihre Liebe zur Schönheit Gottes aufrechterhalten und wie sie glauben, dass Schönheit, Kunst, Gebet und das Leben in all seinen Aspekten, die zwischenmenschlichen Beziehungen eingeschlossen, nie voneinander getrennt werden sollten. Der Kommentator erklärte, wie wir seiner Meinung nach im Westen in den vergangenen hundertfünfzig Jahren seit der industriellen Revolution alles separiert haben und die verschiedenen Bereiche unseres Lebens in niedliche, kleine Schachteln stecken, die wir öffnen und anschauen, wenn *wir* dazu Lust verspüren. Selten wachen wir am Morgen auf, um unserem Schöpfer zu danken für die Schönheit des Lebens und für die uns gebotene Gelegenheit, diese Schönheit in dieser Welt und in unserem täglichen Leben aufrechtzuerhalten.

Es war ein sehr interessanter Film und für mich besonders wichtig, weil ich am Vortag hier in Santa Fe in den Bergen oben in einem heiligen Kreis war, wo die Indianer tanzen und ihre Treffen abhalten. Einmal im Jahr laden sie Besucher zu ihrem Powwow mit heiligen Zeremonien, Ritualen und Tänzen ein. Indianer vieler Stämme von überall aus den Vereinigten Staaten kommen an diesem Tag zusammen. Es war so wunderschön, dass ich in manchen Momenten zu Tränen gerührt war.

Erinnert ihr euch an den Text, den ich darüber geschrieben habe, wie das Leben geheiligt wird? [siehe Seite 985] Nun, dieser Tag war ganz sicher ein Beispiel für das, was ich euch zu lehren versuchte. Es gab etwas ganz Bemerkenswertes, das dieser Tag mit dem Dokumentarfilm gemeinsam hatte, und das war das Thema *Muster.* Es war das Muster, das die Tänzer dort oben in der Hochwüste in den Sand zeichneten, welches ich bemerkte. Es war das Muster, das die Trommler in die Moleküle der Luft hinausschlugen. Es war das Muster, das wir, die Zuhörer, in unserem Kreis formten, der uns alle in Liebe und Einverständnis miteinander verband.

Im Dokumentarfilm gab es eine Szene über einen siebenundachtzigjährigen Medizinmann der Navajo Indianer. Auch er kreierte Muster. Zuerst zeichnete er sie in den Sand. Er lief jeden Tag viele Meilen und steckte die Fläche in der Wüste Arizonas ab, für

Rituals and Spiritually Suburban Life

LAST NIGHT I WAS WATCHING A TELEVISION DOCUMENTARY about small tribes around the world, and the subject was *beauty.* It was about how certain people have retained their love of God's Beauty and how they feel that beauty, art, prayer and life in all its aspects, including human relationships, should never be separated. The commentator explained how, in his opinion, during the past hundred and fifty years in the West since the Industrial Revolution we have separated everything, and put different sections of our lives into neat little boxes which we open and look at when *we* feel that we want to. Seldom do we wake up in the morning to thank our Creator for the beauty of life and for the opportunity we have of maintaining this beauty in this world and in our daily lives.

It was a very interesting film and was made especially important for me since the day before I had been up to the mountains here in Santa Fe to a sacred circle where the Native Indians dance and have their meetings. Once a year they invite visitors to their pow-wow for sacred ceremonies, rituals and dances. Indians from many tribes throughout the States come and join together for this day. It was so beautiful that I was moved to tears on many occasions.

Do you remember the paper I wrote on how to make life sacred? [see page 984] Well, that day was surely an example of what I was trying to teach you. There was one very noticeable thing which that day had in common with the television programme, and that was the subject of *pattern.* It was the pattern that the dancers made in the sand way up in the high desert that I noticed. It was the pattern that the drummers were beating out in the molecules of the air. It was the pattern that we, the audience, made in our circle that joined us all together in love and agreement.

In the documentary film there was a section on an eighty-seven years old Navajo Indian medicine man. He, too, made patterns. First he made them in the sand. He ran many miles each day, defining the space in the Arizona desert for which he was responsible. We saw this old man jogging along as light as a butterfly, singing to himself and smiling. Later on in the film, we saw him treating a sick child. He made patterns in the sand, and painted them. When he was finished he put the sick child in one of the patterns which symbolised the healing spirits and then chanted his sacred hymns. When the ceremony was over he picked up the boy,

die er verantwortlich war. Wir sahen diesen alten Mann leicht wie ein Schmetterling einher rennen und lächelnd vor sich hin singen. Später im Film sahen wir, wie er ein krankes Kind behandelte. Er zog Muster in den Sand und bemalte sie. Als er damit fertig war, setzte er das kranke Kind auf eines der Muster, das den heilenden Geist darstellte, und sang dann seine heiligen Hymnen. Als die Zeremonie vorüber war, nahm er den vollständig geheilten Jungen auf und trug ihn aus dem heiligen Kreis hinaus, in dem er die Sandmalereien gemacht hatte. Dann verwischte er mit seinem Fuß diese wunderbaren Muster, so als ob ein starker Wind sie einfach mit der Zeit weggetragen hätte. Die drei Filmemacher waren anfänglich schockiert, da die Malereien im Sand so außerordentlich schön waren. Doch der alte Medizinmann erklärte, dass die Schönheit der Muster ihre Aufgabe erfüllt hätte, und so wurde der besonders gefärbte Sand der Erde wieder zurückgegeben. Wiederum war ein neuer Tag angebrochen.

Auf dem Weg der Liebe, des Mitgefühls und des Dienens – denkt daran, wir sind einfach nur »Leute des Weges« – müssen wir unser Leben genauso heilig gestalten wie jene (manchmal »primitiv« genannten) Völker, die das Leben, das Gott uns für eine kurze Zeitspanne auf der Erde geliehen hat, nicht in enge Schubladen und kleine Schachteln einteilen. Alles, auch der Akt der Liebe, ist Teil des Lebens, des Lebens, das niemals stirbt. Tod wird als ein Abenteuer betrachtet, nicht als etwas Beängstigendes, das in eine kleine Schachtel weggepackt gehört mit einem bis zu unserem letzten Atemzug fest verschlossen Deckel. Einer der gefilmten Stämme sagte so weise: »Ohne den Tod zu tanzen, dem wir uns alle stellen müssen, können wir niemals wirklich das Leben leben, das uns gegeben wurde.« Welche Weisheit steckt in diesen Worten! Dieser spezielle Stamm tanzte sogar drei Tage und drei Nächte mit dem Körper eines verstorbenen Familienmitglieds, die Leiche in ein besonderes Leinentuch gewickelt. Als der Tanz vorüber und der Körper hoch oben in den Bergen bei seinen Vorfahren beerdigt war, tanzten sie mit dem Stück Leinen, dem heiligen Leichentuch, und brachten es zurück in den Kreis, in dem alle in ihren allerschönsten Kleidern warteten. Dann wurde das Tuch sorgfältig gefaltet und auf einen Felsen im Sand gelegt und es wurde weitergetanzt. Das Tuch verblieb an einem besonderen Ort, bis die Zeit für die nächste Person gekommen war und die Feierlichkeiten wieder von vorne begannen. Es war ein Tanz *im* Leben, und es gab keine

who was completely cured, and took him out of the sacred circle in which he had made the sand paintings. With his foot he then swept away those beautiful patterns as though a strong wind had just carried them away with time. The three people who made the film were initially shocked, for the paintings in the sand had been so exquisitely beautiful. But the old medicine man explained that the beauty in the patterns had completed their task and so the special coloured sands were returned to the earth. A new day was with us once again.

In the Way of Love, Compassion and Service – remember, we are just "People of the Way" – we need to make our life just as sacred as those (sometimes called "primitive") people who have not separated the life that God has lent us for our brief span on earth into little compartments, into little boxes. Everything, including the act of love, is part of life, the life that never dies. Death is seen to be an adventure, not something to be feared and again put into a little box with the lid firmly closed until we take our last breath. One of the tribes filmed said so wisely, "Without dancing the death we must all face, we can never really live the life we have been given." What wisdom is in those words! This particular tribe even danced with the body of one of their family for three days and nights after he had died, the body wrapped in a special blanket. When the dance was over, and the body buried way up in a mountain with his ancestors, they danced with the blanket, the sacred shroud, and brought it back to the circle who waited in all their most beautiful clothes. Then the blanket was carefully folded and placed on a rock in the sand and there was more dancing. That blanket would stay in a special place until the next person reached his or her time, and the proceedings would start all over again. It was a dance *in* life, and there was no separation. Life, death, living and dying were all *linked* through the breath of life. "Breathe! Breathe!" said the wise old medicine man as, with his eighty-seven years, he sped along the desert tracks in the burning sun, a smile playing on his lips and his eyes alight with love.

When we get stuck in false ritual, it surely is because of the compartmentalised life that we so often lead. In this sacred work – which we share together and which we accept to undertake in order to become real and conscious human beings, no more dominated by the many "I"s that move us hither and thither – it is so very important to make our own lives sacred as living examples for

Trennung. Das Leben, der Tod, Leben und Sterben waren alle miteinander *verbunden* im Atem des Lebens. »Atme! Atme!«, sagte der alte Medizinmann mit seinen siebenundachtzig Jahren, als er in der brennenden Sonne den Wüstenspuren entlang eilte mit einem Lächeln auf seinen Lippen und von Liebe leuchtenden Augen.

Wenn wir in falschen Ritualen feststecken, dann sicherlich als Folge des verschachtelten Lebens, das wir so häufig führen. In dieser heiligen Arbeit – die wir miteinander teilen und die anzupacken wir auf uns nehmen, um wirkliche, bewusste menschliche Wesen zu werden, nicht länger beherrscht von den vielen »Ichs«, die uns hierhin und dorthin treiben – ist es so ungeheuer wichtig, unsere eigenen Leben zu heiligen als lebendige Beispiele für unsere Familien und Freunde, für unsere Kinder und für unsere Kindeskinder. Wie aber können wir fähig sein, das zu tun, wenn wir unsere Leben in kleine Schachteln stecken, von denen wir einige zu meiden versuchen, einige für besondere Zeiten und Zwecke aufbewahren und einige geheim zu halten versuchen, sogar vor uns selbst? Wie können wir jenes »beständige Ich« finden, von dem Gurdjieff und so viele andere zu uns gesprochen haben, wenn wir nicht mit jedem Atemzug, den wir nehmen, die Einheit bezeugen?

Natürlich wissen wir tief in unserem Herzen, dass, wenn wir diesen Weg erst einmal betreten haben, wir nicht länger ein »spirituelles Kleinbürgerleben«, wie ich es nenne, führen können. Damit meine ich ein Leben, das abgesichert und verschachtelt bleibt durch unsere Ängste und unseren Ärger sowie durch die Vorwürfe, die wir für das, was in unserem Leben geschehen ist, der Welt, unseren Eltern und den Partnern, die uns gegeben wurden, entgegenschleudern. Wir versuchen sogar, Gott Vorwürfe zu machen. Aber den Gott, den wir beschuldigen, haben wir selbst erschaffen, einen anthropomorphen Gott, der in unser Gesicht zurückplatzt und uns damit sagt, dass er nicht real ist. Er ist nicht die Wirklichkeit, er ist nicht die Wahrheit. Der von uns erschaffene Gott dreht die Schlüssel in den Vorhängeschlössern jener Schächtelchen, die wir ebenso erschaffen haben aus lauter Angst, uns dem Leben, wie es ist, zu stellen. Diese Ängste hindern uns daran, wirkliche und also wahrhaftig bewusste menschliche Wesen zu werden, die nicht mehr beherrscht werden von den vielen falschen »Ichs«, sondern schließlich wahre Zeugen von Gottes Schöpfung werden.

our family and friends, for our children and for our children's children. But how can we do this if we put our lives into little boxes, some of which we try to avoid, some we keep for special times and purposes, and some we try to keep secret even from ourselves? How can we find that "permanent I" that Gurdjieff and so many others have told us about if we do not testify to the unity with each conscious breath that we take?

Surely we know, deep in our hearts, that once we have entered upon this path we can no longer live what I call a "spiritually suburban life". I mean a life that remains safely boxed-in by our fears and our resentments and the blame for what has happened to us in our lives that we extend out to the world, to our parents and to the partners we have been given. We even try to blame God. But it is the god of our own creation that we blame, that anthropomorphic god that bursts back in our face, telling us that it is not real. It is not reality, it is not truth. The god of our creation turns the keys in the locks of those little boxes we have also created in our fears of facing life as it is. These fears stop us from becoming real, and thus truly conscious human beings, no more ruled by the many false "I"s, but finally becoming the true witnesses of God's Creation.

Once we are, we even become the witnesses to the patterns that live in the invisible kingdoms and which we, in our turn, may help manifest beauty on earth, with the breath, with dance and movement, with every act of making life sacred. Then there is no separation. God and His Creation are finally seen to be *one,* and we understand the deep and inner meaning of the words, "The sole purpose of love is beauty." This is the Love of God that knows no boundaries and allows no self-created boxes of separation. This love has no opposite in the form of hate or violence or emotional sentimentality that drown the really sacred human and God-conscious feelings that can help bring forth the patterns of God's Love. This love does not want or even allow separation. This love is the First Cause of the overflowing of the Divine Essence in each one of us, where there is no separation and where there is no room for identification. In this love there is true freedom, and that freedom is the heritage of every human being who has become real.

This living school provides for you the tools in order to help you work on yourselves for the sake of love and in order to be able to testify, once and for all time, to the Unity of God. I want all of you to take some very special time for yourselves to look, once again, at

Wenn wir dies sind, werden wir sogar die Zeugen der Muster, die in den unsichtbaren Königreichen leben und denen wir unserseits vielleicht helfen können, Schönheit auf der Erde zu manifestieren, und zwar mit dem Atem, mit Tanz und Bewegung, mit jeder Handlung, die das Leben heiligt. Dann gibt es keine Trennung. Gott und Seine Schöpfung werden endlich als *eins* erkannt, und wir verstehen die tiefe und innere Bedeutung der Worte: »Der einzige Zweck der Liebe ist Schönheit«. Dies ist die Liebe Gottes, die keine Begrenzungen kennt, die keine selbsterschaffenen Schachteln der Trennung zulässt. Diese Liebe hat kein Gegenteil in der Form von Hass, Gewalt oder emotionaler Sentimentalität, die die wirklich heiligen menschlichen und Gottbewussten Gefühle ertränken, die helfen können, die Muster von Gottes Liebe erscheinen zu lassen. Diese Liebe will keine Trennung und lässt keine zu. Diese Liebe ist die Erste Ursache des Überfließens der Göttlichen Essenz in jedem von uns, wo es keine Trennung gibt und wo es für Identifikation keinen Platz hat. In dieser Liebe gibt es wahre Freiheit, und diese Freiheit ist das Erbe eines jeden menschlichen Wesens, das wirklich geworden ist.

Diese lebende Schule stellt euch die Werkzeuge zur Verfügung, die euch helfen sollen, an euch selbst zu arbeiten um der Liebe willen und damit ihr fähig werdet, ein für alle Mal die Einheit Gottes zu bezeugen. Ich möchte, dass ihr euch alle die besondere Zeit nehmt, euch noch einmal eure Motive und Absichten vor Augen zu führen, weshalb ihr eigentlich mit mir und in dieser Schule arbeitet. Ich will, dass ihr in eurem eigenen Raum, in eurem eigenen Haus oder draußen im Freien eine Art privates Ritual zelebriert. Ich möchte, dass ihr euren eigenen Raum selbst absteckt und das Zentrum dieses Raumes zum Zentrum des Universums *für euch* macht. Denn dieser Raum, den ihr absteckt, ist lediglich Ausdruck eures eigenen inneren und wahrlich heiligen Zentrums, der Mitte, zu der ihr immer zurückkehren könnt und die immer hier ist, *jetzt,* in eurem eigenen Herzen. Ich will, dass ihr alleine seid, wenn ihr dieses kleine Ritual ausübt, und falls ihr die Zeremonie draußen im Freien vollzieht, möchte ich, dass ihr – mit einem Lächeln im Gesicht – das von euch gemachte Muster mit den Füßen verwischt, bevor ihr weggeht. Lasst den Wind der Wahrheit alles zu seinem Ursprung zurückbringen. Falls ihr die Zeremonie in eurem eigenen Haus macht, nehmt eine Ecke eures Zimmers und steckt diesen Raum dafür ab.

your motive and intention as to just why you are working with me and in this school. I want you to make some sort of private ritual in your own space, in your own house or out on the land. I want you to define your own space to yourselves, and make the centre of that space the centre of the universe *for you.* For that space you define is just the expression of your own inner and truly sacred centre, the centre to which you can always return and which is always here, *now,* within your own hearts. I want you to be by yourselves when you make this little ritual, and if you make the ceremony outdoors on the land, then I want you to wipe away the pattern you have made with your feet when you leave, with a smile on your face. Let the wind of truth return everything to its source. If you make the ceremony in your own house, then take a corner of your room, and define that space for the purpose.

Sit in the middle of that space that you have created and ask yourselves, in your inner heart, whether you remember the purpose, your motive and intention in being here, working in this living school with Reshad. Then, when you are quite clear in your heart, and in the sacredness of your breath, re-affirm your undertaking to become *one* with Him, to testify to the unity each and every day, and to no more separate your lives into little boxes, but to glorify and praise Him with each step that you take on the road of truth. Breathe in everything that you need in order to serve Him, for He provides us everything. Breathe out into the waiting world with the breath of life, which has no walls, no time or "distance" or separation.

Then, when you have completed your ceremony, return everything so that there is no trace left behind. Walk lightly like the flight of a hummingbird. Do not be identified to anything whatsoever. Do not even be identified to your daily practices, or become dependent upon them by putting them into "morning" and "evening boxes". Do not even become identified to His Holy Names, which are given to us like everything else in our lives that we may understand and know of His Unity. Be one with Him, as He is with us. Breathe, my friends, and do not be afraid.

1992

Setzt euch in die Mitte dieses Raumes, den ihr geschaffen habt, und fragt euch in eurem inneren Herzen, ob ihr euch an den Zweck, an euer Motiv und eure Absicht erinnert, warum ihr hier seid und in dieser lebenden Schule mit Reshad arbeitet. Dann, wenn ihr in eurem Herzen und in der Heiligkeit eures Atems ganz klar seid, bekräftigt von Neuem euer Unterfangen, mit Ihm *eins* zu werden, die Einheit jeden einzelnen Tag zu bezeugen und euer Leben nicht länger in kleine Schachteln zu unterteilen, sondern Ihn zu verherrlichen und zu preisen mit jedem Schritt, den ihr auf dem Weg der Wahrheit macht. Atmet alles ein, was ihr braucht, um Ihm zu dienen, denn Er versorgt uns mit allem. Atmet aus in die wartende Welt mit dem Atem des Lebens, der keine Mauern kennt, keine Zeit, keine »Distanz« und keine Trennung.

Dann, wenn ihr eure Zeremonie beendet habt, lasst alles wieder werden wie zuvor, so dass keine Spuren zurückbleiben. Geht leicht, wie der Flug des Kolibris. Seid mit überhaupt nichts identifiziert. Seid nicht einmal identifiziert mit euren täglichen Übungen und werdet nicht von ihnen abhängig, indem ihr sie in »Morgen-« und »Abendschachteln« versorgt. Identifiziert euch noch nicht einmal mit Seinen Heiligen Namen, die uns wie alles andere in unserem Leben geschenkt wurden, auf dass wir Seine Einheit verstehen und kennenlernen. Seid eins mit Ihm, wie Er es mit uns ist. Atmet, meine Freunde, und habt keine Angst.

JEDER KLANG ERZEUGT EINE SICHTBARE ODER UNSICHTBARE Form. Wir können uns an die Abende im Johanneshof erinnern, als unser lieber Freund, der Physiker Sepp Huber, auf der Leinwand die Muster der Klänge präsentierte, die wir erzeugten.

Wenn es eine Form gibt, dann muss es nicht nur »archetypische« Formen (und Klänge) geben, wie die als Platonische Körper beschriebenen, sondern es muss auch »einzigartige« und individuelle Formen geben, die in Kombination mit anderen Formen von und in ihrer eigenen Individualität, vielleicht eines Tages, in der Lage sind, wirklich bewusste Transformation zu erzeugen. Diese Klänge und Formen sind, zumindest teilweise, sicherlich abhängig von der geographischen Lage des Ortes, wo sie erzeugt, und von der sozialen, religiösen und kulturellen Herkunft, aus der sie geformt werden. Wir müssen uns hier auch der *genetischen Muster* erinnern. Ich habe viel von der Ursache und dem Grund gesprochen, weshalb diese Muster existieren, sich »teilen« und dann »Bakterien« oder »Viren« bilden.

Auch habe ich euch verschiedentlich gesagt, wie Bakterien sogar dem Menschen von Nutzen sein können – denkt eingehend daüber nach! – und dass ein Virus ein »wildes Ding« ist, das sich beständig von menschlichen Wesen zu *ernähren* sucht. Das ist in medizinischen Kreisen durchaus bekannt. Aber vielleicht weiß man noch nicht weshalb.

Wir können feststellen, dass in einer Kirche oder einer wohlgeformten Kathedrale ein besonderer Klang gegenwärtig ist und dass dieser zum Beispiel sehr verschieden ist vom Klang, der aus jenen übergestalteten Barockgebäuden schwingt und gehört werden kann. Das ist kein Urteil; es ist der Unterschied, über den ich spreche.

Ein Klang kann eine unsichtbare *Prägung* in der umgebenden Atmosphäre verursachen. Denkt zum Beispiel an die Prägungen in der Feuchtigkeit der Luftmoleküle, die einen Raum durchdringen können, wenn die Menschen darin verärgert waren (aus welchem Grund auch immer, ob berechtigt oder nicht) oder sich in einem tiefen Zustand von Betrübnis befanden. Die Prägungen können beinahe gefühlt werden, wenn man den Raum umkehrt, und sie haben ganz sicher ihre Auswirkungen, ob wir uns nun bewusst entscheiden zu spüren, was geschieht, oder auch nicht. Wir müssen uns also das Wort *Atmosphäre* genauer anschauen.

Feelings and Thought Pattern

EVERY SOUND PRODUCES A SHAPE, WHETHER SEEN VISIBLY or not. We can remember the evenings in Johanneshof when our dear friend, physicist Sepp Huber, showed us on the screen the patterns of the different sounds we made.

If there is a shape, then there have to be, not only "archetypical" shapes (and sounds), such as described in the Platonic solids, but there also need to be "unique" and individual shapes which, combining with other shapes and within their own individuality, may one day be able to produce really conscious transformation. These sounds and these shapes are surely dependent, at least in part, on the geographical position of where they are made and on the social, religious and cultural backgrounds from which they are formed. We also need to remember, here, about *genetic patterns.* I have spoken much of the cause and reason for these patterns to exist, to split and to then form "bacteria" or "viruses".

I have also told you, at different times, how bacteria can even be for the good of man – consider this very deeply! – and that a virus is a "wild thing", constantly trying to *feed* off human beings. This is well known in medical circles. But perhaps they do not yet know why.

We can note there is a special sound present in a church or a well-designed cathedral, and that sound is very different, to give you one example, to the sound that resonates and can be heard coming out of one of those over-designed Baroque buildings. This is not a judgement; it is the difference I am talking about.

A sound can make an invisible imprint on the atmosphere around it. Consider, for example, the imprints in the moisture of the air molecules that can pervade a room when people have been angry (for whatever reason, justified or not), or in some great state of distress. The imprints can almost be felt if one reverses space, and most certainly do have their effects whether we consciously choose to sense what is happening, or not. Thus we do need to look at the word *atmosphere.*

It is true to say that correct architecture and geometry can have an effect on the atmosphere. This is a fundamental concern to us all, and for our children and our children's children. We all need to grow up with and for the planet and the First Cause in the best possible atmosphere. That is why Johanneshof was such a beautiful

Es stimmt, wenn gesagt wird, dass richtige Architektur und Geometrie die Atmosphäre beeinflussen können. Dies ist von grundlegender Bedeutung für uns alle und für unsere Kinder und Kindeskinder. Wir alle müssen in der bestmöglichen Atmosphäre aufwachsen, wachsen mit und für den Planeten und für die Erste Ursache. Aus diesem Grund war der Johanneshof ein derart schönes Experiment, und deshalb könnte, in so vielerlei Hinsicht, seine Schließung als Katastrophe angesehen werden. (Und doch könnte es nur eine temporäre Katastrophe sein. Andere Gebäude werden wachsen, mit anderen Pflanzen und Blumen und mit anderen Gärtnern.)

Wenn Klang zugleich Muster erzeugen und, unter den richtigen Umständen, »fixieren« kann, dann kommt den Namen Gottes offensichtlich eine äußerst wichtige Bedeutung zu, vielleicht eine größere, als wir zu diesem Zeitpunkt der Geschichte überhaupt wissen können. Ich wurde vor etwa dreißig Jahren in die Namen eingeführt, und das geschah *nach* dem tiefen Eindruck, der mir geblieben war von jenen vielen Jahren in Samyé Ling, dem tibetanischen Zentrum in Schottland, wo ich wirklich begann, die Anfänge der Bedeutung des Atems zu lernen. In Samyé Ling – zumindest in jenen frühen Jahren seiner Entwicklung, als Trungpa Rinpoche und Akong Rinpoche und manchmal verschiedene andere Rinpoches anwesend waren – sang die ganze Luft den Klang der Transformation, des Lobpreises und eines kontinuierlichen Musters des Lernens. Zu jener Zeit war das für mich wie das Wasser eines Flusses, der von unter dem Wintereis hervorbricht, ganz gletscherblau und frisch und begierig danach, zum Ozean zurückzukehren.

Mir wurde im Verlaufe der Jahre immer und immer wieder gesagt, dass das Geheimnis der Namen in den Herzen der Gläubigen verborgen ist. Das ist keine sehr befriedigende Antwort, zumindest war sie das nicht für mich. Wie konnte »ich« zum Beispiel den Eindruck haben, ich wäre ein genügend guter »Gläubiger«? Was ich sagen *kann,* ist, dass das Geheimnis der Namen Stück für Stück offenbart werden kann und werden wird *in Abhängigkeit vom Grad der Gefühle, welche die Gedankenformen aktivieren, die aus der ursprünglichen Frage stammen.* Wir sollten uns auch daran erinnern, dass, wenn wir eine Antwort auf unsere Gebete erwünschen, diese zu uns zurückkommen wird, aber wir müssen wach genug sein, um zu lauschen und dann zu hören.

experiment, and why, in so many ways, its collapse could be seen to be a disaster. (And yet it could only be a temporary disaster. Other buildings will grow, with other plants and flowers and with other gardeners.)

If sound can both create and, given the right circumstances, "fix" pattern, then obviously the Names of God take on a very important meaning, perhaps more than we can ever know at this time of history. I was first introduced to the Names some thirty years ago, and this was *after* the deep impression that had been left with me from those many years in Samyé Ling, the Tibetan centre in Scotland, where I really did come to learn the beginnings of the meaning of breath. In Samyé Ling – at least in those early days of its development and with Chogyam Trungpa Rinpoche and Akong Rinpoche and sometimes several other Rinpoches there – the whole air sung with the sound of transformation, of praise and of an on-going learning pattern. At that time, for me, it was rather like a river that was bursting forth from under the ice of the winter, all glacier-blue and fresh and eager, longing to go back to the ocean.

I have been told again and again over the years that the secret of the Names is hidden in the hearts of the believers. That is not a very satisfactory answer, at least it wasn't for me. How could "I", for example, ever feel I was a good enough "believer"? What I *can* say is that the secret of the Names can, and will be, revealed little by little *dependent upon the level of the feelings that activate the thought forms that come out of the question in the first place.* We also need to remember that if we wish to receive any answer to prayer, this will return to us, but we have to be awake enough to listen, and then hear.

If "sound fixes pattern", then what is the sound of envy, or greed, or whatever? Do not these feelings 'colour' the as-yet unformed thought patterns? Is this not why it is said that God forgives just about everything *except envy* and its derivatives, i.e. greed, certain types of fear, false ambition and so many things, including "self-defence", from which no-one can come out-front and truly confront their neighbour. "Love thy neighbour as thyself" (Jesus Christ).

In other words, could it just be possible that the work on oneself is at least partly to do with protecting the outer world from the effects they might be getting from *us?* That means from each of us individually and, still worse, from a group of seekers which is falsely infiltrated through the word "agreement". As I tried to express so

Wenn »Klang Muster fixiert«, was ist dann der Klang von Neid oder Gier oder was auch immer? ›Färben‹ nicht diese Gefühle die noch ungeformten Gedankenmuster? Ist das nicht der Grund, weshalb gesagt wird, das Gott praktisch alles vergibt, *außer Neid* und dessen Ableitungen wie Gier, bestimmte Formen von Angst, falschen Ehrgeiz und so viele Dinge einschließlich »Selbstverteidigung«, aus der niemand offen hervortreten und seinem Nächsten wahrhaft gegenüberstehen kann. »Liebe deinen Nächsten wie dich selbst« (Jesus Christus).

Mit anderen Worten, könnte es nicht möglich sein, dass die Arbeit an uns selbst, zumindest teilweise, damit zu tun hat, die äußere Welt vor den Auswirkungen zu schützen, die sie von *uns* erleiden muss? Das heißt von jedem einzelnen von uns oder, noch schlimmer, von einer Gruppe von Suchenden, die fälschlicherweise durch das Wort »Zustimmung« infiltriert ist. Wie ich bereits so häufig gesagt habe, ist *Mitgefühl* ganz sicher eine Lebensart, die wir alle verstehen müssen. Und zwar in jeder Hinsicht. Kein urteilendes Denken vermag, uns zu den Welten der Möglichkeiten zu führen. Die Urteile, die wir fällen, machen uns »taub« und dann besteht so gut wie keine Chance, das Wort zu verstehen. Aber »*am Anfang* war das Wort.«

Nun lasst uns die Entfaltung der Schöpfung durch die Namen betrachten. Seit ich ein junger Mann von vielleicht vierundzwanzig Jahren war, weiß ich etwas von der *Bedeutung* dessen, was ich »14 und 1« nenne. Nicht alles davon stammt aus Intuition. Es gibt eine besondere Art von Gedächtnis, das im wissenden Herzen lebt, eigentlich im Embryo der Seele. Ich erinnere mich sehr klar daran, wie dieses »14 und 1« erwähnt wurde, als ich fast noch ein Kind war. Es gibt vierzehn Stadien zwischen dem Punkt, da du ein Gedanke im Geist Gottes warst, und der Kristallisierung von Lichtenergie, die wir dann »Materie« nennen. Ich kenne diese Stadien nicht genau und weiß nicht, wie man mit ihnen Hilfe leistet im Prozess der Entfaltung der höheren Welten in diese Welt hinein. Doch ich bin mir sicher, dass zum richtigen Zeitpunkt und wenn es für die Menschen notwendig sein wird, diese Dinge zu kennen, es jemanden auf der Erde geben wird, dem dieser Prozess offenbart wird.

Dieser Text soll euch einfach einige Hinweise, ein paar »Fußspuren im Sand«, geben, denen ihr nachgehen könnt. Vielleicht liegt der wichtigste und nützlichste Hinweis darin, euch zu sagen:

often, it is *compassion* that should most surely be a way of life to be understood by us all. In every way. No judgemental thinking can lead us to the worlds of possibility. From judgement we make we become "deaf", and thus there is little or no chance of understanding the meaning of the word. But "*in the beginning* was the Word."

Now let's look at the unfoldment of creation through the Names. Since I was just a young man of around twenty-four years I happen to know something about the *meaning* of what I call "14 and 1". This did not all come out of intuition. There is a special sort of memory that lives in the knowing heart, the embryo of the soul, actually. I do recollect, most clearly, how this "14 and 1" was mentioned when I was almost a child. There are fourteen stages from when you were a thought in the Mind of God through to that crystallisation of light energy which we can then call "matter". I do not precisely know these stages or how best to help with them in the process of the unfoldment of the higher worlds into this world. However I am certain that when the time is right and it is necessary for people to know about these things, there will be someone on earth to whom the process will be revealed.

This paper is just meant to give you some clues, some "footprints in the sand", which can be followed up. Perhaps the most important and useful clue of all is in telling you that although, as Rumi teaches us, "everything begins with *thought*" (a difficult idea to understand), it is the different *feelings* that we have, which activate those thought patterns. And each one of those thought patterns is longing to manifest itself through us human beings. In other words, if we are negative in our outlook towards life, so that negativity can, and almost certainly will, 'colour' the thoughts in their formative process, then what we have coming back to us, the echoes from the hills, may not be useful for the creative process at all. Thus we do our best to rise up above negative thinking and try to purify our own energies in the best possible way.

Along this difficult path we are given so much help. Whether or not we, in this living school, do have a physical meeting place that is designed in such a way that it can provide us with a real taste of peace and freedom – what we can do is to continuously remember there is a sacred space within our own hearts. I once heard it described as *the seat of the soul.* It is surely a dimensionless point, and yet containing all dimensions within.

1998

Obwohl Rumi uns lehrt, dass »alles mit *Gedanken* beginnt« (es ist schwierig, diese Idee zu verstehen), sind es die verschiedenen *Gefühle,* die wir haben, die diese Gedankenmuster aktivieren. Und jedes dieser Gedankenmuster strebt danach, sich durch uns menschliche Wesen zu manifestieren. Mit anderen Worten, wenn wir in unserer Sichtweise auf das Leben negativ eingestellt sind, kann und wird diese Negativität fast sicher die Gedanken in ihrem Bildungsprozess ›färben‹. Was dann auf uns zurückkommt, das Echo von den Hügeln, ist für den schöpferischen Prozess möglicherweise alles andere als nützlich. Also tun wir unser Bestes, um uns über unser negatives Denken zu erheben und unsere eigenen Energien in der bestmöglichen Weise zu reinigen.

Auf diesem schwierigen Weg wird uns viel Hilfe angeboten. Ob wir nun in dieser lebenden Schule einen physischen Treffpunkt haben oder nicht, der in einer solchen Art gestaltet ist, dass er uns mit einem wirklichen Geschmack von Frieden und Freiheit versorgen kann – was wir tun können, ist, uns ständig daran zu erinnern, dass es einen heiligen Raum in unserem eigenen Herzen gibt. Mir wurde er einmal beschrieben als *der Sitz der Seele.* Es ist sicher ein dimensionsloser Punkt, der aber dennoch alle Dimensionen in sich enthält.

And What Does That All Mean to *You?*

Address for the Sema Celebration Held in Santa Fe in 1992

TONIGHT WE WELCOME YOU ALL HERE TO ONE OF THE MOST sacred ceremonies in the Sufi tradition – the Sema and the Turn of the Mevlevi dervishes. On 17 December we celebrate the blessed night when Mevlana Jalaluddin Rumi reached union with God in 1273. As far as I know, this is the first time that this ceremony has been conducted in Santa Fe although, since 1977 when I was initiated by Sheikh Suleyman Dede of Konya in Turkey and asked to bring the Turn to the West, I have had the privilege to both teach and present the Turn in many places throughout the States, Canada, Mexico and Hawaii. Seven years ago, when my wife and I returned to live in Europe, our living school started over there, and now the Sema is conducted in many different countries all over the world.

Three years ago I made a film* of one of the presentations in Switzerland to complete the promise I had made to Sheikh Suleyman Dede, that when there were a sufficient number of both men *and* women who had completed the initial 1001-days training, I would document this great event in the West. Women are still not allowed to turn in Turkey, where the ceremony originated over seven hundred years ago, and so tonight we are continuing to celebrate the universality of the Turn in the West and the ceremony of the Sema. For a moment let us remember all the different groups of people all over the world who tonight, the "the Night of Union" as we call it, turn together within the heart of universal love.

I am sure that most of you know of Mevlana Jalaluddin Rumi as perhaps the greatest Sufi poet and mystic in history. Thus I felt that rather than giving you a long discourse on his life and his family background, which of course can be studied in many books, it would be more appropriate to talk to you a little about the inner meaning of the Turn and the training of the *semazens,* the name given to "those who turn". First of all, however, for those of you who know little of the life of Jalaluddin Rumi, I offer just a brief historical background of what you will witness tonight.

Mevlana, which means "our Master", was born in Balkh, in Afghanistan, in the year 1207. His father was a famous scholar and

* Reshad Feild: *Turning towards the Morning,* Chalice Verlag, Zurich 1989.

Und was bedeutet das alles nun für *dich?*

Ansprache zur Sema-Zeremonie in Santa Fe 1992

WIR BEGRÜSSEN SIE HEUTE ABEND ZU EINER DER HEILIGSTEN Zeremonien der Sufi-Tradition: dem Sema und dem Drehen der Mevlevi-Derwische. Am 17. Dezember feiern wir die heilige Nacht, in der Mevlana Jalaluddin Rumi im Jahr 1273 die Vereinigung mit Gott erreichte. Meines Wissens ist es das erste Mal, dass diese Zeremonie in Santa Fe stattfindet, obwohl ich seit 1977, als ich von Scheich Suleyman Dede in Konya in der Türkei initiiert und gebeten wurde, das Drehen in den Westen zu bringen, das Drehen an vielen Orten zu lehren und zu zeigen die Ehre hatte, darunter in den Vereinigten Staaten, Kanada, Mexiko und Hawaii. Als meine Frau und ich vor sieben Jahren nach Europa zurückkehrten, fasste unsere lebende Schule dort Fuß, und jetzt wird das Sema in vielen Ländern auf der ganzen Welt veranstaltet.

Vor drei Jahren drehte ich einen Film* über ein Sema in der Schweiz und erfüllte damit ein Versprechen, das ich Scheich Suleyman Dede gegeben hatte – nämlich dass ich dann, wenn eine genügende Anzahl von Männern *und* Frauen das Einführungstraining von 1001 Tagen absolviert hätten, dieses große Ereignis im Westen dokumentieren würde. Noch heute ist das Drehen den Frauen in der Türkei, wo die Zeremonie vor über siebenhundert Jahren ihren Anfang nahm, nicht erlaubt, und so fahren wir heute Abend damit fort, die Universalität des Drehens im Westen und die Zeremonie des Semas zu feiern. Lassen Sie uns einen Augenblick lang an all die verschiedenen Gruppen von Menschen in der ganzen Welt denken, die am heutigen Abend, den wir die »Nacht der Vereinigung« nennen, sich gemeinsam im Herzen der Allumfassenden Liebe drehen.

Sicherlich wissen die meisten von Ihnen etwas von Mevlana Jalaluddin Rumi, den man als den vielleicht größten Sufi-Poeten und Mystiker kennt. Daher dachte ich mir, dass ich heute Abend anstelle eines langen Vortrags über sein Leben und seine Herkunft, was natürlich in vielen Büchern nachgelesen werden kann, lieber etwas erzählen sollte über die innere Bedeutung des Drehens und die Ausbildung der Semazen, wie »diejenigen, die

* Reshad Feild: *Dem Morgen entgegendrehen,* Chalice Verlag, Zürich 1989.

Sufi teacher whose lineage goes right back to Abu Bakr, the first khalif of Muhammad. In 1219 the whole family left Balkh and travelled overland, first on the pilgrimage to Mecca and then to finally settle in Konya, which is right in the heart of the plains of Anatolia or Asia Minor. For the next years Jalaluddin continued his intense studies, travelling much and meeting many of the most famous Sufi masters and teachers of the time. He met Faruddin Attar, who gave the young man his *Book of Secrets,* and for nine long years he studied under the master Bahauddin Timurdhi. He was sent to Aleppo to study in the school of theology, and thence to Damascus, where he came in contact with Muhyiddin Ibn Arabi, whose works we also study so deeply in this living school here. Ibn Arabi is known as Sheikh al-Akhbar, the "Greatest Sheikh", and by some as Doctor Maximus. Both his works and the works of Rumi were already covering the deepest mystical insights as well as discussing vast scopes of what is now known as scientific knowledge and even modern physics. Rumi's discourses on the atomic structure of the universe some seven hundred years ago were surely far ahead of their time.

When Jalaluddin's father died, Rumi himself was teaching in the University in Konya, but his whole life was completely turned around through the meeting he had with a wandering dervish called Shams-i Tabriz, the "sun of Tabriz". There are so many stories about Shams and how he led Mevlana to the innermost secrets of love – love as the First Cause – but my favourite is the one about Shams and Mevlana at the well. Mevlana was a scholar, but a mystic at heart. One day when they were beside the well, Shams picked up all of Mevlana's books and threw them down the well (it reminds me of the note books that arrive at my own seminars!) and said, "If you want them back, you can have them back – dry!" At that time, it is said, Rumi knew that he had found his spiritual master.

Shams and Jalaluddin became deeply engrossed in prayer and meditation together and disappeared into a house for long periods of time, fasting and praying and seeing no-one. Mevlana's disciples became very jealous and eventually Shams left. Mevlana was beside himself with grief and sent his own son, Sultan Weled, to try to find him and bring him back from Damascus, where he had been seen walking in the streets. Sultan Weled succeeded, and Shams came back, for the last time, to Konya. A few months after the re-

drehen«, genannt werden. Doch für jene unter Ihnen, die wenig über das Leben von Jalaluddin Rumi wissen, werde ich einen kurzen historischen Abriss dessen geben, wovon Sie heute Abend Zeugen werden.

Mevlana, das bedeutet »unser Meister«, wurde im Jahr 1207 in Balkh in Afghanistan geboren. Sein Vater war ein berühmter Gelehrter und Sufi-Lehrer, dessen Linie direkt auf Abu Bakr zurückgeht, den ersten Kalifen Mohammeds. 1219 verließ die ganze Familie Balkh, reiste über Land, zunächst auf der Pilgerfahrt nach Mekka, und ließ sich schließlich in Konya nieder, das mitten im Herzen der anatolischen Ebene, in Kleinasien liegt. Während der nächsten Jahre setzte Jalaluddin seine intensiven Studien fort, begab sich auf zahlreiche Reisen und begegnete vielen der berühmtesten Sufi-Meistern und Lehrern seiner Zeit. So traf er Faruddin Attar, der dem jungen Mann sein *Buch der Geheimnisse* schenkte, und studierte neun Jahre lang bei Meister Bahauddin Timurdhi. Er wurde nach Aleppo geschickt, um in der dortigen Schule für Theologie zu studieren, und von dort aus nach Damaskus, wo er mit Muhyiddin Ibn Arabi in Kontakt kam, dessen Werke wir hier in dieser lebenden Schule ebenfalls gründlich studieren. Ibn Arabi ist als Scheich al-Akhbar, der »Größte Scheich«, bekannt, bei manchen auch als Doctor Maximus. Sowohl seine Werke als auch diejenigen Rumis enthielten bereits die tiefsten mystischen Einsichten und erörterten weite Bereiche dessen, was heute als wissenschaftliche Tatsache und moderne Physik bekannt ist. Rumis Ausführungen über die atomare Struktur des Universums vor rund siebenhundert Jahren waren seiner Zeit sicherlich weit voraus.

Als Jalauddins Vater starb, lehrte Rumi selbst an der Universität von Konya, aber sein ganzes Leben veränderte sich von Grund auf durch seine Begegnung mit einem wandernden Derwisch namens Shams-i Tabriz, der »Sonne von Täbris«. Es gibt so viele Geschichten über Shams und wie er Mevlana in die innersten Geheimnisse der Gottesliebe einführte – in die Liebe als Ersten Grund –, doch meine Lieblingsgeschichte ist jene von Shams und Mevlana am Brunnen. Mevlana war ein Gelehrter, doch er hatte das Herz eines Mystikers. Eines Tages, als die beiden sich am Brunnen aufhielten, nahm Shams alle Bücher Mevlanas und warf sie in den Brunnen (Das erinnert mich an die Notizbücher, die zu meinen eigenen Seminaren mitgebracht werden!). Shams sagte: »Wenn du sie wie-

union Shams was gone again – this time forever. It was rumoured that a band of assassins, jealous of his closeness to Mevlana, murdered him. His body was never found, but a drop of blood, the colour of the deepest red rose, was found where he had stood.

It is said that the whirling dance to the accompaniment of the red flute is an expression of the lament for the absence of Shams. However, I personally feel that the Turn is far more than a lament. It is a discipline of mind, body and spirit; and the Turn has both inner and outer aspects. The essence needs the mirror of form to express itself. The form is moved by the inner essence itself in the total yearning for union with the Beloved. The whirling dance – a vortex – contains many of the secrets of transformation, both for those who practise the Turn and for those, like yourselves, who can attend such a sacred ceremony and are ready *to surrender all form and become immersed in the mysteries of Divine Love.*

It was after this momentous event that Mevlana went in search of the true God, the God in the innermost reaches of his own soul, beyond all reason or form. Also during that time he wrote the extraordinary book *Diwan of Shams-i Tabriz* and dictated the 25 630 couplets of his major work, the *Mathnawi.* If understood from essence, the latter is said to contain the inner meaning of both the Torah, the Bible and the Koran. The whole of Mevlana's life was a journey from the essence of truth, back to truth itself. "I am," he declared, "a temple for all mankind."

Tonight, being the 17th of December, we remember not Mevlana's "death", but his coming into total union with the Beloved. Shamsuddin Eflaki documented the events, and, in the form of a contemplation, I would like to read you some extracts of his notes at that time.

> When the time of Jalal's death drew near, he cautioned his disciples to have no fear or anxiety on that account. "You, too, will always be with me, whatever may happen. Remember me, so that I may show myself to you, in whatever form that may be, that I may always belong to you and be shedding in your breast the light of heavenly inspiration. I simply remind you now that our dear Lord Muhammad, the Apostle of God, said to his disciples: 'My life is a blessing unto you, and my death will be a blessing unto you. In my life I have guided you, and after my death I will send blessings on you.'"

derhaben willst, kannst du sie wieder zurückbekommen – trocken!« Es heißt, dass Rumi in diesem Moment wusste, dass er seinen geistigen Meister gefunden hatte.

Shams und Jalaluddin vertieften sich in Gebet und Meditation und verschwanden für lange Zeitspannen gemeinsam in einem Haus, wo sie fasteten und beteten und niemanden sahen. Mevlanas Schüler wurden sehr eifersüchtig, und schließlich ging Shams fort. Mevlana war außer sich vor Kummer und sandte seinen eigenen Sohn, Sultan Weled, ihn zu suchen und aus Damaskus, wo er auf den Straßen gesehen worden war, zurückzubringen. Sultan Weled hatte Erfolg, und Shams kehrte ein letztes Mal nach Konya zurück. Ein paar Monate später, nach dem Wiedersehen war Shams erneut fort – diesmal für immer. Es gab das Gerücht, eine Bande von Attentätern, die auf seine Nähe zu Mevlana eifersüchtig waren, hätten ihn ermordet. Sein Körper wurde niemals gefunden, aber ein Blutstropfen von der Farbe einer tiefroten Rose wurde dort gefunden, wo er gestanden hatte.

Es wird gesagt, der Drehtanz zur Begleitung der Rohrflöte sei ein Ausdruck der Klage über die Abwesenheit von Shams. Aber ich habe das Gefühl, dass das Drehen weit mehr ist als eine Klage. Es ist eine Disziplin von Verstand, Körper und Geist, und das Drehen hat innere und äußere Aspekte. Die Essenz benötigt den Spiegel der Form, um ihren Ausdruck zu finden. Die Form wird von der inneren Essenz in dem allumfassenden Verlangen nach Vereinigung mit dem Geliebten in Bewegung gesetzt. Der Wirbeltanz – eine Spirale – birgt viele Geheimnisse der Transformation, und zwar sowohl für diejenigen, die das Drehen praktizieren, als auch für alle, die, wie Sie selbst, an einer solchen heilige Zeremonie teilnehmen dürfen und bereit sind, *alle Form aufzugeben und sich in die Mysterien der Göttlichen Liebe zu versenken.*

Nach diesem erschütternden Ereignis machte Mevlana sich auf die Suche nach dem wahren Gott, nach dem Gott in der eigenen Seele, jenseits allen Verstandes und aller Form. Zur gleichen Zeit schrieb er das außergewöhnliche Buch *Diwan des Shams-i Tabriz* und diktierte die 25 630 Verse seines Hauptwerkes, des *Mathnawi.* Wenn dieses, so heißt es, aus der Essenz heraus verstanden wird, schließt es die innere Bedeutung von Thora, Bibel und Koran in sich ein. Mevlanas ganzes Leben war eine Reise von der Essenz der Wahrheit zurück zur Wahrheit selbst. »Ich bin«, verkündete er, »ein Tempel der Menschheit.«

Then his wife, Gevher Khatun, began to wail, tearing her clothes and exclaiming, "O thou, light of the world, life of the human race; unto whom wilt thou commit us? Whither wilt thou go?" He answered her, "Whither will I go? Verily I shall not quit your circle." She then asked, "Will there be another like unto thee, our Lord? Will another become manifest?" He replied, "If there be, he will be I."

With his last breath, Jalal recommended that he be laid in the upper part of the tomb so that he might be the first to rise at the last day. As he lay in his extreme sickness, there were earthquakes that lasted for seven days and nights and so severe that everyone was alarmed. On the last one Jalal calmly remarked, "Poor earth! It is eager for a fat morsel. It shall have one!"

On his deathbed Jalal taught the following prayer, which we repeat every day even now:

O, our Lord, God, I breathe but for Thee,
and I stretch forth my spirit towards Thee
that I may recite Thy Remembrance abundantly,
commemorating Thee frequently.

O, our Lord, God, lay not upon me an ailment
that may make me forgetful to commemorate Thee,
or lessen my yearning towards Thee, or cut off the delight
I experience in reciting the litanies of Thy Praise.

Grant me no health
that may engender or increase in me
presumptuous or thankless insolence.

For Thy Mercy's sake,
o Thou, Most Merciful of the compassionates.

Amen.

After Mevlana died, thousands of mourners flocked to the funeral procession. These mourners were of all creeds and of various nations. Each recited sacred passages according to their several usages from the Law, the Psalms or the Gospels.

Heute Abend, am 17. Dezember, gedenken wir nicht des »Todes« von Mevlana, sondern seines völligen Eingehens in die Einheit mit dem Geliebten. Shamsuddin Eflaki hat die Ereignisse aufgezeichnet, und ich möchte gerne in Form einer Kontemplation einige Auszüge aus seinen Notizen von damals vorlesen:

Als die Zeit von Jalal's Tod näher kam, forderte er seine Schüler auf, deswegen keine Furcht oder Besorgnis zu haben. »Auch ihr werdet stets mit mir zusammen sein, was immer geschehen mag. Erinnert euch meiner, so dass ich mich euch zeigen kann, in welcher Form das auch sein mag, damit ich immer zu euch kommen und das Licht der himmlischen Inspiration in eure Brust ausgießen kann. Ich erinnere euch jetzt einfach daran, dass unser lieber Herr Mohammed, der Gesandte Gottes, zu seinen Schülern sagte: ›Mein Leben ist ein Segen für euch, und das wird auch mein Tod für euch sein. In meinem Leben habe ich euch geleitet, und nach meinem Tode werde ich euch meinen Segen schicken.‹«

Dann begann seine Frau, Gevher Khatun, zu klagen, zerriss ihre Kleider und rief: »Oh du, Licht der Welt, Leben der Menschheit, wem willst du uns anvertrauen? Wohin wirst du gehen?« Er antwortete ihr: »Wohin ich gehen werde? Wahrlich, ich werde euren Kreis nicht verlassen.« Dann fragte sie: »Wird es einen anderen geben, der dir gleicht, oh Herr? Wird ein anderer in Erscheinung treten?« Er antwortete: »Wenn das geschieht, wird er Ich sein.«

Mit seinem letzten Atemzug empfahl Jalal, ihn in den oberen Teil des Grabes zu legen, so dass er am letzten Tag als Erster aufstehen könne. Als er schwerkrank darniederlag, bebte die Erde sieben Tage und Nächte lang derart stark, dass jeder beunruhigt war. Beim letzten Beben bemerkte Jalal ganz ruhig: »Arme Erde! Sie freut sich auf einen fetten Happen. Sie soll einen haben!«

Auf seinem Totenbett lehrte Jalal das folgende Gebet, das wir auch heute noch jeden Tag beten:

Oh, unser Herr, Gott, ich atme nur für Dich,
dehne meinen Geist nach Dir,
auf dass ich Dein Gedenken reichlich singe,
Dich häufig anrufe.

> Some of the orthodox people were shocked as to why everyone mingled together at the funeral of such an eminent Muslim sage and saint. The mourners replied that they had learnt from him more of the mysteries shrouded in their own Scriptures than they had ever known before, and they declared: 'If you Muslims hold him to have been the Muhammad of his age, we esteem him as the Moses, the David, the Jesus of our time; and we are his disciples, his adherents.
>
> The Muslim leaders could make no answer. And so, in all honour, with every possible demonstration of love and respect, was he born along, and length laid in his grave.

So what does Mevlana mean for us today in the twentieth century, seven hundred years later? And what, really, *is* the Turn? I can only speak from my own heart. I am no scholar, but a lover of truth. I do know that since I first witnessed the ceremony in Konya in 1967 I never recovered. Something was touched within my own heart. The Turn I witnessed then – there were only few tourists in Konya in those days – resonated with what was already happening within me. The outer form that I witnessed was the "mirror" to trigger off that blessed opening within the heart itself. The ceremony *was* beautiful and touched us all. But my teacher, whom I have mentioned in several of my books and who took me there for that first night, later asked me, "Well, what does that all mean to *you?*" Only many years later in our journey together was I able to answer – by just smiling, having no more need to speak. My hand was on my heart, and I bowed my head.

What I can say is that Mevlana represents for us a symbol of universal knowledge and love beyond all form. After his death people came from all over to pay their last respects. Christians came and Jews as well as Muslims and Zoroastrians, Buddhists and Hindus. Why? Because Mevlana had found that the Source of all life could not be limited by anything. In the famous saying of the prophet Muhammad (peace and blessings be upon him), "The worlds are not big enough to contain Me, but the heart of My faithful Servant can contain Me."

Thus Mevlana's message is as applicable today as it was then, and so we continue to pray for all people to come to be able to step over the threshold of their own limitations to find the truth within their own hearts. As "People of the Way", as we are sometimes

Oh, unser Herr, Gott, auferlege mir keine Krankheit,
die mich Dich vergessen ließe,
mein Verlangen nach Dir minderte oder das Entzücken
versiegen ließe,
das ich beim Singen Deines Lobpreises empfinde.

Schenke mir keine Gesundheit,
die vermessenen und undankbaren Hochmut
in mir entstehen und wachsen ließe.

Um Deiner Gnade willen,
oh Du, Allergnädigster aller Barmherzigen.

Amen.

Nachdem Mevlana gestorben war, reihten sich Tausende von Trauernden in die Beerdigungsprozession. Diese Trauernden gehörten allen Glaubensbekenntnissen und vielen verschiedenen Nationen an. Jeder rezitierte nach seinen Gebräuchen heilige Passagen aus dem Gesetz, den Psalmen oder den Evangelien. Einige Orthodoxe waren schockiert darüber, dass alle möglichen Leute bei dem Begräbnis eines so hervorragenden muslimischen Weisen und Heiligen zusammenkamen. Die Trauernden antworteten, dass sie von ihm mehr über die in ihren eigenen heiligen Schriften verborgenen Geheimnisse erfahren hätten als je zuvor gehört, und erklärten: »Wenn ihr Muslime ihn für den Mohammed seiner Zeit haltet, so verehren wir ihn als den Moses, den David, den Jesus unserer Zeit; und wir sind seine Schüler, seine Anhänger.«

Die Muslimführer wussten keine Antwort. Und so wurde er mit allen Ehren, mit jedem nur möglichen Erweis der Liebe und des Respekts dahingetragen und ausgestreckt in sein Grab gelegt.

Was bedeutet Mevlana für uns heute, sieben hundert Jahre später im zwanzigsten Jahrhundert? Und was *ist* das Drehen wirklich? Ich kann nur aus meinem eigenen Herzen sprechen. Ich bin kein Gelehrter, sondern ein Wahrheitsfreund. Ich weiß nur, dass ich mich nie wieder erholt habe, seit ich die Zeremonie in Konya 1967 zum ersten Mal sah. Etwas war in meinem Herzen berührt wor-

den. Das Drehen, dessen Zeuge ich damals wurde – als es nur wenige Touristen in Konya gab –, schwang im Einklang mit dem, was bereits in mir geschah. Die äußere Form, die ich beobachtete, war der »Spiegel«, der diese segensreiche Öffnung im Herzen auslöste. Die Zeremonie *war* schön und berührte uns alle. Aber mein Lehrer, den ich in vielen meiner Bücher erwähnt habe und der mich zu diesem ersten Abend mitgenommen hatte, fragte mich danach: »Und was bedeutet das alles nun für *dich?*« Erst viele Jahre später auf unserer gemeinsamen Reise war ich in der Lage zu antworten – mit einem Lächeln, ich hatte kein Bedürfnis mehr zu sprechen. Meine Hand lag auf meinem Herzen, und ich neigte meinen Kopf.

Was ich sagen kann, ist, dass Mevlana für uns ein Symbol des universellen Wissens und der allumfassenden Liebe jenseits aller Form darstellt. Nach seinem Tod kamen die Menschen aus aller Welt, um ihm die letzte Ehre zu erweisen. Christen kamen, Juden ebenso wie Muslime und Zoroastrier, Buddhisten und Hindus. Warum? Weil Mevlana entdeckt hatte, dass die Quelle allen Lebens durch nichts zu begrenzen ist. In den berühmten Worten des Propheten (Friede und Segen seien mit ihm): »Die Welten sind nicht groß genug, Mich zu enthalten, aber das Herz Meines treuen Dieners kann Mich enthalten.«

So ist Mevlanas Botschaft heute genauso gültig wie damals, und daher beten wir weiterhin für alle Menschen, dass sie so weit kommen mögen, die Schwelle ihrer eigenen Beschränktheit zu überschreiten, um die Wahrheit in ihrem eigenen Herzen zu finden. Als »Leute des Weges«, wie wir manchmal genannt werden, achten wir alle großen Religionen und alle Propheten seit Anbeginn der Zeit, deren Linie mit dem Propheten Mohammed »besiegelt« wurde.

Das Drehen selbst ist eine Übung, die wir über einen Zeitraum von 1001 Tagen lernen. Es ist eine harte und schwierige Disziplin, aber wie ich schon vorher sagte, ist die Übung für diejenigen, die drehen, ebenso transformierend wie für diejenigen, die an der Zeremonie teilnehmen. Sie werden feststellen, dass die rechte Hand des Semazen nach oben gerichtet ist, während die linke nach unten weist. Der Semazen hilft dabei, das Licht des unmanifestierten Aspektes Gottes in eine wartende Welt hinein zu transformieren. Das Licht tritt ein durch die Innenfläche der rechten Hand, entfaltet sich in einer Doppelspirale im Herzen selbst und wird

termed, we respect all the great religions and all the prophets from the beginning of time, the Line which was "sealed" with the prophet Muhammad.

The Turn itself is a practice that we learn over a period of 1001 days. It is a tough and difficult discipline, but, as I said earlier on, the practice is both transforming for those who turn *and* for those who share in the ceremony. You will notice that the right hand of the *semazens* is raised upwards and the left hand is facing downwards. The *semazen* is helping to transform the light of the unmanifested Aspect of God into a waiting world. The light enters through the palm of the right hand, is spun out in a double vortex within the heart itself, and then is brought back down into the earth through the thumb of the left hand. The glance of the eye travels also through the left hand. The left foot, which never leaves the ground during the whole practice, anchors the *semazen* and the transformed energy into the earth itself. The key to learning and finally understanding the practice itself is the art and science of the breath. Breath is life, and he who knows himself most surely may come to understand one day the purpose of life on earth.

1992

dann durch den Daumen der linken Hand in die Erde zurückgebracht. Auch der Blick wandert durch die linke Hand. Der linke Fuß, der während der ganzen Übung niemals den Boden verlässt, verankert den Semazen und die transformierte Energie in der Erde. Der Schlüssel zum Erlernen und schließlich zum Verständnis der Übung liegt in der Kunst und Wissenschaft des Atems. Atem ist Leben, und der, der sich selbst kennt, wird eines Tages ganz gewiss dazu gebracht, Sinn und Zweck des Lebens auf der Erde zu verstehen.

Die Bedeutung des Lehrers in der Sufi-Tradition

ZUNÄCHST EINMAL: WAS IST EIN LEHRER IN DER ESOTERIschen Tradition? Er oder sie ist eine Person, die die *Fähigkeit* hat, zu lehren. Dies ist nicht jedem gegeben. Es ist eine Funktion wie jede andere, aber auch einzigartig. Warum diese Funktion? Es ist das Gleiche wie mit dem Bäcker und den hungrigen Menschen: Wenn kein Bedürfnis bestünde, gäbe es keinen.

Die Eigenschaften, die ein Lehrer braucht

1. Er oder sie muss über das korrekte ›Fahrzeug‹ verfügen, durch das die Energie für den Schüler transformiert werden kann, bis dieser selbst dazu in der Lage ist.

2. Er muss die notwendige Schulung, *saluk,* über mehrere Jahre absolviert haben. Normalerweise dauert die erste Stufe für den Suchenden 1001 Tage. Doch man kann sich fragen, wie lange ein Tag dauert. Ein Tag kann ein Leben lang dauern, wenn du nicht aufgewacht bist. Es erfordert 1001 Tage, um zu wissen, wie man ein Schüler ist. Solange du dich nicht kennst, weißt du nicht, wer da auf dem Weg der Wahrheit reist. Nach diesen 1001 Tagen kommen etwa zwölf Jahre der Schulung. Denk daran, wie lange die Ausbildung eines Arztes oder eines Homöopathen dauert. Wir hören nie auf zu lernen.

The Meaning of the Teacher in the Sufi Tradition

FIRST OF ALL, WHAT IS A TEACHER IN THE ESOTERIC TRADItion? He or she is a person who has the *ability* to teach. This is not given to everyone. It is a function, the same as other functions but also unique. Why this function? It is the same as the baker and the hungry people; if there was no need, there wouldn't be one.

The Qualities Required to Be a Teacher

1. He or she needs to have the correct 'vehicle' through which energy can be transformed for the pupil until the pupil can do it for himself.

2. He needs to have completed the necessary training, *saluk,* over many years. Normally for the seeker, the first step is 1001 days long. But then you can ask, "How long is a day?" A day can be a lifetime if you haven't woken up. It takes 1001 days in order to know how to be a pupil. Until you know yourself, you don't know who is traveling on the road of truth. It then takes approximately twelve years of training after the 1001 days. Think of the training it requires to become a doctor or a homeopath. We never stop learning.

On the way, he or she who could be a teacher can give teachings and at certain times act for the teacher. This is dependent upon the degree of trust of the pupil. In a period of accelerated time, it may not be possible for you to have fifteen years before you can get out and teach. Therefore there can be a compression, and that is dependent upon our degree of consciousness of the breath. A note of the octave can be any figure (unit of time) that we invent. Therefore, 1001 days could be 1001 something-or-other's.

I would say it would take 1001 conscious breaths without 'losing' one. If making love is making love possible on earth, and that is only possible through a human being, and the qualities of all the other kingdoms are in perfection within man, then 1001 conscious breaths is indeed a challenge.

3. The teacher must be trained himself by another teacher and, therefore, is an *apprentice* on the way. This is not for everyone. We are all *salik,* i.e. seekers, but to be a real teacher it is necessary to become an apprentice. Thus the aspirant must also have, at least in potential, the right vehicle for the task.

Auf dem Weg können diejenigen, die Lehrer sein könnten, Unterweisungen geben und zu gewissen Zeiten den Lehrer vertreten. Das hängt vom Grad des Vertrauens des Schülers ab. In einer Periode beschleunigter Zeit hat man vielleicht keine fünfzehn Jahre, bevor man hinausgehen und lehren kann. Es kann daher eine Verdichtung geben, die wiederum davon abhängt, wie sehr wir uns des Atems bewusst sind. Eine Note in der Oktave kann jede Zahl (Zeiteinheit) haben, die wir ihr geben. Deshalb könnten 1001 Tage 1001 Irgendetwas sein.

Ich würde sagen, es braucht 1001 bewusste Atemzüge, ohne einen einzigen ›zu verlieren‹. Wenn Lieben bedeutet, Liebe auf der Erde möglich zu machen, und dies nur durch ein menschliches Wesen geschehen kann, und wenn die Qualitäten aller anderen Reiche im Menschen Vollkommenheit erlangt haben, dann sind 1001 bewusste Atemzüge in der Tat eine Herausforderung.

3. Der Lehrer muss von einem anderen Lehrer ausgebildet werden und ist deshalb ein *Lehrling* auf dem Weg. Das ist nicht für jedermann. Wir sind alle *salik,* das heißt Suchende, aber um ein wahrer Lehrer zu werden, muss man Lehrling sein. Deshalb muss der Anwärter zumindest potenziell schon das richtige Fahrzeug für die Aufgabe besitzen.

4. In fast jedem Fall muss der Lehrer aus einer klar bestimmten *Linie* stammen. Denkt an die Idee von christlichen, buddhistischen, zoroastrischen und anderen Lehrern. Ganz gleich welches Etikett wir wählen, es ist ein Rahmen, in dem sich das Lehren manifestieren kann. Gottes Gnade und Barmherzigkeit beschränken sich nicht auf eine Vorstellung von Spiritualität. Die *Reinheit* der Linie ist wesentlich. Das Wort »Sufi« stammt von den beiden Wortstämmen *suf,* das heißt »Wolle«, und *saf,* was »rein und anpassungsfähig wie Wasser« bedeutet. Die Linie wird sich den gegenwärtigen Umständen und der geographischen Lage anpassen, bleibt aber rein. Die Vermischung einer Linie verwässert das reine Wissen bei der Übermittlung dieser Linie. Wenn ich von einer Linie spreche, ist es eine Linie, die durch den Lehrer rein und anpassungsfähig gehalten worden ist.

5. Jeder Lehrer hat möglicherweise auch die Fähigkeit, *Unterweisung* zu geben. Der Imam unterrichtet den Koran. Für die Formalisten ist er ein Lehrer; für den esoterischen Weg ist er nicht unbedingt ein Lehrer, sondern er lehrt Dinge, die ebenfalls wertvoll sind. Einige Lehrer tun beides. Beides ist wichtig. Jedoch ist

4. In nearly every case, the teacher must come from a very definite *line*. Consider the idea of Christian, Buddhist, Zoroastrian and other teachers. Whatever label we want to put on, it is a frame through which the teaching can be manifested. God's Mercy and Compassion are not limited to one idea of spirituality. The *purity* of the line is essential. The word "Sufi" comes from the root words *suf,* meaning "wool" and *saf,* which means "pure and adaptable like water". The line will adapt itself to the present circumstances and geographical position, but it is pure. The mixing of a line waters down the pure knowledge in the transmission of that line. When I am referring to a line, it is a line which the teacher has kept pure but adaptable.

5. Each teacher may also have the ability of giving *teachings.* The Imam gives teachings on the Koran. For the formalists he is a teacher; for the esoteric path he may not necessarily be a teacher, but he is giving teachings which are also valuable. Some teachers do both. They are both important. However, he who gives teachings is not necessarily a teacher by definition, a transformer of subtle energies.

6. The teacher must always remain a willing *abd,* a servant, since there is no end to His Creation. With this, we have cut out a rather large majority of so-called teachers in the world.

7. He or she must have "awakened *intelligence*". My teacher told me, "You cannot teach an unintelligent person." If God brought you all together, then you must have intelligence. If you were not intelligent, you would not have lasted in this school more than a few days. Awakened intelligence is not one flash of the lightening we mention in the Cabbala. No. It comes step by step, *yavash, yahash,* "slowly, slowly". If intelligence was awakened in one lightening flash, you could not bear to live. Somebody who knows says, as Ibn Arabi, "I am the will established between heaven and earth." Jesus said, "I was before heaven and earth," i.e. established before time. Awakened intelligence needs to be step by step. It is what is necessary to become a teacher and a good pupil.

8. He must obviously have *humility* in order to forever be able to learn.

9. He must both have conviction and manifest conviction in his being. Remember that beyond "being" there is "not being", and beyond "not being" there is the Absolute.

ein Lehrender nicht notwendig ein Lehrer in dem Sinne, dass er feinstoffliche Energien transformiert.

6. Der Lehrer muss stets ein williger *abd,* ein Diener, bleiben, denn Seine Schöpfung hört nie auf. Damit scheidet der größte Teil der so genannten Lehrer auf der Welt bereits aus.

7. Er oder sie muss über »erweckte *Intelligenz*« verfügen. Mein Lehrer sagte: »Du kannst einen unintelligenten Menschen nichts lehren.« Wenn Gott euch alle zusammengeführt hat, müsst ihr Intelligenz besitzen. Wenn ihr nicht intelligent wäret, hättet ihr es in dieser Schule keine paar Tage ausgehalten. Erweckte Intelligenz ist nicht ein Strahl des Blitzes, von dem wir in der Kabbala sprechen. Nein. Sie kommt langsam, *yavash, yavash,* »Schritt für Schritt«. Würde die Intelligenz wie durch einen Blitz erweckt, könntet ihr es nicht ertragen zu leben. Jemand, der weiß, sagt mit Ibn Arabi: »Ich bin der Wille; Mein Platz ist zwischen Himmel und Erde.« Jesus sagte: »Ich war vor Himmel und Erde«, das heißt, geschaffen vor der Zeit. Erweckte Intelligenz geht Schritt für Schritt. Das ist erforderlich, um ein Lehrer zu werden und ein guter Schüler.

8. Er muss sicherlich *Demut* besitzen, um ständig in der Lage zu sein zu lernen.

9. Er muss Gewissheit besitzen und sie in seinem Wesen ausdrücken. Denkt daran, dass jenseits des »Seins« das »Nichtsein« kommt, und jenseits des »Nichtseins« das Absolute.

10. Er muss die Fähigkeit besitzen *aufzuwecken,* aufzuwecken zur Sehnsucht. Hat man uns einmal erweckt, werden wir nie mehr zufrieden sein, bis wir die Wahrheit erlangt haben. Dies meine ich, wenn ich vom »Erwecken« rede. Es handelt sich dabei nicht um die winzigen Funken psychischer Phänomene, um Kristalle, Astrologie und dergleichen. Es geht vielmehr um das Erwecken einer Sehnsucht nach der Erkenntnis der Wahrheit und nichts anderem als dem Wesen der Wahrheit. Er erweckt *Vertrauen, Glaube* und *Überzeugung.* Mit anderen Worten, er kann die schlafenden Latifas erwecken, die bereits erläuterten [siehe: *Die innere Arbeit II,* Seite 733] und andere.

11. Er muss die *Gewissheit* besitzen, welche die Gewissheit über den Stoff beinhaltet, die er für seinen Unterricht benutzt, handle es sich nun um Worte, Stoffliches oder sonst irgendetwas. Der Stoff ist ebenfalls Teil seiner Fertigkeit.

12. Er muss um seine vollständige *Abhängigkeit* von Gott wissen, weshalb er seine *Ausbildung* mit jedem Atemzug weiterverfolgt.

10. He must have the ability to *awaken,* to awaken into yearning. Once we have been awakened, we will never be satisfied until we know the truth. That is what I mean by "awakening". It is not one of these tiny little sparks to do with psychic phenomena, crystals, astrology et cetera. It is awakening the yearning to know the truth and nothing but the essence of the truth. He awakens *trust, faith* and *belief.* In other words, he can awaken the dormant Latifas, those so-far explained [see: *The Inner Work II,* page 732] and others.

11. He must have *certainty,* which includes certainty in the material that he uses for teaching, be it words, physical material or whatever. The material is also part of his craft.

12. He must know of his complete *dependence* on God, and therefore continues to *study* with every breath he takes. Study is bringing forth that which is alreaedy there. In pure creation, it is all here now. It is in that purity that the teacher studies, not in second-hand clothes.

13. He must know the meaning of *death.* Without knowing this, he cannot take somebody across the great water. Thus the saying, "Die before you die."

14. In knowing of death, he knows *of* the *purpose of life on earth.* I did not say "he knows" the purpose of life on earth; that would be beyond all degree of arrogance. That is why, when a Sufi dies, they say, "And God has blessed his secret."

15. At all times, he is a *friend of truth.* As such he is acutely aware of the *nafs* with all that that entails. This refers to the *nafs* in all pupils and the transformed *nafs* in himself.

16. He must be able to teach *so* that what he teaches can be *passed on* to future generations – maybe not in the same way, but based on the same *food,* i.e. the *essence.*

17. He is a *mirror* for those who *can* see him and actually *want* to see him. Jesus said, "A mirror am I for those who perceiveth me." It means holding the Christ in the heart and perceiving at the same time.

18. He is meant never to *complain* to anyone, except God.

19. In order to be *complete* and to complete, most teachers have a *seat.* That is what is sometimes called a "permanent address". When the time is right, the teacher will normally have a seat; and when he is dead, that place becomes a seat in the relative world where that teacher lived. An exception is *the travelling nature of Jesus.*

Das Studium bringt das hervor, was schon vorhanden ist. In dieser Reinheit ist es, in welcher der Lehrer studiert, und nicht aus zweiter Hand.

13. Er muss um die Bedeutung des *Todes* wissen. Ohne ein solches Wissen kann er niemanden über das große Wasser bringen. Darauf bezieht sich der Ausspruch: »Stirb, bevor du stirbst.«

14. Weil er um den Tod weiß, weiß er *um* den *Sinn des Lebens auf der Erde.* Ich sagte nicht, »er kennt« den Zweck des Lebens auf der Erde. Das würde jedes Ausmaß an Arroganz übersteigen. Deshalb sagt man, wenn ein Sufi stirbt: »Und Gott segnete sein Geheimnis.«

15. Zu jeder Zeit ist er ein *Freund der Wahrheit.* Solcherart ist er sich deutlich der *nafs* bewusst, und all dessen, was das bedeutet. Dies bezieht sich auf die *nafs* in all seinen Schülern, wie auch auf die transformierte *nafs* in ihm selbst.

16. Er muss fähig sein, *so* zu unterrichten, dass seine Lehre an zukünftige Generationen *weitergereicht* werden kann – vielleicht nicht auf die genau gleiche Weise, aber aufgrund der gleichen *Nahrung,* das heißt aufgrund der *Essenz.*

17. Er ist ein *Spiegel* für diejenigen, die ihn sehen *können* und in der Tat auch sehen *wollen.* Jesus sprach: »Ein Spiegel bin ich für jene, die mich wahrnehmen.« Dies bedeutet, dass man den Christus im Herzen trägt und das gleichzeitig wahrnimmt.

18. Nie darf er sich *beklagen,* niemandem gegenüber, außer bei Gott.

19. Um *vollkommen* zu sein und, um zu vervollkommnen, haben die meisten Lehrer einen *Sitz.* Dies wird manchmal als »ständige Adresse« bezeichnet. Ist die Zeit reif, so hat der Lehrer in der Regel einen Sitz; und nachdem er gestorben ist, wird dieser Ort zu einem Sitz in der relativen Welt, in der der Lehrer einst lebte. Eine Ausnahme bildet *die umherziehende Natur Jesu.*

20. Er darf diese Welt nicht verlassen, bevor er seinen *Mantel* an jemanden weitergereicht hat.

Meister, Heilige und Propheten

Ein *Meister* ist Meister »seines Fachs«, sowohl exoterisch als auch mesoterisch und esoterisch.

Ein *Heiliger* ist ein lebendiges Beispiel des Pfads der Heiligkeit in dieser Welt, wie zum Beispiel Mutter Theresa, Martin Luther

20. He must not die to this world without passing on his *cloak* to another.

Masters, Saints and Prophets

A *master* is a master of "his craft", both exoterically, mesoterically and esoterically.

A *saint* is a living example in this world of the Path of Sainthood, for example Mother Theresa, Martin Luther King and others. A teacher does not necessarily have the qualities of a saint. On the other hand, a saint may have the qualities of a teacher. A saint's physical body can be totally transformed. That is the meaning of transfiguration, and that is the meaning of pilgrimage centres, where saints have lived. This can also happen to masters and prophets, but it is more easily seen with saints.

As for *prophets,* the prophet Muhammad (peace and blessings be upon him) sealed the Line of the Prophets. There is no need for another one. If somebody can say *la illaha il'Allah Muhammad'an rasul'Allah* and know the meaning, you can say he is in the Line of the Prophets, though he knows there can never be another one.

Who Is Mevlana?

"Mevlana" literally means "our Master". Why is it that you can learn probably more about Christ through the understanding of Islam than you can by being born into Christianity? There is far more written about Mary in the Koran than in the Bible, and also about the explanation of Christ. Jesus is called "the Seal of Sanctity".

In the relative sense, after Christ came Muhammad. Obviously the seeds we are sowing now we may never see grow, but our children may, and our children's children may reap the harvest.

In *St. Patrick's Breast Plate* there are some most beautiful things written in Celtic. One of the declarations are the words, "Christ within me, Christ above me..." It is an overwhelming statement of the all-permeating Aspect of God. We could say that Christ Jesus represents the inner turn, which is the *knowledge* in the Christos, and that the inner turn was brought forth through the Prophet and registered seven hundred years ago in Mevlana, representing the inner *and* outer turn. Thus we may see the *esoteric triad of freedom.*

King und andere. Ein Lehrer besitzt nicht notwendigerweise die Qualitäten eines Heiligen. Anderseits mag ein Heiliger die Qualitäten eines Lehrers haben. Der physische Körper eines Heiligen kann völlig transformiert sein. Das ist die Bedeutung von Transfiguration, und das ist die Bedeutung der Wallfahrtsorte, an denen Heilige lebten. Dies kann auch für Meister und Propheten gelten, man sieht es aber häufiger bei Heiligen.

Was *Propheten* betrifft, so besiegelte der Prophet Mohammed (Friede und Segen seien mit ihm) die Linie der Propheten. Es bedarf keines weiteren mehr. Wenn jemand *la illaha il'Allah Muhammad'an rasul'Allah* sagen kann und auch die Bedeutung davon kennt, kann man sagen, dass er in der Linie der Propheten steht, auch wenn er weiß, dass es keine weiteren mehr geben kann.

Wer ist Mevlana?

Wörtlich bedeutet »Mevlana« »unser Meister«. Warum ist es so, dass man über Christus wahrscheinlich mehr durch das Verständnis des Islams lernen kann, als wenn man in das Christentum hineingeboren wird? Über Maria steht wesentlich mehr im Koran geschrieben als in der Bibel, und auch über die Erklärung Christi. Jesus wird »das Siegel der Heiligkeit« genannt.

Im relativen Sinne kam Mohammed nach Christus. Offensichtlich kommt die Saat, die wir säen, womöglich nicht mehr vor unseren Augen zur Reife, aber unsere Kinder mögen sie sehen und unsere Kindeskinder sie ernten.

In der Hymne *Brustplatte des Heiligen Patrick* finden sich einige Dinge von großer Schönheit auf Keltisch. Eine der Aussagen enthält die Worte: »Christus in mir, Christus über mir…« Dies ist eine überwältigende Bestätigung des alles durchdringenden Aspektes Gottes. Man könnte sagen, dass Jesus Christus das innere Drehen darstellt, welches das *Wissen* im Christus ist, und dass dieses innere Drehen vom Propheten nach außen gebracht wurde und sich vor siebenhundert Jahren in Mevlana ausdrückte, der das innere *und* das äußere Drehen verkörperte. So wird die *esoterische Triade der Freiheit* sichtbar.

Christus wird als Gottmensch erkannt; der Prophet wird als »der Vollkommene« gesehen. Im Weiteren wird alles zusammengeführt zur letzten Drehung am Tag der Erkenntnis. Von hier führt der Weg zum Goldenen Zeitalter, in welchem das Innere

Christ is recognised as a God-man; the Prophet is seen to be "the Complete". Further on, everything is brought together towards the final turn, the Day of Recognition, which leads to the golden age when the inner becomes the outer and the outer the inner and there is ultimately no separation. This is the impossible possibility, but in another sense it is the possible possibility, depending upon our degree of realisation.

Bulent Rauf and Suleyman Dede both said that it is not really possible to understand Mevlana without accepting Islam. Here I am not referring to the orthodox form or anything, but rather the ultimate submission to truth. It may be that your frame will be different to another frame, but the "*Mevlevi* people" are the ones who ultimately come to understand the inner and the outer turn, and that is in our time, *insh'Allah.*

Why Is a Teacher Necessary?

1. Because there is a need for a guide on the passage across the waters.

2. Because, although He is the Only Friend, there is a need for a friend in this world whom you can trust.

3. Because we need someone who can point out the pitfalls before they cause havoc.

4. Because we need someone to show us what is illusion and what is reality.

5. Because spiritual practices are necessary and cannot, normally, be found in books, although there are exceptions.

6. Because we "conjure up" the idea of a teacher, and therefore there is a need, and therefore that aspect of life has to be fulfilled.

7. Because if we do not yet see the view, we need someone to "hold us up to it".

8. Because we actually need a mirror, although we may not want one.

The "*Uwaisi* people" are exceptions to most of us who need a teacher. They are descendants of Uwais Qarani, who was given one of the two cloaks of the Prophet – *by* the Prophet, although he had never met him in person. These people are very rare. It would be foolhardy to consider we are one of them, although they are around. They don't need a teacher; they get everything direct.

nach außen gekehrt und das Äußere zum Inneren wird, so dass es zuletzt keine Trennung mehr gibt. Dies ist die unmögliche Möglichkeit, doch in einem anderen Sinn wiederum die mögliche Möglichkeit, abhängig vom Grad unserer Verwirklichung.

Bulent Rauf und Suleyman Dede sagten beide, dass man Mevlana kaum wirklich verstehen kann, ohne den Islam zu akzeptieren. Hier beziehe ich mich nicht auf die orthodoxe Form von irgendetwas, sondern vielmehr auf die letzte Hingabe an die Wahrheit. Es mag sein, dass euer Bezugsrahmen sich von einem anderen unterscheidet, doch sind es die »*Mevlevi*-Leute«, die schließlich zum Verständnis des inneren und des äußeren Drehens gelangen, und dies geschieht in unserer Zeit, *insh'Allah.*

Weshalb ist ein Lehrer notwendig?

1. Weil es beim Durchqueren der Wasser einen Führer braucht.

2. Weil wir, auch wenn Er der Einzige Freund ist, in dieser Welt einen Freund benötigen, dem wir trauen können.

3. Weil wir jemanden brauchen, der auf die Fallgruben hinweist, bevor ein Unglück geschieht.

4. Weil uns jemand aufzeigen muss, was Illusion und was Wirklichkeit ist.

5. Weil geistige Übungen unerlässlich und normalerweise nicht in Büchern zu finden sind, auch wenn es Ausnahmen gibt.

6. Weil wir die Idee eines Lehrers heraufbeschwören. Deshalb gibt es einen Bedarf, und auch dieser Aspekt des Lebens muss sich erfüllen.

7. Weil wir noch nicht die Gesamtsicht haben, benötigen wir jemanden, der »uns hochhebt«.

8. Weil wir tatsächlich einen Spiegel brauchen, auch wenn wir keinen möchten.

Die »*Uwaisi*-Leute« bilden eine Ausnahme im Vergleich zu den meisten von uns, die wir einen Lehrer brauchen. Sie sind die Nachfolger von Uwais Qarani, dem einer der beiden Mäntel des Propheten gegeben wurde – *vom* Propheten, obwohl sich die beiden persönlich nie begegnet sind. Solche Menschen sind sehr selten. Es wäre verwegen zu meinen, wir wären einer von ihnen, obwohl sie da sind. Sie brauchen keinen Lehrer, sie bekommen alles unmittelbar aus der Quelle.

"When the pupil is ready, the teacher will come." You can also say it the other way round. On a deeper level, "He who knows His Lord, knows himself." This too, depending on your "station", you can say the other way round. The most beautiful task, role or function of a teacher is to bring us to "our own station".

1989

»Wenn der Schüler bereit ist, wird der Lehrer kommen.« Man kann es auch umgekehrt sagen, auf einer tieferen Ebene: »Wer seinen Herrn kennt, kennt sich selbst.« Auch dies lässt sich, abhängig von der »Station«, auf der man sich befindet, umgekehrt sagen. Die schönste Aufgabe, Rolle oder Funktion eines Lehrers besteht darin, uns zu »unserer eigenen Station« zu bringen.

Spirituelle Psychologie

Notizen aus einer Klausur in der Wüste

DIE BEDEUTUNG DES WORTES »ESOTERISCH« KANN DEFINIERT werden als »für die Eingeweihten oder die Vorbereiteten«. Dieser Text soll Menschen helfen zu realisieren, dass wir erst, wenn wir zu hundert Prozent für unsere eigenen Gefühle und Emotionen verantwortlich geworden sind, erst, wenn wir niemandem für vergangene Geschehnisse Vorwürfe machen und fähig sind, sowohl uns selbst als auch anderen zu vergeben, damit beginnen können, die Wunder und gewaltige Größe der unmanifestierten Welten zu sehen, die im Herzen eines jeden wirklichen Wahrheitssuchers liegen.

Es ist so leicht, all das in unserem Inneren, dem wir uns stellen müssen und das transformiert werden soll, mit unzähligen Heftpflastern zuzudecken und dann zu *denken,* wir wüssten, anstatt wirklich in Wahrheit zu wissen. Diese Heftpflaster können sogar geschickt in der Form religiöser oder spiritueller Glaubenssysteme verborgen sein, die zwar unserer Selbstgerechtigkeit zu schmeicheln vermögen, aber vielleicht nur zusätzliche Schleier sind, die uns vom Geliebten trennen. »Was du suchst, ist das, was sucht«, sagte der heilige Franziskus, aber wir sind blind, wenn wir vergessen, dass jedes Geburtsrecht auch eine Verpflichtung als Gegenleistung erfordert. Diese Verpflichtung besteht in der Suche nach unserem wahren Selbst unter Erbringung aller notwendigen Opfer, so dass nur noch die Wahrheit übrigbleibt.

Was transformiert werden muss, sind diejenigen Aspekte unseres Selbsts, die nichts von der Einheit Gottes wissen wollen und sich von Seiner Liebe, ja sogar voneinander getrennt fühlen. Es sind jene Aspekte, die von den Wunden der Vergangenheit leben und den Schmerz rechtfertigen mit dem Mechanismus des Aufmerksamkeitserheischens, der dem »Armes Ich«-Syndrom entspringt, wie ich es nenne. Diese Aspekte müssen zuerst einmal in Wissen und Liebe in den gegenwärtigen Augenblick gebracht werden, um sie dann der Einen Quelle allen Lebens wieder darzubieten, damit sie transformiert werden und als »Regen aus einer anderen Welt« niedergehen können. Es ist das »Herabsteigen der gereinigten Kräfte«, wie es die alten Alchimisten beschrieben, das wirkliche Hoffnung für unsere Kinder und Kindeskinder bringt, die

Spiritual Psychology

Notes Taken on a Desert Retreat

THE WORD "ESOTERIC" CAN BE DEFINED AS MEANING "FOR the initiate or prepared". This paper is intended to help people realise that it is only when we have become one hundred percent responsible for our own feelings and our own emotions, blaming no-one for any events in the past and being able to forgive others as well as ourselves, that we can begin to realise the wonder and the enormity of the unmanifested worlds that lie within the heart of all real seekers of truth.

It is so easy to put on endless band-aids over what we have to face in ourselves that needs to be transformed and so come to *think* that we know, rather than really knowing in truth. These band-aids can even be cleverly disguised in the form of religious or spiritual belief systems, which, although doing much to placate our self-righteousness, may be just further veils to hide from the Beloved. "What you are looking for, is what is looking," said Saint Francis, but we are blind if we forget that every birth-right requires an obligation in return. And that obligation is the search for our true self, making whatever sacrifices are necessary so that only the truth remains.

What needs to be transformed are those aspects of ourselves which refuse to know of the Unity of God, feeling separate from His Love and even from each other. Those are the aspects that live on the wounds of the past, justifying the pain with the attention-getting mechanism of what I call the "poor me" syndrome. These aspects have to be brought first of all into the present moment in knowledge and love, and then offered back to the One Source of all life, so that they can be transformed and fall again as "rain from another world". It is the "descent of the purified forces", as described by the ancient alchemists, bringing real hope for our children and our children's children who come to witness the Beauty of the Creator in the polished heart of the seeker.

Incarnation and Compulsion

I am sure you will understand that language is a very large barrier, not just the national languages that may separate us, but the lan-

kommen werden, um die Schönheit des Schöpfers im polierten Herzen des Suchenden zu bezeugen.

Inkarnation und Zwang

Ihr werdet sicher verstehen, dass Sprache eine große Hürde darstellt, und zwar nicht nur die Landessprachen, die uns voneinander trennen können, sondern auch die Sprache, die wir im Laufe unserer Studien des spirituellen Weges innerlich entwickelt haben. Darum bitte ich euch, diesen Text so zu lesen, als wäre er völlig neu, völlig frisch für euch, statt zu versuchen, meine Sprache der euren anzugleichen. In der Tat enthalten alle Texte, die ich schreibe, im Grunde genommen lediglich Gedankensamen, die ihr als Herausforderung und als Gegenstand der Kontemplation nutzen könnt. Ich hoffe, das, was ich in diese Worte hineinlege, wird Fragen aufwerfen. Doch da ich zurzeit nicht bei euch sein kann, werdet ihr mit euren Freunden bewusst über diese Ideen diskutieren müssen, oder geht einfach in euch und bittet den inneren Führer darum, euch zu den benötigten Antworten zu leiten.

Sobald ich das Wort »Inkarnation« benutze, gibt es augenblicklich Schwierigkeiten. Dieses Wort wird häufig gebraucht, und doch fragen wir uns kaum, *was* denn da eigentlich inkarniert. Ich meine, ist es eine »Seele«? Ist es ein »Wesen«? Wieder einmal das Problem der Sprache! Wenn ich also hier von Inkarnation spreche, nehme ich Bezug auf jeden einzelnen Augenblick der Zeit. Versteht ihr, was ich meine? Schaut tief in euch hinein. Wie oft könnt ihr wirklich sagen, dass ihr *hier* seid, zu hundert Prozent in eurem Körper, und dass all die verschiedenen Aspekte eures Wesens gleichzeitig und in Harmonie miteinander funktionieren? Das kommt bestimmt nicht oft bei uns vor, wenn wir wirklich ehrlich sind. Es ist also eigentlich anderen gegenüber nicht fair, wenn wir einen Kommentar oder eine Aussage mit dem Wort »ich« abgeben, ohne wirklich hier zu sein. Aber wir benutzen dieses Wort »ich« so oft, als *wüssten* wir tatsächlich, wer wir sind.

Tatsächlich wird in manchen esoterischen Schulen von den Schülern verlangt, eine Zeit lang bewusst das Wort »ich« überhaupt nicht zu gebrauchen, damit sie dahin kommen, wirklich zu fragen: »Wer bin ich?« Ihr könnt diese Übung als ein Experiment machen, wenn ihr wollt. Probiert es einundzwanzig Tage lang und schaut euch das Ergebnis an. Natürlich ist es euch ganz freigestellt.

guage that we have built up inside from our various studies of the spiritual path. Thus, I ask you to read this paper as though it is totally new, totally fresh for you, rather than trying to equate my language with your own. In fact, all of the papers that I write really only contain seed-thoughts that you can use, both as a challenge for yourselves and as a form of contemplation. I hope that what I put into these words will bring up questions, but since I cannot be with you at this time, you will need to make some conscious discussions with your friends about the ideas, or else just turn within and ask the inner guide to take you to the answers that you may need.

The moment I use the word "incarnation" I am immediately in trouble. It is a word that is frequently used and yet we seldom ask just *what* it is that incarnates. I mean, is it a "soul"? Is it a "being"? Again the language difficulty! When I talk about incarnation here, I am referring to any single one moment of time. Do you understand what I mean? Look deeply into yourselves. How often can you really say that you are *here,* that you are one hundred percent in your bodies, and that all the different aspects of your being are functioning in harmony at the same time? Surely that is a rather rare occurrence for us if we are truly honest with ourselves. Thus, to say the word "I" when we are not truly here is not really a fair comment or statement to make to others. Yet so often we use this word "I" as though we *do* know who we are.

In fact, in some schools it is required of pupils that they spend a period of time consciously not saying "I" at all in order to make them come to really ask the question, "Who am I?" You could try this exercise as an experiment if you wish. Try it for twenty-one days and see what the result will be. Of course this is entirely up to you. I should also add to this exercise that if you were to experiment with it totally, you would, of course, not say "you" when addressing someone either – that is, unless you were entirely conscious. Saying "you" would presuppose that the other person knew who they were as well as you, who might say "I". Either way, the exercise can do a lot to wake us up.

Of course we could talk about incarnation as the point of conception or the moment of birth. There are different ideas about this, but again, for the sake of this paper, I want to merely give you some ideas to work on.

Many years ago I had the privilege of working for several years with a remarkable Austrian woman. She had a very advanced intu-

Ich würde zu dieser Übung, falls ihr sie in vollem Umfang erprobt, hinzufügen, dass ihr dann natürlich auch niemanden mit »du« anredet – es sei denn, ihr wäret ganz bewusst. »Du« zu sagen, würde voraussetzen, dass die andere Person wüsste, wer sie ist, ebenso wie du, der vielleicht »ich« sagt. Auf jedem Fall kann diese Übung viel dazu beitragen, uns aufzuwecken.

Natürlich könnten wir von Inkarnation auch als dem Zeitpunkt der Empfängnis oder dem Moment der Geburt sprechen. Darüber gibt es verschiedene Vorstellungen, aber noch einmal: Für den Zweck dieses Textes möchte ich euch nur ein paar Ideen zum Arbeiten geben.

Vor vielen Jahren hatte ich das Privileg, mehrere Jahre lang mit einer bemerkenswerten Frau aus Österreich zusammenzuarbeiten. Sie verfügte über eine hochentwickelte Intuition, und für diejenigen von euch, welche die Geschichte noch nicht gehört haben, ist es vielleicht interessant zu erfahren, wie sie nach England kam.

Die Frau war halb Jüdin, halb Zigeunerin und war in Österreich aufgewachsen. Als sie etwa dreizehn Jahre alt war, hatte sie die Eingebung, dass Hitler die Macht ergreifen und alle jüdischen Familien ebenso wie die Zigeuner weggebracht werden würden. Es war eine Vision, die ihr ganz klar war. Sie flehte ihre Familie an, das Land zu verlassen und nach England zu gehen. Doch die Familie hielt sie für etwas überspannt und unternahm nichts. Sie ging allein zum britischen Konsulat und fragte, ob sie die Londoner Telefonbücher einsehen könne. Man sah dieses junge Mädchen, das da ganz allein gekommen war, überrascht an, zeigte ihm aber die Telefonbücher. Sie nahm eine Nadel hervor und öffnete die Bücher mit geschlossenen Augen nach dem Zufallsprinzip. Drei oder vier Namen strich sie an und schrieb an jede dieser Adressen. Ob ihr es glaubt oder nicht, eine dieser Personen hielt sich zu dem Zeitpunkt gerade in Wien auf. Seine Sekretärin in London erhielt den Brief und rief ihn an (die Telefone funktionierten damals offenbar noch, denn der Krieg war noch nicht erklärt), und er suchte das junge Mädchen auf. Sie erzählte ihm die Geschichte, und er konnte ihr helfen, nach England zu gelangen. Dort wurde sie schließlich Krankenschwester, wie sie es sich schon immer gewünscht hatte. Ihre gesamte Familie wurde im Holocaust vernichtet.

Offenbar ›inkarnierte‹ diese Frau mit einer großen Sensitivität und hochentwickelten Intuition. Sehr viel später war sie daher in

itive capacity and the story of how she came to England may be interesting for those of you who have not yet heard it.

She was half Jewish and half gypsy and was brought up in Austria. When she was around thirteen years of age she had the intuition that Hitler was going to take power, and that all the Jewish families, and the gypsy people, would be taken away. She had a vision about this which was quite clear to her. She begged her family to leave and go to England. The family thought she was just being over-dramatic and would not move. She then went, by herself, to the British Consulate and asked if she could see the London telephone directories. They looked very surprised at this young girl coming there herself, but they showed her the telephone books. She took out a pin and, with her eyes closed, opened the books at random and marked three or four names. She wrote to each of them. Believe it or not, one of them was in Vienna at the time. His secretary in London received the girl's letter and telephoned him (telephones were obviously still working at that time since war had not yet been declared) and he then got hold of the young girl. She told him the story and he was able to help her get to England, where she eventually became a nurse, which had always been her dream. All her family were eradicated in the holocaust.

Obviously this woman 'incarnated' with a very great sensitivity and advanced intuition. She was thus, at a much later date, able to help many of us develop these latent talents that God gives us to varying degrees, and indeed I was lucky to have met and worked with her those many years ago.

The way she explained her method of therapy, if you like, was really very simple. She told us that we all come into incarnation with a compulsion, and there is no exception to this rule. The compulsion could either be seen to be a negative thing, which would control our lives in a negative and even destructive way, or else, if we could approach our own lives honestly and with great strength, avoiding nothing, we might be able to discover just what our compulsion was and thus be able to put it to good use.

What is a *compulsion?* It is essentially simple, but I need to remind you once again that when you look at this paper, do so as though you know absolutely nothing about conventional psychology.

In this world, life is a question of *yes* and *no* and sometimes that wonderful neutral state that lies in-between the grinding clash of

der Lage, vielen von uns zu helfen, diese schlummernden Talente zu entwickeln, die Gott uns in unterschiedlichem Maße gibt. Und so war es wirklich ein Glück für mich, sie vor all diesen Jahren getroffen und mit ihr gearbeitet zu haben.

Die Art und Weise, wie sie ihre Methode der Therapie erklärte, war sehr einfach. Sie sagte uns, dass wir alle mit einem Zwang inkarniert werden, und zwar ohne Ausnahme. Der Zwang könne entweder als etwas Negatives angesehen werden, das unser Leben auf eine negative oder gar zerstörerische Art beherrsche, oder aber, wenn wir unserem Leben aufrichtig und mit großer Stärke begegneten und nichts zu vermeiden suchten, dann wären wir vielleicht in der Lage herauszufinden, worin dieser Zwang für jeden von uns bestünde, und würden dadurch fähig, ihn für etwas Gutes zu nutzen.

Was ist ein *Zwang?* Im Grunde ist es einfach, doch muss ich euch noch einmal daran erinnern, dass ihr diesen Text so lesen müsst, als wüsstet ihr gar nichts von herkömmlicher Psychologie.

In dieser Welt ist das Leben eine Frage von *Ja* und *Nein,* und manchmal aber auch jener wunderbare neutrale Zustand, der zwischen diesem Aufeinanderprallen von Gegensätzen liegt. Doch was wir meistens tun, ist überkompensieren, entweder zur einen oder zur anderen Seite, nach der das Pendel ausschwingt. Wir »hetzen den Fluss«, wie eine große Autorin einmal sagte. Und beim Hetzen des Flusses stellt sich oft heraus, dass wir in die falsche Richtung gehen, für uns wie auch für andere. Wir können beinahe ertrinken in diesem Prozess, wenn wir eine Situation überkompensieren, die uns gegeben wurde und mit der wir ohne Wissen nichts anfangen können.

Unsere Gruppe arbeitete mit der österreichischen Lehrerin in der Art, dass wir einmal pro Woche ihren Unterricht besuchten, der meistens aus Einzelsitzungen bestand. Wir erzählten ihr dann für gewöhnlich, was im Laufe der letzten Woche geschehen war. Sie schrieb jede Einzelheit auf und gab keine Kommentare ab, sondern bestätigte lediglich den Erhalt der Informationen mit einem »Danke«. Dieser Prozess dauerte bei einigen sehr lange. Es hing davon ab, wie aufrichtig wir alle mit ihr waren. Sie versuchte auf diese Weise, uns vor Augen zu führen, dass es ein bestimmtes Muster gab, nach dem wir im Alltagsleben funktionierten, obwohl das meiste davon sehr verborgen ist aufgrund der Subtilität des Egos, das immer wieder Spiele mit uns spielt. Und wie schlau dieses Ego doch ist!

these two opposites. Most of the time what we do is over-compensate for either one side of the swing of the pendulum or the other. We "push the river" as a great author once said. And, in pushing the river, we so often find ourselves going in the wrong direction for both ourselves and others. We can nearly drown in the process of over-compensating for a situation that is given to us and with which, without knowledge, we do not know what to do.

Our group attended classes with the Austrian teacher once a week, mostly on a one-to-one basis, and we used to tell her what had transpired during the past week. She would note each detail and make no comments, but just acknowledge receiving the information by saying, "Thank you." This process went on for a long time for some people. It depended on how honest we all were with her. What she was trying to do was to show us for ourselves that there was a definite pattern in the way that we functioned in everyday life, although most of it was very hidden by the subtlety of the ego, which always plays games with us. And how cunning is the ego!

Eventually, when the time was right – and we must always remember that nothing can happen unless the time is entirely right – she would ask us if we could see that we indeed did have a compulsion that we had either inherited from our parents or ancestors, or else had come into incarnation with for the purpose of producing experience for the growth of the soul. Again these are only words and, as Jalaluddin Rumi says, "Words are veils over the truth."

The way she so very simply explained the meaning of compulsion was with the word "must". That word produces a compulsive action, or can do so. For example, "I must control this" is a typical compulsion. Or it could be, "I must monopolise this" or "I must escape from this", "I must hide from this", "I must demand this" or even "I must give this". The list is endless. In other words, she was trying to explain to us that our own lives had always been, at least in part, controlled by our own very personal compulsion that we came into the world with at birth. Or, as I might put it to you, each time we are asleep we are controlled by such a compulsion. When we are fully awakened, "enlightened" if you like the word, then the compulsion has been turned into a positive work for the whole being that can be called *you*. Do you understand what I mean? I wish I could be with you to try to explain in more detail, but it *is* perfectly possible for you to work it out for yourselves.

Wenn schließlich der richtige Zeitpunkt gekommen war – wir sollten uns stets daran erinnern, dass nichts geschehen kann, bevor der richtige Zeitpunkt eingetreten ist –, fragte sie uns, ob wir sehen könnten, dass wir tatsächlich einen Zwang hätten, den wir entweder von unseren Eltern oder Vorfahren geerbt hätten oder mit dem wir auf die Welt gekommen seien, um Erfahrungen für das Wachstum der Seele zu sammeln. Auch dies sind wieder nur Worte, und wie Jalaluddin Rumi sagt: »Worte sind Schleier vor der Wahrheit.«

Die Bedeutung des Zwangs erklärte sie auf ganz einfache Art mit dem Wort »müssen«. Dieses Wort erzeugt eine zwanghafte Handlung, oder zumindest kann es dies tun. »Ich muss das unter Kontrolle haben« ist zum Beispiel ein typischer Zwang. Es könnte auch heißen: »Ich muss das monopolisieren« oder »ich muss dem entfliehen«, »ich muss mich davor verstecken«, »ich muss das verlangen« oder gar »ich muss das geben«. Die Liste ist endlos. Mit anderen Worten, sie versuchte uns zu erklären, dass unser Leben zumindest teilweise immer von unserem sehr persönlichen Zwang, mit dem wir auf die Welt gekommen sind, beherrscht wird. Oder, wie ich es auch sagen könnte: Jedesmal, wenn wir schlafen, werden wir von einem solchen Zwang kontrolliert. Wenn wir völlig erwacht sind, »erleuchtet«, falls euch das Wort gefällt, dann ist der Zwang in ein positives Werk umgewandelt für das ganze Wesen, das man *du* nennen könnte. Versteht ihr, was ich meine? Ich wünschte, ich könnte bei euch sein und versuchen, es euch ausführlicher zu erklären, aber es *ist* durchaus möglich, es selbst herauszufinden.

Der spirituelle Weg ist sehr gefährlich, wenn wir nicht im Gleichgewicht sind. Deswegen empfehle ich den Leuten immer, regelmäßig körperliche Übungen zu machen, und zwar sehr bewusst im Wissen, dass das wirklich nötig ist für unser Wohlbefinden in allen Welten. Daneben sind das Studium, unser religiöses Leben und die Übungen, vor allem diejenigen, die den Atem und das Atmen beinhalten, ebenfalls lebensnotwendig. Doch müssen wir auch unsere Psychologie im Gleichgewicht halten, und an dieser Stelle merkt ihr vielleicht, dass ich bewusst das Wort »müssen« verwendet habe. Das war nur, um zu sehen, ob ihr auch zuhört!

Wie können wir also mit diesem Zwang umgehen, mit diesen Zwängen, die jeder von uns hat? Unsere Zwänge können von un-

The spiritual path is a dangerous path if we are not balanced, and that is why I always advocate that people take regular physical exercise and take it very consciously, knowing that it is truly necessary for our well-being in all the worlds. As well as that, there is the study side, the devotional side of our lives, and the practices, particularly involving the use of the breath and breathing, which are also vital. But we also must not leave out the balancing of our own psychology. And here you may notice that I consciously used the word "must". That was just to see if you were listening!

How can we therefore deal with this compulsion, these compulsions that we all have? We may have many compulsions but there is one prime motivator, one compulsion which makes all the others active, and that is what I am asking you to do your best to find out for yourselves. The only way that this can be done is in strictest honesty. Make a list of all the compulsions that you can think of – and with a sense of humour! The list is endless. Don't be too serious about all this, and yet do be serious in the sense that there is no freedom in compulsion. There is much freedom when we know what to do with the compulsion that we find.

The first step is to find out what we feel is our own personal compulsion, what 'we incarnated with'. This can be done by, as I said, first of all being totally honest with ourselves and examining, very carefully, the pattern of our lives and how patterns have a habit of repeating themselves. Why? Because of the compulsion we have, of course. It is very simple in one way, although equally complicated in another. Then it is possible to transform the compulsion into something creative and useful. Let me try to explain.

Supposing, for example, the compulsion is "I must monopolise this", i.e. the person feels compelled to hold the centre of attention in all ways, whether in a conversation or whatever. That person is obviously liable to be a leader or a very successful business man or woman, but then he or she would most likely suffer from tremendous emotional and nervous stress since it is impossible to monopolise any situation all of the time. Equally, if the compulsion was "I must control this", then that person would, on the negative side of the pendulum's swing, find themselves often frustrated, angry or depressed since there is no-one, except God, who can control everything. But there is hope. There is real creative hope in understanding these ideas.

terschiedlicher Art sein, doch es gibt eine Hauptantriebskraft, einen Zwang, der alle anderen aktiviert. Und das ist es, worum ich euch bitte: Tut euer Bestes, diesen selbst herauszufinden. Die einzige Möglichkeit, dies zu tun, ist in äußerster Aufrichtigkeit. Macht eine Liste aller Zwänge, die euch in den Sinn kommen – und das mit Humor! Die Liste ist endlos. Seid nicht zu ernst dabei, aber seid doch in der Hinsicht ernst, dass im Zwang keine Freiheit liegt, aber dass es viel Freiheit gibt, wenn wir wissen, was wir mit dem entdeckten Zwang tun können.

Der erste Schritt besteht darin herauszufinden, was, unserem Gefühl nach, unser persönlicher Zwang ist, womit ›wir inkarniert‹ wurden. Das kann, wie gesagt, vor allem dadurch geschehen, dass wir völlig ehrlich zu uns sind und sehr sorgfältig das Muster unseres Lebens untersuchen und die Neigung der Muster, sich zu wiederholen. Warum? Natürlich wegen des Zwangs, dem wir unterworfen sind. In gewisser Hinsicht ist das sehr einfach und in anderer Hinsicht ebenso kompliziert. Dann ist es möglich, den Zwang in etwas Kreatives und Nützliches umzuwandeln. Ich werde versuchen, dies zu erklären.

Nehmen wir zum Beispiel an, der Zwang lautet: »Ich muss das monopolisieren.« Das heißt, die Person fühlt sich gezwungen, in jeder Hinsicht im Mittelpunkt zu stehen, sei es in einer Unterhaltung oder sonst wo. Diese Person neigt offensichtlich dazu, in einer Führungsposition zu stehen oder im Geschäftsleben erfolgreich zu sein. Doch dann leidet er oder sie höchstwahrscheinlich unter gewaltigem emotionalem und nervlichem Stress, weil es unmöglich ist, die Führung in jeder Situation an sich zu reißen. Ebenso ist es, wenn der Zwang lautet: »Ich muss das kontrollieren.« Dann wird sich diese Person auf der negativen Seite des Pendelausschlages oft frustriert, verärgert oder deprimiert fühlen, weil es niemanden gibt, außer Gott, der alles kontrollieren kann. Doch es gibt Hoffnung. Im Verständnis dieser Ideen liegt wahre schöpferische Hoffnung.

Nehmen wir das erste Beispiel. »Ich muss das monopolisieren.« Wörter können unterbewusst geändert werden, nicht wahr? Wörter haben, wie wir alle wissen, eine große Macht. Sie können kreativ sein oder destruktiv und gefährlich. Immer, wenn wir »ich muss« sagen – es sei denn, wir sagen diese Worte bewusst –, sind wir sofort nicht mehr im gegenwärtigen Augenblick. Wenn wir »ich muss« sagen, projizieren wir uns selbst, unsere Ideen, unsere

Let us take the first example. Instead of "I must monopolise this" the words can be changed in the subconscious, can't they? Words are very powerful things, as we all know. They can be creative or they can be destructive and dangerous. Whenever we say "I must" – unless we say these words consciously – we are immediately out of the present moment. If we say "I must", we are projecting ourselves, our ideas, our ambitions et cetera into the future from the compulsion and the patterns of the past. On the other hand, if we take out the word "must" and put in another word instead, a totally new world can open for us. The word that we transpose from the original word needs to be invented by us, and no one else. We have to make it real for ourselves. It is no good someone coming and telling us what we can do with the space in the sentence when we take out the word "must". We have to find out the most creative way of making the best use of that sentence which has, at least in part, controlled our lives up to date. For example, we could say, "Now I *can* control this", but equally we could use another word, or words. "Now I *am able* to control this" is another example, or "I do not *need* to monopolise this any longer" or "I do not *need* to control this." You can work it out for yourselves.

In other words, I am suggesting that all of you who attend the groups and classes read this paper carefully, put it in your journal, contemplate on it. And then, when the time is right, work on the ideas that I have given you and see if you can make a very definite change in your lives, thus balancing the different aspects of your being. But do not forget to take exercise as well. And do not forget the devotional part of your lives, the study and the *dhikr.* Remember, God likes to hear your voice.

*"Three Things Are Made Worthy For Me In Your World; Women, Perfume and Prayer"**

In the first part of this paper, written from the desert of Arizona where I am on a very strict retreat for forty days, I talked about the word "compulsion" and how each of us come into incarnation with a definite compulsion. Leaving you with ideas to contemplate on, I suggested that you try to be strictly honest with yourselves and see if you could discover, either by yourselves or in small dis-

* The prophet Muhammad, peace and blessings be upon him.

Bestrebungen und so weiter in die Zukunft, aus dem Zwang und aus den Mustern der Vergangenheit heraus. Wenn wir dagegen das Wort »müssen« herausnehmen und ein anderes Wort einsetzen, kann sich uns eine völlig neue Welt auftun. Das Wort, das wir für das ursprüngliche Wort einsetzen, müssen wir selbst erfinden, und niemand sonst. Wir müssen es für uns selbst wahr machen. Es hilft nichts, wenn jemand kommt und uns sagt, was wir mit der Lücke im Satz machen sollen, wenn wir das Wort »müssen« herausnehmen. Wir müssen die kreativste Methode finden, um aus dem Satz, der zumindest teilweise unser Leben bis zu diesem Tag beherrscht hat, das Beste zu machen. Wir könnten beispielsweise sagen: »Jetzt *kann* ich das kontrollieren«, aber wir könnten ebenso gut ein anderes Wort oder andere Wörter benutzen. »Jetzt bin ich *fähig,* das zu kontrollieren«, ist ein weiteres Beispiel, oder: »Ich habe es *nicht nötig,* das zu monopolisieren« oder »ich *brauche* das *nicht* zu kontrollieren.« Ihr könnt das selbst herausfinden.

Mit anderen Worten, ich schlage vor, dass alle, die zu den Gruppen und Klassen gehen, diesen Text genau lesen, ihn zu ihren Aufzeichnungen legen und darüber kontemplieren. Wenn dann die Zeit gekommen ist, arbeitet ihr die Ideen aus, die ich euch gegeben habe, und schaut, ob ihr in eurem Leben eine entscheidende Änderung vornehmen und dadurch die verschiedenen Aspekte eures Wesens ins Gleichgewicht bringen könnt. Vergesst aber nicht, auch körperliche Übungen zu machen. Und vergesst den religiösen Teil eures Lebens, das Studium und den *Dhikr,* nicht. Erinnert euch: Gott hört eure Stimme gern.

«Drei Dinge sind Meiner würdig in eurer Welt:
Frauen, Parfüm und das Gebet« *

Im ersten Teil dieses Textes, der in der Wüste von Arizona geschrieben wird, wo ich mich in einer sehr strengen vierzigtägigen Klausur befinde, habe ich über das Wort »Zwang« gesprochen und darüber, wie jeder von uns mit einem ganz bestimmten Zwang inkarniert. Ich habe euch einige Ideen zur Kontemplation gegeben und vorgeschlagen, ihr sollt versuchen, euch selbst gegenüber völlig aufrichtig zu sein. Probiert allein oder in kleinen Diskussionsgruppen herauszufinden, was möglicherweise euer persönlicher

* Der Prophet Mohammed, Friede und Segen seien mit ihm.

cussion groups, what your own compulsion might be and how the pattern of your life and indeed of the lives of all of us, is directly influenced by this never-ending wheel of continuously repeating habits. I also wrote about how it is possible to change our lives by discovering, in that direct honesty, not only our own patterns stemming from compulsion, but also how to turn the words of the compulsion into something really positive, not for ourselves alone but for our relationship to life as a whole. Therefore this act of self-discovery is actually a direct way of service.

Balancing our own psychology is just one of the many things that we have to do in order to be "*hu*-man", that is, God-conscious. As I have so often said and as we are told every day, whether directly or from the signs in the outer world that confront us all the time, we are mostly asleep, daydreamers and sleepwalkers, though calling ourselves "conscious". It requires just a little honest effort to find out that this is true, although often we do not like to face the truth. It hurts and makes us thoroughly embarrassed, particularly when we eventually have to add up all our own mistakes in order to be able to give them to God. He will look after them in His own Time, but we have to make the list.

The saying of the Prophet that I have quoted here has remained a mystery for many people. I have heard some say that it obviously means that the Islamic world does not understand women, and ridiculous things like that. Such people fail to understand that the words themselves are spoken as though from God. It is the understanding of them in essence that we are going to approach in this paper, for in the true understanding of the meaning behind these words we may be able to free ourselves from many of the misunderstandings that have kept us in the prison cages of illusion for much of our lives. The understanding also goes a long way to help us wake up to our responsibility of being born man and woman, and to see the wonderful difference that God has made in creating us with the different sexes of male and female.

In the West, as far as my own personal experience is concerned, we seem to have lost so much through the guilt that sometimes stems out of merely looking at the form of Christianity rather than the essence, and the many and varied opinions as to the role of Jesus. Those of you who have worked with me for a while are surely beginning to understand the Line of the Prophets, and the Seal of the Prophets, as well as the Seal of Sanctity as seen in Jesus

Zwang ist, wie das Muster eures Lebens, und in der Tat unser aller Leben, unmittelbar von diesem endlosen Rad sich ständig wiederholender Gewohnheiten beeinflusst wird. Und wie wir fähig werden könnten, unser Leben zu verändern, indem wir durch diese uneingeschränkte Aufrichtigkeit nicht nur unsere eigenen Muster entdecken, die von einem Zwang herrühren, sondern auch, wie wir die Worte dieses Zwangs in etwas wahrhaft Positives umwandeln können, nicht nur uns zuliebe, sondern auch für unsere Beziehung zum Leben überhaupt. Darum ist dieser Prozess der Selbstentdeckung in Wirklichkeit eine unmittelbare Art des Dienens.

Unsere Psychologie ins Gleichgewicht zu bringen, ist lediglich eines von vielen Dingen, die wir tun müssen, um »*hu*-man«, das heißt Gott-bewusst, zu sein. Wie ich oft gesagt habe und wie es uns Tag für Tag gezeigt wird, sei es direkt oder durch die Zeichen der äußeren Welt, mit denen wir ständig konfrontiert werden, sind wir meistens im Schlafzustand, sind Tagträumer und Schlafwandler, obwohl wir uns »bewusst« nennen. Es bedarf nur ein wenig ehrlicher Bemühung, um herauszufinden, dass dies stimmt, obwohl wir der Wahrheit oft nicht gern ins Gesicht sehen. Es tut weh und bringt uns in tiefste Verlegenheit, vor allem wenn wir schließlich alle unsere Fehler zusammenzählen müssen, um sie Gott übergeben zu können. Er wird Sich ihrer in Seiner Zeit annehmen, aber die Liste müssen wir machen.

Das Wort des Propheten, das ich hier zitiert habe, ist vielen ein Geheimnis geblieben. Einige hörte ich sagen, es bedeute offensichtlich, dass die islamische Welt die Frauen nicht verstehe, und andere lächerliche Dinge. Solche Menschen begreifen nicht, dass diese Worte als wie von Gott gesprochen sind. In diesem Text wollen wir versuchen, ihre Essenz zu verstehen, denn durch das wahre Verständnis der Bedeutung hinter diesen Worten werden wir uns vielleicht von vielen Missverständnissen befreien können, die uns einen großen Teil unseres Lebens im Käfig der Illusionen gefangengehalten haben. Dieses Verständnis wird auch dazu beitragen, uns aufzuwecken für unsere Verantwortung, als Mann und Frau geboren zu sein, und uns den wunderbaren Unterschied sehen zu lassen, den Gott gemacht hat, indem Er uns mit männlichem und weiblichem Geschlecht erschuf.

Nach meiner persönlichen Erfahrung scheinen wir im Westen so viel durch die Schuld verloren zu haben, die oft darauf beruht, dass man nur auf die Form und nicht auf die Essenz des Christen-

Christ. It is possible that the true understanding of the resurrected Christ may be beginning to dawn in your hearts and in your consciousness ("consciousness" I define in my book *The Alchemy of the Heart* as "the reaction of active intelligence to pattern"), in the knowledge that everything is within each one of us, just waiting to be discovered, recognised and then brought back into the light once again.

Let us look at these words once more and see how this understanding may help us. First of all we need to remember that nothing happens by chance. I heard it said recently that "synchronicity is God's Camouflage". So when He said, "Three things are made worthy for Me in your world", we need to note that the number is *three,* and not two or five. Why? Because three is the first number. One is not a number, it is a unit. Two is not a number, it is the doubling of one. Three – the Trinity, the Trimurti, the triad – is the first *number,* that is, the first number that can have any effect in our world. "The One creates the two, the two the three, and the three the ten thousand things" (from the *Tao Te Ching*).

Let me deviate just for a little to tell you a story about synchronicity. You know, I love stories. On this retreat I do at least three hours of yoga a day as well as study and meditation, and your old friend Reshad is not the most gymnastic of people. Three hours of *very* strenuous yoga and breathing is a lot for me, but luckily there is a chiropractic doctor up the road who keeps my back and my bones in order. However, he does not do any adjustments. He just stands there and touches you in certain places, and the bones go back of their own accord. He has very beautiful eyes, is small, thin and quiet, and a little bit of a mystery. I finally asked him what he really did. "O", he said, "I just stand up here and love you." We made eye to eye contact for a moment and both of us knew that we had met for a reason, and my very stiff and sore body was merely the visiting card to something else. Did I not say in one of my books, "Pain is the visiting card to yourself"?

Yesterday I went back for another treatment and the doctor was very excited. "Look, Reshad," he said, holding out a piece of paper. On it was written the name of another doctor and also the name of a book and the author whom I don't remember. The story is this: My doctor, tired himself from a twenty-four hours car journey across the country, had gone to his doctor for a treatment the day before. Whilst waiting he picked up this book. He thumbed

tums schaut und darauf, dass es so viele verschiedene Meinungen über die Rolle von Jesus gibt. Diejenigen von euch, die schon eine Weile mit mir zusammenarbeiten, beginnen sicher, die Linie der Propheten zu verstehen und das Siegel der Propheten sowie das Siegel der Heiligkeit, das in Jesus Christus gesehen wird. Möglicherweise beginnt das wahre Verständnis des auferstandenen Christus in eurem Herzen und eurem Bewusstsein zu erwachen (in meinem Buch *Die Alchemie des Herzens* definiere ich »Bewusstsein« als »die Reaktion der aktiven Intelligenz auf Muster«), im Wissen darum, dass alles in jedem Einzelnen von uns liegt und nur darauf wartet, entdeckt und erkannt und dann wieder ins Licht zurückgebracht zu werden.

Lasst uns das Zitat noch einmal betrachten und herausfinden, wie uns das Verständnis dieser Worte helfen könnte. Zuerst müssen wir uns daran erinnern, dass nichts zufällig geschieht. Ich habe vor kurzem den Ausspruch gehört: »Synchronizität ist Gottes Tarnung.« Wenn Er also sagte: »Drei Dinge sind Meiner würdig in eurer Welt,« müssen wir beachten, dass die Zahl *drei* lautet, und nicht zwei oder fünf. Warum? Weil drei die erste Zahl ist. Eins ist keine Zahl, es ist eine Einheit. Zwei ist keine Zahl, es ist die Verdoppelung von eins. Drei – die Trinität, die Trimurti, die Triade – ist die erste *Zahl,* das heißt, die erste Zahl, die in unserer Welt irgendeine Wirkung haben kann. »Das Eine erzeugt die Zwei, die Zwei die Drei, und die Drei die zehntausend Dinge« (aus dem *Tao Te King*).

Erlaubt mir, einen Augenblick etwas weiter auszuholen und euch eine Geschichte über Synchronizität zu erzählen. Ihr wisst, ich liebe Geschichten. In dieser Klausur praktiziere ich neben Studium und Meditation täglich drei Stunden Yoga, und euer alter Freund Reshad ist nicht gerade der Gelenkigste. Drei Stunden *sehr* anstrengendes Yoga und Atmen sind viel für mich, aber glücklicherweise gibt es einen Chiropraktiker ganz in der Nähe, der meinen Rücken und meine Knochen in Ordnung hält. Allerdings renkt er nichts ein. Er steht einfach da, berührt dich an bestimmten Stellen, und die Knochen rücken von selbst wieder an ihren Platz. Er hat sehr schöne Augen, ist klein und dünn und ruhig und ein bisschen geheimnisvoll. Ich fragte ihn schließlich, was er nun wirklich mache. »Oh«, sagte er, »ich stehe einfach hier und liebe Sie.« Wir sahen uns einen Moment in die Augen und wussten beide, dass wir uns aus einem bestimmten Grund begegnet waren

und dass mein überaus steifer und schmerzender Körper nur die Visitenkarte für etwas anderes war. Habe ich nicht in einem meiner Bücher gesagt: »Der Schmerz ist die Visitenkarte zu dir selbst«?

Gestern ging ich wieder zu einer Behandlung. Der Arzt war sehr aufgeregt. »Sehen Sie, Reshad«, sagte er und hielt mir ein Stück Papier entgegen. Darauf stand der Name eines anderen Arztes sowie ein Buchtitel und der Name des Verfassers, an den ich mich momentan nicht erinnere. Die Geschichte dazu geht so: Mein Arzt, selbst von einer vierundzwanzigstündigen Autofahrt quer durch das Land ermüdet, hatte am Tag zuvor seinen eigenen Arzt zu einer Behandlung aufgesucht. Im Wartezimmer fand er dieses Buch. Er blätterte es durch und es erschien ihm irgendwie interessant. Dann schloss er die Augen und schlug es nach dem Zufallsprinzip auf. Das Buch öffnete sich auf einer Seite, die mit den Worten begann: »Wie Dr. Reshad Feild in seinem Buch *Wissen, dass wir geliebt sind* sagt…« worauf ein längeres Zitat folgte. Nun, das ist Synchronizität und Gottes Tarnung! Wir fragen uns beide, warum wir einander begegnet sind. Ich bete darum, dass wir es in Gottes guter Zeit herausfinden werden.

Doch jetzt zurück zu diesem Text. Der Prophet sagte auch »eure« Welt, und das zeigt uns, dass Er uns diesen Planeten gibt, damit wir darauf leben, aber auch, damit wir dessen Hüter sind. Es *gibt* einen gewissen Grad an freiem Willen in dieser Welt, aber sehen wir uns doch an, was wir damit gemacht haben. Es ist nicht nötig, ein weiteres Mal auf den völligen Zerfall hinzuweisen, den wir um uns herum sehen, angefangen bei der Ökologie des Planeten bis hin zur Verschmutzung des unterbewussten Teils des Menschen, durch die wir tiefer und tiefer im Schlamm der Illusion versinken. Wann werden wir aufwachen, um unsere wahre Verantwortung und damit die Verantwortung gegenüber unseren Kindern und Kindeskindern zu erkennen? Für einen Großteil der Menschheit ist es vielleicht schon zu spät, aber das bedeutet umso mehr, dass wir aufgefordert sind, an uns selbst, an unserer Psychologie zu arbeiten. Es heißt, dass wir, wenn wir wirklich bewusst werden, die Heiler von Vergangenheit und Zukunft sind, für Hunderte von Jahren vor unserer Geburt und für eine gleiche Anzahl unmanifestierter Jahre, die potentiell in der Zukunft existieren, für den »Zug aus der Zukunft«, der darauf wartet, dass der Zugführer das Signal zur Einfahrt geben kann. Das geschieht erst dann, wenn wir bereit sind, die direkte Verantwortung für unser

through it and found it somewhat interesting. Then he closed his eyes and opened the book at random, "cutting it", as we say. The book opened to a page which started, "As Dr. Reshad Feild says in his book *The Invisible Way...*" followed by a long quote. Now that is synchronicity, and God's Camouflage! Both of us wonder why we have met. I pray we will find out in God's good Time.

But now back to this paper. The Prophet also said "your world", and this shows us that He gives us this planet to live on but also to be custodians of. There *is* a certain degree of free choice in this world, but just look at what we have done with it. It is not necessary to repeat, one more time, the total disintegration we see all around us, from the ecology of the planet itself to the pollution of the subconscious part of man as we step deeper into the mud of illusion. When will we wake up to realise our true responsibility and therefore that to our children and our children's children? It may already be too late for a large majority of the human race. But that means, even more, that we are asked to work on ourselves, on our own psychology. It is said that when we become truly conscious we are the healers of both the past and the future, for hundreds of years that came before our birth and an equal number of unmanifested years that exist potentially in the future, «the train of the future» waiting to come in when the whistle can be blown by the train driver. That happens only when we are ready to take direct responsibility for our lives and then the lives of others who call out for help.

The next word in the sentence is the word "women". I wonder if you have ever stopped to realise just how simple this understanding is, whether you are born men or women. It really *is* simple. You see, all of us come from the womb of the mother. In this realisation we can see that woman knows everything at once and man one thing at a time. That is why the functions of man and woman are so different, and why the understanding of the Divine Mother – and it doesn't matter which religion or spiritual background we come from – is so important. Without this understanding, this very deep respect for woman and her role in the cosmic scale of things, we can never get our own psychology balanced and we will always over-compensate. Since one of His Most Holy Names is *al-Alim,* the All-Knower, it would be truly impossible to help manifest this Name if we did not remember that each one of us came from woman. Therefore she is to be loved and respected, just as

Leben zu übernehmen und anschließend für das Leben anderer, die um Hilfe rufen.

Das nächste Wort in dem Satz ist das Wort »Frauen«. Ich frage mich, ob ihr jemals innegehalten habt, um zu erkennen, wie einfach dies zu verstehen ist, ob ihr nun als Männer oder Frauen geboren seid. Es *ist* wirklich einfach. Seht, wir alle kommen aus dem Mutterschoß. In dieser Erkenntnis können wir verstehen, dass die Frau alles gleichzeitig weiß und der Mann jeweils nur eine Sache auf einmal. Aus diesem Grund sind die Funktionen von Mann und Frau so verschieden, und darum ist das Verständnis der Göttlichen Mutter so wichtig – unabhängig davon, welchen religiösen oder spirituellen Hintergrund wir haben. Ohne dieses Verständnis, ohne diesen ganz tiefen Respekt für die Frau und ihre Rolle auf der kosmischen Skala der Dinge, können wir niemals unsere persönliche Psychologie ins Gleichgewicht bringen und werden immer überkompensieren. Da einer Seiner Heiligen Namen *al-Alim,* der All-Wissende, lautet, wäre es einfach unmöglich, diesen Namen manifestieren zu helfen, wenn wir uns nicht daran erinnerten, dass jeder Einzelne von uns von der Frau kommt. Deshalb müssen wir sie lieben und respektieren, genauso wie es ihre Funktion ist, uns aufzuwecken und zu erinnern, wenn wir vergessen. Das ist nur eine ihrer Rollen und Funktionen. Wir Männer vergessen dies manchmal und lassen uns nicht gern erinnern.

Jetzt können wir vielleicht sehen, warum der Prophet das Wort »würdig« verwendete. Um des Wissens von Gott würdig zu sein – und an dieser Stelle müssen wir uns daran erinnern, dass es Wissen ist, das Liebe verankert, und dass Liebe ohne Wissen nicht genügt –, ist es offensichtlich nötig, uns zu erinnern, woher wir gekommen sind. Manche Menschen tragen sogar ein kleines Stück Lehm bei sich, das sie neben sich legen, wenn sie zu Gott, zu Allah, beten, einfach um sie an ihren bescheidenen Ursprung zu erinnern. Im Koran wird auch gesagt: »Ich war, als Adam noch zwischen Wasser und Lehm war.«

Was ist hier die Bedeutung des Wortes »Parfüm«? Wieder ist es so einfach, aber ich erinnere mich auch, dass mein geliebter Lehrer mir einmal in einer seiner sehr frustrierten Stimmungen sagte, als Reshad wahrscheinlich wiedermal nicht richtig zugehört hatte: »Du *weißt* nichts wirklich, außer es wird dir gesagt.« Wir können etwas intuitiv erfassen, aber um es zu wissen – erinnern wir uns daran, dass alles Wissen schon in uns ist –, müssen wir das Neue

she, in her function as a woman, needs to wake us up, to remind us when we forget. That is just one of her roles and functions. Sometimes we men forget and don't like to be reminded.

Now perhaps we can see why the Prophet used the word "worthy". To be worthy of the Knowledge of God – and we need to remember here that it is knowledge that anchors love, and love without knowledge is not enough – it is obviously necessary that we remember where we came from. Some people even carry a little block of clay with them, so that they lay it beside them when they pray to God, to Allah, just to remind them of their humble beginnings. It is also said in the Koran, "I was when Adam was still between water and clay."

What is the meaning here of the word "perfume"? Again it is so simple, but I also recollect how my beloved teacher once said to me in one of his very frustrated moods, when Reshad was probably not listening correctly, "You don't actually *know* anything unless you are told it.» We can intuit something, but to know it – remembering that all knowledge is already within us – we need to actually hear the news from a human being to confirm the intuition.

Perfume is an emanation, and emanation comes from the degree of vibration in anyone moment. If we vibrate at the correct rate, there is a good emanation in the room. There is no more disharmony or discordant sounds. Even thoughts are starting to be happy to return home to light. Peace prevails. The atmosphere is nice. It is good to be in such a room. We have all experienced this in one degree or another. There is a good smell about. Life is sweet and full of His Beauty. But if there are bad and negative thoughts, if there is no control over the lower aspects of our ego, our *nafs,* then there is a bad feeling in the room. There is a sense of discord, arguments arise, and harmony and beauty fly out the window. It is not a pleasant situation. But there *can* be a fine perfume that we can actually sense and smell.

I remember once when a great spiritual teacher from Turkey was staying with us in Los Angeles there was just such an experience. Many people were coming to meet him, from early in the morning until late at night. We had a small and humble community house and so everything surely did have to be kept very clean. But that is not new for us in this school. The strange thing was that not one but several of the visitors, who were walking up the hill from the bus stop or where the cars had to be parked, kept smelling

tatsächlich von einem Menschen hören, damit die Intuition bestätigt wird.

Parfüm ist eine Emanation, und Emanationen beruhen auf dem Grad der Schwingungen eines jeden Moments. Wenn wir die richtige Schwingung haben, herrscht eine gute Emanation im Raum. Es gibt keine Disharmonie oder Misstöne mehr. Sogar die Gedanken beginnen sich zu freuen, ins Licht heimzukehren. Es herrscht Friede. Die Atmosphäre ist angenehm. Es tut uns gut, uns in einem solchen Raum aufzuhalten. Wir alle haben das schon auf die eine oder andere Art erfahren. Es riecht gut. Das Leben ist süß und voll von Seiner Schönheit. Doch wenn schlechte oder negative Gedanken vorhanden sind und es keine Kontrolle über die niederen Aspekte unseres Egos, unserer *nafs,* gibt, dann herrscht eine schlechte Stimmung im Raum. Es entsteht ein Gefühl der Uneinigkeit, es kommt zu Streit, und Harmonie und Schönheit fliegen zum Fenster hinaus. Die Situation ist nicht angenehm. Aber es *kann* ein feines Parfüm da sein, das wir tatsächlich spüren und riechen können.

Ich erinnere mich an eine solche Erfahrung, als einmal ein großer spiritueller Lehrer aus der Türkei bei uns in Los Angeles zu Besuch war. Viele Menschen kamen von früh morgens bis spät in die Nacht, um ihm zu begegnen. Wir hatten ein kleines, bescheidenes Gemeinschaftszentrum, und so musste natürlich alles sehr sauber gehalten werden. Aber das ist ja nichts Neues für uns in dieser Schule. Das Bemerkenswerte war, dass nicht nur einer, sondern viele der Besucher, die von der Bushaltestelle oder von ihrem Parkplatz her den Hügel heraufkamen, den Duft von Rosen wahrnahmen. Ich wurde gefragt, ob ich die Leute mit Spraydosen auf die Straße schicke. »Natürlich nicht!«, sagte ich, aber der Duft war real. Wir konnten alle das Parfüm riechen, nicht nur im Haus (und das kam nicht vom Reinigen mit Rosenwasser), sondern die ganze Straße entlang. Wir hatten etwas getan, das Gottes würdig war. Wir hatten bewusst geatmet. Wir liebten das Leben. Vielleicht waren wir sogar ein wenig bewusst. Die Emanation von der Ebene liebevoller Schwingungen manifestierte sich dieses Mal als Rosenduft.

Das letzte Wort ist »Gebet«. Gott betet gewissermaßen die ganze Zeit für uns. Er *weiß,* Er ist der All-Sehende und der All-Hörende. Es gibt kein Haar auf unserem Kopf, das nicht »gezählt« wäre, wie es in der Bibel heißt. Es gibt kein Entkommen mit den verschiedenen Graden unserer Unaufrichtigkeit. So sehr wir uns

the perfume of roses. I was asked if I was sending people down the road with an aerosol spray. "Of course not!" I said, but indeed it was real. We could all smell the perfume, not only in the house (and that wasn't from washing with rose water) but right down the street. We had done something worthy for God. We had breathed consciously. We were in love with life. We might even have been a little conscious. The emanation from the level of loving vibrations manifested, this time, as the perfume of roses.

"Prayer" is the last word. God, as it were, prays for us all the time. He *knows,* and He is the All-Seeing and the All-Hearing. There is not a hair on our heads that is not "numbered", as it says in the Bible. There is no getting away with our own varying degrees of dishonesty. However hard we might try to cover up our own faults and our own weaknesses, they are all known and, as I said earlier on in the paper, there will come a day for all of us which can be called "the Day of Reckoning". That is when we really get on our knees and pray, that is when we know the meaning of repentance. And then, at last, we can know the meaning of those wonderful words so often quoted in the holy Koran, "Indeed, He is all-forgiving, ever-merciful."

It is our obligation to pray, knowing our total dependence on God. That is good psychology, and saves a lot of money in the therapists' offices. Sooner or later we are all brought to our knees. Prayer is *worthy* because it is in prayer that He can hear our innermost yearnings. "Seek and ye shall find; knock and it shall be opened unto you." It is the Promise of God to us, and therefore we need to feel worthy to know Him as He wants to be known. Thus we are asked to pray to Him as though we can see Him, and if we cannot see Him then we pray anyway! One day we may meet Him face to face. There will be nothing in-between. Our psychology and our inner ecology will be working in harmony with the Spirit in the Light of God. Then we will *know* what to do at anyone moment of time in this world of ours.

As I come to the end of this part, let me just explain, once more, that if we can understand these three things that I have spoken about, a whole new and exciting world of responsibility will open up to us. Our relationships can change. The functions of man and woman and what God wants of us in the different roles of the sexes can be seen and, with hard inner work and good communication in total honesty, both with ourselves and with our partners and

auch bemühen, unsere Fehler und unsere Schwächen zu verdecken, sie sind alle bekannt, und wie ich in diesem Text schon früher gesagt habe, wird für uns alle ein Tag kommen, den man den »Jüngsten Tag« nennen kann. Das ist der Tag, an dem wir wirklich auf die Knie fallen und beten. Dann werden wir wissen, was Reue heißt, und dann endlich können wir die Bedeutung jener wunderbaren Worte verstehen, die so oft im heiligen Koran zitiert werden: »Wahrlich, Er ist allvergebend, ewig barmherzig.«

Es ist unsere Pflicht zu beten, im Wissen um unsere völlige Abhängigkeit von Gott. Das ist gute Psychologie und erspart viel Geld für Therapeuten. Früher oder später werden wir alle auf die Knie gezwungen. Das Gebet ist *würdig,* weil Er im Gebet unsere innersten Sehnsüchte vernehmen kann. »Suchet, so werdet ihr finden; klopfet an, so wird euch aufgetan.« Dies ist es, was Gott uns versprochen hat, und daher müssen wir uns würdig fühlen, Ihn so zu erkennen, wie Er erkannt werden will. Darum sollen wir so zu Ihm beten, als ob wir Ihn sehen könnten, und auch wenn wir Ihn nicht sehen können, dann beten wir trotzdem! Eines Tages werden wir Ihm vielleicht von Angesicht zu Angesicht begegnen. Es wird nichts mehr dazwischen stehen. Unsere Psychologie und unsere innere Ökologie werden im Einklang mit dem Geist im Lichte Gottes sein. Dann werden wir *wissen,* was wir in jedem einzelnen Augenblick der Zeit hier in unserer Welt zu tun haben.

Lasst mich zum Schluss dieses Teils noch einmal erklären, dass sich uns, wenn wir diese drei Dinge, von denen ich gesprochen habe, verstehen können, eine völlig neue und aufregende Welt der Verantwortung eröffnen wird. Unsere Beziehungen können sich verändern. Wir sehen die Funktionen von Mann und Frau und was Gott von uns durch die verschiedenen Rollen der Geschlechter will. Durch harte innere Arbeit und durch gute Kommunikation in völliger Aufrichtigkeit uns selbst und unseren Partnern und Freunden gegenüber können wir beginnen, eine schöne Schwingung aufzubauen, die das Parfüm Seiner Liebe verströmen kann, wo immer wir hingehen. »Wo auch immer du stehst, ist heiliger Boden.« Schließlich können wir sogar unsere nunmehr gesunden und ausgeglichenen Körper dem Einen Schöpfer von Allem, Gott, Allah, als eigentliches Gebet darbringen. Wir können uns Ihm zuwenden, und mit jeder Drehung sagen wir: »Nimm diesen meinen Körper im Gebet. Mache mit mir, was immer Du willst, und ich werde immer dankbar sein. Ich habe mein Bestes getan, mein

friends, we can start to build a beautiful vibration that can emanate the perfume of His Love wherever we go. "Whereso'ever ye stand, that is holy ground." Finally we can even be able to offer up our own bodies, now balanced and healthy, to the One Creator of all, to God, to Allah, as prayer itself. We can turn to Him, and with each turn we can say, "Take this my body in prayer. Do with me whatever You will and I will remain ever grateful. I have done my best to distil my life to be worthy of Your Love, for love is the cause, and love is its own effect and, finally, love is the cause of all creation. So take my body. It is Thine, as it always was, but I just did not know it before. Thus I will live in You as You have lived in me. Amen."

Loyalty and Commitment –
"He is Both the Name and the Named"

To weave a magic carpet out of ideas is one of the methods of teaching that the Sufis have always used. The magic carpet is to fly on, to keep us reaching out, higher and higher, beyond the limitations of the phenomenal world, this world of *appearances,* to what is sometimes called "the real world". The patterns in the carpet contain many hidden treasures for the seeker after truth. Even the colours contain hidden meanings for those who have opened the door into the unknown. And yet, always hidden in the rug or the carpet is a consciously made flaw, an apparent mistake in the design. This signifies that we are merely human, and thus are not yet perfect.

However, a magic carpet does not work by itself. We could go to a wise man who we have heard indeed does have such a magic carpet, but if we expect that we merely need to sit on it to fly away into the real world, we will be sadly mistaken. The rug or the carpet will remain firmly on the floor where we find it. It will not move and it will make no difference precisely where we sit. We can try the middle or any of the four corners, attempt many different angles and orientate this way or that, but the carpet will not move, however beautifully it is made, without the efforts we have to make on our part to unravel the mysteries that are woven into the subtle patterns that we see before us.

Throughout history we can see how, at times when there is a decaying of the essence of truth, certain essential knowledge remains

Leben zu destillieren, um Deiner Liebe würdig zu sein, denn Liebe ist die Ursache, und Liebe ist ihre eigene Wirkung, und letzten Endes ist Liebe die Ursache aller Schöpfung. So nimm meinen Körper. Er ist Dein, wie er es immer war, nur dass ich es vorher nicht gewusst habe. Und so werde ich in Dir leben, wie Du in mir gelebt hast. Amen.«

Loyalität und Verpflichtung – »Er ist beides, der Name und der Genannte«

Einen Zauberteppich aus Ideen zu weben, ist eine der Lehrmethoden, welche die Sufis seit jeher angewendet haben. Der Zauberteppich ist da, um darauf zu fliegen und uns höher und höher streben zu lassen, über die Begrenzungen dieser Welt der *Erscheinungen* hinaus, hin zu dem, was manchmal die »wirkliche Welt« genannt wird. Die Muster des Teppichs enthalten viele verborgene Schätze für den nach Wahrheit Suchenden. Selbst die Farben haben einen verborgenen Sinn für diejenigen, die das Tor zum Unbekannten geöffnet haben. Und doch wird in allen Teppichen bewusst ein Makel versteckt, ein scheinbarer Fehler im Muster, zum Zeichen dafür, dass wir Menschen sind und daher noch nicht vollkommen.

Aber ein Zauberteppich fliegt nicht von selbst. Wir könnten zu einem Weisen gehen, von dem wir gehört haben, dass er tatsächlich einen solchen Zauberteppich besitze, doch befinden wir uns in einem traurigen Irrtum, wenn wir erwarten, dass wir uns nur darauf zu setzen brauchen, um in die wirkliche Welt zu fliegen. Der Teppich wird fest am Boden bleiben, dort, wo wir ihn finden. Er wird sich nicht von der Stelle rühren, und es spielt auch keine Rolle, wo wir sitzen. Wir können die Mitte oder eine der vier Ecken ausprobieren, verschiedene Winkel und Richtungen versuchen, doch auch der schönste Teppich wird sich nicht bewegen, wenn wir nicht die notwendigen Anstrengungen unternehmen, die Mysterien zu enthüllen, welche in die feinen Muster eingewoben sind, die wir vor uns sehen.

Wir können erkennen, dass im Verlauf der Geschichte, in Zeiten, wo die Essenz der Wahrheit zu zerfallen beginnt, ein bestimmtes essentielles Wissen für die nächsten Generationen verborgen bleibt, um erst wiederentdeckt zu werden, wenn die Welt wieder zur Ruhe gekommen ist und die Suchenden sich nicht

hidden for the next generations, to be found again when the world has calmed down perhaps, and when the seekers are no more satisfied with the watered-down, second-hand versions of the truth itself. We can see all around us, as we draw to the end of this millennium, that there are the signs of just such a decay. Everywhere in the United States and in Europe there is an army of seekers. But how can they know what the truth is and where they can obtain the real food for the growth of their eternal beings and the liberation of their souls? The "spiritual supermarket" era is with us, in the same way as what I call the "dinosaur" big-business approach that controls most of our everyday lives. The huge corporations, just like dinosaurs, munch up vast areas of small businesses. And families who have worked so hard and long to build them up in a decent way are split apart even while cities grow up around them. Yet, just as it has happened before, these vast animals will also become extinct and, one day, will be rediscovered as buried fossils or petrified bones under the earth. That is the way cycles go in this world, but not the way of eternal truth, which goes on forever.

In our inner pain and confusion it is difficult to remember that it is indeed necessary that we work not only for ourselves, but also for our children and our children's children. Yet we might ask how on earth can we be of use to the generations to come when we cannot even get our own acts together. We see the world around us collapsing like cardboard houses. Relationships come and go, rather like the seasons, and the knot of Samsara draws tighter and tighter around our necks. On the surface it seems impossible that we can make any real difference, with wars humming a tune on each morning's dawn and our pockets becoming emptier and emptier as the dinosaurs eat their way through our savings. In the western culture, without insurance we are in real trouble. If, for example, we become ill and need medical help, where do we go, to whom do we turn? At the same time, if we take our insurance policies, we are paying for the result of the greed of the past generations, the ecological waste and the total lack of wisdom that seems to prevail amongst the so-called leaders of our various countries.

There *is* a way in which we can consciously participate in the reciprocal maintenance of the planet, now and for the future generations to come. It is said in our tradition, and indeed in all real paths, that not only is the past redeemed through the present moment by conscious human beings, bur the as-yet unborn future is

mehr mit den verwässerten und abgenutzten Versionen der Wahrheit zufriedengeben. Während wir uns dem Ende dieses Jahrtausends nähern, können wir um uns herum die Zeichen eines solchen Zerfalls beobachten. Überall in den Vereinigten Staaten und in Europa gibt es eine Armee von Suchenden. Doch wie können sie wissen, was die Wahrheit ist und wo sie die richtige Nahrung für das Wachstum ihres ewigen Wesens und die Befreiung ihrer Seele erhalten können? Wir leben in der Ära des »spirituellen Supermarkts«, und unser Alltag wird weitgehend geprägt von der, wie ich sie nenne, Dinosaurier-Big-Business-Mentalität. Wie Dinosaurier verschlingen die großen Konzerne ganze Zweige kleinerer Unternehmen, und so werden Familien auseinandergerissen, die sehr lange, hart und redlich an deren Aufbau gearbeitet haben, während zur gleichen Zeit um sie herum Städte in die Höhe schießen. Doch wie in der Vergangenheit werden diese riesigen Tiere einmal aussterben und eines Tages als Fossilien oder versteinerte Knochen unter der Erde wiedergefunden werden. Auf diese Weise vergehen die Zyklen dieser Welt, doch die ewige Wahrheit bleibt für immer bestehen.

In unserem inneren Schmerz und unserer Verwirrung ist es schwierig, sich daran zu erinnern, dass es wirklich notwendig ist, nicht nur für uns selbst, sondern auch für unsere Kinder und Kindeskinder zu arbeiten. Vielleicht fragen wir uns, wie um alles in der Welt wir den künftigen Generationen nützlich sein können, wenn wir nicht einmal imstande sind, unsere eigenen Angelegenheiten in den Griff zu kriegen. Wir sehen die Welt um uns herum wie ein Kartenhaus einstürzen. Beziehungen kommen und gehen fast wie die Jahreszeiten, und die Schlingen des Knoten des Samsara ziehen sich immer enger um unseren Hals. Oberflächlich gesehen scheint es unmöglich, etwas wirklich verändern zu können, solange jeden Morgen neues Kriegsgetöse anhebt und unsere Taschen immer leerer werden, weil die Dinosaurier unsere Ersparnisse auffressen. In der westlichen Kultur sind wir ohne Versicherungen in großen Schwierigkeiten. Wenn wir zum Beispiel krank werden und ärztliche Hilfe brauchen, wohin gehen wir, an wen können wir uns wenden? Andererseits zahlen wir, wenn wir Versicherungen abschließen, für die Folgen der Gier vergangener Generationen, für die ökologische Vergeudung und den völligen Mangel an Wissen, der bei den so genannten Führern der verschiedenen Staaten vorzuherrschen scheint.

also effected. It is in the present moment that we can unravel the secrets that are woven into the patterns of the magic carpet. But what a responsibility this is! This morning I picked up a little book at random and read these words by Dr. Herb Puryear, "When any individual makes a change, God has to re-programme the universe…" With this understanding we can see just how important it is that we make a real change in our lives rather than repeating the same old worn-our patterns. Patterns which emerge from the subconscious, patterns of pain and the results of judging others and situations we could not understand in the past, patterns made our of perhaps being wrongly raised by our parents, riddled and contaminated by their expectations for us and their own unfulfilled desires, patterns coming from child-abuse, cruelty, lies and exaggerations that have clouded the sun of our lives. We search for real change, and not the appearance of change, as I have told you both individually and collectively, and also mentioned so often in my books and papers.

When karma starts to decay, i.e. the Divine Laws are forgotten, there is an inevitable regression into decadence and thus the end of the epoch of history. Those people who know something of the truth find it necessary to hide that truth in various ways for the real seekers to find. And find it they will, since destiny will enter anyone's life if he or she becomes *totally* committed to the truth itself. When we are no more content with the branches of the tree, however attractive they may be and however beautiful the arrangements we can make out of them with the other plants and flowers we see around us in this world of appearances, and when we dedicate ourselves, once and for all, to real change, then we are truly open to be guided along the straight way, the Way of Love, Compassion and Service.

"When ye pray, pray with your hands," we are told. This means that we are asked to pray with *both* hands, and not leave one of them holding on to the special secrets we have carried for so long and which we do not want to surrender. When we pray we are asked by God to surrender, to literally surrender *all* of the past, so that He can be free to awaken the inner guide, and the inner light, no more clouded by the past or smelling of the fear that is generated by holding on. There are two gates; we can choose either of them. One leads us back into the repetitive patterns of the past, sweet as they may seem in the beginning, and the other gate leads

Aber es *gibt* einen Weg, wie wir an der wechselseitigen Erhaltung des Planeten teilnehmen können, jetzt und für die kommenden Generationen. In unserer Tradition – wie auf allen wirklichen Wegen – wird gesagt, dass von bewussten Menschen nicht nur die Vergangenheit durch den gegenwärtigen Augenblick erlöst wird, sondern dass auch die noch ungeborene Zukunft berührt wird. Im gegenwärtigen Augenblick können wir die Geheimnisse entschlüsseln, die in das Muster des Zauberteppichs eingewebt sind. Doch was für eine Verantwortung liegt darin! Heute morgen nahm ich nach dem Zufallsprinzip ein kleines Buch zur Hand und las die folgenden Worte von Dr. Herb Puryear: »Wenn ein einziger Mensch etwas verändert, muss Gott das Universum umprogrammieren…« Durch dieses Verständnis können wir erkennen, wie wichtig es ist, in unserem Leben wirklich etwas zu verändern, anstatt die alten, ausgeleierten Muster zu wiederholen, die aus dem Unterbewussten auftauchen. Es sind Muster des Schmerzes, Folgen unseres Urteilens über andere Menschen und Situationen, die wir in der Vergangenheit nicht verstehen konnten, Muster, die darauf beruhen, dass wir vielleicht von unseren Eltern falsch erzogen wurden, dass wir verstört und vergiftet sind von ihren Erwartungen an uns und ihren eigenen unerfüllten Wünschen, Mustern, die auf Kindsmisshandlung zurückgehen, auf Grausamkeit, Lügen und Übertreibungen, welche die Sonne unseres Lebens verdunkelt haben. Wir suchen nach wirklicher, nicht nach scheinbarer Veränderung, wie ich in meinen Gesprächen mit euch, individuell und in der Gruppe, und auch so häufig in meinen Büchern und Texten angesprochen habe.

Wenn das Karma zu zerfallen beginnt, das heißt, wenn die Göttlichen Gesetze vergessen werden, kommt es zu einem unvermeidlichen Rückfall in die Dekadenz und damit zum Ende einer historischen Epoche. Diejenigen Menschen, die etwas von der Wahrheit wissen, halten es für notwendig, diese Wahrheit auf unterschiedliche Weise zu verbergen, damit sie von den wahren Suchenden gefunden wird. Und sie werden sie finden, denn die Bestimmung tritt in jedermanns Leben ein, wenn er oder sie sich der Wahrheit *völlig* verpflichtet. Wenn uns die Äste des Baumes nicht mehr genügen, egal wie anziehend und schön sie auch sein mögen zusammen mit anderen Gewächsen und Blumen, die wir in der Welt der Erscheinungen um uns herum finden, und wenn wir uns ein für alle Mal der wirklichen Veränderung widmen, dann

into the great unknown. That is what we are confronted with if we want to taste the sweetness of freedom. We have to open that door into the unknown, learning how to trust more and more, with each moment of our lives. We need to have that living faith to go along our way, to travel the road of truth.

To choose that gate to freedom we need great courage, and we need help and guidance all along the path. That is why we talk about having a living teacher to help us, not to control us, but to awaken the knowledge that lies dormant within us so that we can, finally, make our own decision in the certain confidence of our own uniqueness. Then we can say, with all knowledge and truth, "I am", for the little "I am" and the greater "I am" are finally merged into unity. We see and understand that we are indeed God's Representatives on earth. We are the manifested Consciousness of God Himself.

Let us once more return to the magic carpet that perhaps we search for. Just how can we know whether it is a real magic carpet or one made out of synthetic fibres and chemical dyes? With the endless workshops and seminars that are offered to us, mostly to placate our self-righteousness and to give us especially pleasant experiences in this phenomenal world, it is hard to know which way to go. Energy is neutral. God gives a push to both swings of the pendulum, however, and for some what we feel is good is bad, and what we consider evil is good. To find *our* magic carpet we have to be in the neutral position. When the mind is moving this way and that, controlled by thoughts like the sea is controlled by the wind and the tides, there is no way that we can know which one of the gates to choose. We must still the mind, be at peace with ourselves and with the world around us, and then, almost as though in a *miraj,* we can see the two gates. One will shine brightly and we will know that is the gate into the unknown; that is the one we are asked to choose. The other side of the gate is the light of pure guidance, waiting to beckon us on. But we have to walk to the gate, and it is each one of us, as individuals, who have to open it with our bare hands, both of them, before we can set out on the only real journey of our lives.

Those of you who have been attending the classes and have persevered with the practices will obviously have been tested very deeply. "We will try them until We know" (Koran). There will no doubt have been times when despair has entered into your hearts,

sind wir wahrhaft offen dafür, auf dem geraden Weg geführt zu werden, dem Weg der Liebe, des Mitgefühls und des Dienens.

»Wenn du betest, bete mit deinen Händen«, wird uns gesagt. Das heißt, wir sind aufgefordert, mit *beiden* Händen zu beten, und nicht die eine die besonderen Geheimnissen festhalten zu lassen, die wir so lange gehütet haben und nicht hergeben möchten. Wenn wir beten, bittet uns Gott um die Hingabe, buchstäblich *alles* Vergangene hinzugeben, so dass Er frei ist, den inneren Führer zu wecken und das innere Licht, das nicht mehr von der Vergangenheit verdüstert wird oder nach der Angst riecht, die durch Festhalten erzeugt wird. Es gibt zwei Tore; wir können eines von beiden wählen. Das eine führt uns zurück zu den sich wiederholenden Mustern der Vergangenheit, so süß sie einem anfangs auch vorkommen mögen, und das andere führt ins große Unbekannte. Damit müssen wir uns auseinandersetzen, wenn wir den süßen Geschmack der Freiheit kosten wollen. Wir müssen das Tor zum Unbekannten öffnen und in jedem Moment unseres Lebens lernen, mehr zu vertrauen. Wir brauchen diesen lebendigen Glauben, um unseren Weg zu gehen, für die Reise auf dem Weg der Wahrheit.

Um dieses Tor zur Freiheit zu wählen, brauchen wir viel Mut, und wir brauchen Hilfe und Führung auf dem ganzen Weg. Darum sprechen wir davon, dass wir einen lebenden Lehrer haben, der uns hilft, uns nicht kontrolliert, sondern das Wissen weckt, das in uns schlummert, so dass wir schließlich unsere eigene Entscheidung treffen können im festen Vertrauen auf unsere Einzigartigkeit. Dann können wir mit allem Wissen und in aller Wahrheit sagen: »Ich bin«, denn das kleine »ich bin« und das größere »ich bin« sind endlich zur Einheit verschmolzen. Wir sehen und verstehen, dass wir in der Tat die Vertreter Gottes auf der Erde sind. Wir sind das manifestierte Bewusstsein Gottes.

Kommen wir noch einmal auf den Zauberteppich zurück, nach dem wir vielleicht suchen. Wie können wir wissen, ob ein Zauberteppich echt ist oder ob er aus synthetischen Fasern und mit chemischen Farben hergestellt wurde? Bei den unzähligen Workshops und Seminaren, die uns angeboten werden – und die zumeist darauf ausgerichtet sind, unserer Selbstgerechtigkeit zu schmeicheln und uns in dieser Welt der Erscheinungen besonders angenehme Erfahrungen zu verschaffen – ist es nicht einfach zu wissen, wohin wir uns wenden sollen. Energie ist neutral. Gott stößt das Pendel

much confusion in your heads and thinking, and perhaps even some have given up the struggle, wondering whether the past years we spent together were really just another illusion, another false road to repeat the habit patterns of the past. I am sure that these words will make some of you smile at least. And yet it is useful to look back and see what degree of transformation *has* taken place for those of you who are still working. It is rather amazing (and very surprising) if you consider it. Just a few years ago most of you had not even heard of Jalaluddin Rumi, let alone the beauty of the Turn and the Sema. I am sure that most of you had tried many false magic carpets which went "flop!" when you thought they were going to reach you to the skies. But perhaps there *is* a real magic carpet. Have you thought about that before?

Let us look at the puzzle, i.e. what are these patterns that are woven into the past? How can we understand them and so be able to pass on this knowledge to future generations? The first thing we need to look at in order to unravel the mysteries is ourselves. "Know thyself," it is said. We cannot ignore ourselves since God made us in "His Image," as we are told in the Bible. We were not told that we are *merely partly* made in His Image. We *are* the Image of God. But when we look into the murky back-waters of our past and all the bad things that we may have done, it is no wonder that we question the meaning of will and whether, for example, everything is indeed the Will of God. It is good to question the nature of will. Is our will God's Will? How can it be altogether His Will if we have one hand behind our backs? No, my friends, not everything is God's Will, but it *can* be God's Will, when we have surrendered the past and offered it on the plate of sacrifice to Him, Who is our Creator and Sustainer, the Most Merciful, the Most Compassionate and the All-Forgiver.

Yes, He is the Forgiver, and yet the paradox of it all is that first of all *we have to learn how to forgive ourselves so that the sound of His Forgiveness can enter our lives once and for all time.* When Jesus said on the Cross, "Father forgive them; they know not what they do," we probably just think of Pontius Pilate and the Roman soldiers. But could there be another and hidden meaning? Who could "them" refer to if, in reality, everything is within ourselves? What are the "them" in ourselves? Listen to this idea carefully, for it has been woven into this magic carpet for nearly two thousand years.

jedoch in beide Richtungen an, und so ist für manchen schlecht, was wir für gut halten, und gut, was uns böse erscheint. Um *unseren* Zauberteppich zu finden, müssen wir in der neutralen Position sein. Wenn der Verstand hin und her schwankt, von Gedanken beherrscht wie das Meer vom Wind und den Gezeiten, haben wir keine Möglichkeit zu wissen, welches Tor wir wählen sollen. Wir müssen den Verstand still werden lassen, im Frieden mit uns selbst und der Welt um uns sein, und dann können wir, fast wie auf einer Himmelsreise, die beiden Tore sehen. Das eine wird hell leuchten, und wir werden wissen: Dies ist das Tor zum Unbekannten; dieses sollten wir wählen. Auf der anderen Seite des Tores ist das Licht der reinen Führung und wartet darauf, uns ein Zeichen zu geben. Doch erst müssen wir zu dem Tor hingehen, und es ist an jedem von uns, dieses Tor mit seinen eigenen bloßen Händen zu öffnen, und zwar mit beiden, bevor wir die einzige wahre Reise unseres Lebens antreten können.

Diejenigen von euch, welche die Klassen besucht und ihre Übungen gemacht haben, sind offensichtlich sehr eingehend geprüft worden. Im Koran steht: »Wir werden sie prüfen, bis Wir wissen.« Sicher hat es Zeiten gegeben, in denen Verzweiflung eure Herzen erfüllte und viel Verwirrung in euren Köpfen und eurem Denken war. Einige haben vielleicht sogar den Kampf aufgegeben und sich gefragt, ob die letzten Jahre, die wir zusammen verbracht haben, eigentlich nur eine weitere Illusion waren, ein weiterer falscher Weg, auf dem die Gewohnheitsmuster der Vergangenheit wiederholt wurden. Ich bin sicher, diese Worte bringen einige von euch zumindest zum Lächeln. Und doch ist es sinnvoll, zurückzublicken und zu schauen, in welchem Maß Transformation bei denen, die weiterhin mitarbeiten, stattgefunden *hat.* Dies ist recht erstaunlich (und sehr überraschend!), wenn ihr es bedenkt. Vor wenigen Jahren hatten die meisten von euch noch nie etwas von Jalaluddin Rumi gehört, geschweige denn von der Schönheit des Drehens und des Semas. Ich bin sicher, viele von euch hatten falsche Zauberteppiche ausprobiert, die »gefloppt« haben, als ihr dachtet, sie würden euch zum Himmel tragen. Aber vielleicht *gibt* es einen echten Zauberteppich. Habt ihr schon einmal darüber nachgedacht?

Lasst uns also das Rätsel betrachten, das heißt, was das für Muster sind, die in die Vergangenheit eingewebt sind. Wie können wir sie verstehen und fähig werden, dieses Wissen an künftige

If this can be understood, then it is not so difficult to learn how to forgive ourselves. However, there is another special pattern that is also woven into the carpet, and that is the word "repentance". *At-Tawwib* is one of His Most Holy Names. Without repentance of our sins (we define a "sin" as a *lack,* a lack of knowledge, since if we truly *knew* what to do, we wouldn't have done many of the things that we did in the past), we do not give Him space to manifest His Most Holy Name of *al-Ghafur,* the All-Forgiving. If we give God our time, we make space for Him.

With a Christian upbringing and background, the word "repentance", at least in the English language, is not a word that is used very much, and if it is, then it can bring up all sorts of guilt feelings and even anger. "Why should I repent? I didn't mean to do that. I cannot even remember doing whatever-it-was that you said I did…" That is why, in the first part of this paper, I brought up the idea of compulsion and how that compulsion, which is unique to each of us (even if the words for the compulsive attitude are the same for more than one person), can motivate our lives to keep us in the past, continuously opening the wrong gate, the gate to past habit patterns and not the gate to the unknown, the gate to freedom.

There are many ways that we can look at the subject and at how to deal with this very essential part of our lives, in terms of what I call "spiritual psychology". Personally I feel that the easiest and best way to approach the path to the new gate I have mentioned is to make a list, *in total honesty,* of all the mistakes we have made in our lives, the people we have hurt, knowingly or not, but which we still remember. When we have made this (probably rather long) list, we start again and see if there are other things we are keeping in that hand behind our backs, or other memories we are not courageous enough to face perhaps. We need courage to reach that gate, you know! We make a loving and honest inventory of as many things as we can find in our subconscious, and then, whether in dreams or after meditation or whatever, when other memories come into our consciousness, add them to the list until we feel that we are as clear as possible of the past. Next we consciously forgive ourselves to make room for God's Forgiveness, which can then fill up our hearts with His Light, which is the light of pure understanding. We forgive ourselves *for* Him to *give* to us – *for-giveness.*

We also need to remember that no-one can do it for us. We can be led to this magic carpet, we can be given keys and loving atten-

Generationen weiterzugeben? Das Erste, was wir anschauen müssen, um die Mysterien zu enthüllen, sind wir selbst. »Erkenne dich selbst«, heißt es. Wir können uns nicht ignorieren, denn Gott erschuf uns nach »Seinem Bilde«, wie es in der Bibel steht. Es wurde nicht gesagt, wir seien *nur zum Teil* nach Seinem Bild erschaffen. Wir *sind* das Bild Gottes. Doch wenn wir die trüben Wasser unserer Vergangenheit betrachten und alle schlechten Dinge, die wir vielleicht getan haben, ist es kein Wunder, dass wir die Bedeutung des Willens hinterfragen und ob, zum Beispiel, wirklich alles der Wille Gottes sei. Es ist gut, das Wesen des Willens in Frage zu stellen. Ist unser Wille Gottes Wille? Wie kann es Sein Wille sein, wenn wir eine Hand hinter dem Rücken zurückhalten? Nein, meine Freunde, nicht alles ist Gottes Wille, doch es *kann* Gottes Wille sein, wenn wir Ihm die Vergangenheit hingegeben und sie Ihm auf dem Opferteller dargeboten haben, Ihm, Der unser Schöpfer und Erhalter ist, der Allergnädigste, All-Barmherzige und der All-Vergebende.

Ja, Er ist der Vergebende, doch das Paradox ist, *dass wir zuerst lernen müssen, wie wir uns selbst vergeben können, so dass der Klang Seiner Vergebung ein für alle Mal in unser Leben eintreten kann.* Als Jesus am Kreuz sagte: »Vater, vergib ihnen, denn sie wissen nicht, was sie tun«, denken wir vermutlich nur an Pontius Pilatus und die römischen Soldaten. Könnte darin jedoch eine andere, verborgene Bedeutung liegen? Auf wen könnte sich dieses »sie« beziehen, wenn in der Wirklichkeit alles in uns ist? Was sind die »sie« in uns selbst? Hört euch diese Idee genau an, denn sie ist seit fast zweitausend Jahren in diesen Zauberteppich eingewoben.

Wenn dies verstanden werden kann, ist es nicht so schwierig zu lernen, wie wir uns selbst vergeben können. Wie auch immer, es ist noch ein anderes besonderes Muster in diesen Teppich eingewebt, und das ist das Wort »Reue«. *At-Tawwib* ist einer Seiner Heiligsten Namen. Ohne Reue über unsere Sünden (Wir definieren eine »Sünde« als einen *Mangel,* einen Mangel an Wissen, denn wenn wir wirklich *wüssten,* was zu tun ist, hätten wir in der Vergangenheit viele Dinge nicht getan!) geben wir Ihm keinen Raum, um Seinen Heiligsten Namen *al-Ghafur,* der All-Vergebende, zu manifestieren. Wenn wir Gott unsere Zeit geben, schaffen wir Raum für Ihn.

In einer christlichen Erziehung und Tradition ist das Wort »Reue«, zumindest im Englischen, nicht sehr gebräuchlich, und

wenn es verwendet wird, kann es alle möglichen Schuldgefühle oder sogar Ärger hervorrufen. »Warum sollte ich bereuen? Ich wollte das nicht tun. Ich kann mich nicht einmal daran erinnern, getan zu haben, was ich deiner Ansicht nach getan haben soll…« Aus diesem Grunde habe ich im ersten Teil dieses Textes die Idee des Zwangs zur Sprache gebracht und gezeigt, wie ein solcher Zwang, der für jeden von uns einzigartig ist (selbst wenn die Worte der zwanghaften Haltung für mehr als eine Person gelten), uns immer wieder veranlasst, in der Vergangenheit zu bleiben und andauernd das falsche Tor zu öffnen, das Tor zu vergangenen Verhaltensmustern, und nicht das Tor ins Unbekannte, das Tor zur Freiheit.

In den Begrifflichkeiten dessen, was ich »spirituelle Psychologie« nenne, gibt es viele Arten, dieses Thema zu betrachten und mit diesem wesentlichen Teil unseres Lebens umzugehen. Ich persönlich finde, die einfachste und beste Art, auf den Weg zum erwähnten neuen Tor zu gelangen, ist eine *in vollständiger Aufrichtigkeit* angefertigte Liste mit allen Fehlern, die wir in unserem Leben begangen haben, und mit den Menschen, die wir wissentlich oder unwissentlich verletzt haben und an die wir uns noch erinnern. Wenn wir diese (wahrscheinlich recht lange) Liste gemacht haben, fangen wir wieder von vorne an und schauen, ob es da noch andere Dinge gibt, die wir in jener Hand auf dem Rücken festhalten, oder andere Erinnerungen, bei denen uns vielleicht der Mut fehlt, ihnen ins Gesicht zu sehen. Wir brauchen nämlich Mut, um dieses Tor zu erreichen. Wir machen ein liebevolles und ehrliches Verzeichnis von möglichst vielen Dingen, die wir in unserem Unterbewusstsein finden können, und wenn uns dann in Träumen oder nach einer Meditation oder wann auch immer andere Erinnerungen zu Bewusstsein kommen, fügen wir sie der Liste hinzu, bis wir das Gefühl haben, von der Vergangenheit so frei wie möglich zu sein. Als Nächstes vergeben wir uns bewusst, um Raum für Gottes Vergebung zu schaffen, die dann unsere Herzen mit Seinem Licht erfüllen kann, dem Licht des reinen Verstehens. Wir vergeben uns selbst *für* Ihn, damit Er uns *geben* kann – Vergebung [Englisch: *for-giveness*].

Wir müssen uns auch daran erinnern, dass dies niemand für uns tun kann. Wir mögen zu diesem Zauberteppich geführt werden, wir mögen Schlüssel und liebevolle Aufmerksamkeit bekommen, damit wir uns weiter bemühen, Beharrlichkeit aufbringen, doch

tion so that we will keep on trying, keep on persevering, but it is ultimately up to each one of us. Any seminar or workshop in the spiritual supermarket that offers instant enlightenment without any effort on our part will only produce a false carpet. It may look beautiful in the first instant, but then, when it is tested, it will just crumple and, in time, fall away into the dust.

With all the ideas that I have woven into the carpet that many of you have chosen over the past years in Europe, and from my books and tapes, papers and seminars, it is obviously necessary that efforts are made to see beyond the world of appearances and to try to discover your own true magic carpet. In looking back you will indeed find many hints, but many of them, I fear, still remain in the world of ideas. We may see them reflected in the carpet we are sitting on, but if the ideas are not unravelled from the warp and the weft, observed and finally understood, they will merely stay there for another generation, and stay there they will. But you yourselves will not reap the benefit which is your birthright. "As you sow, so shall you reap", and the harvest can be laid out on the pathway to the second gate, both for yourselves and as a guideline for those to come after you.

In order to understand anything that is being said in truth, we need to be reminded, again and again, that since God made us in His Image, there is *nothing, no-thing* outside of us. We may apparently *see* things *out there,* but they are reflections of what is within. You have all heard this before, but it *is* true! It does require the opening of the gate into the unknown to realise the truth. And *your* magic carpet awaits you!

How does "loyalty" fit into this paper? Loyalty is a very important word. If we are not honest with ourselves, we cannot be honest with others. If we are not loyal to our commitment, we will open the wrong gate once again. Just as we have to learn to forgive ourselves – and I have offered you clues as to how to approach this subject and even how to do it – so we have to be loyal to the truth within ourselves. "He is both the Name and the Named". And therefore all of His Names are within us, just as "the Truth", *al-Haqq* in Arabic. That is why I have asked you all to really get down on your knees, if necessary, and study the meaning of the Names, to study and study them until you *know,* once and for all, that they are there within each one of us. It is up to us to awaken them with the Light of God that is also within us, to enliven them, to bring

letzten Endes liegt es an uns. Jedes Seminar, jeder Workshop im spirituellen Supermarkt, in welchem Sofort-Erleuchtung ohne irgendeine Anstrengung unsererseits angeboten wird, führt uns nur auf einen falschen Teppich. Auf den ersten Blick mag der schön aussehen, doch bei der Erprobung wird er Falten werfen und mit der Zeit zu Staub zerfallen.

Es ist ganz offensichtlich, dass mit all den Ideen, die ich in den Teppich hineingewoben habe, den viele von euch in Europa während der letzten Jahre gewählt haben, und den Ideen aus all meinen Büchern, Kassetten, Texten und Seminaren intensiv gearbeitet werden muss, um die Welt der Erscheinungen zu durchschauen und um so zu versuchen, den eigenen echten Zauberteppich zu finden. Wenn ihr zurückblickt, werdet ihr sicher viele Hinweise entdecken, doch ich befürchte, dass noch sehr viele davon in der Welt der Ideen geblieben sind. Mag sein, dass wir sie im Teppich, auf dem wir sitzen, reflektiert sehen, doch solange die Ideen nicht aus dem Gewebe herausgelöst, betrachtet und schließlich verstanden werden, bleiben sie lediglich für eine weitere Generation dort, und das war's dann. Doch ihr selbst werdet die Frucht, die doch euer Geburtsrecht ist, nicht pflücken. »Wie ihr sät, so sollt ihr ernten«, und die Ernte kann auf dem Weg zum zweiten Tor ausgebreitet werden, für euch selbst wie auch als Orientierung für alle, die euch nachfolgen.

Um irgendetwas zu verstehen, das in Wahrheit gesprochen wird, müssen wir immer wieder daran erinnert werden, dass es *nichts, kein Ding* außerhalb von uns gibt, da Gott uns nach Seinem Bild erschaffen hat. Vielleicht *sehen* wir scheinbar Dinge *da draußen,* aber sie sind Spiegelbilder dessen, was innen ist. Ihr alle habt das schon einmal gehört, aber es *ist* wahr! Das Tor zum Unbekannten muss aufgetan werden, damit wir die Wahrheit erkennen können. Und *euer* Zauberteppich erwartet euch!

Wie passt »Loyalität« in diesen Text? Loyalität ist ein sehr wichtiges Wort. Wenn wir mit uns selbst nicht ehrlich sind, können wir mit anderen nicht ehrlich sein. Wenn wir unserer Verpflichtung gegenüber nicht loyal sind, werden wir ein weiteres Mal das falsche Tor öffnen. So wie wir lernen müssen, uns selbst zu vergeben – und ich habe euch Hinweise gegeben, wie ihr an dieses Thema herangehen könnt und sogar wie es getan wird –, so müssen wir gegenüber der Wahrheit in uns selbst loyal sein. »Er ist sowohl der Name als auch der Genannte«. Und daher sind alle Seine Namen in

them from the world of ideas into the pattern of a *real* magic carpet on planet earth for the world to see, and for our children and our children's children and the generations to come. "By their fruits ye know them." We have to be loyal to His Names, and then we will be able to be loyal to our brothers and sisters, who are equally made in His Image. And so, when we turn to a friend, or to our wife or husband or lover, we are addressing Him in His Image. We are freeing the God within each one of those we meet. We are then the "Saviours of God", as the great Greek author Nikos Kazantzakis once said. But it is *we* who have to do the inner work, it is *we* who have to make the necessary sacrifices to be guided on the straight way and tread that beautiful path to the second gateway.

Communication and Sacrifice Along the Road of Truth

Now we need to approach the complex subject of communication. The more I contemplated on this matter, and the more I attempted to try to find the correct words that would be easily translatable into the different languages, the more difficult it became. Communication is a complicated subject and can easily be put aside in a pending file, to be looked at when there appears to be nothing better to do. Yet in fact, without true and pure communication, very little can happen in the necessary process of transformation with which we are all involved, both for ourselves and for the planet as a whole. After all, are we not custodians of our planet in consciousness of this fact?

With all honesty, confront yourselves with this subject of communication. How often are we totally blocked from communicating what we feel in our hearts, either by our own inhibitions, fears (of all sorts), or by the same situation manifesting in the person with whom we are trying to communicate. Now, work on yourselves a little more deeply. Ask how many times you have just given up the struggle and left that which you wished to give to another in the form of a communication hanging, as it were, "in the air". You will find that it is almost impossible to remember how often each day this happens. Most of the time we do not even notice. There is a vague sense that we have communicated something to a friend or an acquaintance, but there is no reciprocity and so there is no certainty that anything real has been transmitted at all. We can even

uns, genauso wie »die Wahrheit«, *al-Haqq* auf Arabisch. Deshalb habe ich euch gebeten, wirklich auf die Knie zu fallen, wenn nötig, und die Bedeutung der Namen zu studieren, immer und immer wieder, bis ihr ein für alle Mal *wisst,* dass sie in jedem von uns sind. Es liegt an uns, sie mit dem Licht Gottes, das ebenfalls in uns ist, zu erwecken, sie lebendig zu machen und aus der Welt der Ideen in das Muster eines *echten* Zauberteppichs auf dem Planeten Erde zu bringen, damit die Welt sie sehen kann und auch unsere Kinder, unsere Kindeskinder und die kommenden Generationen sie sehen können. »An ihren Früchten werdet ihr sie erkennen.« Wir müssen Seinen Namen gegenüber loyal sein, dann werden wir auch unseren Brüdern und Schwestern gegenüber loyal sein können, die ebenfalls nach Seinem Bilde erschaffen sind. Und so werden wir, wenn wir uns an einen Freund oder an unsere Frau oder an unseren Mann oder an unseren Geliebten wenden, Ihn in Seinem Ebenbild ansprechen. Wir befreien den Gott in jedem Menschen, dem wir begegnen. Wir sind die »Retter Gottes«, wie der große griechische Dichter Kazantzakis einmal sagte. Doch es ist *unsere* Aufgabe, die innere Arbeit zu leisten. *Wir* müssen die nötigen Opfer bringen, um auf dem geraden Weg geführt zu werden und auf den wunderschönen Pfad zu dem zweiten Tor zu gelangen.

Kommunikation und Opfer auf dem Weg der Wahrheit

Nun müssen wir das komplexe Thema der Kommunikation angehen. Je mehr ich darüber kontemplierte und je mehr ich versuchte, die richtigen Worte zu finden, die sich leicht in die verschiedenen Sprachen übersetzen lassen, desto schwieriger wurde es. Kommunikation ist ein kompliziertes Thema und kann leicht in den Wiedervorlage-Ordner geraten, um sich erst dann wieder damit zu beschäftigen, wenn es scheinbar nichts Besseres zu tun gibt. Doch ohne wahre und reine Kommunikation kann in dem notwendigen Transformationsprozess, an dem wir alle um unserer selbst willen ebenso wie um des Planeten als Ganzes willen beteiligt sind, nur wenig geschehen. Denn schließlich: Sind wir nicht die Hüter unseres Planeten im Bewusstsein dieser Tatsache?

Setzt euch in aller Aufrichtigkeit mit dem Thema Kommunikation auseinander. Wie oft sind wir völlig blockiert, wenn es darum geht mitzuteilen, was wir im Herzen spüren, sei es durch

presume that what we wanted to communicate to the other person has been received, when, in fact, they heard a totally different message from the one that we intended. And then maybe that message is passed on and passed on again for a third time. Before long the original intention has been wasted, energy has been lost and the opportunity gone forever. It is a sad realisation, but one that really needs to be faced.

This living school, although having as its subjects certain matters that are not normally taught in the public education systems, is none the less a school. As such, it not only requires an equal amount of discipline as does any college or university, but it also requires a very refined type of commitment and, therefore, necessary sacrifices have to be made. We can then enhance the art of communication, discussion and study in order to unlock the secrets that lie within us, waiting only to be discovered and brought forth to be put to good use.

Communication *is* an art. Let us be quite clear about this. In the early stages of our lives, communication was solely based upon instinct. The baby instinctively knows when it is hungry and where the food is going to come from. There is a total dependence on the parents, and that alone is a subtle form of communication and very pure indeed. Later, as we get older, this instinctive gift can easily be covered up and forgotten, and so we cease to realise that we owe our *total* dependence to God, Who is the All-Provider. When this is forgotten, then communication is also forgotten. By this I mean that, in the understanding of our total dependence on God, that which is *necessary* can be communicated to us from the higher worlds. It can then be processed and distilled within so that we are able to seek the level of those with whom we speak (so as not to humble or distress them) and give to them what it is that they need to hear in order that the creative process can continue and we can all become better custodians of our planet.

Since communication on a higher level than mere vain repetition is both necessary and an art, it is very important at this stage of our work together to humbly recognise, within ourselves, our own degree of capacity (which means our own degree of *emptiness*) in the realisation that there are many things that need to be communicated at this time of history. We really do have to be empty of the impedimenta in our deep sub-conscious so that there is also a communication between the many different "worlds" that exist

unsere Hemmungen, durch Ängste aller Art oder dadurch, dass sich in der Person, mit der wir zu kommunizieren versuchen, dieselbe Situation manifestiert. Und nun vertieft die Arbeit an euch noch etwas mehr. Fragt euch, wie oft ihr den Kampf einfach aufgegeben und das, was ihr einander mittels Kommunikation geben wolltet, sozusagen »in der Luft« hängen gelassen habt. Ihr werdet feststellen, dass es beinahe unmöglich ist, sich daran zu erinnern, wie oft das jeden Tag geschieht. Meistens merken wir es nicht einmal. Wir haben das unbestimmte Gefühl, einem Freund oder Bekannten etwas mitgeteilt zu haben, aber es gibt keine Gegenseitigkeit und somit auch keine Gewissheit, ob überhaupt irgendetwas wirklich vermittelt worden ist. Wir können sogar annehmen, dass das, was wir den anderen mitteilen wollten, aufgenommen wurde, während sie in Wirklichkeit eine völlig andere Nachricht gehört haben als die von uns beabsichtigte. Und dann wird die Botschaft weitergereicht und ein drittes Mal weitergegeben. Über kurz oder lang ist die ursprüngliche Absicht geschwächt, die Energie ist verloren gegangen und die Gelegenheit für immer verpasst. Das ist eine traurige Erkenntnis, doch es ist eine, der wir uns unbedingt stellen müssen.

Wenn sich diese lebende Schule auch mit einigen Themen befasst, die im öffentlichen Erziehungswesen normalerweise nicht gelehrt werden, so ist sie dennoch eine Schule. Als solche verlangt sie nicht nur ein ebenso großes Maß an Disziplin wie jede andere Schule oder Universität, sondern fordert zudem eine besonders verfeinerte Art der Verpflichtung, und deshalb müssen die notwendigen Opfer gebracht werden. Dann können wir die Kunst der Kommunikation, der Diskussion und des Studiums weiterentwickeln, um die Geheimnisse zu entdecken, die in uns liegen und nur darauf warten, ans Licht gebracht, entschlüsselt und zu einem guten Zweck eingesetzt zu werden.

Kommunikation *ist* eine Kunst. Wir wollen das ganz klar festhalten. In den frühen Stadien unseres Lebens beruhte Kommunikation lediglich auf dem Instinkt. Das Baby weiß instinktiv, wann es Hunger hat und woher das Essen kommen wird. Es besteht eine völlige Abhängigkeit von den Eltern, und allein das ist eine subtile und tatsächlich sehr reine Form der Kommunikation. Später, wenn wir älter werden, kann diese instinktive Gabe leicht überdeckt und vergessen werden, und so hören wir auf zu erkennen, dass wir uns in *völliger* Abhängigkeit von Gott befinden, Welcher

within each of us. The mineral kingdom can communicate in its own way, as can the vegetable kingdom and the animal kingdom, *and they are all within us.* They long to tell us things, simple things sometimes, but necessary things. We may have lost the art of communicating with them. We may not even care enough. We may have lost all or a part of what I call our "primal innocence", and yet the very essence of our being is made up of simplicity and honesty. They say here, "Truth is my identity."

Communication requires that there is someone who is the giver and there is someone who is the receiver. However obvious this is, it is worth considering on all levels. I remember many, many years ago, when the school in which I was studying at the time had reached a point of too much sophistication and information, the teachers felt that it was time to go back to the beginning again. We were told to come fully prepared the following week, having washed and spent some time alone breathing before entering the room. It was insinuated that a special sort of initiation of knowledge would be given. Of course we could not wait until the next week, wondering what this big secret was and where it would take us. The next week we all went to the meeting place properly prepared. On every other chair there was an apple and on each chair there was a clean cloth. It was all a little surprising to say the least. Not knowing what we were meant to do, we all stood by the chairs. "Well," said the teacher. "Pick up your apples and clean cloths. Sit down and we will begin. We are going to learn how to communicate. The exercise is called 'Give and Receive'."

I am sure you can guess what the exercise was by this time. One person had an apple and each person had a clean cloth for the hands or face. We turned to each other in couples. The person with the apple offered it, as consciously as possible, to the other who was to receive it. Then the second person handed it back to the first person. Give and receive. How easy it looked!

After the initial British embarrassment, we all jumped into the exercise and soon there were lots of giggles and the apples were passing from hand to hand with alacrity. The teacher, sitting quietly with an upright back on her chair, watched. This went on for quite a while and then, suddenly, there was a great cry, "Stop!" Hands were out-stretched, apples were flying all over the floor. Some people were reaching to catch them and others were looking totally shocked and numb. "Now do you see?" said the teacher.

der Alleinige Versorger ist. Wenn wir das vergessen, dann wird auch die Kommunikation vergessen. Damit meine ich, dass uns durch das Verständnis unserer völligen Abhängigkeit von Gott das, was *notwendig* ist, aus den höheren Welten mitgeteilt werden kann. Und das kann in uns verarbeitet und destilliert werden, damit wir fähig sind, die Ebene derer zu suchen, mit denen wir sprechen (um sie nicht zu demütigen oder zu betrüben), und ihnen zu geben, was sie hören müssen, so dass der Schöpfungsprozess weitergehen kann und wir zu besseren Hütern unseres Planeten werden.

Da Kommunikation eine Notwendigkeit und eine Kunst ist, wenn sie auf einer höheren Ebene stattfindet und nicht nur aus der bloßen Wiederholung von Gesagtem besteht, ist es in diesem Stadium unserer gemeinsamen Arbeit sehr wichtig, demütig unser eigenes Fassungsvermögen (das heißt unseren eigenen Grad der *Leere*) zu überprüfen in der Erkenntnis, dass zu diesem Zeitpunkt der Geschichte viele Dinge kommuniziert werden müssen. Es ist notwendig, dass wir wirklich und wahrhaftig entleert sind von den Hemmungen in unserem tiefen Unterbewusstsein, so dass es auch zu einer Kommunikation zwischen den verschiedenen »Welten« kommt, die es in jedem von uns gibt. Das Mineralreich kann auf seine Weise kommunizieren, und das Gleiche gilt für das Pflanzenreich und das Tierreich, *und diese sind alle in uns.* Sie sehnen sich danach, uns etwas zu sagen, manchmal ganz einfache, aber doch notwendige Dinge. Wir haben vielleicht die Kunst verlernt, mit ihnen zu kommunizieren. Mag sein, dass wir gar keinen Wert darauf legen. Wir haben möglicherweise alles oder einen Teil davon verloren, was ich »primäre Unschuld« nenne, und doch ist die Essenz unseres Wesens aus Einfachheit und Aufrichtigkeit gemacht. Man sagt hier: »Wahrheit ist meine Identität.«

Kommunikation setzt voraus, dass es einen Sender und einen Empfänger gibt. So offensichtlich dies sein mag, es lohnt sich, es auf allen Ebenen zu betrachten. Ich erinnere mich daran, wie vor vielen, vielen Jahren die Schule, an der ich gerade studierte, an den Punkt gekommen waren, wo die Lehrer das Gefühl hatten, dass es an der Zeit sei, zu den Anfängen zurückzukehren. Man sagte uns, wir sollten in der nächsten Woche gut vorbereitet kommen, das heißt gewaschen sein und eine gewisse Zeit alleine mit dem Atmen verbracht haben, bevor wir den Raum betreten. Es wurde angedeutet, dass eine besondere Art der Einweihung in ein Wissen stattfin-

"You cannot even give and receive an apple. How on earth do you even consider that you can communicate anything at all, let alone a very important message that can be given to us from the unformed worlds that are waiting to be manifested, right down here on this planet?"

We felt very ashamed, but the shock did bring us back to the fact that we had forgotten the necessary *feelings* that have to be put into a communication in balance with the intellectual understanding of the nature of the message. Only a portion of us was offering the apple, and probably still less than that was receiving it. We started again and by the end of the evening there was such a spirit of cooperation that the whole group took on a completely new lease of life. At the end of the evening, knives were brought and we shared the apples together in the circle. Never have apples tasted better, even picked freshly from a tree at harvest time!

If we look back over the past few years, we will see that the initial enthusiasm in our school only took us a certain length on the journey. The enthusiasm held us strongly for a long time but then doubts crept in, as they inevitably do, and so trust started to lose its strength and integrity. With the lack of trust, and with the many changes that have taken place, particularly during the past year or so, communication became worse and worse. There were times when it seemed an almost unsurmountable task to try to pass on certain things. Form started to creep in, and more and more opinions watered down the essence of the teaching until the inevitable chaos broke forth in our midst. Only in the last short period has there been, as far as I see it from a distance, a new sense of purpose that has started to enter the group. That is why I am asking you all to be totally honest with yourselves and to make every effort to work on this subject of communication during the next weeks and months. It was, and still is, a testing time, and it will be interesting to see how many people have quietly persevered with the practices that they have been given, have attended the group meetings and generally continued to prepare the ground for the next step of our work together.

Now I am not saying that you should all go out and buy apples, and see if you can learn how to give and receive on all levels. But I *will* give you a few keys as to the esoteric understanding that can come from such an exercise. First, we need to look at the word "sacrifice". What needs to be sacrificed? What is the purpose of sac-

den solle. Natürlich konnten wir die nächste Woche kaum erwarten und fragten uns, was das große Geheimnis sei und wohin es uns bringen würde. In der nächsten Woche gingen wir alle gut vorbereitet zum Treffpunkt. Auf jedem zweiten Stuhl lag ein Apfel und auf jedem Stuhl ein sauberes Tuch. Es war, gelinde gesagt, alles ein bisschen überraschend. Da wir nicht wussten, was wir tun sollten, blieben wir alle neben den Stühlen stehen. »Nun«, sagte die Lehrerin, »nehmt eure Äpfel und die sauberen Tücher. Setzt euch, und wir werden beginnen. Wir wollen lernen, wie man kommuniziert. Die Übung heißt ›Geben und Nehmen‹.«

Ich glaube, ihr könnt mittlerweile erraten, worin diese Übung bestand. Eine Person hatte einen Apfel und beide hatten ein sauberes Tuch für die Hände oder das Gesicht. Wir wendeten uns paarweise einander zu. Die Person mit dem Apfel bot ihn so bewusst wie möglich der anderen an, die ihn annehmen sollte. Dann gab ihn die zweite Person wieder der ersten zurück. Geben und Nehmen. Wie leicht das aussah!

Nach der anfänglichen britischen Verlegenheit stürzten wir uns alle in die Übung, und bald wurde viel gekichert und die Äpfel wanderten voller Heiterkeit von Hand zu Hand. Die Lehrerin saß ruhig in gerader Haltung auf ihrem Stuhl und sah zu. Das ging eine Weile so, bis auf einmal ein lauter Ruf ertönte: »Stopp!« Hände waren ausgestreckt, überall rollten Äpfel auf dem Boden herum. Einige Leute versuchten, sie aufzufangen, andere sahen völlig schockiert und wie betäubt aus. »Seht ihr nun«, sagte die Lehrerin, »dass ihr nicht einmal einen Apfel geben und nehmen könnt? Wie um alles in der Welt könnt ihr auch nur in Betracht ziehen, dass ihr irgendetwas kommunizieren könntet, geschweige denn eine sehr wichtige Botschaft, die uns von einer der ungeformten Welten gegeben werden kann, die darauf warten, sich hier unten auf diesem Planeten zu manifestieren?«

Wir schämten uns sehr, aber der Schock machte uns darauf aufmerksam, dass wir die nötigen *Gefühle* vergessen hatten, die man im Gleichgewicht mit dem intellektuellen Verständnis vom Wesen der Botschaft in eine Mitteilung hineingeben muss. Nur ein Teil von uns bot den Apfel an, und wahrscheinlich empfing ihn ein noch kleinerer Teil. Wir begannen von vorne, und am Ende des Abends herrschte ein solcher Geist der Zusammenarbeit, dass in der gesamten Gruppe ein völlig neues Leben begann. Zum Schluss wurden Messer gebracht, und wir teilten uns die Äpfel in dem

rifice? How many levels can we touch when we make even the humblest and simplest of sacrifices? There is an enormous depth to these questions if you really look deeply into them.

I remember when my former wife had an appalling car crash and had to have her spleen removed when she was still pregnant with our youngest son (who lived to tell the tale and was born on my birthday and within a minute of my birth-time!), the sheikh in Turkey told me that I would have to sacrifice a lamb [see page 952]. Now that was really beyond my wildest imagination. I argued and argued, informing him that in England only a special person can kill a lamb. He got very agitated and finally pointed out that if Abraham could offer his son in sacrifice, then I could sacrifice a lamb and give the meat to the poor. After all, my wife had recovered! You see, it was not just the *body* of the lamb that was sacrificed. It was what went *into* the body of the lamb *before* the sacrifice that was released at dawn that day in Konya, and that was the purpose of the ritual. Think about this. The lamb was tied up to a tree whilst all the prayers were said, and when it was led out by the rope around its neck for the sacrifice, it was totally and completely calm. The peace all around was so total that all of us were transported into a completely pure world, a world of sacrifice from which the new generations can emerge.

What we need to sacrifice is *within* each one of us. We are all uniquely different, and so it is up to each individual to make an honest search within and see what needs to be sacrificed, what habits need to be given up (but without guilt, or religious or fanatical overtones), in order that we can become more 'empty' to receive the Holy Spirit. Is this not the true meaning of the chalice? True communication between two human beings is simply not possible without some sort of sacrifice being made by both persons, or by all members of a group, if that is what the situation requires. We cannot impose the hidden secrets within our subconscious in a projection onto our friends. What bad manners! We want to give to our brothers and our sisters what they *need* at anyone moment. We want to give to them in purity and faith, and in total honesty. That is why we have to look deeply within and see what it is that is precipitating, for example, our anger, our fears or resentments. We need to work on what makes us envious, jealous or negative. We need to truly come to understand the unity so that we no more feel *special,* and thus fall into the trap of pride or self-pity. We want to

Kreis. Nie haben Äpfel besser geschmeckt, selbst wenn sie zur Erntezeit frisch von einem Baum gepflückt worden waren!

Wenn wir auf die vergangenen Jahre zurückschauen, sehen wir, dass der anfängliche Enthusiasmus in unserer Schule uns nur für eine bestimmte Strecke auf der Reise voranbrachte. Er behielt lange Zeit seine Kraft für uns, doch dann schlichen sich Zweifel ein, was unvermeidlich ist, und so begann das Vertrauen seine Stärke und Unversehrtheit zu verlieren. Mit dem Mangel an Vertrauen und den vielen Veränderungen, die vor allem im letzten Jahr stattgefunden haben, verschlechterte sich die Kommunikation immer mehr. Es gab Zeiten, wo es eine schier unüberwindbare Aufgabe zu sein schien, bestimmte Dinge weiterzugeben. Form schlich sich ein, und immer mehr Meinungen verwässerten die Essenz der Lehre, bis das unvermeidliche Chaos unter uns ausbrach. Erst seit kurzer Zeit hat, soweit ich es aus der Entfernung sehen kann, eine neue Zielstrebigkeit in der Gruppe Fuß zu fassen begonnen. Aus diesem Grunde bitte ich euch alle, völlig ehrlich mit euch selbst zu sein und alle Anstrengungen zu unternehmen, in den nächsten Wochen und Monaten an dem Thema Kommunikation zu arbeiten. Es war und ist eine Zeit der Prüfung, und es wird interessant sein zu sehen, wie viele Leute stillschweigend die Übungen fortgesetzt haben, die sie bekommen haben, an den Gruppentreffen teilgenommen und ganz allgemein weiterhin den Boden für die nächste Stufe unserer Arbeit vorbereitet haben.

Ich sage nun nicht, dass ihr alle Äpfel kaufen und schauen sollt, ob ihr lernen könnt, auf allen Ebenen zu geben und zu nehmen. Aber ich *werde* euch einige Schlüssel zum esoterischen Verständnis geben, das aus einer solchen Übung erwachsen kann. Zunächst einmal müssen wir uns das Wort »Opfer« ansehen. Was muss geopfert werden? Was ist der Sinn des Opfers? Wie viele Ebenen können wir berühren, auch wenn wir ein ganz bescheidenes und einfaches Opfer bringen? Diese Fragen haben eine gewaltige Tiefe, wenn ihr sie nur eingehend genug betrachtet.

Ich erinnere mich daran, wie der Scheich in der Türkei mir sagte, ich müsse ein Lamm opfern [siehe Seite 955], als meine frühere Frau einen schrecklichen Autounfall hatte und ihre Milz entfernen lassen musste, während sie noch mit unserem jüngsten Sohn schwanger war (der überlebte und an meinem Geburtstag auf die Minute genau zu meiner Geburtszeit auf die Welt kam!). Nun, das überstieg wirklich meine wildesten Vorstellungen. Ich machte

Einwände über Einwände und erklärte ihm, dass in England nur ganz bestimmte Personen ein Lamm töten dürften. Er wurde sehr aufgeregt und wies schließlich darauf hin, dass ich, wenn Abraham seinen Sohn zum Opfer bringen konnte, doch wohl ein Lamm opfern und das Fleisch den Armen geben könne. Immerhin war meine Frau doch genesen! Versteht ihr, was geopfert wurde, war nicht nur der *Körper* des Lamms. Das, was *vor* dem Opfer *in* den Körper des Lamms eingegangen war, war es, das an jenem Tag im Morgengrauen in Konya befreit wurde, und darin lag der Zweck des Rituals. Denkt darüber nach. Das Lamm war an einen Baum gebunden, während alle Gebete gesprochen wurden, und als man es an dem Strick um seinen Hals zum Schlachten führte, war es ganz ruhig. Der Frieden ringsum war so vollkommen, dass wir alle in eine völlig reine Welt versetzt waren, in eine Welt des Opfers, aus der die neuen Generationen hervorgehen können.

Was wir opfern müssen, liegt *in* uns. Wir sind alle einzigartig verschiedene Menschen, und so liegt es an jedem Einzelnen, eine ehrliche Suche in seinem Inneren anzustellen und zu schauen, was geopfert werden muss, welche Gewohnheiten aufgegeben werden müssen (aber ohne Schuldgefühle oder religiöse oder fanatische Obertöne), damit wir ›leerer‹ werden für das Empfangen des Heiligen Geistes. Ist das nicht der wahre Sinn des Kelches [Englisch: *chalice*]? Echte Kommunikation zwischen zwei Menschen ist einfach nicht möglich, ohne dass von beiden Personen, oder von allen Mitgliedern einer Gruppe, falls die Situation das erfordert, auf irgendeine Art Opfer gebracht werden. Wir können nicht die verborgenen Geheimnisse unseres Unterbewusstseins auf unsere Freunde projizieren. Welch schlechte Manieren! Wir möchten unseren Brüdern und Schwestern geben, was sie in jedem Augenblick *brauchen.* Wir möchten es ihnen in Reinheit, im Glauben und in völliger Aufrichtigkeit geben. Deswegen müssen wir tief in uns hineinschauen und sehen, was etwa unseren Ärger auslöst, unsere Ängste oder unsere Bitterkeit. Wir müssen an dem arbeiten, was uns neidisch, eifersüchtig oder negativ macht. Wir müssen die Einheit wirklich verstehen lernen, so dass wir uns nicht mehr *speziell* fühlen und damit dem Stolz oder dem Selbstmitleid in die Falle gehen. Wir wollen fähig sein, den Atem Seines Mitgefühls zu atmen, und zwar nicht gefärbt oder befleckt von unseren eigenen Gedanken und Meinungen oder denen anderer Menschen.

be able to breathe the breath of His Compassion, not coloured and clouded by our own thoughts and opinions and those of others.

The road of truth is paved with the substance of the sacrifice of all those who have gone before and who have trod this path. Every step we take in honesty is a step that has been made possible by the masters, saints and prophets of all time. We need to remember this, and be able to tread in their footsteps, making all the sacrifices that are necessary, and carrying with us the example of the courage, perseverance and humility of those who have gone before. And, like a baton in a relay race, we will then be able to hand on the message of universal love to the next person coming on behind us, and that message will then most surely be coming from the light of truth, waiting to be communicated to us all.

May we all be guided on the straight way.

1990

Der Weg der Wahrheit ist gepflastert mit der Substanz des Opfers all jener, die uns vorausgegangen sind und diesen Pfad beschritten haben. Jeder Schritt, den wir in Aufrichtigkeit tun, ist ein Schritt, der durch die Meister, die Heiligen und die Propheten aller Zeiten ermöglicht wurde. Wir müssen uns daran erinnern und in der Lage sein, in ihre Fußspuren zu treten, indem wir alle notwendigen Opfer bringen und das Beispiel an Mut, Ausdauer und Demut all derer mit uns tragen, die uns vorangegangen sind. Und dann werden wir fähig sein, die Botschaft der allumfassenden Liebe wie den Stab beim Staffellauf an die Person weiterzugeben, die nach uns kommt, und diese Botschaft kommt dann ganz gewiss von dem Licht der Wahrheit, das darauf wartet, uns allen vermittelt zu werden.

Mögen wir alle auf dem geraden Weg geführt werden.

FIRE
EXIT

RESHAD FEILD

The Fire Exit

Instead of an Epilogue

ONE OF THE MOST IMPORTANT THINGS ON THE SPIRITUAL path is a sense of humour. Looking at all the different nationalities who have attended my lectures and talks over the last forty years I can't help smiling. The continentals have quite other habits than the British, as you can imagine. In Switzerland, for instance, they kiss each other three times, which the Brits will try to firmly avoid with an excuse like "No kissing please, it's far too hot!" The thing is, I found out, that most people immediately go to sleep when kissing. Have you noticed? They get sentimental.

I Don't Believe in Believers

Once I gave a talk in St. James Church in London, near Piccadilly. Some of you perhaps have been there; they are having all these lectures where people are talking about everything and nothing. Well, my own talk was a disaster; I managed to get them all to go to sleep very quickly at the end. Since I don't socialise much with people, apart from greeting, what I normally do at the end of a public talk is to say good night and then disappear through the fire exit. This is a good way to do it, and I am giving you the trick in order that you learn not to believe too much. Because I don't believe in believers, you see. Belief systems are taking you away from direct perception.

Well, the church was absolutely packed that evening, with people standing all over the place, and I said to myself: "O God, how am I going to get out of this one?" So I said to the audience in St. James's, "Did you know that the most secret sound of the Sufis, strange enough, is the same as the one of the American Sioux Indians?" Which is true; it is the sound *Hu*. And so I ended my talk with a long excursus about this first manifested sound in the universe and how you can hear it in the wind in the trees. I then asked all the three hundred people in the church to close their eyes and just sound the *Hu* – and they did and were absolutely beaten, including the sponsor, and during the *Hu* I walked out straight by the middle to the backside. They didn't even notice that I was gone! Of course I wasn't invited again. But you know, there have to be court jesters on the spiritual path, and I am one.

Der Notausgang

Anstelle eines Epilogs

EINES DER WICHTIGSTEN DINGE AUF DEM SPIRITUELLEN Pfad ist Sinn für Humor. Wenn ich mir all die verschiedensten Nationalitäten vor Augen halte, die während der letzten vierzig Jahre meine Vorträge besucht haben, muss ich unweigerlich lächeln. Wie ihr euch vorstellen könnt, haben »die vom Kontinent« ziemlich andere Sitten als die Briten. So küsst man sich in der Schweiz zum Beispiel drei Mal, was sich die Briten mit einem steifen »Bitte nicht küssen, es ist viel zu heiß!« vom Leib zu halten versuchen. Es ist übrigens so, dass die meisten Menschen, wenn sie sich küssen, augenblicklich einschlafen. Ist euch das auch schon aufgefallen? Sie werden sentimental.

Ich glaube nicht an Gläubige

Einmal hielt ich einen Vortrag in der Kirche St. James nahe Piccadilly in London. Einige von euch kennen sie vielleicht; dort werden all diese Referate gehalten, bei denen Leute über alles und nichts reden. Nun, mein eigener Vortrag war ein Desaster: Ich habe es geschafft, dass am Ende alle einschliefen. Da ich nicht gerne in großer Gesellschaft bin und meist nur kurz hallo sage, verabschiede ich mich üblicherweise am Ende eines Vortrags mit einem »Gute Nacht!« und verschwinde dann durch den Notausgang. Das funktioniert wunderbar, und ich verrate euch diesen Trick, damit ihr lernt, nicht einfach alles zu glauben. Denn, wisst ihr, ich glaube nicht an Gläubige. Glaubenssysteme verhindern die direkte Wahrnehmung.

Nun, an jenem Abend war die Kirche ausverkauft, die Menschen standen überall dicht gedrängt, und ich fragte mich: »Wie um Himmels willen komme ich hier bloß wieder raus?« Also sagte ich zu den Zuhörern in St. James: »Wussten Sie eigentlich, dass der heiligste Klang der Sufis seltsamerweise derselbe ist wie derjenige der amerikanischen Sioux-Indianer?« Das stimmt, es ist der Klang *Hu*. Und so beendete ich meinen Vortrag mit einem langen Exkurs über diesen ersten im Universum manifestierten Klang und wie er im Wind in den Bäumen zu hören ist. Dann bat ich die dreihundert Menschen in der Kirche, die Augen zu schließen und einfach dieses *Hu* erklingen zu lassen – und das taten sie auch und

Adapt from where You Listen

Since I left England in 1973, I have spoken to people from many different nationalities, and people from a huge number of countries have studied in this living school. Each, of course, has their own language and I always adapt myself to different circumstances. I even had to re-adapt to English when I came back to my own country after thirty-years of travelling. In the States, for instance, they don't think in English because they don't think like us at all. The Swiss certainly don't think like the Germans, and they are next door to each other. You do have to adapt yourself to each country and to every person. And the trick is to adapt the point where you are actually listening *from.* If you travel as much as I did all over the word, you will learn to listen with deep respect and humility. What is the wave of the yearning in the other person's heart? What is the language you use, how do you approach it? This can be very, very different, completely different in New Mexico than in New York for example. I always try to remember from where I am listening.

Adapting to the given circumstances is what a so-called teacher always needs to do. When I left England, to give you an example, these were the crazy days of the "spiritual hippies". We were all travelling the road in our long skirts and boots and all that, and it was the period when I was going through my "Saint Francis" syndrome. I think it was at the second Glastonbury Festival when a fish-eye lens photograph was taken of me – and was later printed in the big Sunday newspapers – in full robes, looking like a screaming Saint Francis, waving a tambourine in my hand and three thousand people dancing around. Well, it was "the wave" of that time, and so I adapted myself to it even if I did look absolutely ludicrous walking around in Pierre Cardin robes for two years.

Only When You Stop

In this school we meet for one reason only – and that is the yearning to learn. This includes me because I am just as much a pupil as I am a teacher. Lately I came across a new book about the Most Beautiful Names of God, the inner knowledge of which we are very much involved with in our own school. It is written by an

waren absolut überwältigt, einschließlich des Veranstalters. Und während das *Hu* ertönte, ging ich schnurstracks ab durch die Mitte zum Hinterausgang hinaus. Sie merkten nicht einmal, dass ich weg war! Natürlich wurde ich nicht wieder eingeladen. Aber auf dem spirituellen Pfad braucht es auch Hofnarren, wisst ihr, und ich bin einer davon.

Passt den Punkt an, von dem aus ihr zuhört

Seit ich England 1973 verließ, habe ich vor Menschen vieler Nationalitäten gesprochen und Menschen aus einer großen Anzahl von Ländern haben in dieser lebenden Schule studiert. Jedes Land hat natürlich seine eigene Sprache, und ich passe mich stets den unterschiedlichen Umständen an. Ich musste mich sogar wieder ans Englische anpassen, als ich nach dreißig Jahren des Herumreisens in mein eigenes Land zurückkam. In den Vereinigten Staaten zum Beispiel denken sie nicht auf Englisch, weil sie überhaupt nicht so denken wie wir hier. Die Schweizer denken sicherlich nicht wie die Deutschen, obwohl sie Nachbarn sind. Man muss sich jedem Land und jedem Menschen anpassen. Und der Trick besteht darin, den Punkt anzupassen, *von dem aus* man wirklich zuhört. Wenn ihr so viel auf der ganzen Welt herumreist wie ich, werdet ihr lernen, in tiefem Respekt und in Demut zuzuhören. Was ist die Welle der Sehnsucht im Herzen der anderen Person? Welche Sprache gebrauchst du, wie näherst du dich ihr? Das kann in New Mexiko zum Beispiel vollkommen anders sein als in New York. Ich versuche stets, mich daran zu erinnern, von wo aus ich zuhöre.

Ein so genannter Lehrer muss sich immer den gegebenen Umständen anpassen. Ein Beispiel: Ich verließ England damals in jenen verrückten Tagen der »spirituellen Hippies«. Wir trampten in unseren langen Gewändern und Stiefeln die Straße hinunter, und es war die Zeit, in der ich gerade meine »Heilige Franziskus Periode« durchmachte. Ich glaube es war während des zweiten Glastonbury-Musikfestivals, als jemand mit einem Fischaugenobjektiv ein Foto von mir schoss – das später in den großen Sonntagszeitungen abgedruckt wurde –, auf dem ich inmitten von dreitausend tanzenden Menschen wie ein schreiender Franziskus in wallenden Roben ein Tamburin schwinge. Nun ja, es war die damalige »Welle«, und so passte ich mich ihr an, auch wenn ich

zwei Jahre lang in Pierre Cardin-Gewändern umherlief und absolut lächerlich aussah.

Erst wenn du innehältst

In dieser Schule kommen wir aus einem einzigen Grund zusammen – und das ist die Sehnsucht zu lernen. Das schließt mich mit ein, denn ich bin genauso ein Schüler, wie ich ein Lehrer bin. Kürzlich fiel mir ein neues Buch in die Hände über die Schönsten Namen Gottes, und in unserer Schule haben wir viel mit dem inneren Wissen über diese zu tun. Es wurde von einem Amerikaner geschrieben, der in Edinburgh lebt und mit den Sufis zu tun hat. Ich habe ihn nie persönlich kennengelernt, doch kannte ich seinen Lehrer und ebenso den Lehrer seines Lehrers. Es ist eigentlich kein schlechtes Bucht, obwohl es gar nicht der Art entspricht, wie *wir* dieses besondere und sehr wichtige Thema betrachten. Doch das spielt keine Rolle, jede Schule sieht das auf eine eigene Art und Weise. In seiner Einleitung schreibt der Autor, eine esoterische Schule sei ein bisschen wie die Anonymen Alkoholiker und dass Menschen, die eine echte lebende Schule finden, wahrscheinlich auf ihrem Tiefpunkt angekommen sein müssen. Ich denke, dies ist vollkommen wahr.

Das ist übrigens auch der Grund, weshalb so wenige bei dieser Schule dabeibleiben. Die meisten meiner Studenten verlassen sie früher oder später – was ich durchaus ermutige. Ich ermutige sie, falls sie nicht mehr zurückkommen, und wenn doch, ermutige ich sie ebenfalls. Höchstens eineinhalb bis zwei Prozent bleiben, denn das Verstehenlernen der Essenz der Lehren ist nicht für jedermann. So viele Menschen jagen schlicht irgendwelchen Gurus hinterher oder sind auf Einkaufstour im spirituellen Supermarkt, wenn man so will, aber erst wenn du innehältst, findest du eine lebende Schule. Dies ist das Paradox. Möglicherweise denkst du nicht, du hättest innegehalten, du glaubst vielleicht, du seist einfach hier und suchst noch immer. Doch unter den Regeln und Gesetzen des Kismet, der Göttlichen Bestimmung, geschieht es erst, wenn du tatsächlich innehältst, dass du auf eine lebendige Lehre stößt, die immer unsichtbar ist.

American who lives in Edinburgh and who is involved with the Sufis. I never met him personally, but I knew his teacher and I knew his teacher's teacher. It is not a bad book, actually, although it is not quite the way *we* are looking at this particular and very important subject. But it doesn't matter, every school looks at it differently. One of the things the author says in the introduction is that an esoteric school is a bit like Alcoholics Anonymous and that people who find a real living school probably must have hit rock bottom. I consider this absolutely true.

That is the reason, by the way, why so few stay in this particular school. Most of my students leave it sooner or later – which I encourage. If they don't come back, I encourage it, and if they do come back, I encourage it. A maximum of one and a half to two percent stay because it is not for everybody to come to understand what the essences of the teachings are. So many people are just guru hunting, shopping in the spiritual supermarket if you wish, but it's only when you stop that you find a living school. This is the paradox. You may not think you stopped, you may think you have come here and are still looking. But under the rules of the laws of *kismet* or Divine Destiny it is only when you have actually stopped that you meet up with a living teaching, which is always invisible.

The "Sufi" Label

If you look at the students of this school, they all look pretty normal and I mean they really are. We have all sorts of professions: doctors, even dentists, psychologists, endless therapist of varying sorts, musicians, business men, architects, carpenters etc. One of the very few students I have had, for instance, who passed the five and a half years apprenticeship I give on geomancy – which is one thing I am professional at and which is *not* Feng Shui (which I call "Chinese interior decorating") but rather a very intense training and, actually, quite dangerous – is a baker and just started her own business on geomancy now. We have got all sorts of wonderful people: authors, chefs, nurses and many other professions.

What you learn from the *essence* of Sufi teachings can obviously be applied to anything. But it cannot be applied if you have a *label.* That is very important. I am known as a "Sufi teacher" by many people – and that is their problem. It is not my problem. Nobody

Das Etikett »Sufi«

Die Studenten dieser Schule sehen alle ziemlich normal aus, wenn man sie so betrachtet, und das sind sie auch, meine ich. Es sind alle Arten von Berufen vertreten: Ärzte, sogar Zahnärzte, Psychologen, jede Menge Therapeuten der unterschiedlichsten Richtungen, Musiker, Geschäftsmänner und -frauen, Architekten, Schreiner und so weiter. Eine der sehr wenigen Studentinnen zum Beispiel, welche bei mir die fünfeinhalbjährige Lehrzeit in Geomantie erfolgreich abgeschlossen haben – eine der Disziplinen, die ich professionell unterrichte und die *nichts* mit Feng Shui (das ich als »chinesische Innendekoration« bezeichne) zu tun hat, sondern eine sehr anspruchsvolle und im Übrigen auch ziemlich gefährliche Ausbildung ist –, ist eine Bäckerin und hat sich soeben als Geomantin selbstständig gemacht. Wir haben alle Arten von wunderbaren Menschen: Schriftsteller, Köche, Krankenpfleger und Leute aus vielen anderen Berufen.

Was man aus der *Essenz* der Sufi-Lehren lernt, lässt sich offensichtlich überall einsetzen. Doch kann man es nicht anwenden, solange man ein *Etikett* trägt. Das ist sehr wichtig. Viele Menschen kennen mich als einen »Sufi-Lehrer« – und das ist deren Problem. Es ist nicht mein Problem. Niemand, der wirklich mit diesen Dingen zu tun hat, würde jemals sagen, er sei ein Sufi. So simpel und einfach ist das. Doch es macht es zu ihrem Problem, nicht zu meinem. Manchmal, so muss ich zugeben, schafft es allerdings auch Schwierigkeiten für mich. So wurde ich, rein aufgrund von Etiketts, drei Mal unter sehr gefährlichen Umständen physisch attackiert. Tatsächlich hat mir bei einem dieser Vorfälle ein marokkanischer Muslim das Leben gerettet.

Also hast du besser nie ein Etikett. Doch andererseits willst du natürlich auch nicht, dass deine Koffer verloren gehen, wenn du auf Reisen gehst – wenn du zu den innerlich Reisenden gehörst. Zu diesem Zweck braucht man Etiketts. Doch jetzt, wo ich den Punkt erreicht habe, an dem alles, was ich besitze, in *einen* Koffer passt, verspüre ich eine große Erleichterung. Nicht dass ich es so gewollt hätte; es ist einfach so passiert. Alles, woran ich gehangen habe, wurde von mir genommen, und so reise ich nunmehr mit nur einem Koffer, oder sogar noch weniger.

who is really involved with these things would ever say they were Sufis. It is as simple and basic as that. But it makes a problem for them, not for me usually. Sometimes it also does for me, I have to admit. I have been physically attacked three times under very dangerous circumstances purely because of labels. At one of these incidents, in fact, my life has been saved by a Moroccan Muslim.

So, you don't ever want to have a label. On the other hand, if you are travelling – if you belong to the travelling people, inside – you obviously don't want to lose your suitcases. To that extend you need labels. But now that I have happily reached the point where I can fit everything I own into *one* suitcase, it is a great relief. It's not that I intended it that way; it just happened to be that way. Whatever I was attached to has been removed, and so I can actually travel with one suitcase, or even less.

I Teach No 'Ism'

I want to make this quite clear for everybody who thinks that I am teaching Sufism. In what I teach there is no 'ism'! I am teaching from the *essence* of it. When I speak of Jesus, for example, it absolutely infuriates those people who have no understanding of what the Sufis are really about. Especially people who come from a middle-eastern background, since you won't hear this expressed much in orthodox Islam. But whoever really wants to know about Sufism, needs to know the meaning of Christ and Jesus (Isa) and *ruh Allah,* the Spirit of God. Just as anybody with a Christian background needs to know the meaning of "Islam", which means "surrender" or "submission". We all need to know this, particularly in the light of the current situation.

I personally learned much about Christianity – I mean about its *essence,* not about its form – through Islam. I learned about the meaning of Christ through reading the Koran every day for thirty years. I learned about the seven levels of the meaning of the Virgin Mary through the Koran. And I am not an orthodox anything. I never learned much about these things from Christianity itself, because they hardly mention it anyway.

In Arabic, "Sufism" is called *tassawuf,* the "path of return", which means (in the words of one of the greatest sheikhs that I ever met) our accepting that we are further away from the truth than we have ever been. How about that? That is why people join this liv-

Ich lehre keine ›Ismen‹

Für alle, die glauben, ich unterrichte Sufismus, möchte ich dies eindeutig klarstellen: In dem, was ich lehre, gibt es keine ›Ismen‹! Ich lehre aus der *Essenz* heraus. Wenn ich beispielsweise über Jesus spreche, regen sich jene Menschen fürchterlich auf, die keine Ahnung davon haben, worum es im Sufismus überhaupt geht. Vor allem Menschen aus dem Mittleren Osten, denn im orthodoxen Islam wird das nicht häufig angesprochen. Dabei muss jeder, der wirklich etwas über den Sufismus erfahren will, die Bedeutung von Christus und Jesus (Isa) sowie *ruh Allah,* dem Geist Gottes, kennen. Genauso wie jeder mit einer christlichen Herkunft die Bedeutung von »Islam« kennen sollte, was »Hingabe« oder »Ergebenheit« bedeutet. Wir alle müssen darüber Bescheid wissen, besonders im Licht der gegenwärtigen Situation.

Ich selbst habe durch den Islam viel über das Christentum erfahren – ich meine über dessen *Essenz,* nicht dessen Form. Ich habe durch meine dreißigjährige, tägliche Lektüre des Korans viel über die Bedeutung Christi gelernt. Ich habe durch den Koran von den sieben Bedeutungsebenen der Jungfrau Maria erfahren. Und ich bin in keinerlei Hinsicht orthodox. Über all diese Dinge habe ich aus dem Christentum nie besonders viel gelernt, weil sie dort kaum je erwähnt werden.

»Sufismus« heißt im Arabischen *tassawuf,* »Pfad der Rückkehr«, was (in den Worten eines der größten Scheichs, denen ich begegnet bin) bedeutet zu akzeptieren, dass wir so weit von der Wahrheit entfernt sind wie nie zuvor. Was sagt ihr dazu? Das ist der Grund, weshalb Menschen zu dieser lebenden Schule kommen. Es braucht einen hohen Grad an Bescheidenheit, um zu erkennen, dass wir derart weit entfernt, und dennoch so nahe sind.

Wenn wir uns auf diesem Pfad der Rückkehr bewegen, lernen wir die ganze mystische Schönheit, das Wunder und den Reiz der *Fusus al-hikam* kennen, der »Weisheit der Propheten«, welche das Wissen Gottes, Allahs, ist, verkörpert in allen siebenundzwanzig Hauptpropheten von Adam, dem ersten Menschen, bis hin zum Propheten Mohammed (Friede und Segen seien mit ihm). Da Mohammed das Siegel der Linie der Propheten ist, wird es nach ihm keinen weiteren Propheten mehr geben. Und die Sufi-Meister kommen natürlich *nach* dem Propheten.

ing school. This is the level of humility it needs in order to know that we are so far away, and yet we are close.

When we walk on this path of return, we learn the whole mystical beauty and wonder and excitement of the *fusus al-hikam,* the "wisdom of the prophets", which is the Wisdom of God, Allah, as expressed in all the twenty-seven major prophets from Adam, the first man, right to the prophet Muhammad (peace and blessings be upon him). As Muhammad is the Seal of the Line of Prophets, there won't be another prophet after him. The Sufi masters, obviously, come *after* the Prophet.

The Body of Knowledge

Regarding the history of Sufism Idries Shah writes:*

> The connection between the ancient practical philosophies and the present ones is seen [that is, witnessed (*ash-Shahid,* the Witness) R.F.] to been based upon the higher-level unity of knowledge, not upon appearances...

Will you get this in your note books, please! What is "the higher-level unity of knowledge"? You cannot understand it with the intellect, nor with the senses, nor with the penetrating mind. Nothing of what you read here. It's impossible. You will have to go far beyond that. But if you could make the senses your friends, and not be limited by them, then time is on your side. Remember, one of the definitions of a Sufi is that he or she is "the son of the moment". The "higher-level unity of knowledge" is a continuously evolving, unfolding *body of knowledge,* which is never the same twice (because God never manifests Himself twice in one moment in the same way). It is a continuously beautiful unfoldment of knowledge through love, the First Cause. This "higher-level unity of knowledge" *is* the essence of Sufi teachings.

Are those schools who say they are "Sufi" Sufi? Possibly not. But that's okay. People find their own level sooner or later. There is a saying, "All dervishes are Sufis, but not all Sufis are dervishes." Let me tell you that the Sufi way, for instance, has nothing to do whatsoever with people whirling about. The Mevlevi may do, but that's

* Idries Shah: *The Way of the Sufi,* Octagon Press, London 1980, page 114.

Der Wissenskörper

Im Bezug auf die Geschichte des Sufismus schreibt Idries Shah:*

> Es zeigt sich [d.h. es wird bezeugt (*ash-Shahid,* der Zeuge) R.F.], dass die Verbindung zwischen den antiken praktischen Philosophien und den modernen auf der übergeordneten Einheit des Wissens beruht, nicht auf Äußerlichkeiten…

Würdet ihr das bitte in eure Notizbücher schreiben! Was ist »die übergeordnete Einheit des Wissens«? Das könnt ihr nicht mit dem Intellekt verstehen, auch nicht mit den Sinnen oder dem bohrenden Verstand. Nichts von dem, was ihr hier lest. Das ist unmöglich. Ihr werdet weit darüber hinausgehen müssen. Doch wenn ihr eure Sinne zu euren Freunden machen könnt, und nicht von ihnen eingeschränkt werdet, dann ist die Zeit auf eurer Seite. Denkt daran, dass »der Sohn des Augenblicks« eine Definition von »Sufi« ist. Die »übergeordnete Einheit des Wissens« ist ein sich unablässig entwickelnder und entfaltender *Wissenskörper,* der keine zwei Mal derselbe ist (da Gott Sich in einem einzigen Moment nie zwei Mal auf dieselbe Art manifestiert). Es handelt sich um eine kontinuierlich schöne Entfaltung von Wissen durch Liebe, der Ersten Ursache. Diese »übergeordnete Einheit des Wissens« *ist* die Essenz der Sufi-Lehren.

Sind die Schulen, die behaupten, »Sufi« zu sein, Sufi? Möglicherweise nicht. Aber das ist in Ordnung. Früher oder später finden die Menschen ihre eigene Ebene. Es gibt das Sprichwort: »Alle Derwische sind Sufis, aber nicht alle Sufis sind Derwische.« Lasst mich euch versichern, dass der Sufi-Weg zum Beispiel rein gar nichts mit Menschen zu tun hat, die in der Gegend herumwirbeln. Mit den Mevlevis vielleicht schon, aber das ist deren Sache. Wir in dieser Schule *sind* auf eine Art Mevlevis, und wir *sind nicht* Mevlevis – wir folgen nicht *Mevlana,* sondern dem, dem Mevlana *folgte.* Wir gehören keiner der ›eingetragenen Linien‹ an, wir haben keine Form (und dies aus einem ganz bestimmten Grund). Ob ich persönlich in diese oder jene Sufi-Linie initiiert bin, geht nur mich etwas an und nie-

* Idries Shah: *The Way of the Sufi,* Octagon Press, London 1980, Seite 114.

their business. In this school, in a way, we *are* Mevlevi and we *are not* Mevlevi – we are not following *Mevlana,* but we are following what Mevlana *followed.* We are not from one of the 'registered lines', we have no form (and there is a very specific reason for that). Whether I, personally, am initiated into this or that Sufi line, is my own business and nobody else's. As for whirling, nowadays they have three-days workshops here in England. It's even on television! It's run by an orthodox Muslim sheikh who is working for another very powerful Muslim sheikh, and they are very successful in attracting people whirling about. But you cannot whirl, or learn to "turn" as we say, in three days! Our training is 1001 days before you can even start to learn. And then it's another twelve years.

The Path of Non-Existence

That higher body of knowledge may or may not be involved with what you may see of people turning. It may or may not be involved with people teaching at universities. It may be involved with chefs, for example. But it is only attractive to those people who want only one thing, and that is truth for the sake of truth and not for themselves. This is incredibly important to understand. If you do anything for yourself, you will land up going the wrong direction. Why? Because in reality you do not exist. This here is the path of non-existence. So why would anybody want to get into the Sufi path if it is a path of non-existence? What's the point of it? Only when you have reached rock bottom, are you able to accept a higher will or authority. Not everybody who appears to be spiritual has anything to do with this higher body of knowledge. Often they have not. Some of the "wisest" people we meet may look very wise indeed, sitting in quiet corners and give wisdom talks – but that does not mean to say they are part of that higher-level unity of knowledge. In order to find out you have to have that spark of pure intellect, pure light within you, which knows.

Those who stay in this school have it; otherwise they would leave. Often in my public talks a high percentage of people leave in the first ten minutes. That's not so bad, it's rather quite normal. Because I am mostly known only by my books, many of my readers don't know anything at all about me, really. How can you know someone from their books? You only get your opinion of them from the 'echo chamber' in your own heart. But you won't know them because if

mand anderes. Was das Herumwirbeln betrifft, so werden heute hier in England Drei-Tage-Workshops angeboten. Sogar im Fernsehen! Geleitet werden sie von einem orthodoxen Muslimscheich, und sie ziehen mit ihrem Herumwirbeln die Menschen sehr erfolgreich an. Aber man kann nicht innerhalb von drei Tagen das Wirbeln oder, wie wir sagen, »das Drehen« lernen! Unser Training dauert 1001 Tage, bevor man mit der Ausbildung überhaupt beginnen kann. Und diese dauert dann weitere zwölf Jahre.

Der Pfad der Nichtexistenz

Dieser höhere Wissenskörper kann etwas mit dem zu tun haben, was man bei sich drehenden Menschen sieht, oder auch nicht. Er kann etwas mit Menschen zu tun haben, die an Universitäten unterrichten, oder auch nicht. Er kann zum Beispiel auch etwas mit Küchenchefs zu tun haben. Auf jeden Fall besitzt er ausschließlich Anziehungskraft für solche Menschen, die nur das Eine wollen, und zwar die Wahrheit um der Wahrheit willen und nicht für sich selbst. Dies zu verstehen, ist unglaublich wichtig. Wenn du irgendetwas für dich selbst tust, landest du auf dem Weg in die falsche Richtung. Weshalb? Weil du in Wirklichkeit nicht existierst. Dies hier ist der Pfad der Nichtexistenz. Wieso soll also irgendjemand auf den Sufi-Pfad gelangen wollen, wenn es sich um einen Pfad der Nichtexistenz handelt? Wozu sollte das gut sein? Erst wenn du deinen Tiefpunkt erreicht hast, bist du fähig, einen höheren Willen oder eine höhere Autorität zu akzeptieren. Nicht jedermann, der spirituell erscheint, hat irgendetwas mit diesem höheren Wissenskörper zu tun. Häufig ist das Gegenteil der Fall. Einige der »weisesten« Menschen, denen wir begegnen, mögen tatsächlich sehr wissend dreinschauen und in stillen Ecken weise Vorträge halten – aber das bedeutet nicht, dass sie Teil dieser übergeordneten Einheit des Wissens sind. Um es herauszufinden, braucht man jenen Funken vollkommenen Erkenntnisvermögens, reinen inneren Lichts, der weiß.

Diejenigen, die in dieser Schule bleiben, haben diesen Funken; ansonsten würden sie fortgehen. Häufig verlässt ein großer Prozentsatz der Zuhörer meine öffentlichen Vorträge nach den ersten zehn Minuten. Das ist gar nicht so schlecht, sondern ziemlich normal. Da ich weitherum nur aufgrund meiner Bücher bekannt bin, wissen viele meiner Leserinnen und Leser nicht das Geringste

they are real, they don't exist, they appear to exist. So I often start my talks by giving the audience a little shock. For example I say: "For those of you who believe in reincarnation, please remember it is *your* problem, not mine." Most of them, usually, look absolutely horrified whenever such a sacred cow of theirs kicks the bucket and gets turned into spiritual hamburgers. Well, something has got to wake them up, and this is how I do it sometimes.

'Rumitism'

Anyway, this higher-level unity of knowledge, in which some of us are consciously participating, has always existed and always will. Idries Shah goes on:

> ... This explains why the Muslim Rumi has Christian, Zoroastrian and other disciples; ...

By now, most everybody has heard of Rumi. It is very nice poetry indeed, and Coleman Barks, a very close friend of mine, is one of the foremost translators of Rumi in the West. Unfortunately people have almost turned it into 'Rumitism' and got stuck in it. They think that Jalaluddin Rumi is the *only* Mevlana, which they translate as "our Lord". This is not right. *Mevlana* literally means "man of letters" in Persian. Rumi was a great poet and reached union, but there is only *one* Absolute Being, represented and represented and represented and represented...

Yes, Rumi had disciples from many different traditions, and after his death there was a mile long cue to go past his coffin. Christians came, and Buddhists came and many, many others because he had reached that point where universal knowledge, that higher body of knowledge, is – and, as you will remember, knowledge anchors love.

This is why every living school insists on study. Real study is not intellectual claptrap. Study means working on oneself with sufficient passion and love, and with a certain sort of remarkable concentration which is not intellectual, and then applying the refined energy in one's own being (alchemically transformed into light) upon a page of a sacred document in order to extract the essence of the teaching in your own language. And your own language is your own and nobody else's. Always remember this.

über mich. Wie könnte man auch jemanden durch seine Bücher kennen? Aus der ›Echokammer‹ deines Herzens erhältst du lediglich deine Meinung über jemanden. Aber du kennst ihn nicht, denn wenn er wirklich ist, existiert er nicht, er scheint nur zu existieren. Also beginne ich meine Vorträge häufig, indem ich die Zuhörerschaft ein bisschen vor den Kopf stoße. Ich sage zum Beispiel: »All diejenigen unter Ihnen, die an Reinkarnation glauben, möchten sich bitte daran erinnern, dass dies ihr *eigenes* Problem ist, nicht meines.« Die meisten schauen jeweils vollkommen entsetzt drein, wenn eine ihrer heiligen Kühe so geschlachtet und zu spirituellen Hamburgern verwurstet wird. Nun, irgendetwas muss die Zuhörer ja schließlich aufwecken, und manchmal tue ich's auf diese Art.

›Rumitismus‹

Jedenfalls hat diese übergeordnete Einheit des Wissens, an der einige von uns bewusst teilhaben, schon immer existiert und wird dies auch immer tun. Idries Shah schreibt weiter:

> … Dies erklärt, weshalb Rumi, der Muslim, christliche, zoroastrische und andere Schüler hatte; …

Mittlerweile haben ja fast alle schon mal von Rumi gehört. Er schreibt wunderschöne Poesie, und Coleman Barks, ein sehr guter Freund von mir, ist einer der führenden Rumi-Übersetzer im Westen. Unglücklicherweise haben die Leute aus dem Ganzen fast schon eine Art ›Rumitismus‹ gemacht und sich darin verrannt. Viele meinen, Jalaluddin Rumi sei der *einzige* Mevlana, und übersetzen die Bezeichnung als »unser Herr«. Das ist nicht richtig. *Mevlana* bedeutet im Persischen wörtlich »Gelehrter«. Rumi war ein großer Dichter und hat die Einheit erreicht, doch es gib nur *ein* Absolutes Dasein, das repräsentiert wird und repräsentiert wird und repräsentiert wird…

Ja, Rumi hatte Schüler aus vielen unterschiedlichen Traditionen, und als er gestorben war, zog ein kilometerlanger Trauerzug hinter seinem Sarg her. Es kamen Christen, es kamen Buddhisten und viele, viele andere, weil er jenen Punkt erreicht hatte, wo das universelle Wissen, dieser höhere Wissenskörper, liegt – und Wissen verankert Liebe, wie ihr wisst.

A New Language

People, especially orthodox Muslims, have often criticised me saying, "A Sufi prays five times a day!" Well, a dervish never stops. I am frequently being criticized also by orthodox Christians, and Jews and others. But that's alright, somebody has to be criticized. I have also been criticised by people who state that you cannot understand the Names of God (the meaning of the essence of which is part of what we study in this school) unless you can pronounce Arabic. Upon which I reply that they must be right. Because that is *their reality,* in which case you cannot deny it. My reality may be different. But you cannot deny someone else's reality and you cannot judge them. I have done that and, believe me, it comes back rebounding in one's face. For those who are in that body of knowledge, which anchors love, this is *not* necessary. The Love of God is the First Cause. So speak to anybody in their own language!

My beloved teacher, Bulent Rauf, said to me again and again: "Your task is to teach them a new language." In 1973 he sent me away from England because people were getting too identified with me. We had a very big centre in Gloucestershire then, and the only way to 'get rid' of me was to throw me out. But if you have a teacher, at a certain level, you do what you are told. So I went on a one-way ticket, with one guitar and two suitcases, to Vancouver, where I did not know one living soul. Over there, I had to adapt myself, for example, every time I crossed the border from Canada into the States. I had to change language because they are two entirely different races, completely and utterly different. And so is the west of Canada to the east. "You have to invent a new language," my teacher said, but he was not saying what it was. The language is to awaken the knowledge in yourself. One of the first things in our tradition is, "He who knows himself, knows his Lord" (Ibn Arabi). Why is this? Because there is not room for two. One has got to go.

> … why the great Sufi 'invisible teacher' Khidr is said to be a Jew; …

In the Celtic tradition Khidr is known as the "green man", and there are even pubs called The Green Man. He is also known as the guide or the helper of the Sufis and the travelling people, and when

Das ist der Grund, weshalb jede lebende Schule großen Wert auf das Studieren legt. Echtes Studium ist keine intellektuelle Phrasendrescherei. Studieren bedeutet, an sich selbst mit genügend Leidenschaft und Liebe zu arbeiten sowie mit einer bestimmten Art von bemerkenswerter Konzentration, die nicht intellektuell ist, und die verfeinerte Energie in deinem eigenen Dasein (das alchimistisch in Licht verwandelt wurde) auf eine Seite eines heiligen Dokuments anzuwenden, um die Essenz von dessen Lehren in deiner eigenen Sprache zu extrahieren. Und deine eigene Sprache ist deine eigene und nicht die irgendeines anderen Menschen. Denk stets daran.

Eine neue Sprache

Oft haben mich Menschen, insbesondere orthodoxe Muslime, kritisiert und gesagt: »Ein Sufi betet fünf Mal täglich!« Nun gut, ein Derwisch hört gar nie auf damit. Ich werde auch häufig von orthodoxen Christen kritisiert, und von Juden und anderen. Aber das ist schon in Ordnung, irgendjemand muss ja schließlich kritisiert werden. Ich wurde auch von Menschen kritisiert, die sagen, man könne die Namen Gottes (die Bedeutung ihrer Essenz ist Teil dessen, was wir an dieser Schule studieren) nicht verstehen, wenn man sie nicht auf Arabisch korrekt aussprechen könne. Worauf ich antworte, dass sie recht haben müssen. Denn es ist *ihre Wirklichkeit,* und in dem Fall kann man sie nicht bestreiten. Meine Wirklichkeit ist möglicherweise eine andere. Aber die Wirklichkeit eines anderen kann man nicht bestreiten, und man kann nicht über ihn urteilen. Ich habe es getan und, glaubt mir, es springt dir ins eigene Gesicht zurück. Doch für diejenigen, die innerhalb dieses Wissenskörpers sind, der die Liebe verankert, ist das *nicht* notwendig. Die Liebe Gottes ist die Erste Ursache. Sprich also mit jedem in dessen eigener Sprache!

Mein geliebter Lehrer, Bulent Rauf, sagte zu mir immer wieder: »Deine Aufgabe ist es, ihnen eine neue Sprache beizubringen.« 1973 schickte er mich aus England weg, weil die Leute anfingen, sich zu sehr mit mir zu identifizieren. Wir unterhielten damals ein sehr großes Zentrum in Gloucestershire, und die einzige Art mich ›loszuwerden‹, bestand darin, mich rauszuschmeißen. Doch wenn du einen Lehrer hast, tust du, ab einer bestimmten Stufe, was dir gesagt wird. Also zog ich, ohne Rückfahrkarte, mit einer Gitarre

he appears in physical form he often appears in green. From the Old Testament we know that he appeared in Elijah for example; in the Christian period Khidr manifests as John. Strange enough, the huge centre which we had in Switzerland from 1993 to 1996 was called Johanneshof. But to say to an orthodox Muslim that Khidr was a Jew can be quite a striking blow, if one doesn't know.

A Lady Blackbird

Recently I was preparing for a teaching class and I wondered how I could possibly make the students listen. When you really want to do something to be of service – and not just do it for yourself – it is true that God (Allah, the Lord, the Universe, or whatever word you want to use) will, if necessary, manifest exactly what you need. If you do it for yourself, however, it often manifests exactly what you don't need.

Anyway, I was quite desperately asking myself, "How am I am going to make them listen? What have I got to do?", when a lady blackbird appeared outside my window. She was hunting about for bugs or whatever and, after a while, jumped up and landed on a pile of dry wood in my garden. There the blackbird remained standing, put her head on one side and just listened.

While I watched her listening, I was working out how I was going to teach them to listen. It's no good, I thought, just reminding them that "your ears are the ears through which God hears, your eyes are the eyes through which God sees." Although that's true, I wanted to say more than that. And so I went into a complete silence and, still watching the bird, I thought, "God is so beautiful, really!"

And then suddenly the blackbird did a very strange thing. She jumped straight down to the ground, from quite high indeed, and got her bug! And that was how it materialized what I needed. That is the body of knowledge. I was listening so well at the time, asking for something to help the students. And so the answer manifested.

Digging Deeper

> … why the Mogul prince Dara Shikoh identified Sufi teachings in the Hindu Vedas, yet himself remained a member of the Qadiri order; how Pythagoras and Solomon can be said to be Sufi teachers …

und zwei Koffern nach Vancouver, wo ich keine Menschenseele kannte. Dort musste ich mich beispielsweise jedes Mal anpassen, wenn ich die Grenze von Kanada nach den Vereinigten Staaten überquerte. Ich musste die Sprache wechseln, weil es zwei vollkommen unterschiedliche Menschenarten sind, ganz und gar, komplett verschieden. Und das gilt auch für den Westen und Osten von Kanada. »Du musst eine neue Sprache erfinden«, hatte mein Lehrer gesagt, aber was diese war, erwähnte er nicht. Die Sprache muss das Wissen in dir selbst erwecken. Eine der Grundlagen unserer Tradition lautet: »Wer sich selbst kennt, kennt seinen Herrn« (Ibn Arabi). Warum ist das so? Weil es keinen Platz für zwei gibt. Der eine muss gehen.

> … weshalb gesagt wird, Khidr, der große ›unsichtbare Lehrer‹ der Sufis, sei Jude; …

In der keltischen Tradition ist Khidr als der »grüne Mann« bekannt, und es gibt sogar Pubs, die den Namen The Green Man tragen. Man kennt ihn auch als den Führer oder Helfer der Sufis und der Reisenden, und wenn er in physischer Form erscheint, dann oft in der Farbe Grün. Aus dem Alten Testament wissen wir, dass er zum Beispiel als Elias erschien; in christlicher Periode manifestiert sich Khidr als Johannes. Seltsamerweise trug das große Zentrum, das wir zwischen 1993 und 1996 in der Schweiz unterhielten, den Namen Johanneshof. Doch einem orthodoxen Muslim zu sagen, Khidr sei Jude gewesen, kann ihm einen tüchtigen Schreck versetzen, falls er das nicht wusste.

Eine Amseldame

Kürzlich bei der Vorbereitung einer Unterrichtsklasse fragte ich mich, wie ich es wohl anstellen könnte, dass die Studenten zuhören. Es stimmt, dass wenn du wirklich etwas tun willst, um zu dienen – und nicht einfach etwas, für dich selbst –, Gott (Allah, der Herr, das Universum oder welches Wort man auch immer verwenden will), falls notwendig, genau das manifestieren wird, was du benötigst. Tust du hingegen etwas nur für dich selbst, wird genau das manifestiert, was du nicht brauchst.

Jedenfalls fragte ich mich ziemlich verzweifelt: »Wie bringe ich sie zum Zuhören? Was muss ich tun?«, als plötzlich ein Amsel-

weibchen vor meinem Fenster auftauchte. Es war auf der Jagd nach Käfern oder was auch immer und sprang nach einer Weile auf einen Kaminholzstapel in meinem Garten. Dort blieb die Amsel regungslos, legte ihren Kopf auf eine Seite und hörte einfach.

Während ich sie beim Lauschen beobachtete, war ich noch immer mit der Frage beschäftigt, wie ich ihnen das Zuhören beibringen könnte. Es reicht nicht, sagte ich mir, sie einfach daran zu erinnern, dass »eure Ohren die Ohren sind, durch die Gott hört, und eure Augen die Augen sind, durch die Gott schaut.« Obwohl dies stimmt, wollte ich mehr sagen als das. Und so verfiel ich in eine vollkommene Stille, beobachtete den Vogel noch immer und dachte: »Gott ist so schön, wirklich!«

Und dann machte die Amsel plötzlich etwas sehr Eigenartiges. Sie sprang, von ziemlich hoch oben, mit einem einzigen Satz auf den Boden und erwischte ihren Käfer! Und so materialisierte sich, was ich brauchte. Das ist der Wissenskörper. Ich war in diesem Moment so hellhörig und bat um etwas, das den Studenten helfen würde. Und so manifestierte sich die Antwort.

Grabt tiefer

> … weshalb der Mogulprinz Dara Shikoh Sufi-Lehren in den hinduistischen Vedas entdeckte, selbst jedoch ein Mitglied des Qadiri-Ordens blieb; warum von Pythagoras und Salomon gesagt werden kann, sie seien Sufi-Lehrer gewesen…

Aber denkt daran: Zur Zeit von Rumi gab es das Wort *Sufi* noch nicht! Die meisten Leute sagen, der Begriff stamme vom Wort *suf*, was »Wolle« bedeutet. Das tut es, wenn ihr das glaubt. Doch weshalb glaubt ihr es? Wegen der wollenen Gewänder der Sufis? Wie wär's, wenn ihr etwas tiefer grabt? Ich habe nie an diese »Wolle« geglaubt. »Sufi« stammt vom Arabischen Wort *saf*, und das bedeutet »reines Fließen« und »anpassungsfähig wie Wasser«. Also wieso grabt ihr nicht tiefer? Stellt euch einmal vor, ihr müsstet es erklären, weil ich morgen früh tot umfalle. Ihr werdet wie Idioten dastehen, wenn ihr euch nicht in eurer eigenen Sprache ausdrücken könnt, nachdem ihr zwanzig Jahre an einer lebenden Schule studiert habt! Grabt also tiefer in diesen Wissenskörper, der wie ein Embryo, wie ein Ei in euch selbst liegt.

But, mind you, there was no word *Sufi* then, at the time of Rumi! Most people say the term comes from the word *suf,* which means "wool". It does, if that is what you want to believe. But why do you believe it? Because of the Sufi's woollen robes? How about digging a bit deeper? I never believed in "wool". "Sufi" comes from the Arabic word *saf,* which means "pure flow" and "adaptable like water". So why don't you dig deeper? Supposing you will have to explain yourselves because I dropped dead tomorrow morning. You will look like idiots if you can't explain yourselves in your own language after having been in a living school for twenty years! So, dig deeper into that body of knowledge, which is in you like an embryo, like an egg.

There are 18 000 or more universes, we say in our tradition, and all those are in you. When you come to the point of giving up saying "I am the microcosm", it will give *you* up, eventually. Why are you "the microcosms"? Because you think you are very little? Don't think too much; "thinking is *stinking.*" What about you might be – but only if you become completely non-existent (although you appear to exist) – a potential macrocosm? That is exactly what Jesus said, but it was misinterpreted.

> … It also explains why Sufis will accept some alchemists to have been Sufis, as well as understanding the underlying development factors in Rumi's evolutionary philosophy, or Hallaj's 'Christianity'; [and] why, indeed, Jesus is said to stand, in a sense, at the head of the Sufis.

If you say that to an orthodox Muslim, you could get into trouble. But of course this *is* the meaning of Jesus, and I want you all to know that. I can't explain it to you. I can only tell you, it's true. And if you dig deep enough, one day through the Grace of God and nothing else, you may be granted this knowledge. But you won't get the knowledge of that unless you accept Muhammad in his essence and in his being as the Seal of the Line of the Prophets. You cannot take out one piece from the "Wedding Cake of God". It is simply impossible to understand on the path of return otherwise.

> I was mistaken in four different ways. I made it my concern to remember God, to know Him, to love Him and to seek Him. And when I came to the end, I saw that He had re-

In unserer Tradition heißt es, es gebe 18 000 oder noch mehr Universen, und sie liegen alle in euch. Wenn ihr an den Punkt gelangt, wo ihr es aufgebt zu sagen, »ich bin der Mikrokosmos«, wird er schließlich *euch* aufgeben. Weshalb seid ihr »der Mikrokosmos«? Weil ihr denkt, ihr seid sehr klein? Denkt nicht zu viel: »Denken stinkt.« Wie wär's damit, dass ihr – jedoch nur, wenn ihr vollkommen inexistent werdet (obwohl ihr zu existieren scheint) – ein potenzieller Makrokosmos seid? Genau das hat Jesus gesagt, doch er wurde falsch interpretiert.

> … Es erklärt ebenso, weshalb Sufis einigen Alchimisten zugestehen, Sufis gewesen zu sein, und hilft die der Evolutionsanschauung von Rumi oder dem ›Christentum‹ von Al-Hallaj zugrunde liegenden Entwicklungsfaktoren zu verstehen; und tatsächlich auch, weshalb von Jesus gesagt wird, er stehe in gewisser Weise an der Spitze aller Sufis.

Wenn du dies zu einem orthodoxen Muslim sagst, kannst du in Schwierigkeiten geraten. Aber dennoch *ist* dies natürlich die Bedeutung Jesu, und ich möchte, dass ihr das alle wisst. Ich kann es euch nicht erklären. Ich kann euch nur bestätigen, dass es wahr ist. Und wenn ihr tief genug grabt, wird euch – durch die Gnade Gottes und durch nichts anderes – dieses Wissen eines Tages verliehen werden. Doch werdet ihr dieses Wissen nie erhalten, wenn ihr nicht Mohammed akzeptiert in seiner Essenz und in seinem Wesen als dem Siegel der Linie der Propheten. Ihr könnt aus dem »Hochzeitskuchen Gottes« kein einzelnes Stück herausschneiden. Anders kann der Pfad der Rückkehr schlicht nicht verstanden werden.

> Ich habe mich auf vier verschiedenen Wegen getäuscht. Ich war damit beschäftigt, mich an Gott zu erinnern, Ihn zu erkennen, Ihn zu lieben und Ihn zu suchen. Und als ich ans Ende kam, sah ich: Er hatte Sich meiner erinnert, bevor ich mich jemals Seiner entsann, Er erkannte mich, bevor ich Ihn jemals erkannt, Er liebte mich, bevor ich Ihn jemals geliebt, und Er suchte mich, bevor ich jemals nach Ihm Ausschau gehalten hatte.
>
> Abu Yazid al-Bistami

> membered me before I ever remembered Him, that He knew me before I ever knew Him, that He loved me before I ever loved Him, and that He had sought me before I ever was looking for Him.
>
> ABU YAZID AL-BISTAMI

Into this trap I fell so many times, I can't even remember. My teacher was a very, very tough man and only dragged me out of it, eventually, when I was full of confusion. But I kept searching. If you don't search, you will not find, that's the paradox. There is a great story in our tradition about the Virgin Mary (God bless her), and it is written in the Koran. Mary was sitting under a date palm and was contemplating on "God is the all-Provider, *ar-Razzaq*", which is one of the Arabic Names of God. Suddenly a voice came to her saying, "What are you doing here sitting under the date palm? Shake it!" Unless she shook the date palm, she couldn't get the food she needed. So one must not presume.

Are You Here?

You have got here through the Grace of God, and I have got here through the Grace of God; so we both are here through the Grace of God. And as we *are* here, we might as well *be* here.

Let me tell you what happened recently. Although it sounds like straight out of a Sufi book, it happened right here where I live. A man came to see me here in England. He was very pleased with himself as he had travelled such a long distance. In that famous Sufi story the man knocks at the door, upon which a voice asks, "Who is it?" He replies, "It's me!", and the answer is, "Then go away!" and so forth. Anyway, this person came to see me from "a very, very long distance" and I knew I wasn't going to get anywhere to help him, so I said, "Do you think that *I* am here for *you*?" Of course he did. But I said, "Rubbish! No. *You* are here for *me.* But you are not *here.* So go away and come back again another day." This actually happened. "So come back every day until you *are* here," I said. "Otherwise how can I be here for you?" But he didn't get it.

You all, my dear friends, need to grow up to that level to understand that, in my function as a so-called teacher, *you* are here for *me.* I am a travelling man, and I will be there where I am meant to

In diese Falle bin ich so häufig getappt, dass ich mich kaum noch erinnern kann. Mein Lehrer war ein sehr, sehr strenger Mann und half mir jeweils erst wieder heraus, wenn ich völlig durcheinander war. Aber ich suchte weiter. Wenn man nicht sucht, findet man nicht, das ist das Paradox. In unserer Tradition gibt es eine großartige Geschichte über die Jungfrau Maria (Gottes Segen sei mit ihr); sie steht im Koran. Maria saß unter einer Dattelpalme und kontemplierte über »Gott als der All-Versorgende, *ar-Razzaq*«, einen der Namen Gottes. Plötzlich hörte sie eine Stimme: »Was tust du und sitzt hier unter dieser Dattelpalme? Schüttele sie!« Solange sie die Dattelpalme nicht geschüttelt hatte, konnte sie nicht an die Nahrung gelangen, die sie brauchte. Also: Man sollte nichts einfach voraussetzen.

Bist du hier?

Du bist durch die Gnade Gottes hierhergekommen, und ich bin durch die Gnade Gottes hierhergekommen; also sind wir beide durch die Gnade Gottes hierhergekommen. Und wenn wir schon mal hier *sind,* können wir genauso gut hier *sein.*

Lasst euch erzählen, was mir kürzlich passiert ist. Obwohl es sich anhört, als stamme es direkt aus einem Sufi-Buch, geschah es genau hier, wo ich lebe. Ein Mann kam mich hier in England besuchen. Er war sehr stolz auf sich selbst, da er eine derart weite Reise auf sich genommen hatte. In jener berühmten Sufi-Geschichte klopft der Mann an die Tür, worauf eine Stimme fragt: »Wer ist da?«. Er entgegnet: »Ich bin's!«, und die Antwort lautet: »Dann geh schon weg!« und so weiter. Wie auch immer, diese Person kam »von sehr, sehr weit her«, um mich zu besuchen, und ich spürte, ich werde es nicht schaffen, ihm zu helfen. Also fragte ich: »Glaubst du, *ich* bin für *dich* hier?« Natürlich glaubte er das. Ich sagte: »Blödsinn! Nein. *Du* bist für *mich* hier. Aber du bist nicht *hier.* Also geh wieder fort und komm ein andermal wieder.« Das passierte tatsächlich. »Also komm jeden Tag wieder, bis du *tatsächlich* hier bist«, sagte ich. »Wie könnte ich sonst für dich hier sein?« Aber er hat es nicht begriffen.

Ihr alle, meine lieben Freunde, müsst das Verständnis entwickeln, dass in meiner Funktion als so genannter Lehrer *ihr* für *mich* hier seid. Ich bin ein Reisender, und physisch werde ich dort sein, wo immer ich sein muss. Doch wenn *ihr* hier seid, werde *ich* hier sein, ob ihr mich seht oder nicht.

be, physically. But if *you* are here, *I* will be here, whether you see me or not.

> Not Christian or Jew or Muslim, not Hindu, Buddhist, Sufi or Zen. Not any religion or cultural system. I am not from the East or the West, not out of the ocean or up from the ground, not natural or ethereal, not composed of elements at all. I do not exist, am not an entity in this world or in the next, did not descend from Adam and Eve or any origin story. My place is placeless, a trace of the traceless.
>
> JALLAUDDIN RUMI

I like that. Don't wait for "the next world" until you kick the bucket! What is "the hereafter", my dear friends? *The hereafter is here after you know.* Don't wait for life after death! Die before you die, as the motto of the Sufis goes – and then the hereafter is *here.*

2005

* "Only Breath", translated by Coleman Barks, in *The Essential Rumi,* San Francisco 1995.

> Weder Christ, noch Jude, noch Muslim, nicht Hindu, Buddhist, Sufi oder Zen. Keinerlei Religion oder Kultursystem. Ich bin nicht aus dem Westen oder dem Osten, nicht aus dem Ozean oder vom festen Boden, weder natürlich noch himmlisch, und bestehe überhaupt nicht aus Elementen. Ich existiere nicht, bin keine Einheit weder in dieser Welt noch der nächsten, komme nicht von Adam und Eva her noch aus irgendeiner Abstammungsgeschichte. Mein Platz hat keinen Ort, meine Spur ist spurlos.*
>
> JALALUDDIN RUMI

Das gefällt mir. Wartet nicht auf »die nächste Welt«, bis ihr den Löffel abgebt! Was ist denn »das Jenseits«, meine lieben Freunde? *Das Jenseits ist hier, nachdem ihr erkennt.* Wartet nicht auf ein Leben nach dem Tod! Sterbt, bevor ihr sterbt, wie das Motto der Sufis lautet – und dann ist das Jenseits *hier.*

* »Reiner Atem«, übersetzt nach der englischen Übertragung durch Coleman Barks, in *The Essential Rumi,* San Francisco 1995.

TRAVELLING PEOPLE
MEETING POINT

HERE
After
AUDIO & VIDEO TAPE • FL
H.SAMUEL
H.SA

Index

14 and 1 1102
24-Days Programme 872
1001-Days Programme 978, 986, 1104, 1116–1120, 1200

A

Abraham 1002
accident 1010
Adam 1002, 1072, 1076, 1152, 1198
agreement 834, 1008, 1088
air 986
Akong Rinpoche 1100
al-Alim 1150
alchemy 1210
alcohol 892, 1194
amazement 844, 856
Americans 1190
angels 1048
anger 1034
apathy 1030, 1034, 1050
archetypes 1010, 1048, 1098
Armageddon 960
atmosphere 1098, 1152
Attar, Faruddin 844, 1106
attitude 864–868, 886
autumn 972
Aztecs 1026

B

balance 850, 884, 1016, 1080, 1140
baqa 842–844, 854, 932, 994, 1034
Barks, Coleman 1202
al-Batin 988
beauty 818, 856, 1088–1094
belief 838, 842, 854, 1070, 1122
Bennett, John G. 1084
beyond 828, 1214
Bible 1108, 1124
blackbird (analogy) 1206
blame 1090, 1132
bliss 856
body 828, 964, 1076–1080, 1156
books (analogy) 1106
boredom 1034
breath 832, 864, 900, 922, 1026, 1036, 1042–1044, 1076, 1082, 1094, 1116–1118
British 1188
British Empire 1066
brotherhood 818–830, 920, 970, 976
Buddha 1038

C

capitalism 1028, 1032
causality 856, 932–934
centre, physical 832, 888
certainty 842, 1122
charity 852
chilla 974, 978, 1000
China 824
Christ 1026, 1068, 1124, 1146, 1196
cloak 1002, 1124, 1126
coma 1030, 1050
commitment 884, 1170, 1174
communication 830, 1052, 1062, 1172–1182
communication systems 824
comparison 1058, 1070
compassion 1044, 1102
compulsion 1136–1144, 1166
conditioning 848, 850, 936, 996
confrontations, the two 876, 884–896
consciousness 840, 850, 856, 934
conserve 1036
conviction 832
corruption 824
courage 848, 892
creation 840, 852, 856, 890, 896, 966–970, 1042, 1080, 1102
cross 840

D

date palm (analogy) 1212
David 1002, 1112
Day of Reckoning 1154
death 1090
decay 1160
cultural 1158
decision 1010, 1016
Dede, Suleyman 950–954, 1104, 1126
delegation 1062
dervish 994–1000, 1038, 1198, 1204
destiny 844, 924, 976, 1194
dhikr 850, 864, 882, 940, 988, 1082
distraction 1018
dome 1032
doubt 1178

E

ecology 1030
education 1160
effect and cause 856, 932–934
ego 844–848, 854, 1072, 1138, 1152
Elijah 1206
emotional tone scale 1030
enthusiasm 1030, 1036–1038, 1072, 1178
esoteric 1132
essence 892, 1052, 1058, 1108, 1122, 1202
expectation 882
experience 886–892, 902, 984, 1072
eye, third 1016

Register

14 und 1 1101
24-Tage-Programm 873
1001-Tage-Programm 981, 987, 1105, 1115–1119, 1201

A

Ablenkung 1019
Abraham 1001
Absicht 925, 1011–1021, 1093–1095
Adam 1001, 1073, 1079, 1151, 1197
Akong Rinpoche 1099
Alchimie 1211
al-Alim 1151
Alkohol 895, 1193
Amerikaner 1191
Amsel (Bildnis) 1207–1209
Angst 869, 895, 1031
Antlitz Gottes 863, 1155
Apathie 1029, 1035, 1051
Archetypen 1009, 1049, 1097
Ärger 1035
Armageddon 961
»Armes Ich«-Syndrom 947
Atem 833, 865, 901, 923, 1025, 1037, 1043–1045, 1079, 1083, 1095, 1117–1119
Atmosphäre 1097, 1099, 1153
Attar, Faruddin 847, 1107
Auferstehung 1081, 1147
Aufrichtigkeit 869–871, 879, 1141
Auge, drittes 1017
Augenblick
gegenwärtiger 841, 873, 917, 927, 941, 945, 983, 1003, 1007, 1051, 1155, 1161
Sohn des 1199
Ausdauer 849, 879, 893, 981
Azteken 1025

B

baqa 843–845, 855, 935, 993, 1035
Barks, Coleman 1203
al-Batin 989
Baum (Bildnis) 1053–1059
Bedürfnis 819–821
Begeisterung 1037–1039, 1073
Bennett, John G. 1085
Beobachter 1033, 1079
Bestimmung 925, 977, 1193
Bewusstsein 841, 849, 857, 937
Bibel 1109, 1125
Briten 1189
Britisches Imperium 1065
Bruderschaft 821–827, 831, 921, 971, 977–979
Bücher (Bildnis) 1107
Buddha 1041

C

chilla 975, 981, 999
China 825
Christus 1025, 1067, 1125, 1147, 1197

D

Dankbarkeit 893, 1017, 1021, 1077
Dattelpalme (Bildnis) 1213
David 1003, 1113
Dede, Suleyman 953–957, 1105, 1127
Dekadenz 1161
Delegieren 1063
Demut 883, 887, 927, 1077, 1121
Denken 841, 849
Derwisch 993–999, 1039, 1199, 1205
Deutsche 1191
Dhikr 851, 865, 883, 943, 989, 1083
Dienen 853, 873, 1121, 1207
Drehen 831, 845, 993–1005, 1105, 1109, 1113–1115, 1165, 1201
Drei, die erste Zahl 1147
Dummheit 963

E

Ego 845–849, 855, 1073, 1137, 1153
Ehrlichkeit 887
Einheit 847, 857, 885, 893, 1049, 1095, 1131, 1183
Einverständnis 835, 1007, 1087
Elias 1207
emotionale Tonleiter 1029
Empfänglichkeit 1011
Engel 1049
Enthusiasmus 1031, 1037–1041, 1181
Entscheidung 1011, 1017
Erfahrung 887–895, 903, 985, 1073
Erinnern 1077
Erkenntnis 847, 855
Erlösung 871, 873, 989
Erwachen 853
Erwachsenenwerden 951
Erwartung 883
Erziehung 1161
esoterisch 1131
Essenz 895, 1055, 1059, 1109, 1123, 1205
Etikett 1119, 1195

F
Face of God 862, 1154
faith 838, 842, 854, 1070, 1122
fana 842–854, 932, 990, 1034
fasting 874
fatalism 962
fate 1010
fear 868, 896, 1032
feelings 1100–1102, 1132, 1178
Feng Shui 1194
fire 842, 850
forbearance 848
forerunner 830, 970
forgiving 870, 1164–1166
form 892, 974, 1052, 1098, 1108, 1196
FRANCIS, SAINT 1132
freedom, triad of 1010, 1124
Friend, the Only 1126
function 818, 1058–1070, 1076
future 1014

G
geomancy 818, 824, 1068, 1098–1100, 1194
Germans 1190
al-Ghafur 1166
GIBRAN, KHALIL 830, 970
Glastonbury 820, 1084, 1190
gold 1026
golden age 1126
gossip 882
gratefulness 890, 1018, 1020, 1074
greed 962, 1028
green (colour) 1204
grief 1029–1034, 1050
group activities 884, 1080
growing up 948
guidance 1126
guilt 870, 1166
GURDJIEFF G.I. 1074, 1092

H
al-Hadi 1074
al-Hakim 1046
AL-HALLAJ 936, 1210
al-Haqq 842, 1170
harmony 820
al-Hayy 924
healing process 830
hearing 1000, 1206
heart 828–830, 840–848, 914, 994, 1016, 1020, 1082, 1112
hereafter 828, 1214
hippies, spiritual 1190
holocaust 1136
holy 984–990, 1068
honesty 868, 870–872, 878, 886, 1140
Hu 1016, 1044, 1082–1084, 1188
HUBER, SEPP 1098
humility 882, 886, 926, 1074, 1120
hummingbird 1038
humour 1188
hunger 960

I
I 1134
IBN ARABI, MUHYIDDIN 850, 1042–1046, 1106
idea 1010
identification 882, 1092
identity 962
idiot 928, 936, 1082
immortality 844
impedimenta 1174
incarnation 1132–1140
initiation 876, 914, 924, 974–978, 1046, 1132, 1200
Inka 1026
innocence, primal 1176
intellect 1076
intelligence 1120, 1146
intuition 1136
invisibility 930
Islam 838, 854, 1126, 1144, 1196
isms 1196

J
JESUS 962, 986, 1002, 1112, 1124, 1144–1146, 1164, 1192, 1210
JOB 1002
Johanneshof 832, 1098, 1206
JOHN 1206
JONAH 1002
journey 822, 842, 844, 908, 914–928
joy 890
judging 902, 1102

K
karma 1160
KHIDR 1204
Khwajaghan 910
kingdoms 1038, 1092
knowledge 844, 852–856, 886, 890, 904, 914, 958, 988, 1004, 1052, 1112, 1132, 1150, 1156
 body of 1198–1206
KONEVI, SADRUDDIN 950, 996
Konya 996, 1106, 1112
Koran 1060, 1108, 1124, 1196

L
labels 1120, 1194
lamb (sacrifice) 952–954, 1180
language 876, 888, 936, 1042, 1062–1070, 1132–1134, 1190, 1202–1206
Latifas 1122
learn 890, 1190
lie 922, 936, 1160

F

fana 843–855, 935, 993, 1035
Fasten 875
Fatalismus 963
Fehler 865, 951, 1085, 1145
Feng Shui 1195
Feuer 845, 851
Form 895, 975, 1053, 1097, 1109, 1197
Frage 933, 1099
FRANZISKUS, HEILIGER 1131
Frau 1145, 1151, 1155
Freiheit, Triade der 1011, 1125
Freude 893
Freund, der Einzige 1127
Führung 1127
Funktion 819, 1059–1069, 1077

G

Gebet 839, 901, 943–945, 981, 1153–1155, 1163
Gedanken 1069, 1101–1103, 1153
Geduld 849, 893, 1011
Gefühle 1101–1103, 1131, 1179
Gegenwart 1013
Geheimnis 861
Gehorsam 1205
Geist 839–843, 959, 967
Geist
  Gottes 987, 1197
  Heiliger 1183
Gelassenheit 849
Geld 963
Gelübde 979
Geomantie 819, 827, 1069, 1099, 1195
Geschmack 945–949, 1005
Gewissheit 845, 1121
al-Ghafur 1167
GIBRAN, KHALIL 831, 969
Gier 963, 1027
Glastonbury 821, 1085, 1191
Glauben 839, 845, 855, 1071, 1121
Gleichgewicht 851, 887, 1015, 1081, 1139
Gold 1025
Goldenes Zeitalter 1125
Grün (Farbe) 1207
Gruppenaktivitäten 885, 1079
GURDJIEFF G.I. 1075, 1091

H

al-Hadi 1075
al-Hakim 1047
AL-HALLAJ 939, 1211
Haltung 865–867, 887
al-Haqq 845, 1173
Harmonie 821
al-Hayy 925
heilig 985–991, 1069
Heilige 823, 903, 1123, 1125
heiliger Impuls 1025–1027, 1039
Heilung 831
Heiterkeit 1041
Hemmungen 1177
Herbst 973
Herz 829, 833, 841–849, 915, 995, 1015, 1019, 1081, 1115
Hingabe 857, 917, 1197
HIOB 1003
Hippies, spirituelle 1191
Holocaust 1135
Hören 811, 999, 1191, 1207–1209
Hu 1015, 1045, 1083–1085, 1189–1191
HUBER, SEPP 1097
Humor 1189
Hunger 961

I

IBN ARABI, MUHYIDDIN 851, 1043–1045, 1107
ich 1133
Idee 1009
Identifikation 883, 1093
Identität 965
Idiot 931, 937, 1083
Initiation 877, 915, 925, 975–979, 1045, 1131, 1199
Inka 1025
Inkarnation 1133–1141
Intellekt 1079
Intelligenz 1121, 1147
Intuition 1135
Islam 839, 857, 1127, 1145, 1197
Ismen 1197

J

Jahreszeiten 1009, 1013
Jenseits 829, 1215
JESUS 963, 987, 1003, 1113, 1125, 1147, 1167, 1197, 1211
JOHANNES 1207
Johanneshof 835, 1099, 1207
JONAS 1003
Jüngster Tag 1155

K

Kapitalismus 1027, 1033
Karma 1161
Kausalität 859, 935–937
Kein-Vorwufszug 899
KHIDR 1207
Khwajaghan 909
Klang 995, 1097–1101
Klatsch 883
Klausur 975, 981, 999
Kloster 821, 825
Kolibri 1039–1041
Koma 1029, 1051
Kommunikation 831, 1055, 1063, 1173–1183
Kommunikations-systeme 827

life 882–886, 892, 922–924, 934, 944, 1068, 1072, 1088, 1090, 1122
light 840, 932, 954
line 1120
Line of the Prophets 1070, 1076, 1116, 1144, 1198, 1210
lines of work 884–886
listening 811, 1190, 1206
love 844, 850–854, 896, 904, 936, 970, 1070–1072, 1080, 1092
loyalty 1170

M

macrocosm 1210
man 1144, 1150, 1154
manifestation 1008–1010
mankind 936, 1108, 1150
MARY 1002–1004, 1048, 1124, 1196, 1212
master 811, 844, 1124
Masters of Wisdom 910
Mathnawi 878, 966, 1108
Mevlana 1124–1126, 1202
Mevlevis 822, 970, 1104, 1126, 1198–1200
microcosm 1210
mind 838–842, 850, 1058, 1162
mirror 1108, 1122, 1126, 1170
missionary zeal 1062
mistake 864, 948–950, 1084, 1144
moment
  present 840, 870–872, 916, 926, 940, 944, 982, 1004, 1008, 1050, 1156, 1160
  son of the 1198
monastery 820, 822
money 962
morphic resonance 1068–1070
MOSES 850, 860, 1002, 1112
Most Beautiful Names of God 926, 966, 986, 1004, 1042–1050, 1062–1070, 1094–1102, 1170–1172, 1190, 1204
Mother Earth 822
motive 924, 1010–1020, 1093, 1094
MUHAMMAD, PROPHET 838, 860, 1106, 1116, 1124–1126, 1198, 1210
mureed 974, 978
must 1138
mystery 862
mystic 840
mysticism 820, 838, 1026

N

nafs 840–844, 874, 1000, 1006, 1152
nature 1068
need 818–820
NOAH 1002
no-blame train 896–898
non-attachment 844, 854
non-existence 1200
non-identification 1000
normality 928, 936, 944, 1084, 1194

O

obedience 1204
obligation 1004, 1132
observer 1032, 1080
octave 1014–1020, 1030
order 1008
orders 820–824, 842
organisation 820
orthodox 1196, 1204

P

pain 830, 854, 870, 936, 944–946, 996, 1146
past 1014, 1032
path of return 904–908, 954, 990, 1196–1198
patience 848, 890, 1010
PATRICK, SAINT 1124
pattern 1088–1094, 1098–1102, 1138, 1144, 1160–1162
People of the Way 1090
perfect man 834, 850, 856
perfection 1014
perfume 1152–1156
perseverance 848, 878, 892, 978
physical exercises 1140
platform 936
pollution 960
"poor me" syndrome 946
possibility 944, 1048, 1126
post 1006
power 824, 922
practices 868, 900, 986, 1052, 1094, 1126
prayer 838, 900, 940–944, 982, 1154–1156, 1160
predisposition 848
preparation 920
present 1014
promise 976
prophets 1124, 1198
psyche 840
pupil 811, 834, 844–850, 914–936, 946, 978, 1060, 1072, 1118–1120, 1128, 1190, 1212
purity 1028, 1120
PYTHAGORAS 1206

Q

quest 848
question 932, 1100

Konditionierung 847, 851, 939, 997
Konevi, Sadruddin 953, 995
Konfrontationen, die zwei 875, 887–899
Königreiche 1039, 1093
Konservieren 1037
Konya 995, 1107, 1115
Koran 1061, 1109, 1125, 1197
Körper 829, 967, 1079–1081, 1155–1157
Korrumpierung 825
Kreuz 841
Krieg 961–965, 1159
Kummer 1029–1035, 1051
Kuppel 1033

L

Lammopfer 955–957, 1181–1183
Langeweile 1035
Latifas 1121
Leben 883–887, 895, 923–925, 937, 947, 1069, 1073, 1087, 1091, 1123
Lehre 1043, 1059, 1193
Lehrer 811, 885, 915–927, 933–937, 943, 949–951, 975–981, 999, 1057, 1061, 1073–1075, 1117–1123, 1127–1129, 1163, 1191–1193, 1205, 1213
Leiden 831, 869, 945, 963, 997
Lernen 891, 1193
Leute des Weges 1089
Licht 841, 933, 959
Liebe 847, 851–855, 899, 905, 939, 971, 1071–1073, 1081, 1093
Linie 1119
Linie der Propheten 1069, 1079, 1115, 1147, 1197, 1211
Linien der Arbeit 885–887
Loslösung 847, 855
Loyalität 1171
Luft 987
Lüge 921, 939, 1161

M

Macht 825, 921
Makrokosmos 1211
Manifestation 1009–1011
Mann 1145, 1151, 1155
Mantel 1001, 1123, 1127
Maria 1001, 1005, 1051, 1125, 1197, 1213
Mathnawi 879, 967, 1109
Mauern 911, 931, 939, 1095
Meister 811, 845, 1123
Meister der Weisheit 909
Mensch, vollkommener 837, 851, 857
Menschheit 937, 1109, 1149
Mevlana 1125–1127, 1203
Mevlevis 825, 971, 1105, 1127, 1199
Mikrokosmos 1211
Missionierung 1065
Mitgefühl 1045, 1101
Möglichkeit 947, 1049, 1127
Mohammed, Prophet 839, 861, 1107, 1115, 1125–1127, 1197, 1211
morphische Resonanz 1067–1071
Moses 851, 861, 1003, 1113
Murid 977, 979
müssen 1139
Muster 1087–1093, 1097–1101, 1137, 1145, 1161–1163
Mut 849, 893
Mutter Erde 823
Mystik 821, 839, 1025
Mystiker 841

N

Nächstenliebe 853
nafs 841–845, 875, 999, 1005–1007, 1153
Namen Gottes, die schönsten 927, 969, 989, 1003, 1041–1051, 1063–1071, 1095–1101, 1171–1173, 1193, 1205
Natur 1067
Nichtexistenz 1201
Nichtidentifikation 997
Noah 1001
Normalität 931, 939, 945, 1085, 1195

O

Ökologie 1031
Oktave 1013–1021, 1029
Opfer 871, 895, 955, 959, 1023, 1131, 1181–1185
Orden 821–827, 843
Ordnung 1007
Organisation 823
Orthodoxie 1197, 1205

P

Parfüm 1151–1155
Patrick, Heiliger 1125
Pfad der Rückkehr 905–907, 959, 993, 1197
Plattform 937
Post 1005
Prädisposition 847
Propheten 1125, 1197
Psyche 843
Pythagoras 1209

R

ar-Rahim 941, 943
Rauf, Bulent 927, 949, 975, 1115, 1127, 1205, 1213
Raumumkehr 1097
ar-Razzaq 1213
Reformation 827
Regen aus einer anderen Welt 1079, 1131

R

ar-Rahim 938–940
rain from another world 1080, 1132
RAUF, BULENT 926, 946, 974, 1112, 1126, 1204, 1212
ar-Razzaq 1212
realisation 842
reality 838, 842, 984, 1126, 1204
receptivity 1010
redemption 870, 872, 986
reformation 824
reincarnation 1202
religion 838, 962–964, 1132, 1214
remember 1076
repentance 888, 1154, 1166
respect 974, 988
responsibility 832, 978, 1150, 1154
resurrection 1080, 1146
retreat 974, 978, 1000
reversing space 1098
rhythm 1016
rituals 1090
rose water 930, 1082, 1154
ar-Ruh 840
RUMI, JALALUDDIN 842, 878, 922, 950, 964, 970–972, 982, 996, 1046, 1104–1116, 1126, 1164, 1202, 1210
'Rumitism' 1202

S

as-Sabur 830
sacred 984–990, 1068
  impulse 1026–1028, 1036
sacrifice 870, 892, 952, 958, 1022, 1132, 1178–1184
saints 820, 902, 1124
Samyé Ling 1100
Santa Fe 1022
school 884, 914–922, 932–936, 962, 1050–1062, 1066, 1072–1074, 1084, 1092, 1174, 1190, 1198–1202
Seal of Sanctity 1124, 1144
Seal of the Prophets 838, 1144, 1198, 1210
seasons 1008, 1014
seat 1122
Second Coming of Christ 1076
second cycle 936
seeing 828, 996, 1000
self-knowledge 904, 1144, 1164
self-pity 1030–1034, 1050, 1132
Sema 972, 1000, 1104, 1108, 1112–1116
senses 856, 894, 900, 1020, 1198
sensing 1076
sentimentality 824
separation 1030, 1072, 1090–1092
serenity 1038
service 852, 872, 1120, 1206
SHAH, IDRIES 1198
ash-Shahid 1198
shame 870
SHAMS-I TABRIZ 922, 950, 996, 1106
sheikh 1000
SHELDRAKE, RUPERT 1068
ship (analogy) 1076
sin 1166
sleep 852, 864, 1000
solar plexus 1032
SOLOMON 1206
soul 840–844, 856, 1038, 1102
sound 994, 1098–1102
Soviet Union 1026
spirit 958, 964
Spirit of God 986, 1196
Spirit, Holy 1180
staircase (analogy) 1058
station 1128
study 850, 888, 908–910, 966, 1080–1182, 1122, 1202
studying papers 828
stupidity 962
submission 854, 914, 1196
substance 864, 882–884
suffering 830, 870, 944, 962, 996
Sufi 1080, 1120, 1194–1196, 1198, 1204–1210
Sufism 838, 876, 888, 946, 1194–1200, 1206–1208
surrender 854, 914, 1196
Swiss 1188–1190
synchronicity 1146–1150
system 1042

T

taste 944–946, 1004
at-Tawwib 1166
teach 1118
teacher 811, 884, 914–926, 930–936, 940, 946–948, 974–978, 1000, 1056, 1060, 1072–1074, 1118–1124, 1126–1128, 1162, 1190, 1204, 1212
teaching 1042, 1058, 1194
thinking process 848
thought 1068, 1100–1102, 1152
three, the first number 1146
Tibet 824
time 966, 1008–1014, 1036, 1134
Torah 1108
transformation 830, 850, 938, 1036, 1070, 1100, 1108, 1132, 1164
travelling 822, 842–844, 908, 914–928

Reinheit 1029, 1119
Reinkarnation 1203
Reise 823, 843, 847, 909, 915–929
Religion 839, 963–965, 1131, 1215
Respekt 975, 989
Reue 889, 1155, 1167–1169
Rhythmus 1015
Rituale 1091
Rosenwasser 931, 1083, 1153
ar-Ruh 841–843
Rumi, Jalaluddin 845, 879, 923, 953, 967, 971–973, 983, 995, 1045, 1105–1115, 1127, 1165, 1203, 1209–1211
›Rumitismus‹ 1203

S
as-Sabur 831
Salomon 1209
Samyé Ling 1099
Santa Fe 1023
Scham 869
Scheich 999
Schicksal 845, 1011
Schiff 1077–1079
Schlaf 853, 865, 999
Schmerz 831, 857, 869–871, 939, 945–947, 997, 1149
Schönheit 819, 857, 1087–1093
Schöpfung 841, 853, 859, 893, 899, 969–971, 1041, 1081, 1101
Schuld 869, 1169
Schule 885, 915–923, 935–937, 965, 1053–1063, 1067, 1075–1077, 1085, 1093, 1175, 1193, 1199–1205
Schüler 811, 837, 845–851, 915–937, 949, 979, 1061, 1073, 1117–1119, 1129, 1193, 1213
Schweizer 1189, 1191
Seele 841–845, 857, 1039, 1103
Sehen 829, 997, 999
Sehnsucht 893, 947
Selbsterkenntnis 905, 1145, 1167
Selbstmitleid 1029–1035, 1051, 1131
Seligkeit 859
Sema 973, 999, 1105, 1109, 1115–1117
Sentimentalität 825
Shah, Idries 1199
ash-Shahid 1199
Shams-i Tabriz 923, 953, 995, 1107–1109
Sheldrake, Rupert 1067
Siegel der Heiligkeit 1125, 1147
Siegel der Propheten 839, 1147, 1197, 1211
Sinne 859, 897, 901, 1021, 1199
Sitz 1123
Solarplexus 1033
Sowjetunion 1027
Spiegel 1109, 1123, 1127, 1171
Sprache 877, 891, 939, 1043, 1063–1071, 1133, 1191, 1205–1209
Spüren 1079
Station 1129
Sterben 1091
Studium 851, 891, 909, 967, 1081, 1123, 1205
Substanz 865, 883–885
Suche 849
Sufi 1081, 1119, 1195, 1199, 1205–1211
Sufismus 839, 877, 891, 949, 1195–1201, 1209
Sünde 1167
Synchronizität 1147, 1149
System 1041

T
Täler, die sieben 847
at-Tawwib 1167
Texte studieren 827
Thora 1109
Tibet 825
Tod 1089
Transformation 831, 851, 941, 1039, 1069, 1097, 1109, 1131, 1165
Trauer 1031
Trennung 1031, 1073, 1091, 1093
Treppe (Bildnis) 1059
Trinität 1147
Trungpa Rinpoche 1099

U
Überzeugung 833, 1121
Übungen 867, 901, 989, 1053, 1095, 1127, 1139
Umkehr 841, 903, 907, 1197
Umweltverschmutzung 961
Unschuld, primäre 1177
Unsichtbarkeit 931
Unsterblichkeit 845
Unterweisung 1119
Ursache und Wirkung 859, 935–937
Urteilen 903, 1101
Uwais Qarani 1127
Uwaisi 1127

V
Verantwortung 835, 981, 1149, 1155
Vergangenheit 1013, 1033
Vergebung 869, 889, 1167–1169
Vergleich 1059, 1069
Verpflichtung 885, 1003, 1131, 1171, 1175
Verschwendung 1009
Verstand 841, 851, 1059, 1165

tree (analogy) 1050–1058
Trinity 1146
Trungpa Rinpoche 1100
trust 894–896, 926–928, 974, 1122, 1178
truth 842, 852, 900, 908, 912, 920, 932, 958, 962, 984–986, 1070, 1122, 1132, 1170, 1200
turn 840, 902, 908, 1196
turning 830, 842, 990–1006, 1104, 1108, 1112–1116, 1164, 1200

U
unity 844, 856, 882, 890, 1048, 1094, 1132, 1180
Uwais Qarani 1126
Uwaisi 1127

V
valleys, the seven 844
vision 1010, 1066
visualisation 1042

W
waking up 852
walls 912, 930, 936, 1094
war 960–964, 1158
waste 1008
water 822, 1028
Way of Love, Compassion and Service 876, 900, 926, 972, 1090
will 894, 962, 1010, 1164
woman 1144, 1150, 1154
word 910, 988–990, 1016, 1102
words 1140–1142
world 860

Y
yearning 890, 946
yoga 1146

Z
al-Zahir 988

Vertrauen 897–899, 927–929, 975, 1121, 1181
Verwirklichung 843, 1011
Verwirrung 847, 857
Vision 1011, 1067
Visualisierung 1043
Vollkommenheit 1013
Vorbereitung 919
Vorbote 831, 969
Vorwürfe 1091, 1131

W

Wahrheit 845, 853, 901–903, 909–911, 919–921, 933, 959, 965, 985–987, 1069, 1123, 1131, 1173, 1201
Wasser 823–825, 1029
Weg der Liebe, des Mitgefühls und des Dienens 877, 901, 927, 973, 1089
Welt 861
Wiederkunft Christi 1079
Wille 897, 963, 1009–1011, 1167
Wirklichkeit 839, 843, 985, 1127, 1205
Wissen 855, 857, 887, 893, 905, 915, 959, 989–991, 1003, 1055, 1115, 1131, 1151, 1157
Wissenskörper 1199–1209
Wort 911, 991, 1015, 1101
Wörter 1139–1141

Y

Yoga 1147

Z

al-Zahir 989
Zeit 969, 1007–1013, 1037, 1133
Zentrum, physisches 835–837, 891
Zerfall, kultureller 1159
Zufall 1011
Zukunft 1013
Zwang 1137–1145, 1169
Zweifel 1181
zweiter Zyklus 937

Photo Credits

All photographs by Chalice Foundation, Switzerland, with the exception of the following pictures: Alois Alexander (pages 826, 858, 1086, 1186 / 1187), Andreas Ernst / Fotolia (1024), Marin Seeger (1012), Mundi / Fotolia (1128–1130, 1148, 1168, 1182–1185), Nick Saxton (866, 906, 1078), Porojnicu / Fotolia (918), University of Massachusets Amherst (968), Wikipedia (1040, 1064, 1096, 1208).

Der Chalice Verlag widmet sich
der Publikation des Werkes von Reshad Feild
und wertvollen Texten aus verschiedenen
spirituellen Traditionen

Unser Verlagsprogramm und weitere Informationen
finden Sie auf unserer Website
www.chalice-verlag.com